U0536435

作者简介

刘 艳 女，1984年生，山东日照人，江南大学马克思主义学院副教授，主要从事思想政治教育基本原理与方法研究。2013年毕业于山东大学思想政治教育专业，获博士学位，博士论文荣获"2014年全国高校思想政治教育学科优秀博士论文"。

教育部哲学社会科学研究重大课题攻关项目"马克思主义文化理论发展研究"（项目编号：11JZD003）

无锡市党建研究中心（基地）2015年立项课题"全媒体背景下创新群众工作方法研究"（WXDJ1508）

江南大学社科项目"改革开放以来中国共产党意识形态观研究"（项目编号：Z2015113000315）

思想政治教育研究文库
教育部思想政治工作司组编

改革开放以来马克思主义理论教育思想发展研究

GaiGe KaiFang YiLai MaKeSi ZhuYi LiLun
JiaoYu SiXiang FaZhan YanJiu

刘艳／著

中国书籍出版社
China Book Press

图书在版编目（CIP）数据

改革开放以来马克思主义理论教育思想发展研究/
刘艳著.—北京：中国书籍出版社，2015.4
（思想政治教育研究文库）
ISBN 978-7-5068-4871-8

Ⅰ.①改… Ⅱ.①刘… Ⅲ.①马克思主义理论—政治
理论教育—研究—中国 Ⅳ.①A81

中国版本图书馆CIP数据核字（2015）第076278号

改革开放以来马克思主义理论教育思想发展研究

刘 艳 著

责任编辑	张翠萍 毕 磊
责任印制	孙马飞 马 芝
封面设计	中联华文
出版发行	中国书籍出版社
地　　址	北京市丰台区三路居路97号（邮编：100073）
电　　话	（010）52257143（总编室）　（010）52257153（发行部）
电子邮箱	chinabp@vip.sina.com
经　　销	全国新华书店
印　　刷	北京彩虹伟业印刷有限公司
开　　本	710毫米×1000毫米　1/16
字　　数	331千字
印　　张	19
版　　次	2015年6月第1版　2015年6月第1次印刷
书　　号	ISBN 978-7-5068-4871-8
定　　价	78.00元

版权所有　翻印必究

总　序

　　为深入学习贯彻党的十八大和十八届三中、四中全会精神，落实立德树人根本任务，进一步提升大学生思想政治教育工作科学化水平，教育部思想政治工作司启动《思想政治教育研究文库》培育建设工作，旨在鼓励和引导广大思想政治教育理论研究和实际工作者聚焦大学生思想政治教育理论和实践领域的规律性前沿性问题，把经验提升为理论，增强工作与研究的科学化水平，切实提升大学生思想政治教育工作质量。

　　把握思想政治教育的时代特征。中央高度重视和关心大学生思想政治教育工作。党的十八大以来，习近平总书记发表系列重要讲话，对全面贯彻党的教育方针，为党和人民的事业培养合格建设者和可靠接班人作出重要指示，强调"青年一代有理想、有担当，国家就有前途，民族就有希望"，强调"广大青年要从现在做起，从自己做起，要从勤学、修德、明辨、笃实四个方面下功夫"，强调"广大青年要使社会主义核心价值观成为自己的基本遵循，并身体力行大力将其推广到全社会去"。中央在颁发2004年16号、2005年8号文件的基础上，2014年，中办、国办又印发《关于进一步加强和改进新形势下高校宣传思想教育工作的意见》，对加强高校宣传思想工作作出全面部署。围绕贯彻落实习近平总书记系列重要讲话精神和中央有关文件精神，教育系统各级党组织高度重视，大力推动，思想政治教育工作在改进中加强，在创新中发展，取得了重要进展。方法和途径深入拓展，队伍建设不断加强，育人环境不断优化，广大青年学生思想政治面貌主流积极健康向上。在肯定工作和成绩的同时，我们也要清醒的看到，高校作为各种思想文化交流交锋的前沿和阵地，所面临的形势仍然十分复杂和严峻。随着信息技术的日新月异和对外开放的不断扩大，思想政治教育对象、环境、方式、内容都发生了很大变化，新媒体技术对思想政治教育实践产生的影响越来越深远，社会新变革对思想政治教育理论创新的需要越来越迫切，青少年的成长特点对思想政治教育模式变革的诉求越来越强烈。受环境、个人成长经历、社会思潮的影响,青少年学生的独立性、选择性、差异性更为凸显。这些都是思想政治教育学科需要研究的新问题,需要应对的新挑战。广大思想政治教育工作者需要准确把握当前的这些时代特征,梳理总结新中国成立以来尤其是改革开放以来大学生思想政治教育取得的可喜成绩和宝贵经验,关注时代发展的特点和党的战略部署,不断丰富完善具有中国特色的大学生思想政治教育的工作体系和理论体系,树立思想政治教育理论自信,形成思想政治教育理论自觉。

聚焦思想政治教育的前沿问题。马克思指出"问题就是公开的、无畏的、左右一切个人的时代声音。问题就是时代的口号,是它表现自己精神状态的最实际的呼声。"思想政治教育的前沿问题是指在理论研究和实际工作中遇到的热点问题、难点问题和规律性问题,这些问题对大学生成长成才以及思想政治教育创新发展产生重要影响,具有普遍性、集中性和迫切性等特点,需要进行创造性的研究和破解。一是要树立问题意识。从理论研究角度说,没有问题意识就没有理论聚焦,没有理论聚焦就不能形成对问题的关注,思想政治教育理论和实践的创新发展过程,就是一个不断地提出问题、回应问题、解决问题的过程。从实际工作层面看,问题意识来自于现实生活的呼唤。现实生活中矛盾、问题的集中爆发,必然引起人们的普遍关注,成为当下迫切需要解决的社会热点和难点问题。二是要掌握正确的方式方法。思想政治教育规律所揭示的是思想政治教育发展过程中的内在本质联系。从受教育者的角度看,有效的思想政治教育必须遵循受教育者身心发展的一般规律,这就要求思想政治教育工作者必须正确掌握和运用科学的方式方法,坚持以理服人、以文化人。既要正确处理统一要求与因材施教的关系,也要根据受教育者身心发展规律,坚持和掌握反复教育与强化教育的原则和方法。反复和强化不是简单地重复某一原理或结论,而是从各个层面阐述基本原理,从而使受教育者在感受生动性、鲜明性和独特性、新颖性中理解基本原理。三是要有跨学科的视野。思想政治教育学科经过30余年的励精图治,学科发展渐成规模、学科体系不断完善、人才培养日趋优化,但相较于其它学科还显得年轻,基础也相对薄弱。所以,思想政治教育的创新发展要深入发展,走内涵式发展道路,其理论研究和实践探索就需要具备跨学科视野,在坚持独立性,遵循理论研究规律、思想工作规律、人才培养规律、课程设置规律和创新发展规律的基础上,借鉴其他学科的优秀理论成果和研究方法,丰富自身建设内容,建构自身发展体系,进而深化研究,推进实践。思想政治教育研究的跨学科实践,关键在于把握跨"度",与其他学科之间形成适度张力,形成符合实践需要的中国特色的思想政治教育内容、方法和理论体系。

推动理论与实践的相互促进。习近平总书记指出,"不论是新问题还是老问题,不论是长期存在的老问题还是改变了表现形式的老问题,要认识好、解决好,唯一的途径就是增强我们自己的本领。增强本领就要加强学习,既把学到的知识运用于实践,又在实践中增长解决问题的新本领。"正是因为抓住了"实践"这条生命线,思想政治教育理论研究才逐步从经验走向科学,形成了具有自身特色的研究领域、研究范式、研究方法和研究体系。实践是思想政治教育研究的源泉和动力,思想政治教育研究是实践的指导和依据,二者相互作用,互为依存。要实现思想政治研究与实践的相互促进,就要根植于中国特色社会主义思想政治教育的伟大实践,开展对实践中新问题、新情况的导向性研究,并通过实践不断丰富学科内涵,提高研究的质量。要坚持思想政治教育研究的现实取向,也就是要理论联系实际,坚持在实践中形成理论、发展理论、运用理论,把实际工作作为研究的"试验场",促进研究的发展、实务工作的推进和研究者的成长。要探索研究成果的转化应用和实践检验模式,扎实推动研究成果在思想政治教育实践中的推广应用,形成有效的理论成果转化体系,用实践来检验成果的可用不可用,管用不管用。

入选《思想政治教育研究文库》培育建设计划的这些著作都是广大思想政治教育工作者长期研究和探索过程中心血和智慧的结晶,他们着眼于大学生思想政治教育领域的重要理论和现实问题,从立德树人、教育现代化、交叉学科、拔尖创新人才培养、提升思想政治教育针对性实效性等多元视角入手,研究规律,总结经验。这些作品从不同的角度反映了大学生思想政治教育理论研究与实践探索的丰硕成果,是大学生思想政治教育创新发展的宝贵财富。

希望在《思想政治教育文库》的引领和示范下,广大思想政治教育工作者坚持理论联系实际,以高度负责的态度、科学严谨的精神来做研究,既推出成果,又锻炼队伍,为落实立德树人根本任务,提高思想政治教育工作科学化水平,推动教育事业科学发展做出新的更大贡献。

编委会

2015 年 5 月

序

坚持把思想理论建设放在首位，提高全党马克思主义水平，是中国共产党在实现马克思主义中国化历史进程中创造的一条基本经验。与此相联系，加强马克思主义理论教育成为党的一项重要工作。改革开放以来，尽管时代、实践等条件发生了很大变化，但是，马克思主义理论教育仍然是我们党高度重视的一项工作。在深入开展这项工作的过程中，形成和发展了内容丰富、特色独具的马克思主义理论教育思想。这是改革开放以来，党在马克思主义理论教育实践中创造的一笔宝贵的精神财富。充分利用这笔财富，对于进一步提高党的建设的科学化水平，特别是提高全党的马克思主义水平，从而更好地坚持和发展中国特色社会主义，具有特别重要的意义。

利用这笔财富，必须加强对它的研究。然而，这一研究，在事实上，以往尚未引起人们应有的注意，已发表的部分研究成果，无论在广度上还是在深度上，无论在系统上还是在深刻性上，都还存在不尽如人意之处。就是说，进一步加强改革开放以来马克思主义理论教育思想研究，仍是摆在人们面前需要在学术实践中认真面对，着力解决的一个重要问题。值得高兴的是，刘艳博士的这部学术专著，对这一问题的解决，作出了积极的努力，提供了一个较为成功的范例。

刘艳博士本科和硕士研究生期间的专业都是思想政治教育。硕士生毕业后接着考上了马克思主义理论学科博士研究生。根据自己原来的学术背景和现在的学科特点，她选择了改革开放以来中国共产党马克思主义理论教育思想发展研究作为自己博士学位论文的研究主题。这一研究主题，同时被纳入由我主持的教育部哲学社会科学重大课题攻关项目"马克思主义文化理论发展研究"的内容中。

刘艳是一个做事非常认真的人。研究主题一旦确定，她就矢志不移、专心致志、扎扎实实地研究起来。从学术界研究论著的搜集、梳理和评述，到改革开放以来党的重要文献的研读、分析,从整个论文框架的设计、修改,到初稿的完成、加工、定稿,她都是力所能及地下了大功夫。功夫不负有心人。论文得到答辩委员的充分肯定,不仅顺利通过答辩,而且获得优秀的成绩。更令人高兴的是,在2014年思想政治教育学科建立30周年的时候,论文被评为全国思想政治教育学科优秀博士论文(全国共评8篇,她的论文是其中之一),随后,又被纳入教育部"全国思想政治教育研究成果文库"正式出版。本书作为文库之一,就是在其博士论文基础上加以修改完善而成的。

作者为从根脉和理论"元点"上客观还原改革开放以来党的马克思主义理论教育思想发展的本真面貌和根本精髓,积极重返历史场景"追本溯源",通过对改革开放以来党中央的重要文献资料和重要论著进行搜集和整理,在尽可能大量占有和全面掌握原始材料的基础上,遵循实事求是的精神和逻辑与历史相统一的原则,将散见于党的文献资料并体现于党的丰富实践之中的有关马克思主义理论教育的诸多零散的思想挖掘、提炼出来并串联起来,在把握和总结共性与规律性的基础上,按其本身的承继关系构建为一个具有一定结构和功能的思想体系,并遵循纵剖面的历史考察——横向面的理论概述——当代语境中的现实反思的逻辑思路,从形成条件、发展历程、主要成果、突出特色、历史地位及如何在新的实践中坚持和发展等视角对这一思想展开深入考察和全面阐述,从而勾勒出改革开放以来党的马克思主义理论教育思想发展的总体轮廓。

总起来看,本书在以下几个方面,提出了自己的看法,作出了具有创意的贡献。

一是从发生学的角度全面深入地考察了改革开放以来中国共产党马克思主义理论教育思想产生的历史必然性。任何事物的产生都是有条件的,而这些条件往往是多方面。在人所能干预的事物中,其发生的条件,可以分为两个方面,一是客观条件,二是主观条件。这种事物的发生,是其客观和主观条件相互作用的结果。马克思主义理论教育思想的发生也是如此。本书正是基于这样的认识,在第一章,分别考察了马克思主义理论教育思想产生的客观条件,包括时代主题由革命到建设转换、国家"软权力"的时代诉求、"以人为本"科学理念的确立和机遇与挑战并存的实践新境遇、马克思主义经典作家相关思想的指导性和可承继性等等,主观条件——包括中国共产党人深厚的马克思主义理论素养、坚定的马克思主义信仰、与时俱进、勇于创新和求真务实的工作风等等。通过这种考察,使人们认识到,改革开放以来马克思主义理论教育思想的产生,既是可能的,也是必要的,更是现实的。正是在这种可能性、必要性和现实性的有机统一中,昭示了其产生的历史必然性。

二是从历史学的角度考察了改革开放以来中国共产党马克思主义理论教育思想发展的历史轨迹及其阶段性特征。任何事物产生之后,都有一个发展的历史过程。认识事物必须了解事物发生发展的历史过程。正如列宁曾经指出的,要透彻地了说明问题,必须知道这个问题的历史。事物在发展的过程中,会经历不完全相同的阶段,在不同的阶段具有不同的特征。认识事物的历史,必须了解和把握事物发展过程中不同阶段的特征。本书正是基于这样的认识,在第二章,集中考察了改革开放以来中国共产党马克思主义理论教育思想发展的历史轨迹及阶段性特征。本书认为:从1978年到1992年是改革开放起步与全面展开阶段,这是党的马克思主义理论教育思想的探索发展阶段;从1992年到2002年是建设社会主义市场经济体制阶段,这是党的马克思主义理论教育思想的开拓创新阶段;从2002年到2012年是全面建设小康社会阶段,这是党的马克思主义理论教育思想的繁荣发展阶段;从2012年至今是全面建成小康社会决定性阶段,这是党的马克思主义理论教育思想的深入推进阶段。这一考察,对于帮助人们更好地了解和把握改革开放以来中国共产党马克思主义理论教育思想发展的历史轨迹及其阶段性特征,是有重要意义的。

三是从逻辑论上概括总结了改革开放以来中国共产党马克思主义理论教育思想的基本内容。改革开放以来马克思主义理论教育思想的内容是很丰富的,但是,这些思想内容又是分散在十一届三中全会以来党的一系列重要文献中。如何通过研读这些文献,从中发现这些思想内容,并将其概括成一个具有内在逻辑的系统整体,是本课题研究需要解决的重要问题。本书对此做了积极的努力。在第三章,作者将改革开放以来中国共产党马克思主义理论教育思想的基本内容总结概括为六个方面:即关于马克思主义理论教育目的的思想,关于马克思主义理论教育的内容的思想,关于马克思主义理论教育的路径的思想,关于马克思主义理论教育的主体的思想,关于马克思主义理论教育的客体的思想,关于马克思主义理论教育的原则的思想,等等。这一概括,可以帮助人们系统完整地理解和把握改革开放以来中国共产党马克思主义理论教育思想的基本内容。

四是从特征论上揭示了改革开放以来中国共产党马克思主义理论教育思想的主要特征。任何事物都有其特点。事物之所以是该事物,是因为它有其区别于他事物的特点。认识事物,必须着眼其特点。对改革开放以来中国共产党马克思主义理论教育思想的认识也应如此。正是基于这种认识，本书在第四章专门阐述了改革开放以来中国共产党马克思主义理论教育思想的主要特征。应当说，改革开放以来中国共产党马克思主义理论教育思想的特征表现在许多方面，本书着重阐述了以下几方面的主要特征，即政治化主导的社会教育与个体发展的人本教育齐头并进；意识形态性教育、科学性教育和思想性教育实现有机统一；政治宣传、教育教学和理论研究三者并行不悖；灌输性教育、渗透性教育和自主性教育相互融合；广泛性、先进性与层次性，阶段性与发展性多维度协调；等等。这些特征的揭示，对于帮助人们了解和把握改革开放以来中国共产党马克思主义理论教育思想的主要特征是有实际指导意义的。

五是从价值论上较为科学地评价了改革开放以来中国共产党马克思主义理论教育思想的历史地位。认识事物，不仅要了解事物"是什么，不是什么"，从而作出事实判断，在此基础上，还必须了解事物的价值和意义，即对事物作出价值判断。本书也是这样做的。在从不同角度对改革开放以来中国共产党马克思主义理论教育思想做出"是什么，不是什么"的事实判断之后，从理论和实践的结合上又进一步作出了价值判断。着重强调，改革开放以来中国共产党马克思主义理论教育思想，使马克思主义理论教育思想的资源宝库得到极大充实；为中国特色社会主义建设事业的顺利开展提供坚实的思想保障；为创建马克思主义学习型政党和学习型社会提供理论指南。值得注意的是，本书在充分肯定这些方面的同时，也指出了由于历史条件的限制等原因存在的某些不足，比如，思想体系的构建尚不完善，在深度和广度上存在薄弱环节等等。通过这种辩证的分析评价，可以帮助人们实事求是地认识和把握改革开放以来中国共产党马克思主义理论教育思想的历史地位。

六是从实践论上探讨了在新的实践中坚持和发展马克思主义理论教育思想的问题。实践的观点是马克思主义首要的基本的观点。坚持这一观点，研究问题不仅要提出问题、分析问题，更要解决问题。解决问题是提出问题和分析问题的目的和归宿。我们说马克思主义理论教育思想是发展的，不仅因为这一思想是在以往的实践中发展而来的，还因为它要随着实践的发展而继续发展。当研究了这一思想在以往的实践中是怎样发展的、发展了什么的问题之后，就要研究在进一步的实践中怎样更好地坚持和发展这一思想。关于这个问题，本书着重强调了两个方面，一是要坚持改革开放以来党的马克思主义理论教育思想的基本原理和科学精神。二是要以发展的理念创新理论资源，深化马克思主义理论教育思想的时代内涵;以辩证的观念汲取文化资源,提升马克思主义理论教育思想的文化意蕴;以科学的理念应用科技资源,提升马克思主义教育思想的感染力和实效性;以务实的精神推进教育实践,防止马克思主义理论教育思想与实践相脱节。这些方面的阐述,为人们怎样在实践中更好地坚持和发展党的马克思主义理论教育思想,从根本上指明了方向。

当然,改革开放以来中国共产党的马克思主义理论教育思想发展历时长、内容广,远远不是一本著作就能淋漓尽致地展示其全貌的。诚如作者在著作中所指出,从上述几个角度对党的马克思主义理论教育思想的探寻仅是破题和开篇,只窥视冰山一角,初步提供一个可供人们批评、讨论的知识框架。改革开放以来党的马克思主义理论教育思想发展体系涵摄下的相关问题——"如何教育"、"教育什么"、"谁来教育"、"对谁教育"以及"如何教好",都是常问常新的话题,需要作者在今后的研究过程中,运用马克思主义的立场、观点和方法,借鉴相关研究成果,继续深化研究。这是时代赋予我们的光荣使命和艰巨责任。我相信并期待着刘艳博士会以本书的出版为新的起跑点,继续奋发图强,勇于开拓创新,再接再厉,能够在未来的学术研究生涯中向学界奉献出更多更精的学术作品。

在刘艳博士的专著出版之际,有感而发,写了以上的文字,谈了自己的看法,不一定对,仅供参考。

是为序!

周向军

2015 年 6 月 6 日于泉城

目 录
CONTENTS

导　论 ………………………………………………………………… 1
　一、研究对象　1
　二、研究意义　11
　三、研究概况　14
　四、研究思路与方法　39

第一章　改革开放以来党的马克思主义理论教育思想发展的历史必然性 ………………………………………………………… 42
　一、时代转换需要与时俱进的马克思主义理论教育思想　42
　　（一）时代主题由革命到建设转换亟待马克思主义理论教育范式新转换　43
　　（二）提升以意识形态为主导的国家"软权力"的时代诉求　45
　　（三）"以人为本"科学理念的确立催生马克思主义理论教育思想新转换　47
　　（四）适应全球化语境、文本语境和教学语境变化的新需要　49
　二、机遇与挑战并存的实践新境遇为马克思主义理论教育思想发展奠定社会基础　52
　　（一）我国改革和建设的稳步推进为马克思主义理论教育思想发展提供成熟的社会环境　52
　　（二）多样性文化并存的社会生态在建构的同时并解构马克思主义理论教育的话语体系　54
　　（三）思想领域价值多元化发展导致马克思主义理论教育整合社会思想的难度加大　57
　　（四）马克思主义理论教育本身的预期目标与具体的教育实践之间存在巨大落差　60

三、马克思主义经典作家相关思想的指导性和可承继性是马克思主义理论教育思想发展的源泉　63

(一)马克思恩格斯的马克思主义理论教育思想　63

(二)列宁的马克思主义理论教育思想　75

(三)毛泽东的马克思主义理论教育思想　82

四、中国共产党人的主体素质是马克思主义理论教育思想发展的主观条件　94

(一)深厚的马克思主义理论素养　95

(二)坚定的马克思主义信仰　96

(三)与时俱进、勇于创新和求真务实的工作作风　97

第二章　改革开放以来党的马克思主义理论教育思想发展的历史轨迹 ………………………………………………… 100

一、改革开放起步与全面展开阶段党的马克思主义理论教育思想的探索发展(1978—1992年)　101

(一)"真理标准问题"讨论:新时期马克思主义理论教育和思想解放的先声　101

(二)马克思主义理论教育和思想战线拨乱反正的全面展开　103

(三)经济建设和改革开放进程中马克思主义理论教育思想的探索发展　105

(四)社会主义精神文明建设中马克思主义理论教育战略地位的确立　109

(五)马克思主义理论教育学科化与科学化的恢复与发展　110

二、建设社会主义市场经济体制阶段党的马克思主义理论教育思想的开拓创新(1992—2002年)　112

(一)明确旗帜问题至关重要,确立邓小平理论历史地位　112

(二)创立"三个代表"重要思想,创新指导思想　115

(三)围绕社会主义市场经济体制改革重塑马克思主义理论教育新话语　117

(四)开展党性党风教育,在加强党建中推进马克思主义理论教育　120

三、全面建设小康社会阶段党的马克思主义理论教育思想的繁荣发展(2002—2012年)　122

(一)创新指导理念,高扬中国化马克思主义的理论旗帜　123

(二)社会主义核心价值体系"高势位"引领社会思潮　126

(三)全面实施与启动马克思主义理论研究和建设工程　128

（四）系统性推进马克思主义中国化、大众化和时代化　130
　　（五）以提升执政能力和保持先进性为主题强化党内马克思主义理论
　　　　教育　131
四、全面建成小康社会决定性阶段党的马克思主义理论教育思想的
　　深入推进（2012年至今）　133
　　（一）全面学习党的十八大报告，深入贯彻党的十八大精神　133
　　（二）提出"中国梦"，赋予马克思主义理论教育质朴亲近的理论内容　136
　　（三）以坚定信念、学习党史和推进党建科学化为主线强化党内
　　　　马克思主义理论教育　137

第三章　改革开放以来党的马克思主义理论教育思想发展的主要成果…………………………………………………………… 140

一、关于马克思主义理论教育的目的　140
　　（一）国家价值维度：坚定社会主义发展方向，维护意识形态安全　141
　　（二）社会价值维度：整合多样性社会思潮，促成良好的社会风气　144
　　（三）个体价值维度：坚定马克思主义信仰，促进人的全面发展　146
二、关于马克思主义理论教育的内容　150
　　（一）基础性内容：马克思主义的科学体系和基本原理　150
　　（二）重点性内容：马克思主义中国化理论创新成果　153
　　（三）拓展性内容：中国近现代史、爱国主义和民族精神　156
三、关于马克思主义理论教育的路径　161
　　（一）学习教育：强化理论武装和理论灌输的主要渠道　162
　　（二）舆论导向：抢占大众传媒以及网络等宣传主阵地　164
　　（三）典型示范：发挥模范人物对主流价值的昭示作用　168
　　（四）强化建设：不断推进理论教育的科学化和学科化　171
四、关于马克思主义理论教育的主体　174
　　（一）中国共产党是理论教育和思想宣传领导核心　175
　　（二）高素质的理论教育队伍是宣传教育的主力军　178
　　（三）全面构建全方位、多层次、立体化教育格局　180
五、关于马克思主义理论教育的客体　182
　　（一）以广大党员干部作为理论教育的重点对象　183

（二）以青少年尤其大学生作为教育基本着力点　186

（三）全面辐射军队、农村、企业和社区各领域　189

六、关于马克思主义理论教育的原则　194

（一）坚持"学马列要精，要管用"　195

（二）坚持大力弘扬理论联系实际的马克思主义学风　197

（三）坚持正面教育与反面批判相结合　200

（四）坚持因材施教、因人制宜　203

第四章　改革开放以来党的马克思主义理论教育思想发展的突出特色　　206

一、政治化主导的社会教育与个体发展的人本教育齐头并进　207

（一）工具性目的：从政治化角度实现对人的社会化塑造　207

（二）理论教育的逻辑起点：从人的现实需要出发　209

（三）价值目标与最终归宿：尊重人性，促进人的全面发展　212

二、意识形态性教育、科学性教育和思想性教育实现有机统一　214

（一）动力之源："政治形态"意识形态观念的建构与完善　214

（二）协调与互动："文化形态"建设与"意识形态"建构　216

（三）兼容并序与协调发展："知、情、意、信"教育的内在统筹　218

三、政治宣传、教育教学和理论研究三者并行不悖　221

（一）紧紧围绕"社会实际问题"强化政治宣传　221

（二）构建合理的学科体系、教材体系与教学机制　223

（三）理论研究、应用研究与理论教育在发展中相互镶嵌　224

四、灌输性教育、渗透性教育和自主性教育相互融合　226

（一）普及社会主流思想基础在于正面灌输　227

（二）隐性的渗透教育蕴于显性的灌输教育　228

（三）在灌输与渗透教育过程中激发自我教育　230

五、广泛性、先进性与层次性、阶段性与发展性多维度协调　231

（一）广泛性教育是社会思想根基固化的根本路径　232

（二）先进性和层次性教育寓存于广泛性教育　233

（三）阶段性教育与发展性教育同步发展　235

第五章　改革开放以来党的马克思主义理论教育思想发展的历史地位 ………… 237

一、改革开放以来党的马克思主义理论教育思想发展的突出贡献　237

（一）马克思主义理论教育思想的资源宝库得到极大充实　238

（二）马克思主义在我国意识形态领域的指导地位得以稳固　242

（三）为中国特色社会主义建设事业的顺利开展提供坚实的思想保障　243

（四）为创建马克思主义学习型政党和学习型社会提供理论指南　244

二、改革开放以来党的马克思主义理论教育思想发展的历史局限　245

（一）思想体系的构建尚不完善，在深度和广度上存在薄弱环节　245

（二）马克思主义理论教育思想与实践之间存在割裂和断层　247

第六章　在新的实践中坚持和发展马克思主义理论教育思想 ………… 250

一、继续坚持改革开放以来党的马克思主义理论教育思想　250

（一）坚持改革开放以来党的马克思主义理论教育思想的基本原理　251

（二）坚持改革开放以来党的马克思主义理论教育思想的科学精神　253

二、深化发展改革开放以来党的马克思主义理论教育思想　254

（一）以发展的理念创新理论资源，深化马克思主义理论教育思想的时代内涵　255

（二）以辩证的观念汲取文化资源，提升马克思主义理论教育思想的文化意蕴　257

（三）以科学的理念应用科技资源，强化马克思主义理论教育思想的感染力和实效性　259

（四）以务实的精神推进教育实践，防止和杜绝马克思主义理论教育思想与实践相脱节　261

结束语 ………… 263

参考文献 ………… 267

后　记 ………… 280

导　论

马克思主义理论教育活动是无产阶级政党运用马克思主义的思想体系和理论旗帜教育、武装无产阶级和广大群众并以此来改造世界、把握世界的一项重要社会实践。它伴随马克思主义的诞生而产生和发展，是巩固马克思主义意识形态指导地位，传播和发展马克思主义及推进社会主义事业的重要途径，在社会主义革命、改革和建设中功不可没。马克思主义理论教育犹如一把熠熠生辉、锋芒毕露的利剑，始终挺立时代潮头、披荆斩棘、荡涤思想浮尘，促使马克思主义的影响洒遍世界各个角落，引领和推动社会主义驶向人类美好生活的理想彼岸。时代的千淘万漉在彰显和折射出马克思主义的本真价值与真理魅力的同时，一次又一次深刻印证了马克思主义理论教育的强大现实指向力、解释力和超越时空的魅力。

改革开放三十多年来，以邓小平、江泽民、胡锦涛和习近平为主要代表的中国共产党人始终把马克思主义理论教育摆在重中之重的位置，在积极汲取经典作家的马克思主义理论教育思想精华的基础上，紧密结合我国改革开放和现代化建设的时代主题，不断根据实际形势的发展变化创新马克思主义理论教育思想，创造性提出一系列既一脉相承又与时俱进的理论认识和理论原理，形成一套相对完整、科学和独具中国特色的马克思主义理论教育思想。在时代风云变幻莫测的今天，系统挖掘、梳理和研究改革开放以来党的马克思主义理论教育思想具有极为重要的时代价值和意义。

一、研究对象

作为马克思主义理论教育研究中的一个新课题，本文研究的核心内容——改革开放以来党的马克思主义理论教育思想，在现阶段内还未引起学术界重视，依据现有的资料考察，学术界虽有零星涉及，但是未对其进行横向、纵向的系统深入研究,因而本课题是马克思主义理论教育系列研究中的一个具有创新性意义的研究项目。为清晰阐述这一全新的概念,在行文研究之前,首先必须对与此研究对象相关的基础性概念作一个清晰的界定,对文章中所涉及的基础概念进行明确的说明,即对"马克思主义理论教育""改革开放以来党的马克思主义理论教育思想"等相关概念的内涵与外延予以框定和解读,以期更为明确地把握研究对象本身的特殊性,更好地说明将要研究的问题,为下文论述提供铺垫。

(一)关于"马克思主义理论教育"的理解

改革开放以来,人们在探索与研究马克思主义理论教育的过程中,在关注"怎样教育""如何教育""谁来教育"以及"用什么教育"等问题时,始终贯穿着这样一种思索——"马克思主义理论教育是什么"。正是在不断地审视和深刻反思这一问题,拨开笼罩于马克思主义理论教育头上的种种迷雾与认识误区的基础上,这一时期的马克思主义理论教育思想实现了一系列重大突破与创新。对于马克思主义理论教育概念与含摄的理解,学术界一般认为"马克思主义理论教育是无产阶级政党用马克思主义的立场、观点和方法去宣传群众、教育群众、武装群众,使人民群众懂得社会发展的基本规律,认清工人阶级的根本利益和历史使命,坚定社会主义信念,树立共产主义远大理想,并为此而努力奋斗的一项社会实践活动"。① 但笔者认为,在规范意义上这还不算是一个严格的概念,从规范的角度考虑讨论马克思主义理论教育的科学理解问题应该分别研究理论教育与马克思主义的概念之含摄。

研究理论教育的本质内涵,首先必须对"教育"这一关键性组成概念进行话语分析。这是因为"教育"作为一种活动的方式和手段,直接限定了理论教育的活动状态和运行模式。理论教育只有按照教育的一般方式、遵循教育的一般规律进行,才能真正达到预期教育目标。因而,能否准确理解和科学界定"教育"的本质内涵,直接影响到理论教育本质内涵的探讨和框定。关于"教育"的本质内涵,虽然不同的学者从不同视角出发作出了不同的解释,但在纷繁复杂的诠释之中实质上主要存在两种截然相反的观点。一种观点是"工具性本质论",即强调教育的根本目的在于通过"以知识武装人"推动人的社会化塑造,培养阶级和阶级社会需要的人才。例如,杨贤江指出:"教育是社会上层建筑之一,是观念形态的劳动领域

---

① 张新、徐建文:《中国共产党加强马克思主义理论教育的若干思考》[J].《思想教育研究》2009 年第 5 期。

之一,是以社会的经济结构为基础的。"①新中国成立以后,伴随苏联教育理念的传入,这种观点迅速赢得了相当一部分人士的认同和支持,学界对"教育是一种特殊的上层建筑"的看法基本没有疑义。与此相对立的另一种观点是"目的性本质论",即强调教育的终极目的在于通过"以思想塑造人"实现受教育者的精神塑造和思想建构。例如,雅斯贝尔斯指出,教育"是人对人的主体间灵肉交流活动(尤其是老一代对年轻一代),包括知识内容的传授、生命内涵的领悟、意志行为的规范、并通过文化传递功能,将文化遗产教给年轻一代,使他们自由地生成,并启迪其自由天性"。② 杜威提出:"教育的意义的本身就在改变人性以形成那些异于质朴的人性的思维、情感、欲望和信仰的新方式。"③长期以来,学界有关"工具性本质论"和"目的性本质论"的争论一直未能尘埃落定。但就根本而言,工具性和目的性两者并不是势不两立的,相反它们都是教育本质之中不可或缺的两个方面,即教育既应高度重视人的社会化发展、满足阶级和社会发展的需要,也应高度关注人的个性发展、促进人的发展和完善。只有这样,才能正确处理好和协调好个体发展和社会发展的交互关系。否则,任何的"顾此失彼"或"非此即彼"都是对教育本性的误读及对教育运动规律的违背。

通过对理论教育中"教育"地位与内涵的剖析可以看到,理论教育作为一种教育活动,必须合乎教育本性,遵循教育规律,体现教育的"工具性"和"目的性"双重本质。具体而言:其一,理论教育必须担负起通过宣传普及理论"以知识武装人",实现人们对知识体系地系统把握和人的社会化塑造的重任;其二,在理论教育过程中,知识层面的教育仅应作为初级教育目的而存在,而包含思想、情感和价值观在内的价值层面的教育应是教育的终极目的,理论教育旨在"以思想塑造人"。这是因为"教育过程首先是一个精神成长过程,然后才成为科学获知过程的一部分"。④ 由此概言之,理论教育在发挥工具性能教会人们某一既定理论是什么、满足人的文化需要、塑造社会人的同时,还必须发挥目的性能引导人们了解该理论蕴含的思想精神和价值取向,推进人的精神建构与塑造。在此意义上,具体

---

① 杨贤江:《新教育大纲》[M]. 北京:人民教育出版社1961年版,第10页。
② [德]雅斯贝尔斯:《什么是教育》,邹进译[M]. 上海:生活·读书·新知三联书店1991年版,第3页。
③ [美]杜威:《人的问题》,傅统先等译[M]. 上海:人民出版社1966年版,第155页。
④ [德]雅斯贝尔斯:《什么是教育》,邹进译[M]. 上海:生活·读书·新知三联书店1991年版,第30页。

至马克思主义理论教育,"理论教育"作为一种活动的方式和手段,同样限定了马克思主义理论教育的实现路径和运作模式。马克思主义理论教育必须按照"理论教育"的上述规律和本性进行,即不仅要围绕马克思主义基本原理和科学体系开展"知识理论教育",使人们了解马克思主义的理论内容,服从和服务于社会发展,而且要以传承马克思主义经典作家从实践中得来的用以分析和解决问题的世界观和方法论为目的开展"价值理论教育",使马克思主义真正成为人们探寻生活与生命的意义、追求正确生存方式的精神指南,服务于人的个性发展。

明确了"理论教育"在马克思主义理论教育话语构成中的重要意义与地位之后,还需要进一步对"马克思主义"一词作相关剖析。就根本而言,马克思主义理论教育的本质特性是由"马克思主义"一词来限定和体现的。有关"马克思主义"的科学理解问题,从马克思主义经典作家到现阶段学术界,都基于不同的视角和侧重点对其作出了不同的探讨与回答。但无论是从马克思主义的发生、结构、内涵加以阐述,还是从它的功能和命运等方面进行诠释,关键还是要抓住马克思主义的根本属性和本质特征,这也是我们准确把握马克思主义理论教育本质的根本所系。围绕这一问题,国内许多学者也作了多维解析。① 笔者认为把握这一问题需要注意以下四个方面的统一。

首先,意识形态性。什么是"意识形态"②(ideology)? 长期以来,思想界与学

---

① 如胡子克先生认为,马克思主义具有鲜明的阶级性、科学性、实践性和批判性。(见胡子克:《马克思主义理论教育概论》[M]. 北京:人民出版社2005年版。)宋士昌强调,时代性、阶级性、人民性是马克思主义本质属性说在。(见宋士昌:《"三个代表":马克思主义本质的集中体现》[J].《东岳论丛》2003年第4期。)

② 对于"意识形态"这一概念的界定,目前思想界和学术界基于"马克思的否定性意识形态论"展开了进一步探讨,在众多分歧中存在两种截然不同的极具代表性的看法:其一,意识形态是一个负面的、否定性的概念,是狭隘的、虚伪的和虚假的观念,如何中华先生认为,"意识形态总是某种阶级的狭隘利益和独断话语的'修饰词',其自身的三种遮蔽决定了它的虚伪性"。(何中华:《马克思主义哲学具有意识形态性吗?》[J].《洛阳师范学院学报》2003年第6期)其二,意识形态是肯定性意义上的概念,具有科学性,如俞吾金先生指出,"在列宁时代,马克思主义已成长为当时的社会意识中的一股巨大的精神力量,笼统的批判意识形态的虚假性,实际上也就否定了马克思主义的科学性"。(俞吾金:《意识形态论》[M]. 上海:上海人民出版社1993年版,第208页)在笔者看来,"意识形态"这一术语的含义及其性质有一个发展嬗变的过程,马克思对意识形态的看法并非完全否定的,他的意识形态理论存在于双重维度:一是否定性维度,马克思不仅无情地批判了当时那些以唯心主义为前提的"旧意识形态",还深刻地揭露了资产阶级意识形态为本阶级利益而言说的虚伪姿态;二是建设性维度,在马克思看来,当意识形态作为"观念的上层建筑"服务于社会的发展与变革时,具有建设性的功能和价值。

术界中普遍存在广泛争论和诸多分歧,至今尚未有一个统一的定论。但根据意识形态一词最流行、最广泛的解释来看,"意识形态"主要指在社会生活中占统治地位,支配、调控和规约社会成员思想和行为的观念学说与价值体系,具有鲜明的政治导向性与精神塑造性,是一个国家生存发展的灵魂以及维护国家安全的思想根基。具体至"马克思主义",虽然马克思恩格斯在世时他们并没有把自身理论看作意识形态,但作为无产阶级翻身求解放的思想武器,马克思主义却有着真实、彻底而浓厚的阶级性和政治性。它不仅对资产阶级企图遮蔽的资本主义经济与社会本质展开鞭辟入里的批判和揭露,明确提出消灭一切剥削制度,而且把最终解放全人类作为自身奋斗的终极目标,成为推动社会主义革命与社会变革的巨大精神力量,事实上已经具备意识形态教化的社会功能。特别是在工人阶级成为执政阶级以来,(中国的)马克思主义作为整合思想领域的"软权力",承载着传播社会主义主流思想、价值观念和理想信念,引导全社会达成普遍的思想共识、价值认同和情感共鸣的重任,已转化为表达各阶层整体利益诉求和精神寄托的意识形态。近年来,许多资本主义国家大肆鼓吹"意识形态的终结",但透视其背后隐藏的思想实质不难发现,他们旨在终结的仅仅是社会主义意识形态,而对于自身的意识形态灌输却是"表面弱化、实际加强"。事实雄辩地证明,能否抢占意识形态领域的话语权直接关系到一个国家的安危与存亡,马克思主义在我国的"意识形态性"话语底线不仅不能弱化,相反必须凸显。

其次,科学性。从1848年《共产党宣言》发表至今,马克思主义已经走过一个半多世纪的风雨历程。一百多年来,尽管世界历史风云变幻,但马克思主义无论是被责难、驱逐或企图埋葬,其生命之花始终迎风绽放。尤其是近年来,"资本论热""马克思热"再度升温,各种"我仍看重马克思主义"(吉登斯)、"马克思主义没有过时"(哈贝马斯)的声音此起彼伏。为什么马克思主义在当代视野中仍永葆青春?根源正是在于其内容上的真理性和方法论上的正确性。马克思主义是马克思恩格斯在批判继承前人优秀成果的基础上产生的,不仅包含了以辩证唯物主义和历史唯物主义为理论基石的哲学体系,而且以此为基础剖析了资本主义社会的内在矛盾,深刻阐明资本主义本质,继而又从分析资本主义现实的经济关系着手,用生产力和生产关系、经济基础和上层建筑的矛盾解释人类历史的发展变化,论证无产阶级必然是资产阶级"掘墓人"历史使命,从而构建起完整的政治经济学和科学社会主义理论体系,为饱受剥削的工人阶级指明方向。作为一个结构完整、逻辑缜密的学说体系,马克思主义深刻揭示了自然界、人类和思维的普遍规律,为人们认识世界、分析问题提供了整套科学的世界观、方法论以及宝贵的理论文本。不仅如此,作为一个开放的体系,它还时刻随人类实践的发展而不断创新,总能准确适时解答时代进步提出的新课题。

再次,实践性。众所周知,唯物辩证的实践观是马克思主义的首创,也是构成马克思主义理论体系的基石。其实,不仅如此,建构在"科学实践观"基础上的马克思主义自身也无不闪现着显著的实践性精神和实践性品格。作为一个科学的理论体系,马克思主义一方面源于实践,是马克思恩格斯在科学地吸收、概括和总结无产阶级实践经验的基础上得来的。另一方面,它又是指导无产阶级和全人类解放运动的科学指南,其理论锋芒直指现实。它从不仅仅"把新的科学成就写成厚厚的书,只向'学术'界吐露"①,而是深入到实践中把这门科学理论与各国具体的革命实际紧密相连,教育和唤醒广大无产阶级,在与全世界无产阶级联合起来共同革命与建设的实践中接受检验,并成为认识和改造世界最强大的思想武器。不仅如此,从实践中得来的马克思主义,还不断在实践中经受检验并丰富、发展和完善,时刻以世界全局和与时俱进的战略眼光迎接现实问题,使自身理论契合时代精神和社会发展的新需要。可以说,马克思主义不仅是从实践中得来的理论,更是在实践中傲然前行的理论。

最后,人本性。在马克思主义全部理论尤其是有关历史科学的概述中,生产力毋庸置疑是极为关键性的概念。有人因此评价马克思主义只见物不见人,崇尚高度集中的计划经济体制,严重背离人的"自由"本性,甚至泯灭人性;也有人因此将马克思主义的无产阶级党性、阶级性与人性割裂对立地看待。事实上,这些观点恰恰与马克思主义的本意背道而驰,就马克思主义的本质而言,它最关注的恰恰是人的解放与发展问题。马克思曾深刻指出,"人始终是一切实体性东西的本质"②。他也曾多次告诫人们,"'历史'并不是把人当作达到自己目的的工具来利用的某种特殊的人格。历史不过是追求着自己目的的人的活动而已"③。恩格斯晚年也一再强调,马克思主义的基本信条在于"代替那存在着阶级和阶级对立的资产阶级旧社会的,将是这样一个联合体,在那里,每个人的自由发展是一切人的自由发展的条件"④。可以说,在马克思主义发展的逻辑脉络中,"人的解放理论"

---

① 《马克思恩格斯选集》第 4 卷[M]. 北京:人民出版社 1995 年版,第 197 页。
② 《马克思恩格斯全集》第 3 卷[M]. 北京:人民出版社 1992 年版,第 52 页。
③ 《马克思恩格斯全集》第 2 卷[M]. 北京:人民出版社 1957 年版,第 118 - 119 页。
④ 《马克思恩格斯选集》第 1 卷[M]. 北京:人民出版社 1995 年版,第 294 页。

这一核心命题不仅是构成马克思主义整个理论大厦的逻辑起点和最终归宿,而且渗透于其全部思想体系之中。在马克思主义全部著作中,无论哪一方面内容的阐述与逻辑展开,都没有离开"人"的问题。"全人类解放与发展"既是马克思主义理论追求和终生践履的目标所在,也是其一切社会历史科学关注的核心问题,人本精神在整个马克思主义学说体系中熠熠生辉。

从上述分析中可见,有关马克思主义的本质属性,可以用一个简单的公式来概括,即马克思主义的本质属性 = 鲜明的意识形态性 + 彻底的科学性 + 自觉的实践性 + 坚定的人本性。这个公式深刻表明,只有将这四个方面有机统一起来,才是对马克思主义的完整解读,这也是马克思主义区别于其他社会科学和自然科学的根本特征。以上四个特性也决定了作为一种以马克思主义为教育内容的教育活动——马克思主义理论教育——不仅具有理论教育的普通特征,需要遵循理论教育的一般规律,而且具有区别于其他理论教育的特殊性,具体表现在:其一,在教育内容上,一方面具有浓厚的意识形态性和政治性,即教育全过程始终受社会化需要特别是政治社会化需要的规约,必须服从和服务于政治与意识形态建设,具有强烈的价值导向性;另一方面具有科学性,以马克思主义的科学体系和基本原理为核心内容,开展"知识理论"和"价值理论"教育,引导人们学习马克思主义的科学原理与科学方法论,领悟马克思主义所蕴含的思想精神和价值追求。其二,在教育目的上,具有非常鲜明的精神塑造性和人本指向性,以人的全面自由发展这一价值旨归,从思想上把握人,实现人的精神世界建构与完善。其三,在教育形式上,它是一项与时俱进的实践活动,不仅要以马克思主义经典作家的著作为教学文本,而且要以不断发展着的马克思主义理论为施教内容,并不断实现教育渠道、方法和手段等方面的突破创新。

在对马克思主义理论教育的相关概念作出相应考察后,可以对马克思主义理论教育本质内涵作这样简要的概括:马克思主义理论教育是指无产阶级及其政党为实现或巩固统治,保障社会和谐有序发展,有计划地向社会成员施加一定的意识形态影响——从满足个体的实际需求出发,以马克思主义和发展着的马克思主义所蕴含的"知识理论"和"价值理论"为主要内容,以理论教育为手段,遵循理论教育的一般性规律,既满足社会意识形态教化需要和个体政治化需求,又注重对个体的思想引导与精神建构——以引导社会成员形成共有的政治觉悟、政治意识、政治观念和政治信仰,达成普遍的思想共识,并最终实现全体社会成员的全面自由发展的教育活动。概言之,马克思主义理论教育所要解决的问题是如何教化民众对于马克思主义达成"知""信"和"行"。这不仅是马克思主义理论教育思想关注和研究的核心内容,而且是马克思主义理论教育思想得以实现的中间环节。对于马克思主义理论教育研究者来说,要深入学习和研究改革开放以来党的马克思主义理论教育思想的发展,首先必须对马克思主义理论教育的本质内涵有准确把握。只有搞清楚什么是马克思主义理论教育这一基础性问题,才能对改革开放以来党的马克思主义理论教育思想发展作出科学的定位。

(二)有关"改革开放以来党的马克思主义理论教育思想"的理解

改革开放以来党的马克思主义理论教育思想研究是一个集前沿性、应用性和基础性于一体的崭新课题。为了使改革开放以来党的马克思主义理论教育思想的研究更加清晰、明确和集中,同样必须对"思想""改革开放以来党的马克思主义理论教育"等相关组成概念做价值上的判断和事实上的追寻,从而为探究改革开放以来党的马克思主义理论教育思想的本义作一预设和规识。

关于"思想"的界定,人们往往看法不一。大致分为三类:其一,思想是人脑对客观存在的反映,是一种"主观见之于客观"的结果。从这个角度上讲,思想是一个由多种要素构成的综合系统,它包含全部制约人的行动的各种精神因素的总和。如有直接支配人的行为的因素——动机系统,包括"需要""兴趣"等;有调节人的行为动机的因素——心理过程系统,包括"情感""信念"等;有指导人们行动动机的因素——观念系统,即人们的认识内容和认识水平,包括哲学观点、政治观点、伦理观点等。① 其二,思想既是一种通过思维活动进行理性认识的过程,也是一种通过思维活动进行理性认识的结果。毛泽东在《人的正确思想是从哪里来的?》中曾深刻地指出,虽然人们对客观事物的认识和理解在开始时往往是感性的,但是"这种感性认识的材料积累多了,就会产生一个飞跃,变成了理性认识,这就是思想。这是一个认识的过程"。② 其三,思想作为一种理性认识的结果,主要呈现为一种思想体系。具体至本文研究的主体对象——改革开放以来党的马克思主义理论教育思想中的"思想",意在展现的则是后边两个层面的内容,即已经升华为理论、主张和观点等理性认识或思想体系的思想,而不是泛指尚处于感性认识阶段、单纯作为某种精神现象的思想。

明确了改革开放以来党的马克思主义理论教育思想中"思想"所指代的大致

---

① 陆庆壬主编:《思想政治教育学原理》[M].上海:复旦大学出版社1986年版,第3页。
② 《毛泽东文集》第8卷[M].北京:人民出版社1999年版,第320页。

范围之后，还需要进一步对"改革开放以来党的马克思主义理论教育"作相关剖析。从追本溯源的角度看，改革开放三十多年来，以邓小平、江泽民、胡锦涛和习近平为主要代表的中国共产党人在认真反思和深刻总结"文化大革命"历史教训的基础上，以建设中国特色社会主义伟大事业为发展契机，相继开启对"什么是马克思主义、怎样对待马克思主义，什么是社会主义、怎样建设社会主义，建设什么样的党、怎样建设党，实现什么样的发展、如何发展"①等一系列重大理论问题和实际问题的科学探索和理性回答。在这其中，有关"什么是马克思主义理论教育、如何进行马克思主义理论教育"的反思与追问，也是贯穿其始终的重要问题。围绕这一问题，中国共产党人积极立足于国际国内形势的发展变化，认真研究新形势下马克思主义理论教育的新情况和新特点，从理论层面上和实践层面上对马克思主义理论教育的目的、内容、路径、主体、客体和原则等根本性问题展开全面探索并取得一系列辉煌成就。

在理论层面上，以邓小平、江泽民、胡锦涛和习近平为主要代表的中国共产党人高瞻远瞩、审时度势，先后创造性提出了邓小平理论、"三个代表"重要思想、科学发展观和中国梦等一系列重大战略思想。作为马克思主义中国化最新理论成果，这些战略思想围绕"建设中国特色社会主义"这一共同主题，共同构成中国特色社会主义理论体系，与毛泽东思想既一脉相承又与时俱进，为新时期开展马克思主义理论教育提供崭新的内容。中国共产党人曾多次旗帜鲜明地指出"用建设有中国特色社会主义理论武装全党是一项总揽全局的根本性工作"，②要求"紧紧围绕建设有中国特色社会主义这个主题，全面系统地研究和宣传这一理论，鲜明而生动地阐释其中的基本点和精神实质，帮助广大干部、群众更好地理解和掌握这一理论武器"。③ 改革开放以来，正是因为中国共产党人在坚持马克思主义基本原理和科学体系的基础上创造性提出并确立中国特色社会主义理论体系，才使我国马克思主义理论教育的内容体系不断优化得到切实保障。与此同时，改革开放以来有关马克思主义理论教育的目的、路径、主体、客体、原则等问题的新阐发和新论述，也在党的各种重要文献资料中层出不穷且不断完善，形成具有浓厚中国特色的教育理论，极大地拓展了马克思主义理论教育的时代内涵。

---

① 《十七大以来重要文献选编》(上)[M]. 北京:中央文献出版社2009年版，第809页。
② 《十四大以来重要文献选编》(中)[M]. 北京:人民出版社1997年版，第1108页。
③ 《十四大以来重要文献选编》(中)[M]. 北京:人民出版社1997年版，第1119页。

在实践层面上,以邓小平、江泽民、胡锦涛和习近平为主要代表的中国共产党人,立足于我国现在处于并将长期处于社会主义初级阶段的客观实际,立足于经济全球化、思想文化多元化和信息网络化等全球发展趋势,立足于"两个转变"的新党情,紧密结合"用马克思主义中国化最新成果武装全党、教育人民"的时代新课题,一方面积极拓宽马克思主义理论教育的辐射范围,将高校、军队、农村、企业和社区等广泛纳入教育领域,大力培养党员干部和普通群众的马克思主义信仰。另一方面,将学习教育、典型示范、舆论导向等多样化教育路径广泛运用于马克思主义理论教育的实践过程,并将"学马列要精,要管用"、因材施教等基本原则灵活贯彻始终。此外,还不断推进克思主义理论教育的机制建设,在全社会逐步构建起全方位、立体化和多层次的教育新格局,促使马克思主义理论教育不断走向制度化、规范化和程序化。这些贯穿于丰富的马克思主义理论教育实践之中的教育路径、方法和原则,随着马克思主义理论教育实践的发展而不断得到发展和完善,与改革开放以来研究和探索马克思主义而形成的大量理论成果一道形成"两翼态势",共同服务于当代中国的马克思主义理论教育工作。

纵观改革开放以来中国共产党人在理论层面和实践层面对马克思主义理论教育的探索与发展,虽然党的马克思主义理论教育的工作重心在不同历史时期各有倾侧,但是通过对纷繁复杂的内容进行系统提炼和整合,在把握共性和规律性的基础上却不难发现,中国共产党人有关马克思主义理论教育目的、内容、路径、主体、客体和原则等一系列基本问题的认识既一脉相承又与时俱进,共同统一于教育实践过程中。总体而言,以邓小平、江泽民、胡锦涛和习近平为主要代表的中国共产党人对马克思主义理论教育的发展都逐步跳出传统理念的束缚,既不再将政治化需求和社会发展的需要完全强加于人的发展上,忽视教育对象的真实存在,也不完全倾向于个体脱离社会的自然发展,而是在全面兼顾人的发展和社会发展的基础上,剥离种种外在的强求,把实现人的全面发展与完善作为马克思主义理论教育的终极目标,坚持意识形态性、科学性、思想性和人本性的辩证统一,使马克思主义理论教育的目的、内容、路径、原则等都紧紧围绕社会发展和人的自由全面发展的双重需求而展开,实现由"社会教育"到"人本教育"的软着陆。可以说,正是在这种对马克思主义理论教育本性不断展开反思与追问的过程中,在对历史的不断继承、扬弃和突破中,改革开放以来党的马克思主义理论教育不断实现发展、完善和超越,形成独具中国特色的教育模式。

在对"思想"这一相关组成概念作出界定并对"改革开放以来党的马克思主

理论教育"作出简单考察之后,可以给改革开放以来党的马克思主义理论教育思想作这样的简要概括:改革开放以来党的马克思主义理论教育思想是指改革开放以来以邓小平、江泽民、胡锦涛和习近平为主要代表的中国共产党人在从马克思主义理论教育的本源意义出发重新审视马克思主义理论教育发展态势、推进马克思主义理论教育理论构建和实践建设的过程中,基于时代发展的新境遇和马克思主义理论教育发展的新需求,对"为何教育""教育什么""如何教育""谁来教育""对谁教育""如何教好"等马克思主义理论教育基本问题展开科学探索与理性回答,进而提出的一系列观点、原则、方法等理论原理或理性认识的思想总和。它是由关于马克思主义理论教育的目的、内容、路径、主体、客体和原则等方面的思想所组成的相对完整和科学的思想体系。改革开放以来党的马克思主义理论教育思想作为中国共产党人集体智慧的结晶,一方面直接体现在中国共产党人谈论马克思主义理论教育的具体问题中,另一方面间接蕴含在中国共产党人在谈论其他问题、制定一些政策、方针、路线和纲领性文件之中。

这里需要进一步明确交代的是,虽然本文研究的主体对象是"改革开放以来党的马克思主义理论教育思想",但是鉴于改革开放以来以邓小平、江泽民、胡锦涛和习近平为主要代表的中国共产党人在不同历史时期对马克思主义理论教育思想的探索是前后相继、一脉承接的,是一个在继承已有经验基础上根据社会环境的变化而不断创新发展的动态过程,因而本文将标题定义为"改革开放以来党的马克思主义理论教育思想发展研究"。这里的"发展",蕴含丰富、充实和完善的意义,旨在表明改革开放以来党的马克思主义理论教育思想不是既定的、一成不变的、一蹴而就的,而是处在一个不断丰富和完善的动态过程中,从而为文章从"追本溯源"的角度深入挖掘改革开放以来党的马克思主义理论教育思想的发展历程、以历史分期的方式系统论述改革开放以来党的马克思主义理论教育思想所取得的主要成果、以发展创新的理念深入探讨如何在新的社会实践中继续坚持和发展马克思主义理论教育思想作出预示、打下铺垫,使改革开放以来党的马克思主义理论教育思想以动态和立体的姿态展示和呈现出来。

二、研究意义

改革开放以来,中国共产党人在逐步推进中国特色社会主义建设的伟大实践中,对"为何教育""教育什么""如何教育""谁来教育""对谁教育""如何教好"等马克思主义理论教育的基本问题展开深入探索与回答,在理论研究和实践建设等方面取得突破性进展,逐渐形成独具中国特色的马克思主义理论教育思想。系统梳理改革开放以来党的马克思主义理论教育思想发展的相关内容,对于深度发掘马克思主义理论教育思想资源,对于彰显马克思主义的历史价值和时代魅力、巩固马克思主义在社会主义意识形态领域的主导地位,对于深入推进当代视野下马克思主义理论教育创新,对于全面推动马克思主义中国化、大众化和时代化,都具有极为重要的现实意义。

(一)深入挖掘马克思主义理论教育思想资源的价值诉求

改革开放以来,伴随中国特色社会主义建设的逐步推进和深入发展,我国马克思主义理论教育逐步走过一条探索、发展、创造和完善之路。从以邓小平、江泽民、胡锦涛为主要代表的中国共产党人直至以习近平为主要代表的中国共产党人,不断以改革创新的精神研究新问题、开拓新理念,开创马克思主义理论教育发展的新境地,拓展马克思主义理论教育的当代视野。从最初思想领域的拨乱反正和正本清源到马克思主义理论教育科学化和学科化的确立,从以往的少数先进知识分子传播运用到各领域的全民辐射,从先前对政治性语录的背诵到对马克思主义理论精髓和精神实质的领悟,我国马克思主义理论教育在教育内容、实现路径、辐射范围和载体手段等诸多方面不断呈现出新变化,实现质的飞跃,建立起一座又一座新的理论教育丰碑,我们也一次又一次深切感受到马克思主义跨越时空的魅力。历史雄辩地证明,改革开放以来党的马克思主义理论教育思想的不断创新发展在马克思主义理论教育发展史上意义深远,其不仅显示出巨大的历史价值,更彰显出鲜明的时代价值。那么,改革开放以来党的马克思主义理论教育思想究竟是如何在历史中继承,在继承中探索,在探索中创新,在创新中与不断时俱进的呢?要解答上述一系列问题,我们必须大力加强对改革开放以来党的马克思主义理论教育思想资源全面系统的挖掘与研究,回到历史场境中努力勾画出这一时期党的马克思主义理论教育思想发展的完整轮廓,以弥补当前该问题研究的薄弱和空缺之处,从而丰富马克思主义理论教育思想的资源宝库,为马克思主义理论教育思想的进一步发展提供有力的理论支撑。

(二)多元化视域中彰显马克思主义当代价值的时代诉求

近年来,受西方社会思潮的冲击,国内思想领域主流意识形态与多元化价值观念并存已成为不可逆转的现实局面。一方面,作为我国意识形态领域的主流思想,马克思主义的指导地位受到法律的保护,得到各主流媒体的正面宣传,为众多党员干部、知识分子和群众所关注和崇敬。与此同时,从邓小平理论、"三个代表"

重要思想、科学发展观的相继提出,到中国特色社会主义理论体系的最终确立,中国化马克思主义在建设中国特色社会主义的伟大实践中不断发出时代最强音,更加稳固了马克思主义的主流意识形态地位。但另一方面,马克思主义的发展却又不是一帆风顺、径情直遂的。在当今这个多元化话语权并存、玄机频生的时代,马克思主义时刻遭受严峻的考验与挑战。各种或明或暗、或多或少的漠视、排斥、蓄意贬低乃至彻底否定马克思主义的现象仍然存在,各种"过时"了、"失败"了、"寿终正寝"了的质疑声和嘲讽声也从未停息。许多人对马克思主义存在信仰危机以及理论上的迷茫与困顿。那么,究竟该如何在多元化视域中凸显马克思主义的"当代性""在场性",彰显马克思主义的时代价值?如何基于时代底板之上抢占马克思主义的当代话语权?这其中必然需要增强人们对原生态和继生态马克思主义思想内涵和精神实质的全面认识与科学把握,而这恰恰需要发挥马克思主义理论教育的知识讲授、思想引导和精神塑造功能。改革开放以来党的马克思主义理论教育思想是马克思主义理论教育的重要资源,深入挖掘它的发展创新之处不仅是必不可少的价值选择和有效路径,也是关系到马克思主义命运的当代走向以及中国特色社会主义建设事业兴衰成败的精神条件。

(三)当代视野下创新理论教育与强化学科建设的现实诉求

在当今这个机遇与挑战并存、福祉与灾难同在的时代,在全世界步入全球化与信息化的时代,教育已经脱离传统模式的束缚,从时间到空间上都朝人的发展方向迈进,人的主体性已成为当代视野的问答逻辑。时代历史地平线的转换必然要求教育视线随之发生相应转换。但就当前来看,理论教育的理解范式和视野并没有随时代的转换而发生质的转换。具体至马克思主义理论教育,其理论、实践与当代视野下的时代诉求之间仍存在严重的脱节。一方面,就教学内容和方式方法而言,与受教育者的实际生活相脱节,许多小学时期就已经接触的内容,到大学时代仍然原封不动、原汁原味地呈现给学生,以致出现"话说三遍淡如水"的弊端;有的地方还惯用"一张嘴、一支笔、一个本"的传统教育模式,这种所谓的"真空传播"严重影响到马克思主义理论教育的实效性。另一方面,就学科建设来说,马克思主义理论教育学科的内涵发展与体系构建尚不够成熟,很多内容并没有随着理论和实践的发展而不断调整与充实,这也是马克思主义理论课实效性不强的重要原因之一。由此可见,要强化马克思主义理论教育,就必须不断加强理论教育创新和学科建设。这种现实需求恰恰也为改革开放以来党的马克思主义理论教育思想发展的探索与研究提供了契机。改革开放以来党的马克思主义理论教育思想发展对马克思主义理论教育的方式方法、教学体系和教育机制等相继展开了新的探索与实践,并实现了颇具中国风格和时代特色的创新与突破,其中蕴含的深邃思想、大量论述以及改革创新的实践精神对于推进教育的创新与发展有着不可估量的作用。深入挖掘和研究改革开放以来党的马克思主义理论教育思想的发展,对于推进马克思主义理论教育创新,强化马克思主义学科建设,巩固马克思主义理论教育的战略地位,不仅是必要的,而且是极其重要的。

三、研究概况

学术的发展是积累性的,任何研究课题的确立和深入展开都离不开对以往学术研究的系统梳理和准确把握,已有的相关研究是未来研究的前提和基础。截至目前,虽然国内外学术界尚未出现公开标明以"改革开放以来党的马克思主义理论教育思想"为研究主题的学术成果,围绕改革开放以来党的马克思主义理论教育展开整体性研究的理论成果也甚少出现,但有关马克思主义理论教育的研究及改革开放以来党的马克思主义理论教育分论部分的探索却是成果颇丰的,我们从中撷取与该选题最相关的专题进行学术梳理,为下文作铺垫。

(一)国内研究现状

1. 关于"马克思主义理论教育"的研究现状

在社会科学研究的领域内,时代转换必然会引起问题谱系的转换,这是一个不争的事实。纵使原有理解和解释范式会随着时代远去而沉沦到历史地平线之下,但是新一轮的理论解释和理论建构总是在前期已有的成果之上的创新和发展。事实上,有关"马克思主义理论教育"的研究,本身也是时代发展的逻辑延续。之前形成的研究成果正是学术界基于对时代新发展和马克思主义理论教育自身发展的省察而作出的反思与建构,研究的重点与时代发展所关注的重点高度契合,其中自然也包含对改革开放以来党的马克思主义理论教育思想发展的关注。因而,考察以往有关"马克思主义理论教育"的研究,对于深入探讨改革开放以来党的马克思主义理论教育思想发展大有裨益。

有关"马克思主义理论教育"的认识与研究问题,在国内由来已久。自从"十月革命一声炮响,给中国送来了马克思列宁主义",①众多为中华崛起而苦苦探索救国救民道路的仁人志士们就开始用马克思主义来思考中国问题。伴随中国共

---

① 《毛泽东选集》第4卷[M].北京:人民出版社1991年版,第1471页。

产党的成立,在漫长的革命生涯中,以毛泽东为主要代表的中国共产党人更是创造性地把马克思主义与中国实际相结合,从理论和实践上探索出一条独具中国特色的马克思主义理论教育发展之路。但是受当时社会条件的制约,马克思主义理论教育专门化理论研究并未能从真正意义上得以展开,相关成果大多仅是服务于革命战争的需要。新中国成立后一段时期内,马克思主义理论教育在经历过短暂的平稳发展期后,随即受"左"倾思想的影响陷入僵化停滞状态,工具性价值得到了极度张扬。在这种情况下,人们既不可能从理论上对马克思主义理论教育进行科学化总结,也不能理性展开马克思主义理论教育的科学化和学科化研究。

学术界对马克思主义理论教育专门化的学术研究,是随着20世纪80年代马克思主义理论教育学科化的恢复与发展而逐步展开的。一时间,党中央下发大量有关高校马克思主义理论教育教学的通知,不仅昭示着马克思主义理论教育的学科化建设转入正轨,而且为其科学化研究提供了政治与制度保障。2004年,伴随党中央正式实施与启动"马克思主义理论研究和建设工程",学术界迅速掀起马克思主义理论教育研究的新浪潮。此后,马克思主义理论教育的研究成果逐年递增,大量的教材、专著和学术论文等得以出版和发表。据笔者通过"中国期刊全文数据库"检索,1999年至2011年12年间,以"马克思主义理论教育"为主题词的文章共计415篇。其中,基础理论研究153篇,高校理论教育研究185篇,马克思主义经典作家的理论教育研究36篇,中外对比研究6篇。与此同时,关于马克思主义理论教育的论著也相继涌现。诸如,胡子克的《马克思主义理论教育概论》、王新农的《马克思主义理论教育规律及实效性研究》、张雷声的《新时期思想政治理论课教学方法探讨》、赵康太的《世界马克思主义理论教育比较研究》等。围绕这一问题,学术界主要从以下几个方面展开。

(1)马克思主义理论教育地位、原则等基本范畴研究

首先,关于马克思主义理论教育的地位。对此,学界主要从历史省察和时代诉求的两个维度展开深入探讨。有学者从社会发展的角度追本溯源,强调"马克思主义理论教育自产生之日起就与科学社会主义运动紧密联系,在整个科学社会主义战斗历程中,它不仅是造就工人阶级领袖的关键,是建设工人阶级政党的根本措施,是培养工人阶级与劳动人民社会主义自觉精神的重要手段,而且是识别形形色色假社会主义和战胜各种各样敌对势力的有力武器"。[①] 也有学者在审视

---

① 伟操、凡民:《马克思主义理论教育的历史地位》[J].《安徽省委党校学报》1992年第2期。

当前国内外形势的基础上剖析指出,马克思主义理论教育不仅是中国特色社会主义建设事业中总揽全局的根本性工作,是巩固马克思主义指导地位的根本举措,是建设社会主义精神文明的根本事业,是夺取社会主义建设的重要保证,更是推进党内建设的根本保障。① 还有不少学者以当前意识形态领域的新变化为研究切入点对马克思主义理论教育重要地位展开剖析,指出自冷战结束后西方资本主义国家便将"和平演变"的战略目标瞄准中国,伺机通过各种手段实施"和平演变"的图谋,扩大对中国意识形态领域的影响和渗透,因而加强马克思主义理论教育已成为巩固马克思主义在我国意识形态主导地位的迫切需要。②

其次,关于马克思主义理论教育的路径。推进马克思主义理论教育的核心和关键在于实现路径的研究与选择。针对这一问题,学界从多重维度展开重点探讨并提出诸多见解深刻、独到的观点。有学者剖析指出,目前虽然国内外有关"灌输论"的论争颇多,但在汪洋肆意的质疑和否定之声中不乏西方国家各种"和平演变"和"全盘西化"的图谋。客观而言,当前理论灌输仍应是加强马克思主义理论教育、提升意识形态领域驾驭能力的主要路径。③ 有关这一认识,学术界许多学者都达成一致共识。除此之外,也有很多学者从传播学视角、生活化视域等层面展开深入探讨。如有学者强调,要大力推进马克思主义理论教育,全面提升马克思主义教育的实效性,不仅需要实现教育路径的科普化,使广大研究工作者像科技工作者宣传和普及科学技术那样借用文学、艺术等多种渠道加以施教,而且需要实现教育路径的生活化,如在形式上要善于采用通俗易懂的大众语言表达博大精深的马克思主义理论,在内容上要善于根据我国社会发展的实际需要提炼马克思主义的核心理论,使马克思主义更加贴近群众的现实需求。④

再次,关于马克思主义理论教育的规律。对此,有学者从探究马克思主义理论教育的本质入手,将其概括为四个方面,即"一是与马克思主义发展相适应的规律;二是与无产阶级奋斗目标相适应的规律;三是与社会主义运动发展相适应的

---

① 胡子克主编:《马克思主义理论教育概论》[M].北京:人民出版社2005年版,第77页。
② 何萍:《从意识形态领域的新变化看马克思主义理论教育的重要性》[J].《黑河学刊》2010年第1期。
③ 姜金林:《"灌输论"学术论争与启示——基于马克思主义思想理论教育方法的思考》[J].《学校党建与思想教育》2009年第9期。
④ 苏百义、周奇志:《马克思主义理论教育的特点及其核心问题思考》[J].《前沿》2007年第10期。

规律;四是与受教育者特点相适应的规律"。① 也有学者基于实践考察基础之上,揭示出马克思主义理论教育的内在规律性集中体现为五个"统一",即基础性与重点性的统一、内容与形式的统一、重点性与普及性的统一、施教者与受教者的统一、教育环境与教育情境的统一等。② 此外,还有学者分别从马克思主义的理论特点与受教育者接受马克思主义的现实需求双重角度展开探讨,将马克思主义理论教育的核心规律定位于"使受教育者掌握和运用马克思主义立场观点方法"。③ 同时,该学者还从四个层面对这一规律作了详细解读,即"坚持马克思主义立场观点方法,用马克思主义发展的最新成果武装广大人民群众;坚持马克思主义的整体性,以马克思主义立场观点方法教育广大人民群众;牢牢把握马克思主义立场观点方法的本质,围绕促进人的全面发展开展马克思主义理论教育;坚持阶级性与科学性的有机统一,在与各种错误思潮相比较中加强马克思主义理论教育"。④

最后,关于马克思主义理论教育的原则。学术界在讨论马克思主义理论教育问题时,也有学者从基本原则的角度涉及此问题。有学者认为,马克思主义理论教育必须坚持政治原则、文本原则、人本原则、理论联系实际原则、与时俱进原则等五项基本原则。在此基础上,又进一步指出"由于马克思主义是我们党和国家的指导思想和理论基础,因而马克思主义理论教育必然具有社会主义教育的本质,具有鲜明的政治性,必须坚持政治原则;由于马克思主义是以原著或者说以经典著作形式存在的科学体系,因而理论的这种特殊性亟待马克思主义理论教育深入挖掘马克思主义文本内涵,在教育教学中坚持文本原则;由于马克思主义不是教义而是行动指南,提供的不是现成答案而是进一步研究的出发点,因而马克思主义理论教育必须坚持与时俱进原则"。⑤ 此外,李素霞在《全球化背景下的马克思主义理论教育》一文中,基于对全球化语境的省察分析指出,全球化背景下马克思主义理论教育的教育理念和方式已经发生深刻改变,要增强教育的感召力,必

---

① 胡子克主编:《马克思主义理论教育概论》[M]. 北京:人民出版社 2005 年版,第 132 页。
② 牛玉峰、黄立丰:《论马克思主义理论教育中国化的特点及其规律》[J].《北华大学学报(社会科学版)》2009 年第 1 期。
③ 王琴华、罗成富:《马克思主义理论教育规律探析——以掌握和运用马克思主义立场观点方法为核心》[J].《求实》2009 年第 9 期。
④ 王琴华、罗成富:《马克思主义理论教育规律探析——以掌握和运用马克思主义立场观点方法为核心》[J].《求实》2009 年第 9 期。
⑤ 袁斌昌:《论马克思主义理论教育的基本原则》[J].《学校党建与思想教育》2008 年第 1 期。

须遵循开放性、综合性、主动性的原则,实现教育"由封闭性到开放性、由单一性到综合性、由被动性到主动性的现代转型"。①

(2)高校马克思主义理论教育研究

高校马克思主义理论教育作为大学生思想政治教育的主渠道,对于推进大学生精神世界的构建、人格的养成和人性的提升,对于巩固马克思主义在高校的主流意识形态地位,都具有至关重要的作用。如何抢占高校这一马克思主义理论教育的主阵地,牢牢把握高校马克思主义话语权,不仅关系到人才素质的培养,更关系到社会主义建设的发展方向。因而,高校马克思主义理论教育历来备受党和国家重视,有关这方面的研究亦是学术界关注的重点。从学科建设、教育实效性的提升,到教育教学队伍的建设,学界都展开了较为广泛的探讨。

有关"学科建设"的问题,自从马克思主义理论被确立为一级学科以来,已成为学术界关注的重中之重。据笔者通过中国期刊全文数据库检索,2005年至2011年6年间,仅以"马克思主义理论学科建设"作为篇名发表的文章就已达185篇。学者们围绕马克思主义理论学科建设的出发点、基本要求、课程建设等作了诸多探讨。例如,张雷声教授强调,要强化马克思主义理论学科建设,就必须"明确学科发展思路,在凝练学科方向上下功夫;明确学科建设方向,在提高教学质量上下功夫;明确学科建设责任,在增强教师的学术素养上下功夫;明确学科发展目标,在夯实学生的理论基础上下功夫"。② 郑永廷教授指出,建设马克思主义理论学科,不仅必须"以马克思主义经典著作为根据,以马克思主义基本原理为基础,围绕我国社会发展与人的发展的实际问题开展研究,而且必须有开放的国际视野"。③ 不仅如此,教育部和全国一些高校还纷纷召开各种形式的研讨会针对学科建设展开探讨。诸如,2006年4月,华东师范大学组织召开"马克思主义理论学科建设"研讨会,与会学者们对学科建设的定位与建设思路等问题展开了交流和讨论;2007年4月,"马克思主义理论学科建设"研讨会在复旦大学再次召开,学者们就如何进一步加强学科建设作了深入探讨。

有关"实效性"的问题,也是贯穿于高校马克思主义理论教育研究始终的重要

---

① 李素霞:《全球化背景下的马克思主义理论教育》[J].《当代世界与社会主义》2010年第6期。
② 张雷声:《高校马克思主义理论学科的建设与创新》[J].《高校理论战线》2009年第1期。
③ 郑永廷:《马克思主义理论学科建设的基础与视野》[J].《思想理论教育导刊》2005年第10期。

方面。针对这一问题,有学者着重对影响马克思主义理论教育实效性的因素作了深入探讨,认为正是由于课程本身的性质决定了实效性提升的难度,学生主体地位的缺失限制了实效性的发挥,体制和机制的不完善阻碍了实效性的提升。① 也有学者指出,教育实效性较低历来是影响高校马克思主义理论教育发展的核心问题,而要彻底打破这种尴尬状态就必须对教育理念、教育内容和教育路径等进行全方位创新,积极寻求"理论体系和内容的科学性、教育方法与时代和教育对象特点的适应性"。② 还有学者提出,要对本科生、硕士生和博士生实施"分层"教育,通过确定不同阶段的培养目标和教学方法、精心选定教学内容、编著高水准的教材,使这三个层次保持由少而博、由浅入深的内在联系,从而切实提升马克思主义理论教育教学的实效性。③ 值得特别注意的是,在"实效性"的研究中,由于"教学方法"被人们视为影响实效性的关键性因素,因而有关这方面的研究往往被人们单独列出加以着重考察,并已逐渐发展成为独立的研究课题。如石云霞主编的《"两课"教学法研究》一书,不仅系统梳理我国传统德育教学法的演化发展历程和主要成就,而且着重探讨"两课"教学的教学规律、基本原则、一般方法、具体方法和具体手段等诸多内容。单就教学法来看,就广泛涉及教学的讲授方法、管理方法、研究方法和评估方法等。总体而言,近年来学术界在深入考察时代新发展、马克思主义理论课特有的学科规律及教育对象的思想特点的基础上,在理论探索和教学实践中逐渐构建起案例教学法、探究式教学法、情感教学法、信息技术教学法、实践教学法等众多较为典型的教学方法。

在有关高校马克思主义理论教育的研究中,关于"教育的主客体关系"和"队伍建设"的问题,学术界也有较多涉及。其中,针对"教育的主客体关系"这一问题,学者们主要是从马克思主义人学观视角展开深入探讨。如有学者指出:"马克思主义人学对作为主体的人的作用的发挥提出了'实践性'、'自主性'和'能动性'等现实要求,这对于马克思主义理论教育实践主体建设有着重大意义。"④在

---

① 杜利英、杨晓:《影响高校马克思主义理论教育实效性的因素》[J].《教育与教学研究》2010年第12期。
② 王平、康秀云:《高校马克思主义理论教育创新的几个维度思考》[J].《东北师大学报(哲学社会科学版)》2005年第6期。
③ 刘俊奇:《高校马克思主义理论分层教育刍议》[J].《中南民族学院学报(人文社会科学版)》2001年第2期。
④ 牛玉峰、王燕丽、黄立丰:《高校马克思主义理论教育实践主体建设的几点思考——基于马克思主义人学观的视角》[J].《思想教育研究》2001年第1期。

此基础上,进一步提出高校马克思主义理论教育教学必须积极改善以往异己的、不和谐的师生关系,努力构建一种相互承认、相关尊重、相互理解、相互塑造和相互改善的新型师生关系。对于"队伍建设"问题,有学者着重从提升教育队伍能力的角度入手展开研究,指出要加强马克思主义理论教育队伍建设,最为首要和关键的任务是提升教育队伍的四种能力,即提高正确阐述马克思主义理论的能力、研究和回答重大现实问题的能力、推进理论体系向教学体系转换的能力、综合运用各种方法和手段的能力。① 也有学者认为,要建设一支政治素质过硬、业务技术精湛的马克思主义理论教育队伍,不仅要采取切实有效的措施,如实行老中青帮扶机制和建设完善专业性和社会性的考评机制等,而且要给予充分的经费支持,为队伍建设提供良好的社会环境。②

(3)马克思主义经典作家的理论教育思想研究③

马克思主义经典作家作为引导时代前行的科学和思想巨匠,不仅是创立、发展和创新马克思主义理论的思想先驱,为人类社会的发展进步提供伟大的思想资源,而且是致力于结合无产阶级政党的建立及国际工人运动的发展不断向无产阶级和劳苦大众进行马克思主义理论教育的推动者。在指导无产阶级革命和科学社会主义建设的实践进程中,他们大力推进马克思主义理论教育的发展创新,为马克思主义的广泛传播奠定了坚实的基础。可以说,马克思主义之所以能够始终"葆其美妙之青春"、④真理之光永照千秋,无不凝聚着经典作家的不朽功勋。近年来,为系统研究经典作家有关马克思主义理论教育的相关理论与实践,有效地汲取其内在精髓,学术界着重围绕马克思、恩格斯、列宁、毛泽东等经典作家的马克思主义理论教育思想展开初步性探讨。

首先,关于"马克思恩格斯的马克思主义理论教育思想"。韩玲在《马克思的理论教育思想研究》一书中着重从历史基础、发展历程、理论阐说和时代回响等多重视角对马克思的马克思主义理论教育思想展开初步探讨和系统梳理,力求从整体上客观准确地反映马克思理论教育思想的逻辑脉络和思想实质,勾画出马克思

---

① 庞仁芝、胡延波:《大力加强马克思主义理论教育队伍的能力建设》[J].《高校理论战线》2005年第8期。
② 綦玉帅:《增强高校马克思主义理论课实效性的路径选择》[J].《学理论》2010年第12期。
③ 虽然就当前学术界的普遍观点来看,马克思主义经典作家应包括马克思、恩格斯、列宁、斯大林、毛泽东、邓小平,但是基于研究和写作的需要,此处把有关邓小平的马克思主义理论教育思想划归至改革开放以来的马克思主义理论教育思想中详细介绍。
④ 《毛泽东选集》第2卷[M].北京:人民出版社1991年版,第686页。

理论教育思想体系的总体轮廓。① 郑洁在《恩格斯理论教育思想研究》一书中,则在探讨恩格斯的马克思主义理论教育思想产生的历史背景、历史条件及发展过程的基础上,重点概述恩格斯有关马克思主义理论教育的地位与价值、方法与路径、教育者与受教育者、载体的思想,并从历史与现实相结合的角度,阐述了恩格斯的马克思主义理论教育思想的历史启示与时代价值。② 此外,也有学者在回顾恩格斯的马克思主义理论教育思想的基础上,择其要者而概述到,"恩格斯的马克思主义理论教育思想的思想内核在于理论与实践相结合,思想灵魂在于坚持鲜明的无产阶级党性原则,思想主旨在于造就全面自由发展的人"。③ 但就总体研究现状来看,毫不讳言,有关"马克思恩格斯的马克思主义理论教育"研究还是相当薄弱的,像《马克思的理论教育思想研究》《恩格斯理论教育思想研究》这样展开全面而系统性研究的成果仍鲜为人见,实属凤毛麟角。

其次,关于"列宁的马克思主义理论教育思想"。对于这一专题的探讨,学界历来普遍关注的焦点和热点内容是列宁的"灌输论"思想。对于"灌输论"思想,近年来学者们总体上持肯定和认同的态度。这其中具有代表性的观点是:列宁的"灌输论"思想有着十分丰富的思想内涵,就其出发点和目标指向上看,完全是一个政治启蒙和主义信仰的问题。对这一思想持否定和质疑态度的学者是没有注意到列宁所倡导的"灌输"与西方教育哲学家所反对的"灌输"有本质上的区别,因而在学术研究上犯了一个"指鹿为马"的错误。在我国建设中国特色社会主义的伟大实践中,列宁的这一思想仍具有重大的现实意义。④ 当然,学界在对列宁的"灌输论"思想展开重点探究的同时,也有一些学者从整体上对列宁的马克思主义理论教育思想研究展开有益尝试。其中孙来斌的专著《列宁的马克思主义理论教育思想》最具分量。该书不仅深入考察并详细阐述了列宁关于马克思主义理论教育的目的、方法、原则、主体与客体等多方面的思想,而且对"列宁马克思主义理论教育思想的中国化"问题做了初步探讨,阐明毛泽东有关"严重的问题在于教育农民""干部教育第一""掌握思想教育,是团结全党进行伟大政治斗争的中心环

---

① 韩玲:《马克思的理论教育思想研究》[M]. 北京:中国社会科学出版社2009年版。
② 郑洁:《恩格斯理论教育思想研究》[M]. 北京:中央文献出版社2009年版。
③ 石云霞、程伟:《恩格斯:马克思主义理论教育的光辉旗帜——纪念恩格斯逝世一百一十周年》[J].《中共福建省委党校学报》2005年第6期。
④ 马力、陈占安:《试论列宁"灌输"思想及其现实意义》[J].《思想教育研究》2009年第2期。

节""理论与实际相结合是马克思主义的最基本原则"等新论断,都是列宁的马克思主义理论教育思想在中国的具体运用和发展。① 但就研究的总体现状而言,有关列宁马克思主义理论教育思想的研究仍然任重道远,还需要我们在尽可能详细地占有原始材料的基础上展开深入挖掘和系统提炼。

再次,关于"毛泽东的马克思主义理论教育思想"。应当说,较之于蓬勃发展且成果丰硕的"毛泽东的理论学习思想""毛泽东的党建思想""毛泽东的教育思想"的研究,有关这一专题的研究还相对薄弱,只是刚刚起步,仅有少数几篇论著对此展开专题论述,如陈哲的著作《毛泽东的马克思主义理论教育思想研究》、钱凤华的博士学位论文《毛泽东的马克思主义理论教育思想研究》、曹爱琴的论文《毛泽东的与马克思主义思想政治教育理论中国化》②等。其中,陈哲的著作《毛泽东马克思主义理论教育思想研究》,在考察毛泽东的马克思主义理论教育思想产生的历史渊源、形成的现实依据和发展的历史进程基础上,深入探讨了毛泽东关于马克思主义理论教育的目的、内容、原则、教育者、学习者和方式方法的思想,较为全面客观地展现了毛泽东马克思主义理论教育思想的科学体系。③ 钱凤华在《毛泽东的马克思主义理论教育思想研究》一文中,在全面系统地总结毛泽东马克思主义理论教育思想的基础上,从两个方面深刻揭示了毛泽东晚年在马克思主义理论教育基本问题上出现的错误思想,即"一是背离马克思主义基本原理的错误理论观点,二是在马克思主义理论教育实践问题上的错误倾向和错误观点,强调这些错误思想不是毛泽东对马克思主义理论教育科学思想的发展,而是他对马克思主义理论教育科学思想的背离"。④

（4）马克思主义理论教育学研究

有关"马克思主义理论教育学"的研究,应当说,是马克思主义理论教育研究中的一个全新视域。自从马克思主义理论被确立为一级学科以来,有关这一课题的研究才逐渐驶入人们的研究视野。但虽然研究还刚刚起步,或者说只是尚处于探索性阶段,却无疑为我们在探索中攀登、在开拓中前进指明方向。正如思想政

---

① 孙来斌:《列宁的马克思主义理论教育思想研究》[M].北京:中国社会科学出版社2003年版。
② 曹爱琴:《毛泽东与马克思主义思想政治教育理论中国化》[J].《毛泽东思想研究》2007年第2期。
③ 陈哲:《毛泽东的马克思主义理论教育思想研究》[M].武汉:湖北人民出版社2009年版。
④ 钱凤华:《毛泽东的马克思主义理论教育思想研究》,东北师范大学博士学位论文,2009年5月,第51页。

治教育学对于思想政治教育研究具有重要作用和地位一样,马克思主义理论教育学对于马克思主义理论教育研究也具有极为重要的地位与价值。建立一门系统、完善和科学的马克思主义理论教育学,是深入开展马克思主义理论教育研究不可或缺的重要环节。

有关"马克思主义理论教育学"这一课题,目前研究较为全面的应属田心铭教授,他在《建立一门马克思主义理论教育学》一文中,不仅阐明了马克思主义理论教育学的研究对象——马克思主义理论教育这一特殊的实践和认识活动,厘清马克思主义理论教育学同马克思主义理论研究、思想政治教育学、普通教育学、思想政治教育之间的关系,而且指明建立马克思主义理论教育学是实践对理论的迫切要求。① 在另一篇文章《再论建立马克思主义理论教育学》中,田心铭教授专门就学科建设需要遵循的原则展开深入探讨,突出强调研究和探讨马克思主义理论教育的相关问题,一方面必须坚持以马克思主义为指导,紧密结合中国具体实际,自觉将理论植根于马克思主义理论教育的实践中,另一方面必须坚持逻辑和历史相统一的原则,准确把握好历史、理论和现实三者的相互关系,正确处理好建构体系和研究问题、解决问题的关系,只有遵循以上原则才能建设好一门马克思主义理论教育学。② 此外,由王员和郭秋光等合著的《高校马克思主义理论教育学》一书以构建高校马克思主义理论教育学为旨趣,在吸收已有成果和总结作者自身教学工作经验的基础上,对高校马克思主义理论教育学的一些基本问题进行初步的有益性探索。例如,该书第四章对高校马克思主义理论课教育教学最为常用和颇具代表性的方法——讲授法、讨论法、案例教学法等展开深入探讨,详细剖析它们各自的优缺点及操作适应的环节;第五章对高校马克思主义理论课的考试问题展开具体探索,进一步提出当前高校马克思主义理论课考试改革应该向"表现性考试和综合型考试"积极转变的看法;第八章详细分析高校马克思主义理论教育的科学研究问题,提出"高校马克思主义理论教育的科研选题,要从存在着的矛盾中去寻找"。这些理论探索和对策建议,对高校马克思主义理论教育学的构建无疑具有极其丰富的参考价值。

(5)马克思主义理论教育与思想政治教育关系研究

就我国高校现行的学科设置来看,马克思主义理论作为独立的一级学科已经

---

① 田心铭:《建立一门马克思主义理论教育学》[J].《思想理论教育导刊》2004年第1期。
② 田心铭:《再论建立马克思主义理论教育学》[J].《思想理论教育导刊》2004年第2期。

从政治学一级学科中分离出来,思想政治教育成为马克思主义理论一级学科下属的六个二级学科之一。从追本溯源的角度回看高校学科设置的演化发展历程,不难发现,无论学科设置如何调整变化,马克思主义理论教育与思想政治教育始终紧密关联。那么,马克思主义理论教育与思想政治教育之间究竟是什么关系?对此,学术界也从多重维度展开相关探讨。

针对这一问题,有学者从"核心作用"的价值定位角度就如何提升马克思主义理论教育和思想政治教育的实效性问题展开探讨。其强调马克思主义理论教育之所以在思想政治教育中具有"核心作用",主要原因在于马克思主义理论教育不仅直接规定和制约着思想政治教育的性质和方向,而且是思想政治教育不断发展的源泉和动力,影响着思想政治教育整体功能的发挥。因而,要全面提升思想政治教育的实效性,就必须从发展创新马克思主义理论教育的方式方法和准确把握马克思主义理论教育的内在规律等方面着手,切实发挥马克思主义理论教育在思想政治教育中的核心作用。① 也有学者从"内容构成"的角度剖析指出,思想政治教育虽然包含马克思主义理论教育,以马克思主义理论教育为基础、核心和灵魂,但它又不仅仅包含马克思主义理论教育,还包括其他方面的诸多内容。例如,围绕不同时期党和国家的历史任务及国内外局势的变化而开展的形势与政策教育,结合不同地区和部门的实际工作而开展的为其提供政治导向和思想动力的思想政治工作、职业道德教育、社会公德教育、家庭美德教育,等等,都是思想政治教育的重要内容。这些工作之中虽然都贯穿和渗透着马克思主义理论教育的内容,但其又不完全等同于马克思主义理论教育。② 还有学者辩证地指出,"虽然思想政治教育与马克思主义理论教育在科学内涵、现实成效、规律和方法等方面存在诸多不同,但是两者之间也存在密切关联。其集中体现为,马克思主义理论教育是思想政治教育的基础,思想政治教育是马克思主义理论教育的价值体现。因而,我们必须坚持两者相结合,既从思想政治教育现实出发革新马克思主义理论教育,又以马克思主义理论教育为指导进一步优化思想政治教育"。③

---

① 罗成富:《切实发挥马克思主义理论教育在思想政治教育中的核心作用》[J].《马克思主义与现实》2007年第3期。
② 田心铭:《建立一门马克思主义理论教育学》[J].《思想理论教育导刊》2004年第1期。
③ 李爱华,雷骥:《论马克思主义理论教育与思想政治教育的关系》[J].《思想理论教育》2006年第4期。

(6) 中外马克思主义理论教育对比研究

马克思主义理论教育自产生之日起就不是某个国家特有的社会实践活动,而是一项世界性课题。在当今世界社会主义事业呈现多元化发展趋势的时代背景下,开展中外马克思主义理论教育的比较研究,既是推动中国马克思主义理论教育同世界马克思主义理论教育界展开沟通、交流和对话的时代诉求,也是推进中国化马克思主义理论教育深化发展的理论趋势。近年来,学术界从国别研究和综合性研究的双重视角展开探讨并取得了阶段性的研究成果。

就总体来看,当前大部分研究成果,主要来自赵康太教授领导下的海南大学研究团队。例如,由赵康太主编的《世界马克思主义理论教育比较研究》一书不仅对中国、朝鲜、古巴、越南等社会主义国家的马克思主义理论教育展开系统研究,而且对西方发达资本主义国家的马克思主义理论教育进行深入探讨,从而对当代世界马克思主义理论教育作了较为全面的全景式展现,并在此基础上展开中外马克思主义理论教育对比研究;①由赵康太主编的另一本著作《中外马克思主义理论教育比较研究》基于以往研究的基础上,对中国与其他社会主义国家、中国与其他发展中国家、中国与发达国家马克思主义理论教育的异同点进行更为深入细致地比较分析;②由赵康太和李德芳共同主编的《中国与越南:马克思主义理论教育比较研究》一书收录了"2006年中外马克思主义理论教育比较国际学术研讨会"上120多位专家学者的与会论文,重点研究和探讨中越两国的马克思主义理论教育及高校马克思主义理论教育教学问题。③ 除此以外,也有其他学者针对中越、中苏、中古的马克思主义理论教育分别展开个案探讨。其中,围绕中越两国的马克思主义理论教育,有学者剖析指出,强化思想理论建设是两国马克思主义政党的共同任务,加强党员干部培训是两党开展马克思主义理论教育的重要途径,整党与整风是两党强化马克思主义理论教育的主渠道,党校是两党加强马克思主义理论教育的主阵地,加强舆论宣传是两党进行马克思主义理论教育的延伸。④ 对于中苏两国的马克思主义理论教育,有学者专门以1978年为时间界线对两国马

---

① 赵康太主编:《世界马克思主义理论教育比较研究》[M]. 北京:中央编译出版社2006年版。
② 赵康太主编:《中外马克思主义理论教育比较研究》[M]. 北京:中国社会科学出版社2009年版。
③ 赵康太、李德芳主编:《中国与越南:马克思主义理论教育比较研究》[M]. 北京:中国社会科学出版社2008年版。
④ 杨智平:《中越党内马克思主义理论教育比较研究》[J].《湘潮》2010年第7期。

克思主义理论教育的基本特征进行比析,指出虽然 1978 年以前两国教育存在诸多共同之处,如都坚持社会主义道路与共产党的领导,在夺取政权和建设社会主义进程中都步入过脱离历史阶段的误区,都存在过理论认知上的教条主义和理论教育的简单化和专制主义,进行过不同程度的理论变革。但是自 1978 年以来,中苏两国在执政党建设、社会主义信仰、教育取向的选择方面却逐步走向盲动、自我封闭与改善、与时俱进两条截然相反的道路。①

2. 关于"改革开放以来党的马克思主义理论教育"的研究现状

有关"改革开放以来党的马克思主义理论教育"的研究,应当说较之于蓬勃发展的"马克思主义理论教育"研究还只是刚刚起步,研究相对薄弱和滞后,仅在近几年才引起国内学术界的关注,关于改革开放以来党的马克思主义理论教育发展史、历史经验的相关研究以及邓小平、江泽民、胡锦涛等中国共产党人的马克思主义理论教育的个案研究才相继出现。而关于"改革开放以来党的马克思主义理论教育思想"的研究更是相当薄弱,迄今为止还没有出现明确以"改革开放以来党的马克思主义理论教育思想"为对象的研究成果,将改革开放以来不同时期的马克思主义理论教育思想作为整体加以全面考察的学术成果也甚少出现。据笔者通过"中国学术期刊网"查询,1995 年至 2012 年 7 年间,以"邓小平的马克思主义理论教育"作为篇名发表的论文共有 7 篇,以"江泽民的马克思主义理论教育"作为篇名发表的论文共有 5 篇,篇名中含有"胡锦涛的马克思主义理论教育"字样的论文共有 4 篇,论及"马克思主义理论教育历史经验"的文章共有 5 篇,而以"改革开放以来的马克思主义理论教育"为篇名进行高级检索,结果只有 1 篇。由此可见,改革开放以来党的马克思主义理论教育思想的整体性研究尚未引起应有的关注,是研究的盲区与空白之处。

(1)邓小平、江泽民和胡锦涛马克思主义理论教育的个案研究

首先,关于邓小平的马克思主义理论教育。有关这一问题的认识,学术界的研究主要涉及历史地位、主要内容、基本规律等方面。对于"历史地位"的认识问题,学者们达成了较为一致的共识,普遍认为邓小平关于马克思主义理论教育的思想作为邓小平理论的重要组成部分,不仅是马克思主义理论教育思想中国化的重要成果,而且是新时期深入推进我国马克思主义理论教育创新发展的指导思

---

① 沈德理:《苏联、东欧与中国:二十世纪前八十年马克思主义理论教育特征比较》[J].《社会主义研究》2007 年第 1 期。

想。有关"教育内容",有学者将其系统归结为五个方面,即"在全党、全社会普遍开展'真理标准问题'大讨论,挣脱'左'倾错误思想的束缚;以马克思主义的思想路线指导各条战线的拨乱反正;用四项基本原则指明马克思主义理论教育的方向;重点强调全党要联系实际进行马克思主义理论学习;推动高校马克思主义理论教育的恢复和发展"。① 也有学者以基本规律为研究的切入点指出,邓小平从端正马克思主义学风的角度出发提出了"坚持理论与实际相结合的原则是马克思主义的根本观点"②的重要论断,而这恰恰是邓小平进行马克思主义理论教育时所遵循的基本规律。在此基础上,又进一步强调,在邓小平看来,要端正学风、做到理论与实际相结合,在理论上最根本的是要完整、准确地把握马克思主义的基本原理和科学体系;在思想方法上必须坚持"双百"方针。③

其次,关于江泽民的马克思主义理论教育。有学者剖析指出,党的十四大以后,江泽民坚持解放思想、实事求是、与时俱进,成功开辟马克思主义理论教育发展的"新境界"。具体至"新境界"的本真蕴意,主要体现在五个层面,即坚持站在党和国家前途命运的战略重视和加强马克思主义理论教育;马克思主义理论教育体现社会全面进步和个人全面发展的要求;马克思主义理论教育承担起增强民族凝聚力的重任;马克思主义理论教育较好地适应了提高广大党员干部的执政能力和领导水平的现实需要;运用马克思主义理论教育坚决抵制国外敌对势力"西化"和"分化"中国的图谋。④ 也有学者指出,江泽民不仅从历史与现实、国际与国内相结合的大视野出发反复强调马克思主义理论教育的重要作用,而且紧密结合当代中国的现实需要高扬邓小平理论伟大旗帜,着重凸显邓小平理论在马克思主义理论教育中的重要地位。在此基础上,还进一步分析指出,为确保中国特色社会主义建设事业后继有人,江泽民还把广大党员干部、青年学生确定为马克思主义理论教育的重点对象,并站在时代发展的高度,提出"三个代表"的基本要求,为我们党始终保持马克思主义理论教育的主体资格指明了方向。⑤

再次,关于胡锦涛的马克思主义理论教育。党的十六大以后,以胡锦涛为主

---

① 王贤卿:《我国马克思主义理论教育的发展历程》[J].《毛泽东邓小平理论研究》2008年第8期。
② 《邓小平文选》第2卷[M]. 北京:人民出版社1994年版,第114页。
③ 石云霞:《邓小平的马克思主义理论教育思想》[J].《马克思主义研究》1999年第5期。
④ 陈哲、喻慧:《江泽民同志马克思主义理论教育思想的研究》[J].《毛泽东思想研究》2006年第5期。
⑤ 孙来斌:《江泽民的马克思主义理论教育思想》[J].《思想政治教育研究》2007年第6期。

要代表的中国共产党人面对思想战线面临的新形势、新任务,更加重视加强马克思主义理论教育,不断谱写马克思主义理论教育事业发展的新篇章。对此,有学者在追溯与考察胡锦涛时期马克思主义理论教育发展历史的基础上,从五个方面对胡锦涛的马克思主义理论教育作了较为全面的概述,即高举理论旗帜,巩固马克思主义在我国意识形态领域的指导地位;推进理论创新,坚持用发展着的马克思主义武装全党、教育人民;开展"保先教育",推进马克思主义学习型政党建设;抓住重点对象,努力开创青年学生和干部教育新局面;明确奋斗目标,推进马克思主义大众化。① 也有学者基于教育对象的发展变化概述到,胡锦涛在主张"统筹"发展马克思主义理论教育事业的同时,十分重视加强青年学生的马克思主义理论教育,多次强调高等学校作为对青年学生进行马克思主义理论教育的主阵地和主渠道,要积极发扬理论联系实际的马克思主义作风,坚持学校课堂和社会课堂"两个课堂"相结合的教育方式。② 还有学者以"新世纪党的马克思主义理论教育资源观的继承与发展"为研究基点剖析指出,以胡锦涛为主要代表的中国共产党人不仅注重以发展的观念创新教育理念,以科学的观念运用现代高新科技,而且重视改善教育的方式方法,以增强马克思主义理论教育的实效性。③

(2)马克思主义理论教育发展史的研究

改革开放以来,党的马克思主义理论教育走过了一条逐步发展、创新与完善之路,有一个循序渐进、突破创新的历史发展过程。那么,这一时期党的马克思主义理论教育究竟是如何在历史中继承、在开拓中前进、在探索中发展的?关于这一问题,就研究现状来看,仅有极少数学者尝试把改革开放以来党的马克思主义理论教育作为一个动态的演化发展过程加以系统梳理和全面考察,力求结合史实资料客观还原这段历史的本来面貌。

在这其中,牛玉峰从教育内容的不断发展、方式方法的相继呈现、教育机制的构建完善以及学科体系、教学体系、教材体系和队伍建设的相互促进等五个方面,

---

① 孙来斌:《十六大以来党的马克思主义理论教育发展的新篇章》[J].《思想理论教育导刊》2011年第1期。
② 郑贤云:《论胡锦涛关于马克思主义理论教育的思想》[J].《山东行政学院·山东省经济管理干部学院学报》2010年第6期。
③ 韩露:《新世纪以来我党对马克思主义理论教育资源观的继承与发展》[J].《学习月刊》2010年第3期。

对改革开放以来党的马克思主义理论教育发展史作了初步的、探索性的有益研究。① 胡子克在对改革开放以来党的马克思主义理论教育的客观实践展开粗线条勾勒的基础上,尝试用"五论"即旗帜论、精髓论、结合论、思想建党论、教育方法论进行系统阐述。② 王贤卿在系统回顾改革开放以来党的马克思主义理论教育发展历程的基础上,概括指出改革开放以来党的马克思主义理论教育发展的基本特征主要体现在五个方面,即强调马克思主义的学风问题始终是我党进行马克思主义理论教育的主要内容;坚持运用重点教育同基础教育相结合的教育模式;注重教育的针对性、时效性,结合不同时期的历史任务和基本方针,进行马克思主义基本理论的教育;创造性发展和丰富马克思主义,把中国化马克思主义作为马克思主义理论教育的重要内容;要求在重点运用"三个代表"重要思想及科学发展观武装全党和教育人民的同时,绝不能放松甚至忽视马克思列宁、毛泽东思想特别是邓小平理论的教育。③

值得特别指出的是,在有关"马克思主义理论教育发展史"的研究中,也有少数学者从发展史的角度着重探讨和研究改革开放以来我国高校马克思主义理论教育的发展变化,打破了以往单纯强调基础理论研究的局面。譬如,有学者从形态变迁的视角结合史料对改革开放以来高校马克思主义理论教育作了系统化研究,指出改革开放三十多年来我国高校马克思主义理论教育的教育系统不断发展完善,至少已经涵盖理念、制度、机构、课程、设施、主体、活动、环境八大要素,而伴随教育体系的日趋完善,高校马克思主义理论教育从教育环境到教学要求、从课程设置到课程内容、从教学方式到教学路径、从教育主体到教学对象等都发生剧烈变化。④ 也有学者针对高校马克思主义理论教育的历史发展和基本问题作了初步探索。⑤ 还有学者以"马克思主义理论学科发展"为研究视角,在分三个阶段回顾学科发展历史的基础上,从三个方面重点分析学科发展的主要原因,即党中

---

① 牛玉峰、黄立丰:《改革开放三十年马克思主义理论教育中国化的历史考察》[J].《中共宁波市委党校学报》2009年第1期。
② 胡子克等主编:《马克思主义理论教育概论》[M].北京:人民出版社2005年版,第45页。
③ 王贤卿:《我国马克思主义理论教育的发展历程》[J].《毛泽东邓小平理论研究》2008年第8期。
④ 孙其昂:《形态及变迁:高校马克思主义理论教育30年——基于体系化的考察》[J].《思想教育研究》2008年第9期。
⑤ 吴东华:《六十年来高校马克思主义理论教育的回顾与思考》[J].《毛泽东邓小平理论研究》2009年第12期。

央的高度重视是学科发展的前提条件;适应经济社会发展需要是学科发展的客观基础;学界同仁的共同努力是学科发展的内在动力。①

(3)马克思主义理论教育基本经验的研究

在有关"改革开放以来党的马克思主义理论教育"的研究中,有不少学者以"改革开放以来党的马克思主义理论教育的基本经验"为研究视角作了专门性研究与探讨。如有学者将其集中概括为五个方面,即"科学认识和对待马克思主义,不断发展创新马克思主义理论教育内容;勇于同各种错误思潮做斗争,在批判中开展马克思主义理论教育;尊重受教育者主体地位,不断创新马克思主义理论教育的方式方法;坚持和弘扬理论联系实际的马克思主义学风,学以致用;加强无产阶级政党自身建设,培养造就一支强大的理论教育队伍"。② 也有学者将其系统总结为:充分认识马克思主义理论教育的重要性;重视中国化马克思主义的理论教育,用发展的马克思主义武装群众;坚持整体性和学以致用原则;正确处理教育者和受教育者之间的关系;不断探索马克思主义理论教育的方式方法。③ 此外,也有学者着重针对改革开放以来党内马克思主义理论教育的基本经验展开系统研究,指出中国共产党建党八十多年的丰富实践表明,进行党内马克思主义理论教育必须鲜明地高举马克思主义理论的旗帜,始终把学风教育放在首位,建构基础教育与重点教育相结合的教育机制,培养一支素质高的理论队伍,并在教育方法上加强改进与创新。只有这样,才能保持全党在思想理论上的先进性,保证党始终走在时代前列。④ 针对党内马克思主义理论教育的历史经验问题,也有学者将其提炼总结为:不断深化对党内马克思主义理论教育重要性的认识;坚持以中国化马克思主义为主要内容;坚持把马克思主义理论教育同改造主观世界密切结合起来;重视对全党的普遍教育与领导干部的重点教育。⑤

---

① 王树荫:《马克思主义理论学科发展的回顾与思考》[J].《首都师范大学学报》2009年第1期。
② 杨发航:《马克思主义理论教育的基本经验初探》[J].《思想理论教育导刊》2011年第5期。
③ 张新、徐建文:《中国共产党加强马克思主义理论教育的若干思考》[J].《思想教育研究》2009年第5期。
④ 成希斌:《论党内马克思主义理论教育的基本经验》[J].《陕西师范大学学报(哲学社会科学版)》2010年第3期。
⑤ 祝亚荣、马启民:《论新时期党内马克思主义理论教育的基本经验》[J].《西安电子科技大学学报(社会科学版)》2000年第3期。

综上所述,从对国内学术界观点的梳理与简单分析中不难看到,近年来有关马克思主义理论教育的专门性和专题性研究逐步深入且日趋成熟,为深化理论教育研究奠定了重要基础;而在"断代史"意义上考察,对于"改革开放以来党的马克思主义理论教育"的研究虽然也取得初步性进展,填补了一些空白,但是毫不讳言,由于研究起步晚,史料收集和甄别难度大,研究跨度大等种种原因,有关改革开放以来党的马克思主义理论教育的研究仍然比较薄弱,远远滞后于马克思主义理论教育的总体性研究。另外,从已有的研究成果来看,其中也存在诸多不足之处:一是从研究对象和研究范围来看,主要集中于邓小平、江泽民和胡锦涛的马克思主义理论教育思想的个案研究,整体性研究较为薄弱,尚没有从真正意义上得以展开,更没有出现明确以"改革开放以来党的马克思主义理论教育思想"为对象的学术成果。虽然个案研究具有典型性,但仍不足以全面展现改革开放以来马克思主义理论教育思想发展的共性、规律性及其突破创新所在。二是就研究内容而言,虽然个案研究都不同程度涉及中国共产党人有关马克思主义理论教育的特点、原则、本质等方面的思想,但缺乏细致深入的思考和理性的分析论证,缺乏对改革开放以来党中央的重要文献史料全面、深刻、系统的文本研究,很多内容存在照搬照抄和泛泛而谈的现象,论述也较为浅显,相对于各个历史阶段中国共产党人的马克思主义理论教育思想的丰富内容而言,还远不够深入和全面,尚待深化和细化。三是就研究方式来说,基础理论研究与发展史研究之间存在严重的脱节,没有做到历史叙述、理论研究和现实反思的三位构建。综上可知,有关改革开放以来党的马克思主义理论教育的研究仍亟待深入,有关改革开放以来党的马克思主义理论教育思想发展的研究也亟待展开。

(二)国外研究现状

学术的发展既离不开对国内以往学术研究的梳理,也离不开对国外以往学术研究的把握。关注和梳理国外学术界对相关问题的研究成果和最新研究动态,有助于拓宽研究视域、拓展研究思路、搭建广阔的研究平台,增进不同思维和文化语境下的学术对话与思想交流。鉴于此,本部分将梳理范围拓展至国外学界。通过系统性检索和查阅,虽然截至目前国外学界尚未见直接以"马克思主义理论教育"和"改革开放以来中国共产党人马克思主义理论教育思想发展"冠名的研究成果,但诸多国外学者对中国共产党人如何宣传普及马克思主义问题的专题性研究都是对上述两方面问题的回答。基于此,本部分撷取该专题进行学术梳理。同时鉴于国外学者始终伴随中国政治经济形势的变化、中国共产党主要代表人物及其思想的变化,对中国共产党成立前后、毛泽东时期、邓小平时期、江泽民时期和胡锦涛时期等不同历史阶段中国共产党人如何宣传普及马克思主义分别展开研究,为与这种研究发展脉络相呼应,本部分也遵循这一逻辑主线展开阶段性探讨。

1. 关于中国共产党成立前后马克思主义在中国的宣传普及研究

有关中国共产党成立前后马克思主义在中国的宣传普及问题,是国外学者关注的一个重要领域。就目前已有的研究成果来看,其主要涵盖两个方面,即一是从思想史视角研究马克思主义在中国的起源和早期宣传普及问题,二是从个案研究的角度探讨李大钊、陈独秀等早期马克思主义者对马克思主义的宣传普及问题。

(1)追本溯源,从思想史视角研究马克思主义在中国的起源和早期宣传普及问题。这是国外学者研究马克思主义在中国传播问题的逻辑起点。这方面的研究论著主要有:德国学者罗·费路的《中国民主主义者与革命者在柏林(1900—1924)》,英国学者米歇尔·卢克的《中国布尔什维主义的起源》、L. 莱达尼的《中国共产党和马克思主义(1921—1985)》,美国学者本杰明·史华慈的《五四及五四之后的思想主题》、阿里夫·德里克的《革命与历史:中国马克思主义历史学的起源(1919—1937)》、Marilyn A. Levine 的《The Found Generation: Chinese Communist in Europe during the twenties》,苏联学者克雷莫夫的《中国的社会思想和意识形态斗争(1917—1927)》,日本学者石川祯浩的《论青年施存统——中国共产党创立时期的"日本小组"及其建党问题》《马克思主义的传播与中国共产党的成立》等。上述论著分别从马克思主义传入中国的历史必然性、传播路径、传播方式以及对中国社会的影响等不同视角对马克思主义在中国的起源及早期宣传普及问题展开研究与探讨。其中,米歇尔·卢克在《中国布尔什维主义的起源》一书中深入考察五四运动之所以能够为马克思列宁主义在中国生根提供适宜土壤的深层原因。[1] 石川祯浩的《马克思主义的传播与中国共产党的成立》一文主要探讨马克思主义在中国共产党建立前后得以快速传播普及的有效方式和路径,如针对中国共产党建立以前李大钊的马克思主义的宣传普及问题,文章指出其主要是由当时的《晨报》驻日记者陈溥贤加以传播普及的。贝利的著作《中国人在法国的勤工俭学运动》重点对中国学生赴法国后参与政治活动、接受马克思主义和社会主义思

---

[1] 梁怡、李向前主编:《国外中共党史研究述评》[M]. 北京:中共党史出版社 2005 年版,第 371 - 372 页。

想等情况展开细致而深入的考察,强调这些留法学生是宣传普及马克思主义、推动中国共产主义运动的重要力量。克雷莫夫的《中国的社会思想和意识形态斗争》一书则根据大量史料剖析指出,"辩论"既是中国早期马克思主义者传播马克思主义的有效路径,也马克思主义者运用马克思主义击退"无政府主义观点"的有力武器。

(2)研究李大钊、瞿秋白和陈独秀等早期马克思主义者对于马克思主义的宣传普及问题。有关"李大钊对于马克思主义的宣传普及",日本学者野村浩一在《关于"五四革命"的思想——李大钊》一文中指出,李大钊的马克思主义观点之所以能够迅速得到人们的广泛认可和接受,根本原因在于李大钊十分重视并突出强调马克思主义理论中有关"只有人民才是创造历史的主体"①的思想观点,注重发挥人民群众的主观能动性。西顺藏在《在中国近代思想史中的人民概念》一书中进一步强调,李大钊是中国早期马克思主义者中主动运用马克思主义相关观点赋予"人民"概念积极意义的典型代表,为马克思主义在中国的传播普及奠定了坚实的群众基础;关于"瞿秋白对于马克思主义的宣传普及",苏联学者施奈德在《瞿秋白——革命家、作家、斗士》一书中指出,瞿秋白不仅是中国共产党的杰出领导人,而且是十分出色的马克思主义理论宣传家,为传播普及马克思主义和科学社会主义作出了卓越贡献。这也是苏联其他学者如科瓦廖夫、格卢宁、施奈德等一致高度认同的观点。有关"陈独秀对于马克思主义的宣传普及",国外学者主要运用对比分析的方法对其展开考察。如日本学者后藤延子在《中国接受马克思主义》一文中着重对比分析了陈独秀与李大钊在"问题与主义"论战时期宣传普及马克思主义理论的异同点。

2. 关于毛泽东时期马克思主义在中国的宣传普及研究

自 20 世纪 20 年代末起,出于不同的政治倾向和政治目的,国外学者开始对毛泽东时期的相关思想理论展开广泛而持久的研究。具体至毛泽东时期马克思主义在中国的宣传普及问题,国外学者主要从毛泽东对马克思主义的宣传普及、中国共产党人关于如何运用"群众路线"提升宣传普及马克思主义的实效性及艾思奇如何推动马克思主义在中国的宣传三个方面展开探讨。

(1)关于毛泽东对马克思主义的宣传普及。对此,国外学者重点从理论创新

---

① 梁怡、李向前主编:《国外中共党史研究述评》[M]. 北京:中共党史出版社 2005 年版,第 345–346 页。

的角度探讨毛泽东以什么样的思想理论开展马克思主义的宣传普及工作。这也是国外学者历来高度关注的焦点问题。围绕这一问题,国外学界主要存在两种截然相反的观点。一种观点是"发展创新说",即认为毛泽东在继承的基础上不断发展和创新马克思主义,并以此为主要内容指导革命、武装群众。例如,美国学者施拉姆的《毛泽东百年:一位统治者的遗产》和莫里斯·梅斯纳的《毛泽东的中国及其发展——中华人民共和国史》都充分肯定毛泽东是"根据马克思理论的基本原理来进行这一工作的"。① 费里察在《马克思主义列宁主义传统中的毛泽东与马克思》一文中在充分肯定毛泽东对于马克思主义中国化发展的巨大推动作用的同时,进一步强调对于毛泽东提出的思想理论要"把它理解为发展的马列理论和为在中国实现马克思的目标而采取的革命发展战略"。② 澳大利亚学者尼克·奈特深刻指出,毛泽东在丰富发展和宣传普及马克思主义时,既不抛弃马克思主义的普遍真理,又能够将马克思主义普遍真理应用于中国社会的特定历史环境和文化环境,真正做到了把"马克思主义的普遍规律同中国社会的特殊'规律'相结合"。③ 与之相对立的另一种观点是"异端说",即认为毛泽东对马克思主义的发展实质上已经严重背离马克思主义的本义,毛泽东仅是以马克思主义的"异端"来指导革命和武装群众。如美国学者本杰明·I. 史华慈在著作《中国的共产主义与毛泽东的崛起》中一再强调,毛泽东是一位杰出的背叛者,他所倡导的马克思主义是名义上的马克思主义,其遵循的只是中国传统的政治文化和中国革命的传统。④ 持同样观点的还有德国学者英戈·谢弗尔、英国学者霍林沃思、澳大利亚学者白杰明等。

(2)关于中国共产党人如何运用"群众路线"提高宣传普及马克思主义的实效性。这一时期,以毛泽东为主要代表的中国共产党人将"群众路线"运用得淋漓尽致,有力地推动了马克思主义在中国传播普及和中国共产主义运动的发展壮大。对此,国外学者给予高度肯定。其中,美国学者米奇·迈斯纳在《大寨:实践

---

① 〔美〕莫里斯·梅斯纳:《毛泽东的中国及其发展——中华人民共和国史》,张瑛等译[M]. 北京:社会科学文献出版社 1992 年版,第 135 页。
② 转引自萧延中:《"传说"的传说——外国人怎样评论毛泽东》[M]. 北京:中国工人出版社 1997 年版,第 279 页。
③ 〔澳〕尼克·奈特:《毛泽东与"马克思主义的中国化"》,王应一译[J].《中共党史研究》1988 年第 4 期。
④ 〔美〕本杰明·I. 史华慈:《中国的共产主义与毛泽东的崛起》,陈玮译[M]. 北京:中国人民大学出版社 2006 年版。

中的群众路线》一文中,高度称赞"群众路线"作为马克思主义中国化的一个核心问题,是中国共产党在中国革命过程中"最具威力的创造",并深刻指出中国思想建设之所以取得巨大成就,很大程度上源于中国共产党人始终坚持"群众路线"。詹姆斯·R.汤森在《中国政治》一书中细致而深入地探讨了以毛泽东为主要代表的中国共产党人如何运用"群众路线"传播普及马克思主义、凝聚思想和指导实践。詹姆斯·哈里森在《通向权利的长征:中共党史(1921—1972)》一书中系统总结指出,马克思主义之所以在中国得到快速传播、中国共产主义运动之所以取得卓越成就,很大程度上源于以毛泽东为主要代表的中国共产党人始终坚持"群众路线",不断加强同社会各阶级和各阶层的联盟。

(3)关于艾思奇对于马克思主义的宣传普及。艾思奇既是十分坚定的马克思主义信仰者,也是非常杰出的马克思主义理论宣传者,是推动马克思主义中国化、大众化和时代化的光辉典范。近年来,有关艾思奇对于马克思主义的宣传普及问题不仅引起国内学界的高度重视,而且引起国外一些学者的密切关注。例如,澳大利亚学者尼克·奈特在《中国共产主义运动中的哲学家——艾思奇、毛泽东和中国马克思主义哲学》一文中深刻剖析指出,"艾思奇著作的意义在于:一方面,它们提供了对新哲学的通俗解释;另一方面,它们巩固了毛泽东独立地从苏联哲学文本中所得出的哲学观点"。① 在尼克·奈特看来,艾思奇在宣传普及马克思主义过程中的历史贡献突出表现在两个方面,即一是把苏联版的马克思主义新哲学传入中国,对毛泽东的哲学思想的形成、发展和完善有着不可忽视的影响;二是大力推进马克思主义基本原理的通俗化和普及化,有力地推动了马克思主义在中国的深入传播和广泛普及。

3. 关于邓小平时期马克思主义在中国的宣传普及研究

党的十一届三中全会以后,伴随中国步入全面实行改革开放和现代化建设的崭新历史时期,国外学者把关注的重点转向邓小平和中国的改革开放,迅速掀起研究邓小平和研究中国改革开放问题的新高潮。具体至这一时期马克思主义在中国的宣传普及问题,国外学者的研究主要涉及邓小平对马克思主义的宣传普及与邓小平宣传普及马克思主义的显著特色两个方面。

(1)关于邓小平对马克思主义的宣传普及。对此,国外学者重点从理论创新

---

① 〔澳〕尼克·奈特:《中国共产主义运动中的哲学家——艾思奇、毛泽东和中国马克思主义哲学》,王桂花译[J].《现代哲学》2006年第3期。

的角度探讨邓小平以什么样的思想理论开展马克思主义的宣传普及工作。针对这一问题,国外学界同样存在两种截然相反的论调。一种是"继承发展论",即肯定邓小平理论与马克思主义之间的一致性,强调邓小平在改革开放新时期所提出的一系列政策和措施的理论依据都是马克思主义基本原理,运用不断发展创新的马克思主义武装党员和教育群众是邓小平时期中国改革和建设取得巨大成效的重要原因之一。例如,美国学者莫里斯·迈斯纳曾经多次在各种场合强调,邓小平提出的思想理论相对于毛泽东思想而言是"更加正统的马列主义理论"①,"新版的中国马克思主义理论"②。在他看来,邓小平始终坚持把马克思主义基本原理同中国具体实际相结合,不遗余力地推进马克思主义中国化,因而邓小平提出的各项思想理论更能适应中国改革和建设的需要。与此相对立的另一种论调是"割裂背离论",即认为邓小平抛开经典马克思主义而搞另一套,否定和背离马克思主义。例如,美国学者布热津斯基强调,中国的改革开放和经济建设走的是商业共产主义的道路,与马克思主义和科学社会主义的本义相驳斥和背离。③ 英国学者玛莉·黑瑟·张着重指出,邓小平倡导的马克思主义渗透着狭隘的民族主义理念,与马克思主义的本真精神相距甚远。基于此,上述学者认为邓小平实质上是以"变异的马克思主义"指导中国改革和建设。

(2)关于邓小平宣传普及马克思主义的显著特色——政治实用主义。近年来,国外也有不少学者运用政治实用主义的概念对邓小平时期的马克思主义宣传普及工作进行探讨。例如,美国学者石池雨和俄国作家彼沃娃洛娃一致强调,邓小平提出的"'三个有利于'价值标准论""实事求是论""猫论"等重要思想作为经典马克思主义在当代中国的具体应用和深化发展,实际上是"有用就是真理""目的可以证明手段之正确"的另一种表述方法,就本质而言它们是一种政治实用主义。④ 日本学者渡边利夫强调,邓小平在中国改革开放新时期提出的思想理论虽然以经典马克思主义为理论依据,但是其具有浓厚的实用主义色彩,"所谓邓小平

---

① Maurice Meiner, Marxism, Maoism and Uto pianism, Wisconsin: the University of Wisconsin press, 1982, P217.
② 〔美〕莫里斯·迈斯纳:《毛泽东与马克思主义、乌托邦主义》[M]. 北京:中央文献出版社1991年版,第228页。
③ 〔美〕布热津斯基:《大失败》,军事科学院外国军事研究部译[M]. 北京:军事科学出版社1989年版,第220-221页。
④ 〔俄〕彼沃娃洛娃:《"中国特色社会主义"的构想与探索实践》[J].《国外社会科学快报》1993年第8期。

的实用主义,就是反复实验,在其奏效之前,要想在制度上给予承认是很容易的"。① 在上述国外学者看来,邓小平运用马克思主义基本原理解决中国实际问题的过程中,完全不受制于特定的思想理念或意识形态的束缚,而是讲求务实、注重效益,"实用主义""实事求是"和"实践是检验真理的唯一标准"是贯穿其始终的根本精神。

4. 关于江泽民时期马克思主义在中国的宣传普及研究

党的十四大以后,伴随中国步入一个新的历史时期,国外学界关注的焦点开始由邓小平领导的改革开放时代转向江泽民领导的现代化建设时代,以江泽民为主要代表的中国共产党人提出的一系列思想理论成为国外学者研究的重点。具体至这一时期马克思主义在中国的宣传普及问题,国外学界的研究主要涉及江泽民对马克思主义的宣传普及和以江泽民为主要代表的中国共产党人宣传普及马克思主义的具体方式方法两个方面。

(1)关于江泽民对马克思主义的宣传普及。针对这一问题,国外学者主要从理论创新的角度着重探讨江泽民以什么样的思想理论开展马克思主义的宣传普及工作。对此,国外学界的观点同样出现大相径庭的分化。一种观点是"一脉相承说",即认为江泽民在领导中国创建社会主义市场经济体制的进程中不仅没有背离马克思主义,而且紧密结合中国社会实际创造性地发展了马克思主义,不断以发展的中国化马克思主义武装群众、凝聚思想和指导实践。如美国学者罗威尔·迪特默指出:"江主义在某种程度上是对邓主义的延伸……江把毛主义和邓主义有机整合为一个新的机体。"② 与其相对立的另一种观点是"离经叛道说",即认为江泽民倡导和宣传的马克思主义徒有经典马克思主义之表,却无经典马克思主义之实,始终拘泥于资本主义的藩篱。例如,贾斯帕·弗斯米斯尖锐地指出江泽民时期中国共产党的劳动学说与马克思主义之间存在 180 度的大转变,强调江泽民奉行的执政理念同经典马克思主义的学说之间呈现巨大偏差。③

(2)关于以江泽民为主要代表的中国共产党人宣传普及马克思主义的具体方

---

① 〔日〕渡边利夫:《邓小平的经济思想与改革开放》,韩凤琴摘译[J].《国外中共党史研究动态》1994 年第 6 期.

② Lowell Dittmer, Leadership Change and Chinese Political Development, The China Quarterly, Volume 176, December 2003, p 903 – 905.

③ Joseph Fewsmith, the Sixteenth National Party Congress: The Succession that Didn't Happen, the China Quarterly, Winter 2002, p 5.

式方法。美国学者罗伯特·劳伦斯·库恩在强调江泽民提出的一系列思想理论与马克思主义之间具有一脉相承性的同时,还着重针对这一时期以江泽民为主要代表的中国共产党人宣传普及马克思主义的方式方法作了有益探讨。他指出:"江努力把共产主义目标、自由市场经济和中国的传统价值观念结合起来,使之适应当代社会的发展。为了加强党的建设,他运用了各种概念,开展了教育运动,其中包括'精神文明''讲政治''三讲'以及最后的'三个代表'思想。"①在罗伯特·劳伦斯·库恩看来,精神文明建设、三讲运动等教育活动,既适应中国改革和建设的实际需要,又易于被中国共产党党员和人民群众接受与认可,是江泽民时期中国共产党人宣传普及马克思主义的有效方法和路径。

5. 关于胡锦涛时期马克思主义在中国的宣传普及研究

党的十六大以后,国外学界关于以胡锦涛为主要代表的中国共产党人提出的一系列思想理论的研究提上历史日程。具体至这一时期马克思主义在中国的宣传普及问题,国外学界的研究主要局限于胡锦涛对马克思主义的宣传普及。针对这一问题,国外学者同样从理论创新的角度探讨胡锦涛以什么样的思想理论开展马克思主义的宣传普及工作。对此,国外学界同样存在两种截然相反的观点。一种观点高度肯定胡锦涛提出的一系列思想理论与马克思主义之间的内在关联性,突出强调胡锦涛运用科学发展观等马克思主义中国化理论成果统一思想、凝聚力量的现实功效。如维尼·沃-蓝普·兰姆(Willy Wo-Lap Lam)指出:"胡温新一届中央领导集体奉行'科学发展观'。这是胡主席相信'科学社会主义'本质的自然结果。"②阿尔弗雷德·L. 单(Alfred Chan)强调,胡锦涛在继承毛泽东、邓小平和江泽民相关思想的基础上,继续通过发动群众性教育促进不断发展的中国化马克思主义的传播与普及。与此相对立的另一种观点,则竭力否定胡锦涛提出的一系列思想理论与马克思主义之间具有一脉相承性,认为胡锦涛用以整合社会思想、维护国家统治的思想理论具有十分浓厚的民族主义和权威主义色彩。如詹姆斯·H. 米特尔曼(James H. Mittelman)指出,在胡锦涛时期,中国的民族主义思想和新权威主义思想虽然表面上已经被中国共产党人倡导的爱国主义等论调所掩

---

① 〔美〕罗伯特·劳伦斯·库恩:《他改变了中国:江泽民传》,谈峥、于海江译[M]. 上海:上海译文出版社 2005 年版,第 449 页。
② 〔美〕维尼·沃-蓝普·兰姆:《中国政治的胡锦涛时代:新领导,新挑战》[M]. 夏普出版公司 2006 年版,第 42 页。转引自成龙:《国外马克思主义中国化研究探析》[J].《毛泽东邓小平理论研究》2009 年第 11 期。

盖和粉饰,但是实质上并没有丝毫淡化或减弱,而是由上而下愈演愈烈。① 基于此,他认为胡锦涛时期中国共产党人实际上已经由宣传普及马克思主义转向宣扬新权威主义和民族主义,传统意义上的马克思主义已经被异化。

综上可见,虽然迄今为止国外学术界尚未针对"马克思主义理论教育"展开专题性研究,但是诸多学者有关不同历史时期马克思主义在中国的宣传普及问题的研究都在直接或间接层面上触及马克思主义理论教育的相关问题,特别是马克思主义理论教育的核心问题——以什么样的理论内容和什么性质的理论内容开展理论教育。虽然由于时代背景、政治立场、研究目的和文本资料的不同,其中一些思想观点不乏否定和歪曲,甚至严重有失客观和公允,但"它山之石、可以攻玉",科学辩证地评析这些重要观点和结论,既不偏听偏信、盲目随从,也不拒之门外、一概否定,而是在积极批判的基础上准确掌控自身原则,汲取可供借鉴的理论资源和见解独到的思想观点,对于深化改革开放以来党的马克思主义理论教育思想发展研究具有重要的启示意义。

四、研究思路与方法

(一)关于研究的基本思路

本文对改革开放以来党的马克思主义理论教育思想发展的研究主要遵循纵剖面的历史考察——横向面的理论概述——当代语境中的现实反思这样一条逻辑思路加以展开:首先,从纵剖面历史考察的维度,探讨改革开放以来党的马克思主义理论教育思想发展的历史必然性和历史轨迹;其次,从横向面理论概述的维度,归纳和提炼改革开放以来党的马克思主义理论教育思想发展的主要成果和突出特色;最后,从立足当代语境进行反思的维度,对如何在新的社会实践中继续坚持和发展马克思主义理论教育思想展开深入探讨和大胆预设。遵循这一研究思路,论文将按以下规划布局详细展开:第一章主要结合改革开放以来党的马克思主义理论教育思想发展的时代境遇,考察改革开放以来党的马克思主义理论教育思想发展产生的历史渊源,探索改革开放以来党的马克思主义理论教育思想发展的历史必然性;第二章主要回到改革开放以来党的马克思主义理论教育思想发展的历史进程中,以不同历史时段为界点,系统梳理改革开放以来党的马克思主义

---

① James H. Mittelman, Globalization and Development: Learning from Debates in China, Globalizations, September 2006, Vol. 3, No. 3, p 377 – 391.

理论教育思想的发展史,尽可能全面展示改革开放以来党的马克思主义理论教育思想发展的历史轨迹;第三、四章在对诸多零散和纷繁复杂的史料进行系统解析、提炼和整合的基础上,系统归纳出改革开放以来党的马克思主义理论教育思想发展的主要成果和突出特色;第五章和第六章在考察改革开放以来党的马克思主义理论教育思想发展的突出贡献和历史局限的基础上,结合当下时代语境对如何在新的社会实践中继续坚持和发展马克思主义理论教育思想作出深入探讨,力求为当前我国马克思主义理论教育提供一些借鉴与指导。

(二)关于研究方法的简单说明

研究方法取决于研究内容以及所要达到的研究目的,而研究方法的不同同时又决定了相关概念和观点组合方式的差异,进而影响到研究结果。基于这种复杂性,本文将在秉承求真务实的精神、科学严谨的态度,坚持辩证唯物主义和历史唯物主义的科学研究方法基础上,综合运用多种研究手段和研究方法,以期达到史论结合、材料和观点相统一,实现对本论题更客观、全面和深入的研究。

1. 文献研究法。改革开放以来党的马克思主义理论教育思想的相关研究资料大多散见于党中央的重要文献以及党中央各代领导集体重要成员的讲话、著作、文章和访谈中,并没有一个集中系统的论述。这就决定了我们在研究中必须对改革开放以来卷帙浩繁的党的重要文献以及党中央各代领导集体的相关著作等展开搜集、研读和综合性探讨,力争掌握直接的第一手资料,为文章提供强有力的史料支撑,以增强文章的科学性和说服力。本文将在通读史料的基础上对相关资料加以梳理与整合,力求客观公正地还原、概括和提炼出改革开放以来党的马克思主义理论教育思想的发展轨迹和主要成果。

2. 系统分析法。本文研究的核心内容是改革开放以来党的马克思主义理论教育思想,就研究的跨度与时段来看,有必要借用系统分析法。所谓"系统分析法",主要是指从局部性和整体性辩证统一的视角出发,对改革开放以来党的马克思主义理论教育思想发展的历史进程和主要成果进行梳理,在总结各阶段的共性和规律性的基础上,将党的马克思主义理论教育思想升华为由一定要素按照一定逻辑关系而构成的内在统一的逻辑结构,从而置身于思想发展的整体加以考察分析。

3. 逻辑与历史相统一的方法。逻辑与历史相统一的方法是马克思恩格斯在创立马克思主义学说时所采用的主要方法。这一方法不仅强调事实根据的客观存在性,而且关注辩证逻辑的内在魅力,具有非常强大的说服力。在这里,运用历史与逻辑相统一方法来研究改革开放以来党的马克思主义理论教育思想,既要运用历史的方法从卷帙浩繁的研究文献中梳理出与该论题相关的材料,同时还要运用逻辑的方法透过令人眼花缭乱的表面现象从这些纷繁复杂的史料中揭示出其内在规律性,努力做到史中有论、论中有史,实现史与论的有机结合。

此外,本文还采用历史分析、理论与实践相结合等相关研究方法,力求深化和细化对改革开放以来党的马克思主义理论教育思想发展的研究。

第一章

改革开放以来党的马克思主义理论教育思想发展的历史必然性

任何理论和思想的产生与发展都不是无本之木、无源之水,都是在特定的历史环境下伴随对实践的提炼和总结而完成,既有其诞生、发展的内部因素,也离不开其赖以支撑的外部条件。因而,要深入研究改革开放以来党的马克思主义理论教育思想的发展历程和内容体系,应该首先考察它产生的历史渊源,探索其发展的历史必然性。经过系统研究可以发现,改革开放以来党的马克思主义理论教育思想是在多重因素的影响下形成、发展和完善的。在纵向的历史发展角度,时代变化引领了党的马克思主义理论教育思想与时俱进的实践品质;在社会生态趋势变化的角度,机遇与挑战并存的国际国内形势的新变化是党的马克思主义理论教育思想不断发展创新的强劲动力;在理论渊源承继的角度,马克思主义经典作家的理论教育思想的前瞻性和指导性是党的马克思主义理论教育思想发展创新的理论源泉和思想保障;在主体性价值发挥的角度,中国共产党人的主体素质集中展现执政党的卓越品质,是党的马克思主义理论教育思想实现与时俱进的关键性因素。应该说,马克思主义理论教育思想的纵向历史演化进程、横向社会背景的实践境遇和对经典作家马克思主义理论教育思想的理论承继,在语义学分析角度均为马克思主义理论教育思想本身的具体内容,但是从理论发展的逻辑起源角度分析,这些因素经由历史实践的荡涤,也必将成为马克思主义理论教育思想不断发展的内生性因素。

一、时代转换需要与时俱进的马克思主义理论教育思想

马克思恩格斯曾经深刻指出:"一切划时代的体系的真正内容都是由于产生

这些体系的那个时期的需要而形成起来的。"①改革开放以来,在和平与发展的时代背景下,经济建设和社会发展成为国内发展的时代主题。伴随时代主题的深刻变迁,马克思主义作为指导思想的"前世""今生"背景发生深刻变化,马克思主义理论教育这一产生于无产阶级对抗资本主义的革命时期,以阶级斗争、无产阶级革命、无产阶级专政等为主体内容的传统实践活动在我国新的历史背景下亟待变革和创新。具体而言,如何围绕改革开放和现代化建设的时代主题,建立"改革"和"建设"的马克思主义理论教育新话语,适应全球化环境、文化语境、文本语境和教学语境的新变化,基于时代底板之上开启马克思主义理论教育的当代中国视野,已成为摆在中国共产党人面前一项亟待解决的新课题。

(一)时代主题由革命到建设转换亟待马克思主义理论教育范式新转换

自从20世纪70年代起,伴随时代主题由革命与战争向和平与发展转换的趋势日趋凸显,新全球化的浪潮在西方发达资本主义国家率先涌起并向全球范围逐步推进,一种新的世界秩序和历史时代正在建构和来临,经济建设和社会发展逐渐成为新时期以来的主体话语和基本视野。正如邓小平深刻指出:"现在世界上真正大的问题,带全球性的战略问题,一个是和平问题,一个是经济问题或者说发展问题。"②在新的历史时期,处于国际边缘地位的中国在从"文化大革命"的浩劫和磨难中苏醒之后,也站在新全球化的地平线上迈入深刻的社会转型关口,伴随1978年党的十一届三中全会的召开进入改革开放的新时期。这一时期的复杂性和艰巨性在于我国不仅要彻底肃清"文化大革命"遗祸,把党和国家的工作重心真正转移到改革开放和现代化建设上,使经济建设在我国实践发展和时代演进中始终处于中心位置,而且要在准确把握新的时代特征和发展趋势的基础上不断探索适合中国特色社会主义发展的现实道路。正是在改革和建设这一全新时代主题的指导下,"什么是社会主义、怎样建设社会主义""建设什么样的党、怎样建设党"和"实现什么样的发展、怎样发展"等,相继成为新时期我国社会发展的基本问题域和新的主体话语,成为中国共产党人亟待敏锐感知、准确判断和科学解答的重大理论和实践问题;如何在彻底解放和发展生产力的基础上实现我国经济、政治、文化与社会的全面、协调和可持续发展,如何从人民群众的根本利益出发切实保障和维护群众的经济、政治和文化权益,进而真正实现国家的繁荣富强和人民

---

① 《马克思恩格斯全集》第3卷[M].北京:人民出版社1960年版,第554页。
② 《邓小平文选》第3卷[M].北京:人民出版社1993年版,第105页。

群众的自由全面发展,成为我们党和国家面临的崭新课题。

不可忽视的是,随着历史地平线的转换,改革开放以来我们国家的发展境遇可谓是困难与福祉同在、机遇与挑战并存,各种社会现象、社会矛盾和社会思潮层出不穷、纵横交错、暗流涌动,社会生活千变万化、日趋复杂。这些新变化都亟待马克思主义理论教育作出有强有力的理论分析和科学解答,如立足现实对当代社会主义、当代资本主义以及人们思想上的难点、疑点问题等作出新阐发,从而发挥马克思主义理论教育优势,巩固马克思主义的指导地位,维护社会主义意识形态话语权。正如江泽民所指出:"世界在变化,我国改革开放和现代化建设在前进,迫切要求用发展的马克思主义指导新的实践。"① 否则,马克思主义理论教育如果游离于新的时代发展形势,势必会丧失话语权和主动权。

毋庸置疑,伴随时代主题从革命和战争到改革和建设深刻变迁,马克思主义理论教育肩负着适应时代变化、强化话语权的重任,但源自革命年代的传统马克思主义理论教育思想和理论体系已经难以担此重任。根本原因在于,传统马克思主义理论教育思想和理论体系产生于无产阶级对抗资本主义的革命时代,以阶级斗争、无产阶级革命和无产阶级专政等为主体内容,以为政治服务(尤其是阶级斗争)为方针,以阶级分析和对敌斗争见长,致力于打破资产阶级统治、建立无产阶级专政的国家政权,起到建构"革命意识"的先导作用。而新的历史条件下,马克思主义理论教育的重心已经由为阶级斗争服务转向为改革开放和现代化建设服务的轨道上,马克思主义理论教育的任务、条件、对象、内容和形式都随之发生深刻变化,传统马克思主义理论教育中缺少实践经验和理论指导的弱项"建设宣传"日趋凸显,而其强项"革命教育"则被弱化。随着时代主题的深刻转换,"革命教育"这一传统教育优势的历史地位、理解范式和话语方式逐步沉沦到历史地平线之下,逐渐丧失话语权,"老式的宣传方法是讲解或举例说明什么是共产主义。但这种老式的宣传已毫无用处,因为我们需要在实践中说明应该如何建设社会主义。整个宣传工作应该建立在经济建设的政治经验之上。这是我们最主要的任务,谁要是对宣传仍作旧的理解,那他就落后了,就不能担负起对工农群众的宣传工作"。② 由此可见,改革开放以来我国马克思主义理论教育要适应时代变化,就必须从根本上转变传统的思维方式和教育模式,重新理解和设置马克思主义理论

---

① 《江泽民文选》第 3 卷[M]. 北京:人民出版社 2006 年版,第 537 页。
② 《列宁全集》第 39 卷[M]. 北京:人民出版社 1986 年版,第 407 页。

教育的内容体系和方式方法,实现马克思主义理论教育思想从关注重心到主体内容的彻底转换。因而,如何围绕改革和建设的时代主题彻底转换传统马克思主义理论教育中"革命"与"批判"的话语体系,建构起"改革"和"建设"的教育新话语,基于时代底板之上开启马克思主义理论教育思想发展的当代中国视野,是新时期开展马克思主义理论教育的关键和题中应有之义。这就要求中国共产党人立足中国国情,"在干中学,在实践中摸索",①用马克思主义理论教育中国化的最新思想形态给予科学的解答,丰富马克思主义理论教育的话语内容和话语形式。

(二)提升以意识形态为主导的国家"软权力"的时代诉求

"软权力"②这一概念是由美国著名学者约瑟夫·奈最早提出的。它区别于政权、军队、经济实力等有形力量资源(即"硬权力"),主要是指意识形态、价值观念、文化、民族精神等无形力量资源。历史经验证明,在特定社会中无论是国家领导权的获取,还是国家控制力的实施,都需要在凭借"硬权力"外部震慑力和规约力的同时,通过强有力的"软权力"加以引导和调控,以使国家统治力和影响力得以深入持久地传播和传承。而在"软权力"的诸多构成要素中,意识形态因其自身特有的导向力、凝聚力和同化力,历来是世界各国参与"软权力"竞技的首选途径和主要手段。③尤其是伴随着苏联、东欧社会主义国家解体,冷战结束,资本主义国家和社会主义国家之间以意识形态为主导的国家"软权力"之争更趋尖锐化。近年来,我们已经明显地意识到,资本主义国家对社会主义国家的意识形态侵略和渗透开始从大张旗鼓走向悄无声息,更多隐藏于文明形态冲突或文化输出的背后。从他们大肆鼓吹"意识形态终结论"、公然宣告"意识形态终结",到别有用心地宣扬"普世价值论",资本主义意识形态妄图一统天下的野心昭然若揭。因而,中国在经济全球化(20世纪80年代已初露端倪)的宏大背景下进行改革开放和现代化建设,所面临的最为重大而紧迫的任务,就是做好社会主义意识形态工作应对以意识形态为主导的国家"软权力"之间的竞争和对抗。否则,假如"意识形态领域,社会主义思想不去占领,资本主义思想就必然去占领"。④ 与此同时,伴

---

① 《邓小平文选》第3卷[M].北京:人民出版社1993年版,第259页。
② [美]约瑟夫·奈:《美国定能领导世界吗》,何小东等译[M].北京:军事译文出版社1992年版。
③ 刘艳:《多元文化背景下思想政治教育"失语"分析与反思》[J].《求实》2011年第6期。
④ 《江泽民论有中国特色社会主义》(专题摘编)[M].北京:中央文献出版社2002年版,第407页。

随我国改革开放和经济建设的深入推进,市场经济条件下价值取向的多元化、利益博弈的复杂化、分配方式的多样化和社会阶层的分化对我国意识形态领域产生异质性影响,侵蚀、解构和消弭社会主义意识形态趋势日益凸显,可以毫不掩饰地认为:国内市场经济的繁荣和现代物质的生活富足背后掩藏着我国意识形态普遍失落的危险现象,意识形态领域状态的萎靡和疲软正日益为国家"软权力"建设敲响警钟。2006年2月19日,美国《基督教科学箴言报》曾引用著名中国问题专家劳伦斯·布拉姆的话深刻指出:"中国已从意识形态主宰一切、不存在任何物质主义的状态,转变为物质主义至上、不讲任何思想意识和价值观的状态。人们有所期望成为普遍的现象。现在大家谈论的是'用什么品牌'。"①可见,如何通过强化以意识形态为主导的国家"软权力"建设来扭转社会主义意识形态话语权威衰微的颓势,已成为新时期我国社会发展的时代诉求。

在当代中国,由于人民民主专政的政权性质、公有制经济的主体地位、中国共产党的执政地位决定了马克思主义是我们立党立国的根本指导思想,是全国全党团结奋斗的共同思想基础,是国家的主流意识形态,是我国社会主义意识形态的核心与灵魂。因而,要提升以意识形态为主导的国家"软权力"建设水平,关键是要坚持马克思主义在意识形态领域的指导地位,积极通过科学的方法、合适的路径使得马克思主义真正占领人们的思想,发挥马克思主义对多样化社会思潮的引领功效,主动用马克思主义占领和巩固思想文化阵地。这不仅是一个实际工作问题,更是一个重大的原则性问题。东欧剧变、苏联解体的历史悲剧就已经深刻地例证,放弃马克思主义在意识形态领域的主导地位,搞意识形态多元化,势必会使各种非马克思主义、反马克思主义、反社会主义的思潮有机可乘,久而久之就会葬送社会主义事业。可见,马克思主义在社会主义意识形态领域和国家"软权力"建设中的指导地位不能削弱、只能加强。而作为直接以马克思主义理论为施教内容的社会实践活动——马克思主义理论教育自然应当承担起这一重大政治使命,自觉发挥宣传和维护社会主义主流意识形态,既要传播和普及马克思主义基本原理,又要表达和宣传代表广大人民群众利益的国家意志和思想观念,并对我国改革开放以来的社会政治和经济制度的合理性做出恰当阐释,从而把马克思主义中国化最新理论成果充分有效地转化为人们对社会主义制度及其优越性的普遍认

---

① 黄力之:《马克思主义作为中国国家意识形态的现实性问题》[J].《马克思主义研究》2006年第5期。

同,强化社会主义主流意识形态和主导价值观念对广大群众的凝聚力和吸引力,最大限度地提升国家"软权力"的统摄力和导向力。正是基于对强化国家"软权力"建设这一时代诉求的深切感知及对马克思主义理论教育在提升以意识形态为主导的国家"软权力"中重要性的科学认识和深刻把握,改革开放以来中国共产党人始终将发展和创新马克思主义理论教育视为维护我国意识形态安全、强化国家"软权力"和遏制文化霸权主义的源头活水和应有之举,坚持把马克思主义理论教育置于一切工作的"生命线"地位不动摇。在此基础上,中国共产党人根据不断变化的新形势积极探索马克思主义理论教育的新内容、新方法、新路径和新话语,进而丰富和深化党的马克思主义理论教育思想。

(三)"以人为本"科学理念的确立催生马克思主义理论教育思想新转换

马克思在《〈黑格尔法哲学批判〉导言》中曾深刻地指出:"理论只要彻底,就能说服人。所谓彻底,就是抓住事物的根本。但是,人的根本就是人本身。"①这启示我们,马克思主义理论教育作为建构在"现实的人"之基础上的社会实践活动要想取得预期实效,就必须把"现实的人"作为自身的根本立足点,把"现实的人"的问题作为自身的内核问题和基础问题,把关照"现实的人"的发展作为自身的根本出发点和落脚点。可见,"以人为中心"是马克思主义理论教育的必然要求。它直接关涉到马克思主义理论教育的存在意义、目标选择、价值定位和发展方式。但是,在我国传统的马克思主义理论教育中,人的主体地位并没有得到确保和凸显,基于革命和战争的需要,人通常只是被视为达到一定教育的手段和工具,人的发展被湮没在社会发展之中,造成人的"在场性"的缺席及人性关怀的缺失。因而,伴随新时期人民群众主体意识的不断觉醒和中国共产党人"以人为本"执政理念的逐步确立,马克思主义理论教育思想必须随之做出恰切回应。

自 20 世纪 80 年代起,随着我国改革开放在深度和广度上急遽推进及社会主义市场经济体制逐步建立、社会主义制度日趋完善,人们自我评判、自我选择和自我设计的空间空前扩大,被压抑已久的主体意识、独立意识和平等观念不断觉醒并日益增强,人们的主体性越来越清晰地凸显人们对自身尊严、自由、权力和责任的追求成为社会普遍现象,人们的利益诉求和情感慰藉成为社会关怀的首要环节,人们的自主性和主体价值在社会各领域得到普遍张扬和充分彰显,对人的主体性最大程度的呼唤随之成为这个时代的最强音。正是在这种时代背景下,"以

---

① 《马克思恩格斯选集》第 1 卷[M]. 北京:人民出版社 1995 年版,第 9 页。

人为本"这一科学理念逐步成为改革开放进程中根本性的思维方式,并被逐步确立为现代化建设和全面建设小康社会的根本价值指向和核心指导理念。从邓小平提出社会主义人权观、人民的人权观,到江泽民在庆祝中国共产党成立八十周年大会上指出"'人的全面发展'是马克思主义关于建设社会主义新社会的本质要求。一切工作都要落脚到促进人的发展上,这是符合社会主义本质要求的,也是社会主义优越性的体现",①再到胡锦涛与时俱进地提出"以人为本"的科学发展观和构建社会主义核心价值体系的战略命题,以及把构成人民的"多数单个人利益的特殊性上升为国家的普遍性"②的发展要求,一代又一代中国共产党人在改革开放和现代化建设进程中不断深化和拓展"以人为本"的科学理念。在这一科学理念的指导下,我国现代化建设的各项工作也逐步落脚到促进和实现人的发展上。从社会主义市场经济体制改革的逐步推进,到社会主义民主政治建设和文化建设的全面发展,中国共产党人果断抛弃以往"要人民怎么样"的"社会本位"和"政治本位"的工作模式,坚持把人民群众视为"为我而存在"的价值主体,把人民群众的自由全面发展列为社会主义改革的终极目标,积极围绕"人民要怎么样"的"人民本位"模式展开工作,力求在改革和建设中把"人的世界和人的关系还给人自己",③充分体现人民群众的价值取向和价值追求,确保人民群众的主体地位,使人民群众的潜能得到充分开发、精神和个性得到全面发展,使"人以一种全面的方式,也就是说,作为一个完整的人,占有自己的全面的本质",④充分彰显出社会主义制度之人民主体性的本质和优越性。

在新的历史条件下,"以人为本"科学理念的提出和确立是顺应人性发展需要、强化人的主体性建设、满足人的全面自由发展的顺势之举。它"既是一种价值观念,思维模式,也是一种德育方法论",⑤对各种门类的传统教育都具有全方位的深刻影响,马克思主义理论教育也不例外。马克思主义理论教育是以现实的人的发展为逻辑起点和最终归宿的社会实践活动,它的终极目标在于实现人的全面自由发展,而只有牢固树立"以人为本"的思想理念,才能使这一终极目标在马克

---

① 江泽民:《论"三个代表"》[M]. 北京:中央文献出版社2001年版,第179页。
② 〔德〕黑格尔:《法哲学原理》,范扬、张企泰译[M]. 北京:商务印书馆1980年版,第261页。
③ 《马克思恩格斯全集》第1卷[M]. 北京:人民出版社1956年版,第433页。
④ 《马克思恩格斯全集》第42卷[M]. 北京:人民出版社1979年版,第123页。
⑤ 陈秉公:《以人为本的德育本体论解读——简论由"民本"思想影响的德育到"人本"德育的历史性发展》[J].《教育研究》2005年第2期。

思主义理论教育的理论建构和实践探索过程中真正得到贯彻落实。因而,伴随"以人为本"科学理念的逐步确立,马克思主义理论教育必须作出恰切回应:以"以人为本"为理论依据和价值准则重新审视和反思自身,逐步确立"以人为本"的新型教育观,实现教育由"政本"到"人本"范式的新转换。具体而言,这就需要马克思主义理论教育回归人的现实生活世界,把"现实的人"的发展放在首要位置,高度肯定人的主体地位和自觉能动性,充分尊重人的个性、人格、尊严和需要,努力做到既教育人、引导人、鞭策人、鼓舞人,又关心人、帮助人、尊重人、理解人,进而最大限度凸显和释放人性,使自身富含人本性、人文性、生命性等新含义。如果马克思主义理论教育仍然固守传统的教育模式和教育理念,如单纯采取以统一命令、层层传达、你讲我听、你讲我记为主的单一的强制性"封、管、堵、压"的灌输方法,而忽视受教育者的自主性、主动性和创造性;单向度地坚持"以政治为中心、服务社会发展"的价值定位,把教育仅仅视为是体现或实现国家意志的工具,强调教育的社会价值而忽视其个人价值;单纯坚持以培养整齐划一的"服从型"的"听话人"为教育目标,而淡化教育对象个性化的人格培育,就势必会使马克思主义理论教育势陷入与广大人民群众相脱离的尴尬困境,在损害人的发展的同时也会使人们漠视、远离甚至拒斥马克思主义理论教育。可见,"以人为本"科学理念的确立亟待马克思主义理论教育思想实现新转换。

(四)适应全球化语境、文本语境和教学语境变化的新需要

在改革开放新的历史转型期,经济、政治、文化全球化的日益发展和社会信息化、信息网络化的不断嬗变,在深刻影响人们的价值观念、思维方式和行为方式的同时,也深刻改变着马克思主义理论教育的全球化语境、文本语境和教学语境,使马克思主义理论教育在迎来空前的发展机遇的同时,也面临严峻的考验和挑战。如何以辩证的理念汲取全球化时代的各种合理资源以适应新的全球化语境、以创新的精神吸收新的时代话语以转换传统文本的表达方式、以科学的视角应用现有的技术手段以适应新的教学语境,从而不断更新观念、拓展新视角、吸收新资源,彻底改变传统马克思主义理论教育的思维方式和实践模式,切实提升马克思主义理论教育的实效性和吸引力,成为新时期马克思主义理论教育思想发展创新的时代诉求和必经之路。

20世纪70年代以来,作为时代发展"无论如何也逃避不开的谜语和咒语",全球化逐步呈现出多元化、多纬度发展态势。其不仅广泛深入到经济领域,而且深刻影响着文化领域和政治领域,全球经济—政治—文化—思想的结构变迁成为

新时期世界历史进程中最为显著的变化之一。多元化的全球发展趋势犹如一把寒光凛凛的"双刃剑",既为我国马克思主义理论教育思想的发展提供了前所未有的机遇,也带来了极为严峻的挑战。一方面,全球化的发展变化与马克思主义所倡导、追寻和期待的某些价值理念具有高度的契合性,使得马克思主义当代价值重放异彩,为马克思主义理论教育思想的发展提供坚实的理论依据和思想支撑。另一方面,伴随经济全球化不断赋予资本主义生产方式新的发展张力,发达资本主义获得空前的发展机遇,逐渐步入繁荣发展的巅峰时期,而社会主义却伴随东欧剧变、苏联解体陷入发展低谷。资本主义和社会主义之间的两极分化与马克思主义一些传统理论所预设和期待的发展图景在一定程度上呈现驳斥和背离。这就使得许多善良的人们开始怀疑马克思主义的"当代性"和"在场性",质疑马克思主义理论教育的必要性。与此同时,全球化语境下现代科学技术的迅猛发展和人们思维方式的极度活跃,对传统马克思主义理论教育内向性、封闭性和单一性的教育理念和教育方式也造成严重冲击,极大地降低和弱化了马克思主义理论教育的实效性。因而,全球化语境下要正确抓住新机遇、回应新挑战,就必须改变传统的马克思主义理论教育思想,把马克思主义理论教育从封闭的、被动的和单一的传统教育模式中彻底解放出来,将其置于全球化的宏阔语境中加以关照,使其与现代文明和西方各种文化展开交流与对话,从而真正实现马克思主义理论教育的现代转型和深入发展。

改革开放新时期,伴随我国经济体制和社会结构的全面转型,马克思主义理论教育所适应的文本语境也随之发生深刻变迁。改革开放之前,我国马克思主义理论教育是在长期的革命和政治斗争条件下形成和发展的,宣传教育的文本主要沿用苏联列宁时期和斯大林时期的解读模式,习惯用严肃刻板的政治话语和学术术语代替形象生动的大众话语,意识形态色彩非常浓重,文本所归纳的原理和所展现的精神风貌与马克思主义博大精深的思想体系和马克思主义经典作家生动鲜活的个人形象相差甚远。改革开放以后,我国马克思主义理论教育是在改革和建设的时代新背景下开展的,随着时代主题与时代任务的急剧转变、国内新问题与新情况的不断涌现、马克思恩格斯的大量手稿尤其是他们晚年"人类学"手稿的相继问世,马克思主义理论教育关注的重点逐渐从"革命视域"转向"建设视域",从"社会界域"转向人们的"生活世界""交往世界"和"意义世界",从"意识形态显性化"转向"意识形态隐性化"。面对改革开放前后文本语境的这些深刻变迁,列宁时期和斯大林时期的文本解读因其鲜明的意识形态性、单调枯燥的话语体系已经严重脱离时代发展的需求逐渐凸显出历史局限性,严重消解着马克思主义理论教育的实效性。因而,要适应新时期文本语境的深刻变迁,中国共产党人亟需转换传统的教育思想理念,大力推进马克思主义理论教育思想的现代转型。具体而言,这既需要变革更新马克思主义理论教育文本的编写理念和编写模式,在深度耙犁经典原著文本的基础上全面推进文本内容和编写语言的"本土化"和"民族化",用契合中国民众的思维方式和语言风格去思考、分析和阐释社会发展和人民群众的发展问题,形成具有中国风格、中国特色和中国气派的马克思主义理论教育文本体系,又需要变革教育者和宣传者的传统话语体系和宣传模式,抛弃以往不分场合不分对象盲目套用大而空的"政治话语""学术术语"的方式,在充分把握本土文化教育规律和文本发展逻辑的基础上,将既定的文本内容转化为独具中国语言特色、群众通俗易懂的大众话语,以适应文本语境的发展变化,切实增强马克思主义理论教育的话语说服力。

马克思主义理论教育的全球化语境和文本语境发生深刻变革的同时,教学语境也发生深刻变化。一方面,现代信息技术尤其是网络技术的发展、普及和应用从双重维度改变马克思主义理论教育的教学语境。新时期,继报刊、广播和电视等成为理论教育的舆论阵地之后,互联网和手机短信等新技术手段逐渐成为理论教育的主要渠道,马克思主义理论教育随之迈入一个集文字、声音、图像和影视等多媒体技术于一体的新媒体时代。新媒体时代的到来,既为马克思主义理论教育提供了强有力的硬件支持,使理论教育的方式、方法和路径等得到新拓展,使理论教育的表现形态从单一转向多样、静态转向动态、从平面转向立体,从而用图文并茂、生动有趣和形式多样的宣传讲授方式替代传统马克思主义理论教育中"一张嘴、一支笔、一个本""一人讲、众人听"的灌输方式,全面提升理论教育的实效性,同时也给马克思主义理论教育带来严峻挑战。新媒体时代各种泥沙俱下、鱼龙混杂的信息迅速渗透到人们的日常生活中,不断挤占主流文化和民族文化的话语空间,模糊人们的价值判断标准,考验人们的鉴别力和自控力,给马克思主义理论教育整合社会思想带来难度。另一方面,剧烈变动的社会现实将马克思主义理论教育置于动态的、开放的和发展的环境中,不断改变着理论教育的教学语境。譬如,新时期以来我国现代化建设进程中腐败问题、就业难问题、贫富两极分化问题、群体性事件频发问题、"范跑跑"事件、"灵修培训"事件等社会焦点和热点问题的相继出现,在为马克思主义理论教育提供鲜活的现实教育素材的同时,也深刻凸显出马克思主义关于未来社会的基本设想与我国社会现实之间的巨大反差,将马思主义的真理性、科学性和价值性一再推向风口浪尖,反复考问着马克思主义理论教育的现实溯及力和实效性。可见,在现代媒体技术迅猛发展、社会现实剧烈动荡的新时期,中国共产党人必须颠覆传统的教育思想和教育理念,既要积极探索新媒体视域下马克思主义理论教育的方式方法,妥善解决虚拟领域与现实社会的衔接问题,又要立足现实运用马克思主义对我国改革开放进程中层出不穷的社会问题做出符合中国国情和当代意义的解说,合理解答马克思主义理论与社会现实之间的反差,从而适应不断变化发展的教学语境。

二、机遇与挑战并存的实践新境遇为马克思主义理论教育思想发展奠定社会基础

改革开放以来,伴随我国进入经济社会加快发展的战略机遇期和社会矛盾并发的凸显期,马克思主义理论教育所处的社会环境随之发生了全面而深刻的变化。可谓是机遇与挑战并存、福祉与困难同在。一方面,中国改革和建设的稳步推进为马克思主义理论教育思想的发展奠定了坚实的实践基础,提供了成熟的社会环境和广阔的历史舞台。另一方面,我国多样性文化并存的社会生态在建构的同时也在严重侵蚀和解构着马克思主义理论教育的话语体系;思想领域价值多元化发展致使马克思主义理论教育整合社会思想的难度加大,致使主流价值观念不断溃散;马克思主义理论教育的具体实践与预期目标之间存在巨大落差,从不同层面严重影响到马克思主义理论教育的地位与实效。因而,面对新时期这些机遇与挑战并存的现实新境遇,中国共产党人必须立足于发展机遇期与矛盾凸显期并存的历史新起点上革弊求新、与时俱进,用时代发展的要求审视和反思马克思主义理论教育,深入推进马克思主义理论教育思想的发展创新。

(一)我国改革和建设的稳步推进为马克思主义理论教育思想发展提供成熟的社会环境

党的十一届三中全会以来,我国最显著的特点是全方位实行改革开放和中国特色社会主义建设。这场社会主义发展史上前所未有的一场大改革大开放,是中国人民生气勃勃的伟大创造。它不仅深入推动了马克思主义中国化,而且有力推进了马克思主义时代化,为科学社会主义的当代实践提供了全新的探索和成功的经验,开拓了科学社会主义理论发展的新境界,为马克思主义理论教育提供强有力的现实依托。改革开放和中国特色社会主义建设的成功实践既是新时期我国社会文明进步的基础,更是马克思主义理论教育深化发展的现实基础,是中国共产党人推进马克思主义理论教育思想发展创新的不竭源泉。正如黑格尔所指出："理论的东西本质上包含于实践的东西之中。"①改革开放以来中国共产党人马克思主义理论教育思想的形成、发展和完善深深植根于中国特色社会主义建设实践的肥沃土壤之中,是改革开放和中国特色社会主义建设的历史与逻辑必然。

党的十一届三中全会之后,伴随我国迈入中国特色社会主义建设时期,党中央在准确判断时代特征和世界形势变化的基础上,领导全国人民以解放思想、实事求是、与时俱进的精神在中华大地上演出一场改革开放和建设中国特色社会主义的有声有色的活剧。从确立社会主义市场经济体制改革的战略目标,把社会主义市场经济建设与社会主义基本制度建设相结合加以落实,到提出社会主义民主政治建设的战略决策与依法治国的基本方略,致力于社会主义政治文明建设;从制定科教兴国与人才强国的战略任务,把经济发展方式转向依靠提高劳动者素质与科技进步的发展轨道,努力从根本上改变粗放型经济发展方式,到提出"发展是硬道理"的战略思维与"以人为本"的科学发展理念,积极追求正义、改善民生、寻求公平,力争推进社会全面进步,以邓小平、江泽民、胡锦涛和习近平为主要代表的中国共产党人在改革开放和现代化建设的伟大征程中逐步探索出一条紧扣国情现实、饱含时代特色、备受世界瞩目的中国特色社会主义道路。正是中国特色社会主义道路的指引下,我国不但实现从以阶级斗争为纲到以经济建设为中心、从计划经济体制到社会主义市场经济体制、从长期封闭自守到全方位对外开放的历史性转变,而且极大地解放和发展了社会生产力,逐步实现社会主义制度的自我完善、自我发展及国内市场经济、民主政治、先进文化与和谐社会建设的协调发展,人民群众走向富裕安康的广阔道路,人们的积极性和主动性空前高涨,社会主义制度不断焕发出勃勃生机与活力。可以说,中国特色社会主义建设所取得的成就有目共睹、有口皆碑。特别是在20世纪后期世界共产主义运动深陷低潮、苏东社会主义国家犹如多米诺骨牌般纷纷倒下的情况下,中国仍巍然屹立于世界东方,"风景这边独好","社会主义和马克思主义在中国大地上焕发出勃勃生机,给人民带来更多福祉,使中华民族大踏步赶上时代前进潮流、迎来伟大复兴的光明前景"。② 这就为新时期马克思主义理论教育思想的发展创新提供了稳定的社会环境和广阔的发展空间。值得特别指出的是,伴随我国改革开放和现代化建设的

---

① 〔德〕黑格尔:《法哲学原理》,范扬、张企泰译[M]. 北京:商务印书馆1961年版,第13页。
② 《十七大以来重要文献选编》(上)[M]. 北京:中央文献出版社2009年版,第8页。

稳步推进,中国共产党人在探索中国特色社会主义道路的伟大实践中,还不断总结共产党执政规律、社会主义建设规律、人类社会发展规律,先后创造性提出邓小平理论、"三个代表"重要思想及科学发展观等重大战略思想,最终形成中国特色社会主义理论体系,构成作为理论体系的中国特色社会主义,为马克思主义理论教育提供了与时俱进的理论支撑。

改革开放以来,中国特色社会主义建设的实践探索虽然饱经世界历史的风云变幻,但最终经受住实践的严峻考验,不仅成功探索出中国特色社会主义伟大道路、建构起中国特色社会主义理论体系,从实践层面和理论维度开创了社会主义事业的崭新局面,而且使中国特色社会主义真正成为科学社会主义的一种新范式,成为人类社会发展史上的一枝奇葩。这就无可辩驳地证明:在当代中国,马克思主义始终是颠扑不破的真理。它作为推动社会主义改革和建设凯歌前进的指导思想和决定性力量仍然具有强大的战斗力和生命力。无论是中国特色社会主义建设事业的成败兴衰,还是人民群众生活的富足与贫瘠,都与马克思主义和实践的结合程度、与马克思主义能否掌握人民群众密切关联,只有马克思主义才能超凡卓越地发展社会主义。由此可见,新的历史条件下中国特色社会主义建设的稳步推进,不仅为马克思主义理论教育的发展创新奠定雄厚的实践基础,提供和平稳定的国内环境、广阔自由的发展空间、民主自由的社会氛围、生动鲜活的实践素材、良好的人文环境及丰富的现代技术资源和思想理论资源,而且向世人雄辩地证明马克思主义的科学性、真理性及其强大的生命力、战斗力和影响力,充分展现了马克思主义理论教育在社会主义建设中的优越性,从而从根本方面增强马克思主义理论教育的现实说服力,坚定人民群众对马克思主义、社会主义和共产主义的信仰和追求。这就为马克思主义理论教育的发展和中国共产党人马克思主义理论教育思想的创新提供强有力的现实依托和动力源泉。

(二)多样性文化并存的社会生态在建构的同时并解构马克思主义理论教育的话语体系

马克思主义理论教育自产生之日起就与文化结下了不解之缘。作为社会主义实施意识形态控制、实现人的精神世界塑造与建构的一种"软权力",马克思主义理论教育往往依托文化形式为供血渠道和宣传平台而展开,并在实践的过程中依照不同社会时期文化意识的转变而适时调整教育实现的途径。从规范的意义上分析,不同的文化形态以其鲜明的精神导向性与塑造性,在宏观与微观、显性和隐性双重维度,时刻影响着人们的审美方式、思维逻辑和价值取向,由此也就会引导马克思主义理论教育实现"软着陆",对于马克思主义理论教育具有重要的"建构"作用。然而,近年来受形态各异的多样性文化的冲击,文化在"建构"马克思主义理论教育的同时也在严重地"侵蚀"和"解构"马克思主义理论教育的话语体系——形态各异文化的发展与马克思主义理论教育弘扬主流价值观念、崇尚先进性的主导价值理念逐渐呈现出"二律背反"的发展态势。由此观之,原本文化对于马克思主义理论教育的"建构"作用却随着文化形态的异化逐渐呈现出"建构——解构"的深层矛盾:文化对马克思主义理论教育"建构"的作用已不甚坚实,反而会不断"解构"已经建立起来的马克思主义理论教育话语体系,从而使得马克思主义理论教育在当代多样化文化背景下呈现"失语"态势。

毋庸置疑,伴随我国文化建设的逐步推进和深入发展,改革开放以来主流先进文化对马克思主义理论教育的话语体系仍然起到积极的"建构"作用,是马克思主义理论教育的重要载体。"主流文化是表达国家核心价值体系、体现执政党思想主张并作为社会统治思想的社会文化,它是国家政体的精神支柱,其主要功能在于从思想文化层面为现有统治提供合法性论证。主流文化由于有国家强力机构的倡导、推行和保护而对整个社会文化的发展产生重大的导向、规范与控制作用。从根本上说,主流文化是一种代表官方的、以经典文献等形式传承于世的垄断性文化"。[①] 新时期,我国的主流先进文化始终坚持高扬社会主义、集体主义和爱国主义旗帜,弘扬社会正气和正能量,昭示崇高的道德观念和价值追求,以关怀人性、为人们提供精神享受和心灵慰藉、满足人的精神文化诉求为价值取向和目标导向,在主导价值理念和价值取向上与马克思主义理论教育崇尚先进性和弘扬主流价值观念的价值理念高度契合。因而,主流先进文化在为人们提供文化消费的同时,其所蕴含的政治观念、思想观点和价值观点仍然作为"重要信息源"直接参与马克思主义理论教育。具体而言,一方面,主流先进文化利用特定的文化语境营造特有的文化氛围,在润物无声中向人们灌输既定的思维方式、价值取向和行为准则,潜移默化地引导和调控人们的认知方式和思维方式,从而推动自身蕴含的马克思主义理论在人们头脑中"根植"和"固化",有效增强马克思主义理论教育的辐射力、渗透力和实效性。另一方面,主流先进文化为马克思主义理论教育的话语体系增添鲜活的文化元素,充实和丰盈马克思主义理论教育应当呈现的文化内涵、文化底蕴和文化品格,从而切实增强教育的感召力,扩大教育的受众范

[①] 崔欣、孙瑞祥:《大众文化与传播研究》[M]. 天津:人民出版社2005年版,第42-43页。

围、传播空间和辐射力度,促使教育走向大众化和普及化。正是鉴于新时期马克思主义理论教育与主流先进文化之间的密切关联以及我国主流先进文化的大繁荣和大发展,改革开放以来中国共产党人不断革新马克思主义理论教育思想,积极发挥主流先进文化对马克思主义理论教育话语体系的"建构"作用。

但不可否认的是,新时期虽然我国主流先进文化对马克思主义理论教育的话语体系起到积极的"建构"作用,但是众多非主流文化特别是低级的、媚俗的文化却严重地"解构"着马克思主义理论教育的话语体系。新时期以来,伴随我国市场经济宏观背景不断深化、文化领域不断向纵深发展,多样性文化的兴起特别是各种非主流文化的强势崛起成为一种不可逆转的文化潮流,承载不同价值取向和精神信仰的多样性文化不断呈现出博弈与制衡的态势,逐步打破以往单纯以主流先进文化"主沉浮"的单一格局。一些非主流文化为迎合人们的物质欲望和感官刺激,开始直接或间接地用商业化、娱乐化、去意识形态性的多元价值理念来淡化、歪曲甚至否定主流文化,取代主流文化对人们政治价值观、道德价值观和理想信念的引导和塑造。更为严重地是,近年来受"审丑意识""娱乐靡音"等低级审美情趣的严重影响,各种非主流文化还不同程度地呈现出各种杂音,例如继2005年"芙蓉姐姐"蹿红网络后,"凤姐""犀利哥"紧随其后,更有点击率飙升的艳照门、剽窃门、跳跳门等,非主流文化由关心普通百姓日常生活转向毫无意义的"娱乐化",乐此不疲地将各种非主流演绎为"愚乐至上"和"颓废至上"。在很多人眼中,"只要能'逗乐'或'过把瘾',即使'关公逗秦琼'或是唐伯虎变成了小流氓都无妨"。[1] "躲避崇高"和"颓废至上"成为各种非主流文化"病态缩影"。"它是消解正统意识形态的最好途径,它不声不响地、静悄悄地在消解和改变人们的价值观念、生活方式、行为准则,侵蚀、瓦解统治了几十年的社会观念体系、意识形态"。[2] 这些低级的、媚俗的文化的迅猛发展与马克思主义理论教育宣传社会主义主流意识形态、弘扬主流社会观念的价值理念之间出现驳斥和背离,严重消解甚至毁灭着马克思主义理论教育的主导价值,强烈冲击着马克思主义理论教育对人们思想的价值引导和指向力。在这种复杂的文化形态环境下,昭示社会主义主流意识形态和价值理念的马克思主义理论教育大有"溃退"的危险态势。因而,全

---

[1] 张汝林:《思考与批判》[M].上海:三联书店1999年版,第556页。
[2] 李泽厚、王德胜:《文化分层、文化重建及后现代问题的对话》[J].《学习月刊》1994年第11期。

面推进马克思主义理论教育思想的发展创新以应对各种非主流文化提出的新挑战,显得尤为迫切和重要。

综上可知,在改革开放以来多样性文化形态共存的背景下,通过转换马克思主义理论教育的传统思维强化马克思主义理论教育工作变得十分紧迫和重要。这就需要中国共产党人紧密结合实际情况不断提出新思路、探索新路径、采取新举措,积极发展创新马克思主义理论教育思想,以适应多样性文化的变化发展,使马克思主义理论教育既不因完全游离、彻底否定多样性文化而丧失赖以生存的文化根基、远离大众视野,也不因全盘接受、完全肯定多样性文化而消解自身的意识形态教化特性,而是坚持"破中有立"的原则,在"多元文化共振"中实现马克思主义理论教育以主流文化意识为主导、多样性文化中有益成分为补充的崭新教育理念,努力抢占马克思主义理论教育在多元文化中的话语权。

(三)思想领域价值多元化发展导致马克思主义理论教育整合社会思想的难度加大

改革开放以来,伴随我国经济体制深刻变革、利益格局深刻调整、社会分层不断加剧、多元文化交融碰撞,影响群众思想观念和价值观念的复杂性因素日益增加,人们思想活动的选择性、差异性和多变性日趋增强,不同群体和社会阶层的价值观念和价值取向愈益呈现多元化趋势,如思想冲突性加剧、起伏多变性增强、自主选择性明显、趋利尚实性凸显、离散差异性扩大。这些新变化作为我国社会转型期间不可避免的社会现象,给整个社会的思想、情感、价值观念等文化心理层面带来无法逆转的深刻变革,对新时期马克思主义理论教育有效整合和引领多样化思想提出严峻的考验和挑战。这就要求中国共产党人在全面推进马克思主义理论教育和加强社会主义主流意识形态建设的进程中,科学分析和准确把握人们思想变化的新特点,探索中国化马克思主义理论教育的新方法和新途径,提高马克思主义理论教育工作的针对性和实效性。

——价值观念冲突加剧。改革开放以来,伴随改革和建设进程中社会贫富差距不断拉大、劳动与收入严重脱节、正义与邪风交锋碰撞、理想与现实反差加剧等社会现象相继涌现,我国思想领域不再平静如初,价值冲突和观念冲突异常激烈。分属不同社会发展阶段的价值观念大量存在于我国社会主义初级发展阶段的社会生活中,导致人们在思想情感、道德认知、价值判断和行为选择上面临多重困惑,价值观念冲突加剧成为人们思想变化的一个显著特点。在这其中,信仰的冲突、裂变和多元化发展更是社会思想文化领域一个不容忽视的重大问题。新时期,伴随马克思主义信仰与西方资产阶级的极端个人主义和拜金主义信仰、各种宗教信仰乃至邪教信仰在我国意识形态领域展开激烈的信仰争夺战,虽然大部分人能够在对与错、正与邪的信仰抉择中坚定自己的道德追求、价值选择和理想信念,但是仍有一部分人放弃原有的道德操守、价值尺度和理想信念,走向与社会主义主流价值观念所倡导的对立面,要么崇拜新自由主义、民主社会主义,要么鼓吹新儒学,要么把拜金主义、个人享乐主义奉为圭臬,在混沌盲目的生存状态中失去理性和自我。"精神迷失""信仰失落""颓废至上""陶醉当下""躲避崇高"随之成为一些社会群体的"病态缩影"。随着社会思想观念冲突不断加剧,马克思主义理论教育引领和整合社会思想的难度不断加大。

——主体选择性增强。党的十一届三中全会以后,我国改革开放和市场经济建设的客观实践不仅以不可抗拒的强大物质力量使广大人民群众成为相对独立的利益主体,而且以极其明快的方式激发人们的主体意识不断觉醒。随着自身主体意识的逐渐觉醒和增强,人们开始渴望民主、开放和自由,崇尚自我价值观的独立和自我个性的张扬,倡导"我的地盘我做主",抵触随波逐流和跟风趋同。客观而言,人们思想观念自主选择性的日益增强有助于人们运用自身理性进行独立自主思考,在适度的张力之下尽情彰显个性,为社会发展注入勃勃生机与活力。但就马克思主义理论教育的现实情况来看,"个体的主体地位和自我价值的提升,使人们更加崇尚自由、个性和关注自我,同时也导致人的思想觉悟和道德境界上的差异越来越大,社会成员之间越来越难以达成对社会价值的认同。以往人们习惯采用的单一价值引导方式,无法面对价值多元化、社会大众主体的觉醒和自我价值强化的新局面"。① 人们思想观念上自主选择性的不断增强,致使马克思主义理论教育整合社会思想的难度不断加大。

——趋利尚实性凸显。改革开放以来,随着市场经济的不断影响和催化,讲求实际、注重实效、追逐功利等观念逐渐深入人心。人们思想意识上日趋呈现出鲜明的趋利尚实性特点。这就使得新时期马克思主义理论教育面临新机遇和新挑战。一方面,伴随求实效、重理性、反对"假、大、空"等观念逐步成为大多数群众的思想共识,人们开始反对空谈和弄虚作假,强调"一切都必须在理性的法庭面前

---

① 张敬斌:《论价值多元化背景下的社会主义核心价值体系建设与教育》[J].《中国电力教育》2008 年第 11 期。

为自己的存在作辩护或者放弃存在的权利",①认为不能用理性加以证明的东西都是虚伪的和虚幻的。这就有助于新时期大兴求真务实的学风,切实推动马克思主义理论教育工作的深入开展。另一方面,随着崇尚功利、强调实惠、追逐实利的物质欲求元素迅速挤占人们的思想空间,尤其是"市场调节的自发性和盲目性,市场竞争中的利益驱动,助长了利己主义、享乐主义、拜金主义在一部分人中的蔓延",②道德沉沦、精神贫困、伦理失范和灵魂迷失等现象已成为部分人思想观念世界的真实写照。这种趋利尚实的思想观念与我国社会主义主流价值观念和理想信念背道而驰,严重消解马克思主义在意识形态领域的主导地位,致使马克思主义理论教育整合社会思想的难度不断加大。

——松散差异性扩大。改革开放以来,伴随所有制结构和生产关系的不断调整,我国原有的社会阶层出现剧烈的分化和重新组合,社会结构随之发生深刻变迁。从现实来看,一方面,工人和农民阶层的内部发生深刻变化,中等收入者群体逐步扩大;另一方面,相继出现个体户、私营企业主、民营企业创业人员、外资企业管理技术人员和自由职业人员等社会新阶层,社会结构从简单的城乡二元对立走向多元化。对此,有的学者还具体将其划分出十大社会阶层:"国家与社会管理者阶层;经理人员阶层;私营企业主阶层;专业技术人员阶层;办事人员阶层;个体工商户阶层;商业服务业员工阶层;产业工人阶层;农业劳动者阶层;城乡无业、失业半失业者阶层"③。这些社会阶层由于在财产状况、社会地位、文化程度上有所区别,因而在利益诉求、政治见解、是非观念和人生追求等方面存在多重评价标准和多元化价值取向。这就意味着我国传统的"价值共识体系"已经分崩瓦解和全面坍塌,预示着传统马克思主义理论教育已经不利于统领和整合多样性的社会思想观念。因此,通过转换传统的马克思主义理论教育思想,使马克思主义理论教育适应社会各阶层、各群体思想观念的松散差异性和复杂多变性,在包容多样、尊重差异中增进思想共识、扩大社会认同、引领纷繁复杂的民众意识,实现群众价值信念与党的执政理论的高度统一,对于巩固马克思主义在我国社会主义意识形态领域的战略指导地位显得尤为迫切和重要。

---

① 《马克思恩格斯选集》第3卷[M].北京:人民出版社1995年版,第719页。
② 赵耀:《大力推进社会主义核心价值体系建设》[J].《红旗文稿》2007年第12期。
③ 陆学艺:《当代中国社会流动》[M].北京:社会科学文献出版社2007年版,第8页。

（四）马克思主义理论教育本身的预期目标与具体的教育实践之间存在巨大落差

马克思主义理论教育作为我国经济工作和其他一切工作的"生命线"，历来是我们党的政治优势。改革开放以来，以邓小平、江泽民、胡锦涛和习近平为主要代表的中国共产党人始终把马克思主义理论教育置于我国社会主义意识形态建设之重中之重常抓不懈，不断加大对马克思主义理论教育的投入力度。然而，就其预设的期望值与现实的功效值对比而言，两者之间的差异度之大却是无可争辩的客观事实，马克思主义理论教育的形式与实践之间存在巨大落差，呈现出明显的"二律背反"态势，即虽然新时期马克思主义理论教育深受我们党和国家的重视和支持，但是马克思主义在不少领域、部门和人群却饱受冷漠、冷落和拒绝，逐渐被边缘化，成为缺乏"在场性"和"现实性"的某种"幽灵"，不少人纷纷动摇甚至放弃马克思主义、社会主义信仰。从这个意义上考察，改革开放以后我国马克思主义理论教育始终存在诸多亟待大力解决的问题，需要我们党不断基于时代发展的新形势和新情况不断调整和创新马克思主义理论教育思想。

——马克思主义理论教育"被软化"。改革开放以来，虽然我们党高度重视加强马克思主义理论教育，在确立以"经济建设"为中心的基本纲领和发展路线的基础上，明确提出"两手抓"的重要思想，即要求物质文明建设和包括马克思主义理论教育在内的精神文明建设"两手都要抓、两手都要硬"，但是在实际工作中许多部门和单位却没有积极贯彻落实这一思想。他们要么片面重视经济工作而忽视政治工作，要么把经济工作和政治工作直接对立起来，认为搞好经济工作是关键，政治工作搞不搞无碍大局，由此致使社会主义精神文明建设尤其是马克思主义理论教育工作不断呈现出"疲软"现象。譬如，"说起来非常重要，做起来明显次要，忙起来简直不要""热在上，冷在下""马列书没人读""马列课门前冷落车马稀""搞马列的人受冷落"等成为新时期马克思主义理论教育领域的现实写照。上述现象严重弱化马克思主义理论教育，深刻影响到马克思主义理论教育的地位与实效，妨碍马克思主义理论教育向纵深发展，致使马克思主义处于上下悬空的尴尬状态，既不能成为强势社会群体的权力话语，也不能成为弱势社会群体维护自身合法权益的有力保障。因而，社会上接受和信赖马克思主义的人愈来愈少，"一些人只是表面还承认马克思，实际上不相信马克思"。[1]

---

[1] 吴江：《重新找回马克思》[J].《炎黄春秋》2002 年第 7 期。

——形式主义畅行。改革开放以来,无论是各级部门单位还是个体教育宣传者都未能彻底转变传统的教育理念,在马克思主义理论教育过程中依旧不同程度上奉行形式主义之风。其中,就"各级部门和单位"而言,他们往往把开展马克思主义理论教育工作视为响应党中央号召的"风向标"和提高政绩、装潢门面的招牌。当中央做出加强马克思主义理论教育的决定时,他们就把一切工作让位于马克思主义理论教育工作,轰轰烈烈地召开虚张声势的会议、开展大张旗鼓地宣讲、进行华而不实的总结,力求在短期内掀起"大高潮"、制造"轰动效应"。可谓是,"开会没有不隆重的,讲话没有不重要的,学习没有不深刻的,贯彻没有不落实的","墙上、制度、措施、计划,一应俱全;大会小会、理论、经验、成绩,头头是道"。① 但是当短暂的学习热潮退却之后,一切又迅速恢复平静,马克思主义理论教育立即被束之高阁,成为一个过时的政治口号。而纵使在响应中央号召的短暂学习期间,他们也只是循规蹈矩地延用"口号+语录"等传统的单向直线式而非循环互动式、灌输式而非参与式的宣传方式,不分场合、不分对象地照搬照抄各种脱离实际、违背事实和忽视差别的"大话""套话",用干巴巴的政治话语、文件话语和权力话语代替理论教育的大众话语,使马克思主义理论教育成为空洞的"唱高调",根本难以取得良好的实效,甚至适得其反。就"个体教育宣传者"来看,虽然他们都在振振有词地以马克思、恩格斯等马克思主义经典作家的名义宣传讲授马克思主义的基本立场、观点和方法,但是事实上在宣讲过程中他们本身却是"缺席"的。他们往往仅是充当理论知识的"传送带"和"传话筒",只宣讲、不激活,极少关注和解答群众关心的重点、热点与难点问题,只是带去机械生硬的声波而非生动鲜活的思想活体。这就导致教育者自身在台上绘声绘色地进行"台词独白",受教育者在台下却机不可失地另觅私活——庄公晓梦者有之,发微信、发短信、刷微博频繁互动者有之,品味各种"文化快餐"者有之,应对各种名目繁多的证书考试者有之,从而产生"言者谆谆,听者藐藐"的负面效应,使马克思主义理论教育仅仅流于表面形式。

——马克思主义理论教育的内容体系陈旧、课程体系不合理,缺乏当代视野。改革开放以来,伴随我们党和国家不断加大关注和投入力度,马克思主义理论教育逐渐走向科学化和学科化的发展轨道。如何通过调整课程体系和内容体系使马克思主义学科从分散走向整合、从弱小走向强大,成为新时期深入推进马克思

---

① 余亚平:《思想政治教育学新探》[M]. 上海:人民出版社2004年版,第91页。

主义理论教育科学化发展的重中之重。基于此,理论界和学术界积极展开富有建设性的探索,许多学者都作出突出贡献。但客观而言,由于如何依据我国面临的中心任务来选择和确定科学合理、富有时代气息的教育内容,开设相应的课程,实现当代中国马克思主义理论教育从"以政治革命为中心而建立起来的教育体系到以经济建设为中心而建立起来的教育体系"的彻底转换和飞跃,并不是一朝一夕可以完成的,马克思主义理论教育科学化建设始终任重而道远。譬如,"哲学教科书改革问题在我国已经提出了十多年了,但迄今为止尚未搞出既有时代性新体系、新内容、新特点又能得到普遍承认的新编哲学教科书,这不能不是一件相当令人困惑也特别值得深入研究的事。这一方面表明了教科书改革之不易,是一个长期的和动态的建构过程,另一方面也要求我们对教科书的改革方向和新编思路加以反思,找出其中的关键所在"。① 这就需要中国共产党人不断发展创新马克思主义理论教育思想,全面推进马克思主义理论教育的科学化和学科化发展。

——马克思主义理论教育合力缺失。改革开放以来,全社会关心和支持马克思主义理论教育的合力一时间尚未形成。许多地区、部门和单位认为马克思主义理论教育只是党群部门和学校讲堂的任务,与自身无涉。"这就使得对人的全面教养、对人的灵魂原本起着整体作用的教育却变成了某一门课的任务、某一本教材的任务、某一个或一些教师的任务、某一个机构的任务;变成了在一个集中的时段里进行的事情"。② 受这种传统思维方式的影响,马克思主义理论教育被局限于党和政府工作人员、理论工作者和青年学生等狭小的圈子,而未能及时走向大众、面向实践。由于缺乏马克思主义这一人类精神世界的坐标和实践指南,许多人在思想认识上出现困顿、迷茫,丧失马克思主义理想信念,即使是在广大党员干部中,不信马列、信鬼神的也不乏其人。因而,如何通过转变传统的马克思主义理论教育思想使马克思主义理论真正普及落实到社会各阶层和各领域,成为新时期摆在中国共产党人面前的一个重大课题。

综上所述,改革开放以来,如何围绕"马克思主义理论教育本身的预期目标与具体的教育实践之间存在巨大落差"的客观现实,重新审视、调整和发展马克思主义理论教育思想,彻底改变以往经济建设与马克思主义理论教育之间"一手硬、一

---

① 欧阳康:《马克思主义哲学的本质规定及其形态建构》[J].《哲学动态》2001 年第 3 期。
② 朱小蔓:《教育的问题与挑战:思想的回应》[M]. 南京:南京师范大学出版社 2000 年版,第 287 页。

手软"、马克思主义理论教育教学体系发展滞后、马克思主义理论教育合力缺失等诸多现象,使马克思主义理论教育在新的历史条件下焕发出勃勃生机与活力,始终是中国社会实践发展的客观需要,是以邓小平、江泽民、胡锦涛和习近平为主要代表的中国共产党人共同面临的重大现实课题。这就需要中国共产党人始终站在社会发展的历史高度审视和发展马克思主义理论教育,全面推进马克思主义理论教育思想的与时俱进和发展创新。

三、马克思主义经典作家相关思想的指导性和可承继性是马克思主义理论教育思想发展的源泉

改革开放以来党的马克思主义理论教育思想有着深厚的思想基础。马克思、恩格斯、列宁到毛泽东等马克思主义经典作家在形成和发展自身理论的同时,对于如何正确理解和对待马克思主义理论教育都有直接或间接的阐释。发展总是起于继承,改革开放以来党的马克思主义理论教育思想正是在继承经典作家的马克思主义理论教育思想的基础上,不断把马克思主义理论教育思想发展推向新境界。经典作家的马克思主义理论教育思想的对改革开放以来党的马克思主义理论教育思想的重要性不言而喻。

(一)马克思恩格斯的马克思主义理论教育思想

马克思恩格斯作为引领时代潮流的科学巨匠,不仅是马克思主义理论的创始人,为人类社会的发展进步提供伟大的思想资源,而且致力向无产阶级和劳苦大众进行理论教育,开创马克思主义理论教育的先河。马克思恩格斯有关马克思主义理论教育的思想至今熠熠生辉,主要从理论特性、主要任务、传播载体和终极目的等方面深刻揭示马克思主义理论教育的本质内涵和基本规律,初步建构起理论教育的框架体系,为改革开放以来党的马克思主义理论教育思想的蓬勃发展提供了科学的理论基础和初级的理论文本。

1. 马克思主义理论教育的客体特征:理论必须彻底、理论必须具有先进性

马克思主义理论教育是宣传普及马克思主义的必要手段和主要路径。在逻辑上,马克思主义理论教育的客体——理论——应该成为重点研究和辩证分析的内容:理论究竟该具有怎样的品格才能称之为先进理论?马克思主义理论应具备什么样的特征? 这是马克思主义理论教育及其思想实践的首要问题。

(1)理论的彻底性是理论先进性的逻辑前提和重要保障

马克思曾经指出:"理论一经掌握群众,也会变成物质力量。"①"哲学把无产阶级当作自己的物质武器,同样地,无产阶级也把哲学当作自己的精神武器。"②具体至"理论特征和品格"的界定,马克思则突出强调:"如果没有严格的科学思想和正确的学说来号召工人,那就等于玩弄空洞虚伪的传教把戏"、"无知从来也不能帮助任何人"。③ 恩格斯也曾反复阐明:"我们称之为思想观点的东西的——又对经济基础发生反作用,并且能在某种限度内改变它。"④马克思恩格斯历来高度重视先进理论对于实践的指导作用,反复强调清晰的理论分析和科学的理论论证犹如"思想的闪电"能为解决错综复杂的社会问题和说服群众提供强大的理论武器。那么,理论究竟该具有怎样的品格才能称之为先进理论? 对此,他们则进一步提出"理论必须彻底",强调"理论只要彻底,就能说服人"。⑤ 在马克思恩格斯看来,在"理论必须彻底"思想的指导下创立先进理论是开展理论教育的逻辑前提。

早在马克思恩格斯理论教育思想的萌芽阶段,马克思在《〈黑格尔法哲学批判〉导言》中就针对黑格尔法哲学的抽象性提出了"理论彻底性"问题,指出如果理论不彻底、目标不明确、对象不明晰、内容不科学,就无法称之为科学的先进的理论,更无法让群众信服。那么,理论怎样才算是"彻底"? 马克思深入指出:"所谓彻底,就是抓住事物的根本。"⑥这不仅要求理论必须具有透彻性——透过事物纷繁复杂的表面现象深刻揭示事物的本质,触碰最尖锐和最敏感的问题,而非单纯进行抽象的理论演绎,具有针对性——一切思想观点的提出以时间、地点和条件的转移为客观依据,而不仅仅进行纯粹抽象的理论思辨,而且还要求理论必须具有契合性——站在契合社会实际需要和时代发展的高度解答人们最为关注或深感困惑的社会问题和思想认识问题,而不是一味遮蔽时代问题。只有这样,理论才能切实建立在事实与逻辑的基础之上,科学揭示事物发展的"必然",真正成为让人心悦诚服的先进理论。对于这一认识,马克思恩格斯随后在理论探索中进

---

① 《马克思恩格斯选集》第 1 卷[M]. 北京:人民出版社 1995 年版,第 9 页。
② 《马克思恩格斯选集》第 1 卷[M]. 北京:人民出版社 1995 年版,第 15 页。
③ 《人间的普罗米修斯 回忆马克思恩格斯》(Ⅲ)[M]. 北京:人民出版社 1983 年版,第 14 –15 页。
④ 《马克思恩格斯全集》第 37 卷[M]. 北京:人民出版社 1971 年版,第 488 页。
⑤ 《马克思恩格斯选集》第 1 卷[M]. 北京:人民出版社 1995 年版,第 9 页。
⑥ 《马克思恩格斯选集》第 1 卷[M]. 北京:人民出版社 1995 年版,第 9 页。

行了多次深入探讨和阐述。其中,马克思在阐释价格和利润之间的关系时曾深刻提出:"日常经验只能抓住事物诱人的外观,如果根据这种经验来判断,科学的理论就总会是奇谈怪论了"①,一针见血地指出只着力于事物表面的理论研究根本不能全面揭示事物本质,而这种缺乏"透彻性"的理论更不能让人信服。恩格斯在阐明"马克思主义是发展的理论"这个质的规定性时也曾鲜明指出:"每一个时代的理论思维,从而我们时代的理论思维,都是一种历史的产物,它在不同的时代具有完全不同的形式,同时具有完全不同的内容。"②他强调任何彻底性的理论都必须建构在一定社会实践基础上,依据不同时代发展变化的客观实际有"针对性"地进行理论革新。马克思在阐述理论要致力和服务于现实斗争的问题时还曾提出:"理论在一个国家实现的程度,总是取决于理论满足这个国家的需要的程度。"③他认为理论的彻底性不仅是思维和逻辑层面的问题,更是实践需要和现实基础维度的问题,指明理论只有抓住社会现实的根本问题、契合时代发展的现实主题,才能真正实现自身的"彻底性",成为解释现实的思想武器。

(2)理论的彻底性是马克思主义理论思想的灵魂

在如何创立先进理论以增强理论教育说服力的问题上,马克思恩格斯不仅围绕"理论必须彻底"思想提出大量精辟深邃的论述,同时还身体力行为创作能够说服群众的"彻底性"先进理论付出了极其艰辛的努力。为切实增强自身理论的彻底性和说服力,他们不仅在写作前不遗余力地研究相关资料,结合现实进行反复思考,努力抓住事物根本以增强论述深刻性和透彻性,避免只浮于问题表面泛泛而谈,而且在写作完成后勇于依据瞬息万变的客观实际随时修正自身理论。正如恩格斯总结指出:"我们的理论是发展着的理论,而不是必须背得烂熟并机械地加以重复的教条。"④可以说,马克思主义之所以能够在世界范围内得到迅速传播,除了社会发展的现实需求之外,关键正在于马克思恩格斯在创立和发展马克思主义的过程中始终贯彻这种理论上的彻底无畏精神。譬如,为揭露资本主义的本质、揭开资产阶级理论学说的伪善面纱,马克思恩格斯终其一生对资本主义生产关系展开深入研究;为充实和完善《共产党宣言》,马克思曾在1876年至1879年期间四次致信恩格斯,对其重新审定和修改;对于经典原著与现实社会发展不一

---

① 《马克思恩格斯选集》第2卷[M].北京:人民出版社1995年版,第74页。
② 《马克思恩格斯选集》第4卷[M].北京:人民出版社1995年版,第284页。
③ 《马克思恩格斯选集》第1卷[M].北京:人民出版社1995年版,第11页。
④ 《马克思恩格斯选集》第4卷[M].北京:人民出版社1995年版,第681页。

致的地方,以《卡·马克思〈1848年至1850年的法兰西阶级斗争〉一书导言》为例,他们不仅开诚布公地承认"历史表明我们也曾经错了,暴露出我们当时的看法只是一个幻想。历史走得更远:它不仅打破了我们当时的错误看法,并且还完全改变了无产阶级借以进行斗争的条件。1848年的斗争方法,今天在一切方面都已经过时了",①而且及时进行调整和更正。马克思恩格斯在创立自身理论的过程中始终坚持批判与自我批判,不断为理论机体注入契合时代要求的因素,将理论的先进性引向纵深处,从而赋予马克思主义理论不断发展、不断修正的辩证特色及彻底性的优秀品质,使得马克思主义理论发展始终保持旺盛生机。深入探究马克思恩格斯思想发展的历史,不难发现,马克思恩格斯"深刻到骨髓"的洞察力、尊重客观现实的科学态度和勇于自我批判、开拓创新的进取精神是这一人类史上最伟大的思想理论发现、发展的重要因素。换句话说,马克思恩格斯通过保证自身理论的严谨性、科学性和彻底性为理论教育提供了坚实的思想理论支撑。

2. 马克思主义理论教育的三个任务:推进政党建设、培育阶级意识和指导革命实践

马克思恩格斯不是纯粹的书斋学者,他们创立马克思主义不是为建构一个纯粹学术性的抽象思辨的理论体系,而是为使自身理论与现实问题的解决联系在一起、与人类的解放联系在一起、与时代发展的要求联系在一起,紧密围绕"'现存的阶级斗争、我们眼前的历史运动的真实关系'②及无产阶级和广大群众的革命实践"这一历史现实,更好地批判世界、解释世界和改变世界。在马克思恩格斯那里,推进无产阶级政党的建设、启发无产阶级的阶级意识和自觉意识、指导无产阶级革命实践,从而真正服务于全世界无产阶级的解放事业,既是他们创立自身理论的根本旨趣和崇高使命,也是他们强化马克思主义理论教育的根本任务。

(1) 推进政党建设是马克思主义理论教育的首要任务和核心阵地

彻底的、先进的理论转化为革命的力量,是无产阶级革命伟大实践的必由之路。无产阶级革命的燎原之势必须经由掌握彻底的、先进理论的群体和组织来实现。马克思恩格斯在长期的革命实践中总结认为,这个掌握彻底的、先进理论的最佳候选者就是共产党。马克思恩格斯在《共产党宣言》中曾经明确指出,共产党

---

① 《马克思恩格斯选集》第4卷[M].北京:人民出版社1995年版,第510页。
② 《马克思恩格斯选集》第1卷[M].北京:人民出版社1995年版,第285页。

人"没有任何同整个无产阶级的利益不同的利益",①他们"始终代表整个运动的利益",因此,"在实践方面,共产党人是各国工人政党中最坚决的、始终起推动作用的部分;在理论方面,他们胜过其余无产阶级群众的地方在于他们了解无产阶级运动的条件、进程和一般结果",②深刻阐明无产阶级政党尤其是共产党人的先进性和革命性。在此基础上,马克思恩格斯深入分析指出,无产阶级要赢取解放,首要条件是通过马克思主义理论教育建立起一个以先进理论为指南的、由无产阶级先进分子组成的独立自觉的政党。在这一思想认识的指导下,马克思恩格斯始终把推进无产阶级政党的建设作为当时理论教育活动的突出主题和首要任务。为此,马克思恩格斯不仅亲自起草、制定《共产党宣言》《共产主义同盟章程》《国际工人协会共同章程》等重要纲领和文献,全面阐明无产阶级政党的指导思想、历史使命、纲领策略等,为通过理论教育推进无产阶级政党建设提供理论指导,而且还针对各国工人阶级政党建设的实际情况分别拟定符合科学社会主义原则的党纲,为他们在组织上和思想上建党奠定理论基础。例如,为帮助法国社会主义者拉法格和盖德拟定党纲,马克思在1880年向盖德口授党纲的理论性导言;不仅如此,马克思恩格斯还积极帮助各国无产阶级政党纠正纲领建设中的错误,如针对1875年德国爱森纳赫派与拉萨尔派合并之后在党纲中增添的拉萨尔有关"铁的工资规律""不折不扣的劳动所得"等错误思想,恩格斯不但及时与倍倍尔通信展开批判,捍卫无产阶级政党的科学世界观和思想理论基础,还协助完成了《哥达纲领批判》的论纲,通过理论的批判和指导,宣传与阐发了科学社会主义思想,教育和帮助德国无产阶级摆脱错误思想的影响。

(2)培育无产阶级的阶级意识是马克思主义理论教育的基本方略

马克思恩格斯在通过马克思主义理论教育推进无产阶级政党建设、发挥无产阶级政党先锋队作用的同时,还把培育无产阶级的阶级意识与自觉意识、改变工人运动的自发状态作为教育的重要任务。早在《共产党宣言》中,马克思恩格斯就深刻指出:"共产党人的最近目的是和其他一切无产阶级政党的最近目的一样的:使无产阶级形成为阶级,推翻资产阶级的统治,由无产阶级夺取政权。"③对此,他们明确要求:"共产党一分钟也不忽略教育工人尽可能明确地意识到资产阶级和

---

① 《马克思恩格斯选集》第1卷[M].北京:人民出版社1995年版,第285页。
② 《马克思恩格斯选集》第1卷[M].北京:人民出版社1995年版,第285页。
③ 《马克思恩格斯选集》第1卷[M].北京:人民出版社1995年版,第285页。

无产阶级的敌对的对立",以期"工人能够立刻利用资产阶级统治所必然带来的社会的和政治的条件作为反对资产阶级的武器"。① 在《神圣家族》书中,马克思还深入指出,无产阶级要彻底实现变革社会的历史使命,"只有通过无产阶级作为无产阶级——这种意识到自己在精神和肉体上贫困的贫困,这种意识到自己的非人性,从而消灭自己的非人性——的产生,才能做到这点"。② 在长期指导无产阶级革命的历史进程中,马克思恩格斯清醒地意识到,要使无产阶级彻底摆脱资本主义意识形态的钳制,真正实现自身的个性觉醒和真正解放,由"自在"阶级上升为"自为"阶级,从而"唤起这个阶级并吸引它参加运动",③成为资本主义的掘墓人和新社会制度的创造者,必须依靠无产阶级政党通过在劳苦大众中进行艰苦细致、广泛深入的理论教育来完成。可以客观地认为,通过无产阶级的思想理论教育培育无产阶级的阶级意识和革命意识,是马克思主义理论掌握群众、指导无产阶级革命赢取最终胜利的思想保障。对此,列宁曾高度评价:"马克思和恩格斯对工人阶级的功绩,可以这样简单地来表达:他们教会了工人阶级自我认识和自我意识,用科学代替了幻想。"④

(3)指导无产阶级革命实践是马克思主义理论教育的重要使命

马克思恩格斯在通过马克思主义理论教育启发无产阶级自觉意识的基础上,还多次公开呼吁无产阶级和其他劳动群众要勇于相信和依靠自己的力量进行革命性斗争。同时,鉴于无产阶级既不能自发地走上革命的道路,也不能自觉地实施正确的政治斗争和经济斗争这一客观实际,马克思恩格斯还明确提出无产阶级政党要把指导无产阶级革命实践作为马克思主义理论教育的重要使命。基于这一认识,马克思恩格斯先后发表《〈德国农民战争〉序言》《共产主义在德国的迅速发展》《共产党在德国的要求》等重要纲领和文献,客观分析德国社会各阶级的动向和革命形势;创办《新莱茵报》,就德国无产阶级革命的任务、对象、客观形势和斗争策略等一系列问题展开详细论述,为德国无产阶级革命实践提供强大的精神动力和思想保障。当然,马克思恩格斯运用各种思想理论指导无产阶级革命实践的范围绝不仅仅局限于德国本土,而是将无产阶级革命火种广泛洒向世界各角落,如马克思恩格斯共同拟定《国际工人协会成立宣言》《共产主义同盟章程》和

---

① 《马克思恩格斯选集》第1卷[M]. 北京:人民出版社1995年版,第306页。
② 《马克思恩格斯全集》第2卷[M]. 北京:人民出版社1957年版,第44页。
③ 《马克思恩格斯选集》第2卷[M]. 北京:人民出版社1995年版,第630页。
④ 《列宁选集》第1卷[M]. 北京:人民出版社1995年版,第89页。

《中央委员会告共产主义者同盟书》等,为国际工人运动提供科学社会主义理论指导;创造性创作《1848年至1850年法兰西阶级斗争》《法兰西内战》《德国的革命和反革命》等经典著作,及时总结和反馈世界各国无产阶级革命的经验教训,不断丰富发展马克思主义关于无产阶级革命的学说,从而为指导各国无产阶级革命实践活动提供强有力的思想保障。

3. 马克思主义理论教育的实现路径:理论与实践相结合、理论掌握群众

马克思恩格斯在阐明先进理论的革命性作用的同时,还明确指出"正确的理论必须结合具体情况并根据现存条件加以阐明和发挥",[1]"思想根本不能实现什么东西。为了实现思想,就要有使用实践力量的人"。[2] 这些论述深刻指明:在一定条件下,先进理论转化为物质力量的关键——理论与实践相结合、理论掌握群众,这也是马克思恩格斯进行理论教育的根本路径。在马克思恩格斯看来,实践既是先进理论得以形成、发展和完善的现实土壤,也是先进理论得以迅速传播和广泛普及的根本路径。彻底、先进的理论只有面向实际、立足实践、走近群众,才能成为变革社会的强大物质力量,否则"仅凭空洞的说教,哪怕是很高明的权威的说教,都不能使人产生这种信念"。[3] 因而,他们历来重视把理论深深植根于大众生活和斗争实践之中,通过理论与实践相结合、理论掌握群众的现实路径开展理论教育。正如恩格斯指出:"我们决不想把新的科学成就写成厚厚的书,只向'学术'界吐露。正相反,我们两人已经深入到政治运动中。"[4]

马克思恩格斯在批判青年黑格尔派将社会的变革发展和人的解放进步简单归结为思想意识层面的变革这一错误思想时就曾指出,"对实践的唯物主义者即共产主义者来说,全部问题都在于使现存世界革命化,实际地反对并改变现存的事物",[5]突出强调理论的实践意义。随后在漫长的理论研究中,马克思恩格斯在反复论证实践对于展现理论的价值与意义重要性的基础上还进一步剖析指出,由于实践不是一个抽象思辨的概念,而是一项现实的人的社会实际活动,这种社会活动的实现必须通过人民群众的主体能量来完成,因而人民群众是社会实践和社会变革的主体力量。马克思在1842年《莱茵报》上发表的关于莱茵省议会辩论一

---

[1] 《马克思恩格斯全集》第27卷[M]. 北京:人民出版社1972年版,第433页。
[2] 《马克思恩格斯全集》第2卷[M]. 北京:人民出版社1957年版,第152页。
[3] 《马克思恩格斯全集》第42卷[M]. 北京:人民出版社1979年,第277页。
[4] 《马克思恩格斯选集》第4卷[M]. 北京:人民出版社1995年版,第197页。
[5] 《马克思恩格斯选集》第1卷[M]. 北京:人民出版社1995年版,第75页。

文中指出："我们知道个人是弱小的,但是同时我们也知道整体是强大的";①马克思恩格斯在合著的《神圣家族》一书中提出:"历史的活动和思想都是群众的思想和活动,历史活动是群众的事业,随着历史活动的深入,必将是群众队伍的扩大。"②这些论述都深刻阐明了人民群众在实践中的重要作用。基于这种认识,马克思恩格斯深刻意识到,先进理论只有面向实践并得到实践的主体即人民群众的理解、认同和掌握,才能发挥其应有的正确作用——指导各国群众卓有成效地变革社会和争取自身解放。由此,马克思恩格斯明确提出了理论教育的根本路径——理论与实践相结合、理论掌握群众。围绕这一思想,马克思在1842年《致达·奥本海姆》的信中指出:"为了保证革命的成功,必须有思想和行动的统一",③思想就是理论,而行动则是理论掌握群众、群众投身实践的行动;恩格斯在1885年《致维·伊·查苏利奇》的信中旗帜鲜明地提出:"马克思的历史理论是任何坚定不移和始终一贯的革命策略的基本条件;为了找到这种策略,需要的只是把这一理论应用于本国的经济条件和政治条件",④反复强调理论教育必须坚持走理论与实践相结合的道路。马克思恩格斯还多次明确要求:"社会主义自从成为科学以来,……要求人们去研究它。必须以高度的热情把由此获得的日益明确的意识传布到工人群众中去",⑤由此也明确提出了理论掌握群众的具体路径。

理论如何才能更好地与实践相结合?理论如何真正掌握群众?对此,马克思恩格斯也从多重维度作了积极探索和努力。一方面,他们提出"民族化""本土化"的命题,指出理论同各国、各民族的文化传统和具体实际相匹配是实现理论与实践相结合、理论掌握群众的首要前提和根本保证。其中,针对如何在"没有中世纪的废墟挡路的美国这片得天独厚的土地上"⑥进行马克思主义理论教育的问题,马克思恩格斯明确告知美国社会劳工党"必须完全脱下它的外国服装,必须成为彻底美国化的党。它不能期待美国人向自己靠拢。它是少数,又是移自外域,因此,应当向绝大多数本地的美国人靠拢",⑦运用脱下"外国服装"、换上"民族服装"这一说法生动形象地指明马克思主义理论教育的"民族化"和"本土化"问题。

---

① 《马克思恩格斯全集》第1卷[M].北京:人民出版社1956年版,第184页。
② 《马克思恩格斯文集》第1卷[M].北京:人民出版社2009年版,第286-287页。
③ 《马克思恩格斯全集》第18卷[M].北京:人民出版社1964年版,第385页。
④ 《马克思恩格斯选集》第4卷[M].北京:人民出版社1995年版,第669页。
⑤ 《马克思恩格斯选集》第2卷[M].北京:人民出版社1995年版,第636页。
⑥ 《马克思恩格斯选集》第4卷[M].北京:人民出版社1995年版,第389页。
⑦ 《马克思恩格斯选集》第4卷[M].北京:人民出版社1995年版,第394页。

在马克思恩格斯看来,马克思主义在美国的宣传普及只有与美国的社会实际和民族文化相适应,才能深深植根于美国现实土壤之中,为大多数人民群众所掌握。在深入推进马克思主义理论教育"民族化"和"本土化"过程中,马克思恩格斯还着重从语言文字运用的角度展开探索。譬如,为适应法国工人阶级的阅读需要,马克思以法文创作《哲学的贫困》;为改变《共产党宣言》"只能对少数人产生影响"的状况,马克思恩格斯在1872年到1893年间先后用英文、德文和波兰文等七种语言为《共产党宣言》作序。另一方面,他们提出"通俗化"的命题,强调在充分考虑群众的理解能力、思维方式和接受能力的基础上,以通俗易懂的语言和喜闻乐见的形式推进理论教育,是实现理论与实践相结合、理论掌握群众的重要保障。例如,马克思在《雇佣劳动与资本》中曾专门表明:"我们力求说得尽量简单和通俗,我们就当读者连最起码的政治经济学概念也没有。我们希望工人能明白我们的解说。"①1886年,恩格斯在威士涅茨基夫人的信中还针对如何创造《资本论》通俗小册子的若干问题提出宝贵意见。② 1887年,恩格斯在给弗·阿·左尔格的信中再次谈到他曾"建议威士涅茨基夫人将《资本论》中最重要的地方改写成若干通俗小册子,而这种'新的著作'更易于群众接受"。③

4. 马克思主义理论教育开展的重要阵地和有力武器:报刊

为切实搞好马克思主义理论教育,马克思恩格斯在阐明马克思主义理论教育需要遵循一定的逻辑前提和采取有效的路径的同时,还明确提出要重视发挥党内各种刊物和资产阶级报刊等对于理论宣传和理论斗争的特殊作用,反复强调"自由报刊是人民精神的洞察一切的慧眼,是人民自我信任的体现,是把个人同国家和世界联结起来的有声的纽带,是使物质斗争升华为精神斗争,并且把斗争的粗糙物质形式观念化的一种获得体现的文化",④"报刊按其使命来说,是社会的捍卫者,是针对当权者的孜孜不倦的揭露者,是无处不在的耳目,是热情维护自己自由的人民精神的千呼万应的喉舌"。⑤ 马克思恩格斯将报刊视为联系无产阶级政党与物产积极劳苦大众的"精神导线",视为宣传科学社会主义理论、唤醒无产阶级阶级意识的传播载体和有力武器。在对敌斗争的政治活动中,马克思恩格斯高

---

① 《马克思恩格斯选集》第1卷[M]. 北京:人民出版社1995年版,第332页。
② 《马克思恩格斯全集》第36卷[M]. 北京:人民出版社1974年版,第494-495页。
③ 《马克思恩格斯全集》第36卷[M]. 北京:人民出版社1974年版,第610-611页。
④ 《马克思恩格斯选集》第1卷[M]. 北京:人民出版社1995年版,第179页。
⑤ 《马克思恩格斯全集》第6卷[M]. 北京:人民出版社1961年版,第275页。

度重视办好各种革命刊物,积极抢占报刊这一舆论宣传的主战场与主阵地。

在指导报刊工作的长期实践中,马克思恩格斯深谙报纸作为理论宣传的喉舌和思想教育的载体,其价值取向定位是否科学、历史使命是否明确、言论出版是否自由,直接关系到宣传教育的正确性、深刻性和彻底性问题。因而,为确保报刊在无产阶级理论教育中的正确方向,抢占报刊在理论教育和理论斗争中的主动权,他们把科学定位报刊的阶级立场和党性属性、理性分析报刊的特殊使命、积极倡导报刊的言论自由作为指导报刊工作的重中之重,并提出诸多真知灼见。其中,对于"阶级立场和党性属性的定位"问题,早在1842年马克思在《莱茵报》上就专门撰文明确指出报刊的人民立场,强调报刊是人民群众思想和情感的通达者;19世纪70年代,针对"俄国流亡者巴枯宁主张报刊放弃政治言行"这一做法,恩格斯不仅严厉批判其是荒谬的,而且深刻提出无产阶级报刊要"有自己的目的和自己的政治",①强调无产阶级政党如果放弃报刊的政治性,只会把工人阶级"推入资产阶级政治的怀抱"。② 针对那些怀揣鬼胎大肆鼓吹报刊应该放弃政治性的人,恩格斯还一针见血地指出:"绝对放弃政治是不可能的;因为主张放弃政治的一切报纸都在从事政治。"③关于"无产阶级报刊的特殊使命",恩格斯在1849年因被指控"诽谤"宪兵和"侮辱"检察长而受审时曾指出:"报刊的首要任务就是破坏现存政治制度的一切基础。"④在《莱茵报》和《新莱茵报》创发的这两个时期,恩格斯进一步提出报刊的首要任务是教育和团结无产阶级队伍和同盟者同敌对阶级作斗争。在共产主义同盟改组时,马克思又着重要求报刊要宣传共产主义同盟思想和科学社会主义思想,加强无产阶级的理论教育。伴随工人政党反对机会主义斗争的逐步推进,马克思恩格斯还深入指出,党报应积极同机会主义者进行理论斗争,揭露和抨击各色机会主义思潮。针对"言论自由"问题,马克思针对莱茵省议会辩论曾提出:"出版自由本身就是思想的体现,自由的体现。"⑤在批判巴枯宁竭力反对无产阶级争取报刊的政治言论自由这一做法时,恩格斯曾深刻指出:"政治自由、集会结社的权利和新闻出版自由,就是我们的武器;如果有人想从我们手里夺走这些武器,难道我们能够置之不理和放弃政治吗? 有人说,进行任何政治行

---

① 《马克思恩格斯选集》第3卷[M]. 北京:人民出版社1995年版,第124页。
② 《马克思恩格斯选集》第3卷[M]. 北京:人民出版社1995年版,第123页。
③ 《马克思恩格斯选集》第3卷[M]. 北京:人民出版社1995年版,第123页。
④ 《马克思恩格斯全集》第6卷[M]. 北京:人民出版社1961年版,第278页。
⑤ 《马克思恩格斯全集》第1卷[M]. 北京:人民出版社1956年版,第62页。

动都意味着承认现状。但是,既然这种现状为我们提供了反对它的手段,那么利用这些手段就不是承认现状。"①

马克思恩格斯不仅指明了报刊作为马克思主义理论教育的载体所需承载的特殊使命及所要遵循的党性属性规律,为无产阶级通过报刊开展理论教育奠定坚实的思想基础,而且积极投身创办和利用各种报刊进行理论教育的实践活动。其中,1843年马克思相继发表《〈黑格尔法哲学批判〉导言》《论犹太人问题》等文章,明确指出无产阶级是人类解放的力量,公开宣称自己的哲学只服务于无产阶级大众。1848年5月,为给德国各地区的共产主义者提供理论指导,马克思恩格斯筹办创立《新莱茵报》。该报刊虽然"以民主派机关报的面貌出现,但它到处都显示无产阶级的性质",②坚持"组织讨论,论证、阐发和捍卫党的要求,批驳和推翻敌对党提出的各种要求和论断"。③在该报创办时,3个月印数就多达5000份,成为当时整个欧洲发行量最大的报纸之一。列宁曾高度评价,《新莱茵报》是"革命无产阶级最好最卓越的机关报"。④ 1849年底,为迎接革命新高潮的到来,马克思恩格斯创办《新莱茵报·政治经济评论》。该报存在的时间虽然不足一年,但却总计出版301期,对当时的革命运动起到巨大的宣传引导作用。马克思恩格斯在亲自创办、主编报刊的同时,还全力帮助指导各国工人报刊,譬如美国的工人报刊《改革报》《人民呼声》,英国宪章派报刊《人民报》《寄语人民》,德意志工人协会的《人民报》等都曾得到马克思恩格斯的倾力相助。值得特别指出的是,马克思恩格斯不仅积极利用党内报刊,而且积极通过自身的重要影响引导和转化进步的资产阶级和小资产阶级报刊,如1844年马克思在参与巴黎德文版《前进报》的编辑工作时,成功把该报从自由主义机关报转化为革命民主主义的报纸;1847年恩格斯通过努力顺利将《德意志—布鲁塞尔报》转化为共产主义同盟的机关报,这些报刊都是马克思恩格斯后来传播科学理论的重要阵地。对此,恩格斯曾深有感触地说:"我们同激进派的和无产阶级的组织和刊物的联系是再好也没有了。"⑤

---

① 《马克思恩格斯选集》第3卷[M]. 北京:人民出版社1995年版,第124页。
② 北京师范大学、吉林师范大学等:《国际共产主义运动史》(上册)[M]. 长春:吉林人民出版社1978年版,第68-69页。
③ 《马克思恩格斯选集》第1卷[M]. 北京:人民出版社1995年版,第199页。
④ 《列宁专题文集·论马克思主义》[M]. 北京:人民出版社2009年版,第40页。
⑤ 《马克思恩格斯选集》第4卷[M]. 北京:人民出版社1995年版,第197页。

5. 马克思主义理论教育的终极目标:培育全面自由发展的人

马克思恩格斯对于马克思主义理论的建构经历了一个长期的探索过程。在这个漫长的历史过程中,现实的人的发展问题始终是马克思恩格斯关注的焦点。从青年时期马克思恩格斯对人的问题的初步关注,到中年时期马克思恩格斯对人的处境的关怀及对人的解放的理论设计、社会批判和制度构想,再到晚年时期马克思恩格斯重拾人的解放的现实主题,不难看出,对于"现实的人"的存在和发展问题的探讨是贯穿马克思恩格斯思想发展中的一条主线。而这其中,对于人的全面自由发展这一目标的追求是马克思恩格斯理论研究的最高旨趣、根本目标和终极价值追求。有学者归纳认为,马克思恩格斯"终生探索的'核心主题'就是'每个人的自由发展是一切人的自由发展的条件'"。① 可以说,如何造就个性自由和全面发展的人、实现人的全面而自由的发展,既是马克思恩格斯倾其一生关注的思想,也是马克思主义的理论轴心和思想主旨。由此,可以客观地认为,马克思恩格斯在长期革命实践中确立了马克思主义理论教育的终极目标和根本任务——培育全面而自由发展的人。

马克思恩格斯自投身无产阶级革命理论研究之日起,就始终把理论看作是实现人类解放的"头脑",并从人类社会发展的理想维度为人的发展设定了终极价值目标即人的全面自由发展。同时,他们还把人的全面自由发展与共产主义理想紧密联系,指明了无产阶级实现自身历史使命的发展趋势及奋斗方向。其中,在合著的《德意志意识形态》中,马克思恩格斯首次提出"个人的全面发展"这一科学命题,并将未来理想的共产主义社会描绘为"个人的独创的和自由的发展不再是一句空话的唯一社会"②;随后,在《共产党宣言》中,马克思恩格斯深入提出"代替那存在着阶级和阶级对立的资产阶级旧社会的将是这样一个联合体,在那里,每个人的自由发展是一切人的自由发展的条件"③的著名论断,指出共产主义是以"每个人的全面而自由发展为基本原则的社会形式"。④ 在《资本论》中,马克思揭露了旧式分工所造成的人的片面畸形发展,提出人要从一切对物的依赖中解放出

---

① 孙正聿:《提出和探索马克思主义哲学研究中的重大理论问题——评2006年〈中国社会科学〉若干哲学论文》[J].《中国社会科学》2007年第2期.
② 《马克思恩格斯全集》第3卷[M]. 北京:人民出版社1960年版,第516页.
③ 《马克思恩格斯选集》第1卷[M]. 北京:人民出版社1995年版,第294页.
④ 《马克思恩格斯全集》第23卷[M]. 北京:人民出版社1972年版,第649页.

来,真正实现全面而自由的发展。① 在《哥达纲领批判》中,马克思再次点明"人的自由而全面的发展"是共产主义社会的奋斗目标和精神追求。在1877年《〈给祖国纪事〉杂志编辑部的信》中,马克思再次强调未来共产主义社会"在保证社会劳动生产力极高度发展的同时又保证每个生产者个人最全面的发展"。② 由此可见,马克思恩格斯倾其一生告诉我们:人的全面发展自由是社会发展的最终目的,马克思主义自创立之日起就承载着实现这一根本目标的崇高理论使命。而理论教育作为改造无产阶级主观世界最为行之有效的方法,在性质上也就必然成为马克思恩格斯"推进人的全面自由发展"实践的首要路径。可以说,在实现人的全面自由发展的教育中,马克思恩格斯历来高度重视理论教育,并一再强调教育与物质生产实践相结合"不仅是提高社会生产的一种方法,而且是造就全面发展的人的唯一方法",③深刻指出"教育将使他们摆脱现在这种分工给每个人造成的片面性。这样一来,根据共产主义原则组织起来的社会,将使自己的成员能够全面发挥他们的得到全面发展的才能",④从而实现人自身的"存在"与自身的"本质"协调一致。通过上述史料的阐释和论证,我们可以认为:通过马克思主义理论教育提升劳苦大众对人类社会发展规律的认识水平,使人们尽可能明确地意识到"人的全面而自由发展"这一自身解放的根本目标并为之实现而努力奋斗,并在不断发展变化的实践中逐步丰富自身个性,实现自我超越和自我发展,从而培育和造就全面和谐而自由发展的人,是马克思恩格斯时期马克思主义理论教育的根本价值指向和终极目标。

(二)列宁的马克思主义理论教育思想

列宁是俄国马克思主义理论教育的首推者。他在领导俄国无产阶级革命和社会主义建设的实践中,不但深刻理解、实践马克思主义基本理论,推动马克思主义发展迈向新形态——列宁主义,为俄国马克思主义理论教育提供崭新的思想武器,而且结合具体实际不断发展马克思恩格斯的马克思主义理论教育思想,灵活运用马克思主义教育人民、指导实践,由此创立世界上第一个社会主义国家,使得马克思主义的科学社会主义理论由思想变为现实。全面考察列宁的马克思主义

---

① 陈洪涛、张耀灿:《论马克思主义经典作家的思想政治理论教育评价观》[J].《社会主义研究》2011年第1期。
② 《马克思恩格斯选集》第3卷[M].北京:人民出版社1995年版,第342页。
③ 《马克思恩格斯选集》第2卷[M].北京:人民出版社1995年版,第212页。
④ 《马克思恩格斯选集》第1卷[M].北京:人民出版社1995年版,第243页。

理论教育思想，其主要表现在四个方面：马克思主义理论教育的逻辑前提是理论武装和理论创新；马克思主义理论教育的核心路径是科学灌输；马克思主义理论教育的灵魂所在是通俗化；马克思主义理论教育的对象指向是"化大众"。

1．"没有革命的理论，就不会有革命的运动""应当在各方面把这门科学推向前进"——理论武装与理论创新是马克思主义理论教育的逻辑前提

马克思主义理论教育的逻辑起点是以怎样的思想理论在大众思想中占领主阵地和扩大影响，即确立教育内容，这是马克思主义理论教育首先需要深思熟虑的问题。对此，列宁结合俄国革命和建设的具体实际不仅明确提出"没有革命的理论，就不会有革命的运动"①的科学论断，要求以科学性、革命性和先进性的马克思主义理论武装全党，而且进一步指出马克思主义绝不是"一种故步自封、僵化不变的学说"，②我们"应当在各方面把这门科学推向前进"，③要求以不断探索的科学精神推进马克思主义理论发展创新。由此，列宁从"理论武装"和"理论创新"的双重维度指明了马克思主义理论教育的逻辑前提。

17世纪后期，政党政治开始广泛活跃于世界历史舞台，各政党开始寻求自身明确的政治纲领。列宁深刻意识到，对于尚处于初创时期而又担负着把劳苦大众从专制制度下解放出来重任的俄国无产阶级政党而言，加强自身"理论武装"尤为迫切和重要。这是"因为革命理论能使一切社会党人团结起来，他们从革命理论中能取得一切信念"，④充分的理论武装是建设独立坚强的社会主义政党的首要前提和基础。因此，列宁一再敦促俄国无产阶级政党加强革命理论学习，力求全面把握马克思主义理论。列宁在提出以革命理论武装无产阶级政党的同时，还反复强调对工人群众进行理论武装的极端重要性。他指出："没有革命的理论，就不可能有被压迫阶级的即历史上最革命的阶级的世界上最伟大的解放运动。"⑤列宁深知，要使广大工人群众自觉自愿地投身到社会主义革命斗争的洪流中，首先必须使他们接受革命理论的武装，获得改造世界的思想武器，充分意识到自身的阶级地位和历史使命。他们只有"意识到自己的奴隶地位而与之作斗争的奴隶，是革命者"，相反如果"没有意识到自己的奴隶地位而过着默默无言、浑浑噩噩、忍

---

① 《列宁专题文集·论无产阶级政党》[M]．北京：人民出版社2009年版，第70页。
② 《列宁选集》第2卷[M]．北京：人民出版社1995年版，第309页。
③ 《列宁选集》第1卷[M]．北京：人民出版社1995年版，第274页。
④ 《列宁选集》第1卷[M]．北京：人民出版社1995年版，第274页。
⑤ 《列宁全集》第27卷[M]．北京：人民出版社1990年版，第15页。

气吞声的奴隶生活的奴隶,是十足的奴隶"。① 列宁在指明"理论武装"对于无产阶级政党和工人群众重要性的基础上,还着重强调加强"理论武装"的关键是要坚持以无产阶级认识世界和改造世界的思想武器——马克思主义为核心内容。在列宁看来,"严格的无产阶级世界观只有一个,这就是马克思主义"。② 因而,他明确要求:"即使在最困难的条件下,也要挖掘矿石,提炼生铁,铸造马克思主义世界观以及与这一世界观相适应的上层建筑的纯钢。"③

理论创新是马克思主义生命之所系、力量之所在。列宁在高度重视"理论武装"重要性的同时,还把"理论创新"置于马克思主义理论教育和宣传工作的首要位置,要求坚持秉承马克思主义"随时随地都要以当时的历史条件为转移"④的思想,把外源异质形态的经典马克思主义同俄国的历史文化、民族特色和特殊国情相结合,用不断发展的马克思主义教育工农群众。他一再强调马克思主义理论不是固步自封、神圣不可侵犯的,"它只是给一种科学奠定了基础,社会党人如果不愿意落后于实际生活,就应当在各方面把这门科学推向前进",⑤而不能"错误地把口号理解为固定不变的东西而不愿理会当前群众运动中事实上已经形成的情况和条件",一味教条、一成不变地看待马克思主义,否则"不可避免地会堕落为革命的空谈"。⑥ 列宁本人也始终严格遵循"理论创新"这一原则,从剖析和揭露帝国主义时代的本质特征到提出和论证社会主义革命"一国胜利论",从探索和阐明经济文化落后国家进行社会主义建设的新道路到丰富发展马克思主义东方社会理论等等,列宁始终围绕时代发展与俄国社会实践中层出不穷的新问题展开理论创新,最终形成再生态马克思主义的光辉典范——列宁主义,不但极大地充实和丰富了马克思主义理论宝库,而且为俄国马克思主义理论教育增添了崭新的时代内容,提供了强有力的理论指导。

2."阶级政治意识只能从外面灌输给工人阶级"——科学灌输是马克思主义理论教育的核心路径

19世纪末至20世纪初,伴随俄国革命形势风起云涌、迅猛发展,俄国无产阶

---

① 《列宁全集》第16卷[M].北京:人民出版社1988年版,第87页。
② 《列宁专题文集·论马克思主义》[M].北京:人民出版社2009年版,第297页。
③ 《列宁全集》第16卷[M].北京:人民出版社1990年版,第373页。
④ 《马克思恩格斯选集》第1卷[M].北京:人民出版社1995年版,第248页。
⑤ 《列宁选集》第1卷[M].北京:人民出版社1995年版,第274页。
⑥ 《列宁全集》第17卷[M].北京:人民出版社1988年版,第194页。

级政党亟需通过宣传普及马克思主义提升广大党员和工人群众的革命意识和自觉意识,以迅速高效地推进无产阶级革命斗争。然而,当时俄国"经济派"却倒行逆施,一味崇拜和迷恋"自发论",主张重视工人运动的自发性,否定和反对无产阶级政党的领导,并逐渐在社会主义运动中占据上风。在这种情况下,为统一思想、达成共识,列宁不仅同"经济派"开展激烈论战和斗争,而且在深刻省察国际工人运动发展历史的基础上,紧密结合俄国无产阶级斗争的实际明确提出"阶级政治意识只能从外面灌输给工人阶级"①的著名论断,系统阐述了"灌输理论",形成了著名的"灌输论"思想,并把科学灌输视为理论教育的核心路径,要求不断根据俄国的工作重心和历史任务的变化而灵活多样地开展灌输工作。

"灌输论"思想是列宁在《什么是人民之友以及他们如何攻击社会民主主义者?》一文中最早提出的。列宁在批判"民粹派"的政治纲领和理论观点的基础上,明确要求把马克思主义理论通俗化,然后"灌输"到工人头脑中去,帮助工人领会它。随后,列宁在1900年《火星报》创刊号的社论中又进一步指出,俄国社会民主党肩负着"把社会主义思想和政治自觉灌输到无产阶级群众中去,组织一个和自发工人运动有紧密联系的政党"②的重任。而后,在1901年发表的《怎么办?》一书中,列宁在批判"经济派"否定政治斗争、思想斗争及政党对于社会发展的作用等错误思想的同时,详尽论述了"自觉性"与"自发性"的辩证关系,系统提出了"灌输论"思想。在这篇著作及此后的诸多文献中,列宁还从多重维度对这一思想展开全面剖析。其中,对于"理论灌输的必要性和重要性",列宁强调,如果单纯依靠工人阶级自身的力量,只能形成简单朴素的工联主义意识,而不可能自发形成谋求阶级解放的阶级政治意识和科学的社会主义思想体系,因而"阶级政治意识只能从外面灌输给工人";③针对"理论灌输的艰巨性和长期性",列宁指出,"资产阶级思想体系的渊源比社会主义思想体系久远得多",④而自发性工人运动又极易受资产阶级思想的利诱和控制,因此必须把对工人群众进行理论灌输作为一项长期任务强抓不懈;对于"理论灌输的强制性与非强迫性",列宁虽然明确提出"从外面"灌输社会主义思想的硬性规定,但是丝毫没有利用外力强制生塞硬注、强迫

---

① 《列宁选集》第1卷[M]. 北京:人民出版社1995年版,第317页。
② 《列宁选集》第1卷[M]. 北京:人民出版社1995年版,第285页。
③ 《列宁选集》第1卷[M]. 北京:人民出版社1995年版,第363页。
④ 《列宁选集》第1卷[M]. 北京:人民出版社1995年版,第328页。

工人阶级接受科学社会主义理论的意思,而是要求既"不能强迫农民接受社会主义",①也不能"简单生硬地把政治灌输给尚未准备好接受政治的正在成长的年青一代",②要采取说服感化、批评与自我批评等科学合理、循循善诱的方式方法寓教育于无产阶级的革命斗争和生活实践之中。

3."最高限度的马克思主义=(Umschlag)最高限度的通俗化"——通俗化是马克思主义理论教育的灵魂所在

马克思主义的实践性本质决定它必须面向实际、立足实践、走向大众。但是马克思主义作为一个科学严密的理论体系,其思辨的理论推理和深奥的语言表述却与俄国民众的接受能力之间存在巨大鸿沟。因此,如何使马克思主义走进俄国民众的生活,真正为人民群众所理解和掌握,是以列宁为首的布尔什维克党人首先必须面对和解决的问题。正是在这个意义上,列宁提出"最高限度的马克思主义=(Umschlag)最高限度的通俗化"③等科学命题,要求在马克思主义理论教育和理论宣传中始终把"通俗化"作为本质要求和核心环节贯彻其中。

列宁是"通俗化"思想的积极倡导者,倾其一生不遗余力地推动马克思主义理论教育的通俗化。其中,1894 年,列宁在《什么是"人民之友"以及他们如何攻击社会民主党人?》一文中,明确要求俄国社会主义者把"理论通俗化,以便传播社会民主主义并把工人团结为一支政治力量"。④ 1918 年,针对俄国广大工农群众亟需学习科学文化知识的具体实际,列宁专门就如何编写一套工农"通俗读物"的问题做出详细批示,提出要以简洁明了的语言讲清社会主义常识,如什么是苏维埃政权、劳动纪律等,并着重要求"叙述要非常通俗,是给文化程度极低的农民看"。⑤ 1922 年,列宁在一针见血地指出叶尔曼斯基撰写的《科学的劳动组织和泰罗制》一书存在"语言过于晦涩、论述过于啰嗦、论证过于深奥"等问题的同时,明确提出真正意义上的通俗应该是"用简单的推论或恰当的例子来说明从这些材料得出的主要结论"。⑥ 之后,为引导俄国社会主义者真正做到理论宣传的通俗化,使文化素质较低的工农群众也能理解、掌握,列宁还多次告诫他们:"应当善于用

---

① 《列宁选集》第 3 卷[M]. 北京:人民出版社 1995 年版,第 402 页。
② 《列宁全集》第 35 卷[M]. 北京:人民出版社 1985 年版,第 422 页。
③ 《列宁全集》第 36 卷[M]. 北京:人民出版社 1959 年版,第 467-468 页。
④ 《列宁全集》第 1 卷[M]. 北京:人民出版社 1984 年版,第 284 页。
⑤ 《列宁全集》第 35 卷[M]. 北京:人民出版社 1985 年版,第 396 页。
⑥ 《列宁全集》第 5 卷[M]. 北京:人民出版社 1986 年版,第 322 页。

简单、明了、群众易懂的语言讲话,坚决抛弃难懂的术语,外来语,背得烂熟的、现成的但是群众还不懂、还不熟悉的口号、决定和结论。"①"少唱些政治高调,多注意些极平凡的但是生动的、来自生活并经过生活检验的共产主义建设方面的事情。"②与此同时,列宁本人在撰写文章时也严格恪守这一重要思想,是积极实践马克思主义通俗化思想的行家里手。从《告贫苦农民》到《帝国主义是资本主义的最高阶段(通俗的论述)》,从《怎么办?》到《宁肯少些,但要好些》等,这些论著论述深入浅出、语言通俗易懂,为俄国工农群众广为传颂。斯大林曾经深深赞叹:"非凡的说服力,简单明了的论据,简短通俗的词句,没有矫揉造作,没有专为加深听众印象的令人头晕的手势和力求效果的词句,——这一切都使列宁的学说远胜于通常'议会'演说家的演说。"③

　　需要强调的是,通俗化绝非庸俗化,马克思主义理论教育必须避免庸俗化。为防止人们在践行通俗化原则时步入庸俗化的误区,列宁多次告诫人们在进行马克思主义理论教育时要警惕和反对庸俗化倾向。其中,1901 年,针对俄国自由社发行的《自由》杂志在遣词造句方面存在装腔作势、矫揉造作等恶劣现象,列宁不仅提出"庸俗化和哗众取宠绝非通俗化",④而且一针见血地指出通俗作家与庸俗作家之间的最大区别在于前者期望用简洁的推论和恰当的事例启发读者不断去认识问题,而后者则企图"通过一种畸形简化的充满玩笑和俏皮话的形式,把某一学说的全部结论'现成地'奉献给读者",⑤从而深刻地披露出该杂志根本不是真正"为工人"服务的通俗读物。1917 年,针对马克思主义被俄国机会主义者(卡尔·考茨基等人)庸俗化的现象,列宁在《国家与革命》书中批判指出,他们"阉割革命学说的内容,磨去它的革命锋芒,把它庸俗化",⑥并呼吁"我们的任务首先就是要恢复真正的马克思的国家学说"。⑦ 在该书第六章中,列宁还以考茨基和普列汉诺夫为例,深刻揭露了他们把马克思主义曲解和庸俗化的实质,即"口头上承认革命,实际上背弃革命",⑧并明确表示要同机会主义者划清界限。

---

① 《列宁全集》第 14 卷[M]. 北京:人民出版社 1988 年版,第 89 页。
② 《列宁选集》第 4 卷[M]. 北京:人民出版社 1995 年版,第 9 页。
③ 《斯大林选集》(上卷)[M]. 北京:人民出版社 1979 年版,第 176 页。
④ 《列宁全集》第 5 卷[M]. 北京:人民出版社 1986 年版,第 322 页。
⑤ 《列宁全集》第 5 卷[M]. 北京:人民出版社 1986 年版,第 322 页。
⑥ 《列宁选集》第 3 卷[M]. 北京:人民出版社 1975 年版,第 174 页。
⑦ 《列宁选集》第 3 卷[M]. 北京:人民出版社 1975 年版,第 174 页。
⑧ 《列宁选集》第 3 卷[M]. 北京:人民出版社 1975 年版,第 274 页。

4."到居民的一切阶级中去"——"化大众"是马克思主义理论教育的对象指向

马克思主义既为无产阶级和劳苦大众翻身求解放、赢得自身全面发展提供了强大的思想武器,同时又需要依靠无产阶级和劳苦大众的社会实践将自身从抽象深邃的理论转化为丰富生动的现实。从这个意义上讲,马克思主义同广大无产阶级和劳苦大众互为武器。正如马克思所指出:"思想根本不能实现什么东西。为了实现思想,就要有使用实践力量的人。"① 否则,马克思主义假如脱离大众就会丧失其存在的价值,"不可避免地会堕落为革命的空谈"。② 列宁在领导俄国无产阶级革命和社会主义建设的进程中深刻认识到俄国民众的重要性。他不仅提出马克思主义理论教育"到居民的一切阶级中去"的著名论断,而且还根据工人、农民、青年等不同社会阶层的思想状况和群体特点提出针对性要求。

"到居民的一切阶级中去"的思想是19世纪末20世纪初列宁为适应俄国迅速发展的革命形势而提出的。他指出,"我们应当既以理论家的身分,又以宣传员的身分,既以鼓动员的身分,又以组织者的身分'到居民的一切阶级中去'",③ 要求把马克思主义理论全面深入地灌输到社会各群体和各阶层,促使民众广泛接受马克思主义教育,从而推动俄国革命发展。在提出"到居民的一切阶级中去"思想的基础上,列宁还强调要根据工人、农民和知识分子等不同群体和社会阶层的具体特点加以区别对待。其中,针对"工人阶级的马克思主义理论教育",列宁不仅提出要通过工会组织对工人进行共产主义教育,而且还依据工人阶级的思想觉悟程度将其划分为"党的革命家组织、党的基层组织、靠近党的组织、不靠近党的组织、没有参加组织"五个层次,强调要根据工人不同的觉悟程度、认知水平和接受能力有针对性地开展教育和宣传;对于"农民的马克思主义理论教育",列宁鉴于俄国农村物质文化基础和思想素质水平落后的实际情况提出"教育工作者和斗争的先锋队的基本任务,就是帮助培养和教育劳动群众,使他们克服旧制度遗留下来的旧习惯、旧风气",④ 指明农村马克思主义理论教育的首要任务在于移风易俗,帮助人们摆脱各种旧的恶习。同时,他也提醒全党:"不能强迫农民接受社会

---

① 《马克思恩格斯全集》第2卷[M].北京:人民出版社1957年版,第152页.
② 《列宁全集》第17卷[M].北京:人民出版社1988年版,第194页.
③ 《列宁选集》第1卷[M].北京:人民出版社1995年版,第366页.
④ 《列宁选集》第4卷[M].北京:人民出版社1995年版,第303页.

主义,而只能靠榜样的力量,靠农民群众对日常生活的认识。"①关于"青年的马克思主义理论教育",列宁不仅指明青年是党和国家事业的继承者和开拓者,而且在《青年团的任务》中指出"青年团和所有想走向共产主义的青年都应该学习共产主义",②强调通过启发青年的思想政治觉悟为培养真正的共产主义者奠定坚实基础是青年马克思主义理论教育的重要目的。

(三)毛泽东的马克思主义理论教育思想

毛泽东是我们党早期领导人之一,他在领导革命和建设的长期实践中逐步探索出一条独具中国特色的马克思主义理论教育创新之路,最终形成一套全面、系统的且符合中国具体实际的理论教育思想。作为毛泽东思想的重要组成部分,毛泽东的马克思主义理论教育思想既是马克思列宁主义的马克思主义理论教育思想同中国实际相结合的产物,也是改革开放以来党的马克思主义理论教育最直接的思想来源,是一笔宝贵的精神财富。正如邓小平深刻指出,我们"都是毛泽东思想教导出来的",③改革开放以来中国共产党人正是在继承离我们最接近的理论教育思想——毛泽东马克思主义理论教育思想——的基础上,不断将马克思主义理论教育思想的精髓推向历史新境界。

1. 理论教育的中心问题和逻辑范式:"以中国革命和建设实际问题为中心开展,服从和服务于党的中心工作,不能另搞一套"

毛泽东的马克思主义理论教育思想是在判断、分析和解决中国革命和建设实际问题的基础上逐步形成与发展的。立足中国革命和建设的具体实际,以中国革命和建设的实际问题为中心,紧密联系和结合不同时期的历史任务和基本路线开展马克思主义理论教育,使理论教育服从和服务于党的中心工作而不另搞一套,既是贯穿毛泽东的马克思主义理论教育思想发展始终的灵魂和逻辑主线,也是毛泽东的马克思主义理论教育思想之所以经世致用、历久弥新的关键所在。

为保障马克思主义理论教育始终围绕中国革命和建设的具体实践而展开,毛泽东曾多次语重心长地指出:"马克思列宁主义的伟大力量,就在于它是和各个国家具体的革命实践相联系的。对于中国共产党说来,就是要学会把马克思列宁主义的理论应用于中国的具体的环境。……离开中国特点来谈马克思主义,只是抽

---

① 《列宁选集》第3卷[M]. 北京:人民出版社1995年版,第402-403页。
② 《列宁全集》第39卷[M]. 北京:人民出版社1986年版,第294页。
③ 《邓小平文选》第2卷[M]. 北京:人民出版社1994年版,第149页。

象的空洞的马克思主义。""使马克思主义在中国具体化,使之在其每一表现中带着必须有的中国的特性,即是说,按照中国的特点去应用它,成为全党亟待了解并亟须解决的问题。"①毛泽东突出强调马克思主义理论教育必须以中国革命和建设的实际问题为中心,同人民群众的革命斗争、现实生活密切结合起来,服从和服务于党的中心工作。不仅如此,他还始终坚持马克思主义的批判精神和否定之否定的发展规律,紧密结合中国的特殊国情,以及革命、建设的具体实际,不断调整和完善自身关于马克思主义的理论教育思想。可以说,毛泽东既是这一思想的具体提出者,也是积极践行这一思想的光辉典范。比如,在民主革命时期,毛泽东明确提出"掌握思想教育,是团结全党进行伟大政治斗争的中心环节"。② 同时,他还指出马克思列宁主义"这个最好的真理"是"解放我们民族的最好的武器",③强调党的马克思主义理论教育要为反帝反封建、实现国家独立和人民解放的民主革命任务服务;在中国共产党建立到国民大革命时期,毛泽东在考察湖南农民运动的亲身实践中敏锐地感知到了中国革命的性质和前途,在此基础上,他创造性地将马克思主义普遍真理运用到中国革命的具体的历史实践中,提出一系列指导中国革命的理论思想。例如,他先后发表《中国社会各阶级的分析》《湖南农民运动考察报告》等文章,确定建党初期和国民革命期间理论教育的任务和目标,是动员工农大众参加反帝反封建军阀的民族民主革命运动,提出了团结左派、争取中间派、孤立右派等教育方针。在土地革命战争时期,为尽快冲破国民党反动派的屠杀和围剿,克服党和红军面临的重重困难,毛泽东相继发表《反对本本主义》《古田会议决议》等文章,提出了政治工作是红军生命线、从思想上建党等战略思想。在抗日战争时期,为夺取抗战胜利,毛泽东结合抗日战争实践发表了《实践论》《矛盾论》等著作,提出了关于民族的、人民的、党内的、军队的、统一战线的教育策略和政策。在领导全国人民进行社会主义建设的最初阶段,面对由革命到建设的时代主题的根本转换,1955年,毛泽东在为《中国农村的社会主义高潮》一书中明确提出了"政治工作是一切经济工作的生命线"④的新论断。1958年,他在《工作方法六十条(草案)》中进一步指出:"思想工作和政治工作,是完成经济工作和技术工

---

① 《毛泽东选集》第2卷[M]. 北京:人民出版社1991年版,第534页。
② 《毛泽东选集》第3卷[M]. 北京:人民出版社1991年版,第1094页。
③ 《毛泽东选集》第3卷[M]. 北京:人民出版社1991年版,第796页。
④ 《毛泽东文集》第6卷[M]. 北京:人民出版社1999年版,第449页。

作的保证,它们是为经济基础服务的"。① 随后,他又相继发表《论十大关系》《关于正确处理人民内部矛盾的问题》等文章,及时把理论教育纳入社会主义改造和建设的崭新实践中,为稳固新中国政权和促进经济社会发展提供了重要的思想保障。

2. 理论教育的内容支撑:"学习和研究马克思主义经典著作""学习马克思主义哲学""以研究思想方法论为主"

学习马克思主义经典著作、掌握马克思主义基本理论,是推进马克思主义中国化的首要前提,也是毛泽东的马克思主义理论教育思想的一贯主张。在领导中国革命和建设的过程中,为有效地提高全国人民尤其是党员干部的理论水平和认识水平,毛泽东曾多次尖锐地指出,全党和全国人民的马列主义修养还很不普遍、很不深入,因此,他提出"感觉只解决现象问题,理论才解决本质问题",②明确要求在全国范围内尤其是在党内掀起认真学习马列主义经典著作的热潮,深入领悟马克思主义的立场、观点和方法,"为了解决中国问题和国际问题的需要而去请教马、恩、列、斯,而不是为研究而研究,不是读死书,而是领会马克思列宁主义的精神实质"。③ 1938 年,毛泽东在中共六届六中全会上提出:"马克思、恩格斯、列宁、斯大林的理论,是'放之四海而皆准'的理论。"④他还指出,深入学习马克思列宁主义理论,是党员干部和人民群众都要努力完成的任务。1943 年,毛泽东在中央政治局会议上要求:"中央直属干部在进行思想、理论教育时,要读马、恩、列、斯著作四十本。"1944 年,根据毛泽东的指示,中央指定《共产党宣言》《社会主义从空想到科学的发展》《共产主义运动中的"左派"幼稚病》《在民主革命中社会民主党的两个策略》和《联共(布)党史简明教程》五本必读理论书籍,作为学习和宣传世界革命经验的文本依据。1949 年,毛泽东在中共七届二中全会上深入指出,广大党员干部只有认真研读马克思主义经典著作,才能增强自身工作的系统性、原则性、预见性和创造性。1963 年,毛泽东在《学习马克思主义的认识论和辩证法》中强调:"各级党委应当大大提倡学习马克思主义的认识论,使之群众化,为广大干部和人民群众所掌握,让哲学从哲学家的课堂上和书本里解放出来。变为群众手

---

① 《毛泽东文集》第 7 卷[M]. 北京:人民出版社 1999 年版,第 351 页。
② 《毛泽东选集》第 1 卷[M]. 北京:人民出版社 1991 年版,第 286 页。
③ 《建国以来毛泽东文稿》第 9 册[M]. 北京:中央文献出版社 1996 年版,第 385 页。
④ 《毛泽东选集》第 2 卷[M]. 北京:人民出版社 1991 年版,第 533 页。

里的尖锐武器。"①这是首次提出马克思主义经典著作研读"群众化"的科学命题,为全面推动马克思主义经典著作研读的大众化奠定了坚实的思想基础。

毛泽东在重视和加强马克思主义经典著作教育的同时,还把马克思主义哲学教育置于马克思主义经典著作教育的重中之重,突出强调要不断宣传和学习马克思主义哲学著作,尤其是要以学习其思想方法论为主。1941年,毛泽东指示中央研究组在"关于理论方面,暂时以研究思想方法论为主";②1942年,中央根据毛泽东的倡议,把马、恩、列、斯著作中有关思想方法的论述单独摘录出来统一编辑成《思想方法论》一书,帮助人们系统掌握马克思主义的思想方法。对于马克思主义的思想方法论的重视,是毛泽东在领导革命和建设的长期实践中反复思索、反复论证,最终得出的带有历史辩证意味的科学感悟。毛泽东认为,如果对思想方法没有科学的认识,就不可能准确把握理论思想的精髓,也不可能将马列主义的普遍真理正确地运用到具体实践中。毛泽东不仅自己十分重视思想方法论的学习与领会,而且还多次教导党内其他领导同志要深刻地认识马克思主义的思想方法论的重要性,如他曾三次要求陈云潜心学哲学,力求把思想方法搞对头。

3. 理论教育的对象指向:"干部教育第一""有计划地进行党内教育""严重的问题在于教育农民""知识分子必须继续改造自己"

对谁进行马克思主义理论教育,是开展马克思主义理论教育首先必须搞清楚的一个前提性和关键性问题。对此,毛泽东不仅反复强调"共产党员如果真想宣传,就要看对象,就要想一想自己的文章、演说、谈话、写字是给什么人看、给什么人听的,否则就等于下决心不要人看,不要人听。……做宣传工作的人,对于自己的对象没有调查,没有研究,没有分析,乱讲一顿,是万万不行的。"③而且,他还在考察和分析中国社会各阶级的政治态度和经济地位、了解不同层次群众的需求的基础上,针对党员干部、农民、知识分子等接受马克思主义理论教育的主要对象作了明确说明和科学定位,为把马克思主义理论教育推向全社会的各个阶层提供了科学的指导。

在党员干部的马克思主义理论教育方面,毛泽东深刻意识到,广大党员是中国革命和建设事业的骨干力量,在革命与建设中他们肩负着领导责任,因此,他强

---

① 《毛泽东文集》第8卷[M]. 北京:人民出版社1999年版,第323页。
② 《毛泽东书信选集》[M]. 北京:中央文献出版社2003年版,第171页。
③ 《毛泽东选集》第3卷[M]. 北京:人民出版社1991年版,第836–837页。

调,要"教育党员用马克思列宁主义的方法去作政治形势的分析和阶级势力的估量",①多次要求有计划地进行党内教育。在党的建设的历史上,以1942年延安整风运动和1957年党的整风运动为中心掀起的,开展全党马克思主义理论教育的高潮就是最好的实践。在高度重视有计划地推进党内整体性教育的同时,毛泽东还着重提出"干部教育第一"的教育原则,强调"'政治方针决定之后,干部就是决定一切的因素';如果不把干部教育工作看得特别重要,把它放在全部教育工作中的第一等地位,就要犯本末倒置的错误了"。② 在他看来,工人阶级是中国最先进的阶级,是承担领导重任的阶级,而党员干部作为工人阶级的优秀分子,必须积极学习马克思主义理论,深刻认识马克思主义理论的精髓与中国革命和建设的实践之间的距离,并为缩短真理与实践之间的距离作出应有的贡献。马克思、恩格斯、列宁的革命理论着重强调无产阶级、工人阶级是革命的主要力量,而毛泽东认为农民是中国革命的主要力量、农民问题是中国革命的中心问题,这是中国的实际,所以他更重视农民的马克思主义理论教育。针对中国农民的思想状况及其重要地位,他明确提出,中国化的马克思主义理论教育最"严重的问题是教育农民",③强调农村的马克思主义理论教育问题是全党工作的重中之重,应强抓不懈。《在延安文艺座谈会上的讲话》中,毛泽东语重心长地提出,对待有缺点的群众,"应该长期地耐心地教育他们,帮助他们摆脱背上的包袱,同自己的缺点错误作斗争,使他们能够大踏步地前进。"④在革命战争时期,毛泽东在《新民主主义论》中重点强调:"我们应当努力在工人阶级中宣传社会主义和共产主义,并适当地有步骤地用社会主义教育农民及其他群众。"⑤在新中国建立前夕,毛泽东深刻地指出:"农民的经济是分散的,根据苏联的经验,需要很长的时间和细心的工作,才能做到农业社会化。"⑥因此,他要求马克思主义理论教育必须与农村的生产实践紧密结合。在新中国建立初期,毛泽东指出,马克思主义理论教育的基本任务是在严肃批评资本主义倾向的基础上,不断向农民群众灌输社会主义思想。在知识分子的马克思主义理论教育方面,为使广大知识分子抛弃小资产阶级和资产阶

---

① 《毛泽东选集》第1卷[M].北京:人民出版社1991年版,第92页。
② 《中国共产党组织史资料》第8卷[M].北京:中共党史出版社2000年版,第592页。
③ 《毛泽东选集》第4卷[M].北京:人民出版社1991年版,第1477页。
④ 《毛泽东选集》第3卷[M].北京:人民出版社1991年版,第849页。
⑤ 《毛泽东选集》第2卷[M].北京:人民出版社1991年版,第704页。
⑥ 《毛泽东选集》第4卷[M].北京:人民出版社1991年版,第1477页。

级的思想情感和世界观,毛泽东不仅提出要争取"革命的知识分子"学习马克思主义、从事马克思主义理论教育,而且还语重心长地要求"知识分子必须继续改造自己",①通过自我教育彻底改变自身的旧思想和旧观点。毛泽东关于知识分子学习、接受马克思主义理论教育的思想,对于促进革命的知识分子坚定马克思主义信仰,改造非革命的知识分子的阶级局限性,使其转变观念立场、投身革命实践具有深刻的历史意义。

4. 理论教育的三个基本原则:"理论和实际统一""没有调查,没有发言权""密切联系群众"

毛泽东时期的马克思主义理论教育工作之所以能够如火如荼地顺利开展,就是因为毛泽东对"理论和实际统一""没有调查,没有发言权""密切联系群众"等理论教育原则的积极探索,以及他对这些原则娴熟的运用。这些教育原则涵盖了马克思主义理论教育的各个方面,贯穿毛泽东时期马克思主义理论教育的全过程,既是体现马克思主义理论教育的内在本质和基本规律的活动准则,也是中国共产党人开展理论教育活动时必须遵循的基本要求,还是正确认识、科学处理马克思主义理论教育过程中出现的基本问题、基本矛盾的根本依据。

为使马克思主义真正成为解决中国革命和建设实际问题的思想武器,毛泽东明确提出"理论和实际统一"的命题,并将其上升为马克思主义理论教育的根本原则。从《中国革命战争的战略问题》《中国社会各阶级的分析》《湖南农民运动考察报告》等诸多文章的先后发表,到《实践论》《矛盾论》《论新阶段》《新民主主义论》等大量著作的相继诞生,毛泽东反复探讨和阐释了马克思主义理论与中国革命和建设的具体实际统一的重要性。例如,1937年,毛泽东在《目前抗战形势与党的任务报告提纲》中,首次将"理论与实际一致"和"马列主义教育"并列提出,强调"加强党内的马列主义的教育,理论与实际的一致";②1938年,毛泽东在《论持久战》中再次谈到,马克思主义理论教育"要联系战争发展的情况,联系士兵和老百姓的生活";③1941年,毛泽东在为《农村调查》一书所作的《序言》中明确提出"理论和实际相联系"的命题,深刻指出:"对于只懂得理论不懂得实际情况的人,这种调查工作尤有必要,否则他们就不能将理论和实际相联系。"④1942年,毛泽

---

① 《毛泽东文集》第7卷[M].北京:人民出版社1999年版,第225页。
② 《毛泽东文集》第2卷[M].北京:人民出版社1993年版,第60页。
③ 《毛泽东选集》第2卷[M].北京:人民出版社1991年版,第481页。
④ 《毛泽东选集》第3卷[M].北京:人民出版社1991年版,第791页。

东在《整顿党的作风》中明确提出了"理论联系实际"的命题,并对此作了完整的论述:"中国共产党人只有在他们善于应用马克思列宁主义的立场、观点和方法,善于应用列宁斯大林关于中国革命的学说,进一步地从中国的历史实际和革命实际的认真研究中,在各方面作出合乎中国需要的理论性的创造,才叫做理论和实际相联系。"①从"理论与实际一致",到"理论和实际相联系",再到"理论联系实际"等命题的先后提出,可以发现,毛泽东始终将马克思主义理论与中国具体实际相结合置于马克思主义理论教育的首要位置,这也是我国革命成功和建设取得重大成就的重要的思想保障。

毛泽东在强调和重视"理论和实际相统一"根本原则的同时,还先后提出了"没有调查,没有发言权""密切联系群众"等重要原则。1930年,针对党内和红四军中部分同志奉行的"只要遵守既定办法就无往而不胜利"的保守思想和动辄就要求别人拿出本本来的教条主义错误,毛泽东在《反对本本主义》文中,不仅从社会科学的视角批判了本本主义的现实危害性,而且还从认识论角度深刻地阐述了社会调查的现实意义,掷地有声地提出了"没有调查,没有发言权"②的真理性宣言,并将其上升为马克思主义理论教育工作的重要原则。在高度重视调查研究的重要性的同时,毛泽东还深刻地认识到,人民群众在马克思主义理论教育中的主体地位的重要性,指出:"我们共产党人区别于其他任何政党的又一个显著的标志,就是和最广大的人民群众取得最密切的联系。"③他多次提出马克思主义理论教育必须坚持密切联系群众的基本原则。在建党之初,毛泽东就要求党的宣传教育活动必须联系群众、发动群众,开展群众运动;在革命战争时期,毛泽东强调,"只有代表群众才能教育群众,只有做群众的学生才能做群众的先生",④并在《反对本本主义》《关心群众生活,注意工作方法》《论联合政府》中反复重申密切联系群众的重要性;20世纪50年代,在对农业合作化问题的宣传教育中,面对"只是企图拿大帽子压服听众,手里并无动人的货色"⑤这种脱离人民大众的宣传方式时,毛泽东明确指出"拿当地农民的经验向农民做细致的分析"是一种"有很强的说服

---

① 《毛泽东选集》第3卷[M]. 北京:人民出版社1991年版,第820页。
② 《毛泽东选集》第1卷[M]. 北京:人民出版社1991年版,第109页。
③ 《毛泽东选集》第3卷[M]. 北京:人民出版社1991年版,第1094页。
④ 《毛泽东选集》第3卷[M]. 北京:人民出版社1991年版,第864页。
⑤ 《毛泽东文集》第6卷[M]. 北京:人民出版社1999年版,第461页。

力"①的宣传方式,同时,他还进一步提出马克思主义理论教育要从关心群众的具体的生活问题入手,"给人们以看得见的物质福利",②而不能搞口头政治、做表面文章,他再次强调马克思主义理论教育必须坚持"密切联系群众"的重要原则。

在毛泽东看来,先进的理论只有走出书斋、面向实践、联系实际,并得到实践主体,即广大的、对社会起积极推动作用的人民群众的掌握和广泛认同,才能发挥其应有的理论指导的作用——指导群众争取自身的解放和变革社会的斗争实践走向成功。否则,"仅凭空洞的说教,哪怕是很高明的权威的说教,都不能使人产生这种信念。"③正如马克思恩格斯也曾深刻地指出:"正确的理论必须结合具体情况并根据现存条件加以阐明和发挥。"④"思想本身根本不能实现什么东西。思想要得到实现,就要有使用实践力量的人。"⑤

5. 理论教育的有效路径:反对硬性灌输,重视富有中国特色的多种途径和实践体验

在领导中国革命和建设的实践中,毛泽东历来主张:"不能强制人们放弃唯心主义,也不能强制人们相信马克思主义",⑥坚决反对采取硬性灌输的理论教育方式,明确提出马克思主义理论教育必须重视"自愿的原则"⑦。他十分重视理论教育方法的科学性和语言的艺术性,他曾形象地把任务比作"过河",把方法比作"桥"和"船",指出:"不解决桥或船的问题,过河就是一句空话。不解决方法问题,任务也只是瞎说一顿。"⑧强调采用科学的教育方法的重要性。正是在这种教育思想的引导下,毛泽东不断探索并提出了整风学习、批评与自我批评、团结—批评—团结、"惩前毖后,治病救人"、启发式教育、"民主、说服、疏导教育"、鼓励教育、树立榜样、从错误中学习等多种形式相结合的行之有效的教育方法,极大地丰富了马克思主义理论教育的方法论。

"整风运动"是毛泽东运用得最为熟练和频繁的一种教育方法,也是中国共产党人进行自我改造的最好武器。毛泽东把整风运动称为"普遍的马克思主义的教

---

① 《毛泽东文集》第6卷[M].北京:人民出版社1999年版,第461页。
② 《毛泽东文集》第2卷[M].北京:人民出版社1993年版,第467页。
③ 《马克思恩格斯全集》第42卷[M].北京:人民出版社1979年版,第277页。
④ 《马克思恩格斯全集》第27卷[M].北京:人民出版社1972年版,第433页。
⑤ 《马克思恩格斯文集》第1卷[M].北京:人民出版社2009年版,第320页。
⑥ 《毛泽东文集》第7卷[M].北京:人民出版社1999年版,第209页。
⑦ 《毛泽东选集》第3卷[M].北京:人民出版社1991年版,第1091页。
⑧ 《毛泽东文集》第1卷[M].北京:人民出版社1993年版,第139页。

育运动"。① 在1957年召开的全国宣传工作会议上,毛泽东指出:"整风就是全党通过批评和自我批评来学习马克思主义。在整风中间,我们一定可以更多地学到一些马克思主义。"②他深刻地阐述了以整风运动这种特殊的形式来实现全党学习马克思主义这一根本目标的重要性。在毛泽东的领导下,我们党内相继进行了五次整风运动,分别是1941－1942年的整风运动、1947年的整风运动、1950年的整风运动、1951－1954年的整风运动和1957年的整风运动等。通过多次卓有成效的整风运动,全党对于马克思主义理论的认识提高到了新的层次,这在很大程度上保证了我们党的先进性。在全党整风期间,毛泽东还创造性地提出了批评与自我批评和团结—批评—团结等一系列马克思主义理论教育的具体方法。他不仅强调:"自我批评是马列主义政党的不可缺少的武器,是马列主义方法论中最革命的最有生气的组成部分,是马列主义政党进行两条战线斗争的最适用的方法,而在目前则是反对错误思想建立正确的作风的最好方法。"③而且他还指出"我们采用了这个方法解决共产党内部的矛盾,就是教条主义者和广大党员群众之间的矛盾,教条主义思想和马克思主义思想之间的矛盾。"④这些方法的提出,为党内的马克思主义理论教育提供了崭新的教育形式和视角。随后,教育对象的范围由党内辐射到全民教育,批评与自我批评、团结—批评—团结等教育方法成为马克思主义理论教育普遍采用的方法。例如,毛泽东在1950年的全国政协一届二次会议上明确提出,要加强和改进思想理论教育,批评和自我批评就是行之有效的基本方法,希望全国各民族、各民主党派和各人民团体都要积极采用这种方法。1957年,毛泽东在《关于正确处理人民内部矛盾的问题》的讲话中重申,要处理好人民内部的思想问题,必须坚持团结—批评—团结的方法。

启发式教育,是毛泽东在继承孔子"不愤不启,不悱不发,举一隅而以三隅反,则不复也"⑤的教学思想的基础上提出的。1929年,为全面提高党内政治水平,毛泽东在《中国共产党红军第四军第九次代表大会决议案》中,第一次全面系统地提出以启发式教育为主的马克思主义理论十大教授法,并将启发式教育法作为注入式教育法的对立面加以深入阐释,突出强调启发式教育法在理论教育中的重要作

---

① 《毛泽东文集》第7卷[M]. 北京:人民出版社1999年版,第275页。
② 《毛泽东文集》第7卷[M]. 北京:人民出版社1999年版,第275页。
③ 《毛泽东年谱》中卷[M]. 北京:中央文献出版社2002年版,第434页。
④ 《毛泽东文集》第7卷[M]. 北京:人民出版社1999年版,第210页。
⑤ 《论语·述而》。

用。1941年,为全面贯彻落实毛泽东的启发式教育法,中央政治局在《中共中央关于延安干部学校的决定》明确要求,在教学中要坚决采用启发的、研究的方法,坚决反对注入式的、强迫的方式。在这一决定的推动下,启发式教学法不仅在干部教育中得到了普及,而且在普通群众教育中也得到了广泛运用,收到了事半功倍的教学效果。与启发式教育法具有异曲同工之妙的另一种教育方法,是毛泽东提出的"民主、说服、疏导"教育法。早在井冈山斗争时期,毛泽东就强调,要在红军中实行民主,提出红军的思想教育"除党的作用外,就是靠实行军队内的民主主义"。① 在延安整风时期,毛泽东又提出"言者无罪,闻者足戒"的民主教育方式;抗日战争时期,毛泽东再次提出:"军队应实行一定限度的民主化,主要地是废除封建主义的打骂制度和官兵生活同甘苦。"②在积极倡导民主教育的基础上,毛泽东还时刻将说服与疏导教育贯穿其中。他一再强调,"企图用行政命令的方式,用强制的方法解决思想问题,是非问题,不但没有效力,而且是有害的",③要求中国共产党人在对广大群众进行马克思主义理论教育的时候必须耐心、细致,采取民主的说服教育的方法,即"一定要通过辩论的方法、说理的方法,来克服各种思想的问题",④绝不能采用命令的方式或强制的手段,以势压人。1957年,在《关于正确处理人民内部矛盾的问题》的讲话中,毛泽东再次提出解决人民内部的思想问题,"只能用民主的方法去解决,只能用讨论的方法、批评的方法、说服教育的方法去解决,而不能用强制的、压服的方法去解决"。⑤

6. 理论教育的载体——语言艺术的充分运用:"文字必须在一定条件下加以改革,言语必须接近民众"

马克思主义作为产生并形成于欧洲的一种"舶来文化",洋溢着浓厚的异域气息。与中国传统文化中讲求简洁、善用凝练的语言阐述深刻道理的思维方式不同,它追求理论的逻辑思辨和论述的充分精确,这样的文化特征使马克思主义经典著作的内容深邃而抽象,不易为中国广大人民群众准确理解和把握。因此,为使人民群众真正看懂、理解马克思主义,毛泽东高度重视语言表达的艺术,认为

---

① 《毛泽东选集》第1卷[M]. 北京:人民出版社1991年版,第65页。
② 《毛泽东选集》第2卷[M]. 北京:人民出版社1991年版,第511页。
③ 《毛泽东文集》第7卷[M]. 北京:人民出版社1999年版,第209页。
④ 《毛泽东文集》第7卷[M]. 北京:人民出版社1999年版,第279页。
⑤ 《毛泽东著作选读》下册[M]. 北京:人民出版社1986年版,第762页。

"有了正确的观点和正确的思想,还要有比较恰当的表达方式告诉别人",①并提出"文字必须在一定条件下加以改革,言语必须接近民众"。②毛泽东在这里所说的言语必须接近民众,更多地体现于他对言简意赅、简洁凝练的语言表达形式的重视,即要求在理论教育中,无论是语言表述还是用文字写作,都要从言简意赅和通俗易懂两个方面下功夫,力求实现理论教育的简单化和通俗化。

言简意赅的语言表达形式是毛泽东强调"言语必须接近民众"思想的首要含义。对此,毛泽东曾深刻地指出:"普及的东西比较简单浅显,因此也比较容易为目前广大人民群众所迅速接受。高级的作品比较细致,因此也比较难于生产,并且往往比较难于在目前广大人民群众中迅速流传。"③他又反复强调要在逻辑清晰的前提下尽量用简洁凝练的语言来表达,这是"每一个工人、农民所喜欢接受的方式",④是"新鲜活泼的、为中国老百姓所喜闻乐见的中国作风和中国气派"。⑤可以说,在马克思主义的理论教育中,毛泽东是这样要求的,也是这样做的,他从不用繁杂冗长的华丽词句哗众取宠,而是用最简洁朴实的话语引发共鸣,譬如,在延安时期毛泽东把马克思主义的精神实质概括为"实事求是",用"实事求是"这一精辟语句高度概括马克思主义的灵魂;关于战争和战略问题,毛泽东在党的六届六中全会上提出,"每个共产党都应懂得这个道理:'枪杆子里面出政权'",⑥他将抽象化的马克思主义暴力革命学说浓缩为"枪杆子里面出政权"这一经典语句;为批判红军中的本本主义思想,毛泽东简洁明了地指出"没有调查,没有发言权";⑦关于如何做到理论联系实际,毛泽东简明扼要地提出要"有的放矢";⑧在土地革命时期,面对红军弱小的革命力量,毛泽东坚定地指出"星星之火,可以燎原";⑨关于中国革命的道路问题,毛泽东将其概括为"农村包围城市,武装夺取政权";针对如何解决主要矛盾和次要矛盾问题,毛泽东强调要学会"弹钢琴""纲举目张"等方法。这些简洁凝练的名句,使马克思主义广为流传、深入人心,真正做

---

① 《毛泽东文集》第7卷[M].北京:人民出版社1999年版,第358页。
② 《毛泽东选集》第2卷[M].北京:人民出版社1991年版,第708页。
③ 《毛泽东选集》第3卷[M].北京:人民出版社1991年版,第861页。
④ 《毛泽东选集》第1卷[M].北京:人民出版社1991年版,第124页。
⑤ 《毛泽东选集》第2卷[M].北京:人民出版社1991年版,第534页。
⑥ 《毛泽东选集》第2卷[M].北京:人民出版社1991年版,第547页。
⑦ 《毛泽东选集》第1卷[M].北京:人民出版社1991年版,第109页。
⑧ 《毛泽东选集》第3卷[M].北京:人民出版社1991年版,第801页。
⑨ 《毛泽东选集》第1卷[M].北京:人民出版社1991年版,第97页。

到家喻户晓,"婆姨、娃娃都知道",这为马克思主义普遍真理与中国社会的紧密结合架起了一座坚实的桥梁。

通俗易懂的语言表达方式是毛泽东强调"言语必须接近民众"思想的另一重要含义。在《反对党八股》中,毛泽东针对部分人惯用死板僵化的语言表述马克思主义理论的现象曾严肃地指出:"我们很多人没有学好语言,所以我们在写文章做演说时没有几句生动活泼切实有力的话,只有死板板的几条筋,像瘪三一样,瘦得难看,不像一个健康的人。"①他认为,人民的词汇是丰富的、生动活泼的,表现了实际生活,要求在马克思主义的理论教育中,要向群众学习语言,学会运用通俗易懂、妇孺皆知的群众语言,深入浅出地讲解马克思主义。在这方面毛泽东也是典范,无论是写作还是宣传、讲授,他都是用通俗、幽默的大众化的语言,以及群众日常生活中最熟知的事例来说明复杂的问题,从而化艰深晦涩为通俗易懂。譬如,为引导群众正确认识革命进程的前进性和曲折性,他指出:"我们现在力量很小,好比是一块小石头。蒋介石好比一口大水缸。可我们这块小石头总有一天要打碎蒋介石那口大水缸",②由此可以看出,他把事物发展的前进性和曲折性寓于老百姓最为熟知的事物中,使人们在笑声中认清了复杂的事物,坚定了必胜的信念。1936年,在讲到如何逼蒋抗日时,他诙谐幽默地说:"驴驹子是不愿意上山的,老乡就在前面拉着,后面推着,再不就用鞭子抽。蒋介石就像驴驹子,只有逼着他走抗日的道路",③借用赶驴驹子上山这一陕北老农所熟悉的事例生动形象地解答了中国革命进程中遇到的难题。1941—1942年,毛泽东先后发表《改造我们的学习》《整顿党的作风》和《反对党八股》三篇文章,用瘪三、瞎子摸鱼、以毒攻毒、懒婆娘的裹脚布又臭又长等大量民间的、质朴的和形象化的群众语言,针对党风、学风和文风中的不良现象进行了尖锐的批评教育。对此,美国记者斯诺曾回忆说:"在讲话时,他善于把很复杂的问题讲的连没有文化的人也听得懂。他惯用俗语和家常的比喻;他从不向听者讲大话,而总是以平等的口气和人谈话。他和人民之间是交心的;他和群众的思想从来都是通的。"④

综上分析,马克思、恩格斯、列宁和毛泽东等经典作家的马克思主义理论教育

---

① 《毛泽东选集》第3卷[M].北京:人民出版社1991年版,第837页。
② 贺章:《毛泽东启迪心灵的艺术》[M].北京:中共中央党校出版社1993年版,第242页。
③ 贺章:《毛泽东启迪心灵的艺术》[M].北京:中共中央党校出版社1993年版,第157页。
④ 裘克安编集:《斯诺在中国》[M].北京:生活·读书·新知三联书店1982年版,第116页。

思想,是他们在准确理解马克思主义的基础上,结合各国革命和建设的具体实践所进行的科学探索的结果。经典作家的马克思主义理论教育思想不限于本文所总结的方面,但这些方面却蕴含马克思主义理论教育的一系列规律性问题,具有极强的前瞻性和指导性,为改革开放以来党的马克思主义理论教育思想的创新发展提供了科学的理论基础和系统的原则框架。特别是其中有关"科学灌输""通俗化""化大众"的思想,更是为改革开放以来党的马克思主义理论教育思想发展奠定了深厚的思想基础。譬如,"科学灌输"思想揭示出,无产阶级政党要引导广大群众认同马克思主义,就必须坚持灌输的科学性和有效性,把灌输对象视为能动的主体,使马克思主义理论教育既不偏离灌输的本真含义又能有效地避免硬性灌输;"通俗化"思想告诫我们,开展马克思主义理论教育既要注重"通俗化",用简单质朴的表达形式和通俗易懂的大众语言宣传普及马克思主义,消除马克思主义和俄国大众之间的语言和思维屏障,又要杜绝"庸俗化",坚决反对脱离马克思主义的科学性和理论价值低级地迎合和媚惑大众;"化大众"思想揭示出,马克思主义理论教育的根本落脚点在于将马克思主义"化于大众",使马克思主义由少数人掌握变为多数人掌握,而马克思主义要真正"化于大众",则要求马克思主义理论教育必须准确把握"多质的大众",在全面了解不同群体和不同社会阶层的理论诉求的基础上,实现教育的层次性、针对性和多样性。"问渠哪得清如许,为有源头活水来"。马克思、恩格斯、列宁和毛泽东的马克思主义理论教育思想的产生,是马克思主义理论教育思想史上的重要里程碑,对于改革开放新时期中国共产党人发展创新马克思主义理论教育思想,推动马克思主义的中国化、时代化和大众化,具有极强的现实指导意义。

四、中国共产党人的主体素质是马克思主义理论教育思想发展的主观条件

改革开放以来党的马克思主义理论教育思想的发展固然离不开特定的历史和社会条件,但以邓小平、江泽民、胡锦涛和习近平为主要代表的中国共产党人自身所具备的主体条件更是一个不可或缺、举足轻重的关键性因素。改革开放以来,虽然不同历史时期一代又一代中国共产党人的人生阅历和个人魅力各有不同,但是勤于思考、勇于求索、勤政爱民是他们共同的优秀品质,忠于马克思主义和社会主义、忠于党和群众是他们共同坚守的崇高信仰。而在长期的改革和建设过程中,他们自身所积淀的深厚的马克思主义理论素养、秉承的坚定的马克思主义理想信念及求真务实、与时俱进和勇于创新的工作作风,作为其传承、创新和普

及马克思主义的理论基础、思想基础和信念支撑,在推动改革开放以来党的马克思主义理论教育思想的形成与发展过程中更是起到至关重要的作用。

(一)深厚的马克思主义理论素养

改革开放以来党的马克思主义理论教育思想的形成与发展是一代又一代中国共产党人集体智慧的结晶,与中国共产党人对马克思主义的认真学习和系统把握密不可分。从以邓小平、江泽民、胡锦涛为主要代表的几代中国共产党人直至以习近平为主要代表的新一代中国共产党人,在领导中国改革和建设的历史进程中,无论改革任务如何艰巨、建设环境如何艰苦、社会形势如何复杂,从没有放松对马克思主义理论的认真研读和系统把握。例如,以邓小平和习近平为例,邓小平早在1920年赴法国勤工俭学时就开始积极阅读诸多有关马克思主义的书籍,1926年又专门赴苏联的东方大学和中山大学深入系统地学习马克思主义基本理论,甚至后来"文化大革命"期间被打倒"下放"至江西劳动改造时,仍积极利用空闲时间孜孜不倦地研读马克思主义经典著作,并在研读过程中写下大量批注,阐述自己对相关问题的看法;习近平亦与马克思主义有着不解之缘,曾到清华大学人文社会学院专修马克思主义理论与思想政治教育专业。可以说,以邓小平、江泽民、胡锦涛和习近平为主要代表的中国共产党人作为真正了解马克思主义理论并真正能够使马克思主义理论在当代中国绽放光彩的时代精英,对于马克思主义经典著作都有全面而深刻的理解和把握,对于马克思主义哲学、政治经济学和科学社会主义等具体内容都有精湛研究和高深造诣。这就造就中国共产党人深厚的马克思主义理论素养和理论功底,为改革开放以来党的马克思主义理论教育思想的形成与发展奠定了坚实的理论基础。

具体来说,深厚的马克思主义理论素养在改革开放以来党的马克思主义理论教育思想形成与发展过程中所起的基础作用集中体现在两个层面:其一,从马克思主义的本源意义出发来认识和对待马克思主义,构筑科学的马克思主义观。马克思主义理论教育是一项以马克思主义为教育内容的社会实践活动,能否正确认识和科学对待马克思主义,能否树立科学的马克思主义观,直接关系到马克思主义理论教育的实效性和现实溯及力。换言之,正确认识和对待马克思主义是构建马克思主义理论教育思想的首要前提和理论内核。改革开放以来中国共产党人积极研读马克思主义经典著作,充分领悟马克思主义的精神实质,具备精深的马克思主义理论素养。这既为他们根据马克思主义的"元意义"和"本性"灵活运用和对待马克思主义打下基础,更为他们基于马克思主义的本源意义深入探讨马克思主义理论教育的基本规律、丰富和拓展马克思主义理论教育思想提供强有力的理论支撑。其二,从理论创新的角度推进中国化马克思主义的深化发展,为新时期马克思主义理论教育发展提供内容支撑。纵览改革开放以来中国化马克思主义的发展史,从邓小平理论、"三个代表"思想和科学发展观等一系列重大战略思想的提出,到中国特色社会主义理论体系的最终确立,无疑都是中国共产党人科学把握和准确运用马克思主义基本原理并将其与中国具体实际相结合而产生的理论成果,卓有成效地拓展了马克思主义理论教育的内容体系。而这些思想理论的提出都源于中国共产党人具备深厚的马克思主义理论素养和理论功底。

(二)坚定的马克思主义信仰

马克思主义信仰是指人们对马克思主义所持有的一种执着追求、矢志不渝的精神态度。改革开放以来,以邓小平、江泽民、胡锦涛和习近平为主要代表的中国共产党人都是身体力行、自觉坚守马克思主义信仰的光辉典范。早在改革开放之初,邓小平在接受美国记者迈克·华莱士采访时曾郑重表示"我是个马克思主义者。我一直遵循马克思主义的基本原则"。① 作为一位忠诚的马克思主义信仰者,邓小平虽然一生之中曾历经"三落三起"等诸多波折,但是他对马克思主义和社会主义依旧坚信不疑,始终高度认同并积极践行马克思主义,不断带领中国共产党人和劳苦大众成功开辟马克思主义中国化的新篇章。20世纪90年代,伴随东欧剧变、苏联解体,马克思主义和社会主义运动深陷低谷,中国改革和建设面临前所未有的考验和挑战。但面对当时接踵而来、此起彼伏的马克思主义"过时""消亡""死了"等恶毒论调,以江泽民为主要代表的中国共产党人并没有消极和沉沦,而是始终坚持"不改旗""不易帜",矢志不移地保持对马克思主义、社会主义和共产主义的无限坚贞。正是在这样一种崇高而坚定的马克思主义信仰的鼓舞和推动下,以江泽民为主要代表的中国共产党人不断领导全国人民克服重重艰难险阻,成功开拓马克思主义中国化的新境界。进入20世纪,中国的改革和建设同样并非一帆风顺,但是无论前进的道路多么坎坷与曲折,以胡锦涛和习近平为主要代表的中国共产党人都始终泰然自若、沉着应付,积极引导人们树立坚定的马克思主义信仰和社会主义信念,投身中国特色社会主义建设,不断推动中国化马克思主义向纵深处发展。马克思曾深刻地指出:"在科学上没有

---

① 《邓小平文选》第3卷[M]. 北京:人民出版社1993年版,第173页。

平坦的大道,只有不畏劳苦沿着陡峭山路攀登的人,才有希望达到光辉的顶点。"①可以说,这一豪言壮志不仅是马克思恩格斯穷尽一生进行马克思主义理论研究的光辉写照,也是改革开放以来中国共产党人始终矢志不渝地信仰马克思主义、奋力推进马克思主义中国化真实反映。也正是源于这种坚定、执着而崇高的马克思主义信仰,改革开放以来中国共产党人才能始终坚持以马克思主义为指导思想武装全党、教育人民,才能始终坚定不移地推进马克思主义理论教育思想的深化发展。

(三)与时俱进、勇于创新和求真务实的工作作风

改革开放以后,伴随我国步入全面建设中国特色社会主义的崭新时期,面对这项前无古人的开创性事业,面对这场全面而深刻的社会大变革与大发展,以邓小平、江泽民、胡锦涛和习近平为主要代表的中国共产党人既不墨守成规、保守僵化,也不急功近利、贸然挺进,而是持之以恒地秉承与时俱进、勇于创新和求真务实的工作作风和可贵精神,不断迎接新挑战、解决新问题、形成新认识、开辟新境界。从"追本溯源"的角度来看,改革开放以来中国共产党人自身所具有的三大优良工作作风具有举足轻重的作用。其不仅昭示了中国特色社会主义建设稳步发展的基础和条件,而且隐含着改革开放以来党的马克思主义理论教育思想之所以能够形成、发展的因素和契机。

改革开放以来中国共产党人所具有的与时俱进和勇于创新的工作作风集中表现为,新形势下面对时代主题的变迁、党情国情的发展、现代科技的进步、国际环境的变化及变幻莫测、应接不暇的新情况新问题的相继出现,以邓小平、江泽民、胡锦涛和习近平为主要代表的中国共产党人始终站在时代潮头和实践前沿审时度势,紧密结合客观社会历史条件的发展变化,"从理论和实践的结合上不断研究新情况、解决新问题,做到自觉地把思想认识从那些不合时宜的观念、做法和体制的束缚中解放出来,从对马克思主义的错误的和教条式的理解中解放出来,从主观主义和形而上学的桎梏中解放出来,不断有所发现、有所创造、有所前进"②,灵活运用不断发展创新的路线、方针、政策和发展策略指导中国改革与建设。新时期以来,这种与时俱进和勇于创新的工作作风始终贯穿于中国共产党人各项工作之中。更为重要的是,这种工作作风淋漓尽致地体现在

---

① 《马克思恩格斯文集》第5卷[M].北京:人民出版社2009年版,第24页。
② 《十六大以来重要文献选编》(上)[M].北京:中央文献出版社2005年版,第377页。

中国共产党人认识和对待马克思主义的态度上,在宣传和运用马克思主义的长期过程中,中国共产党人始终"不唯书""不唯上",坚持把马克思主义作为不断发展的思想理论加以对待,全面致力于马克思主义在当代中国的发展。中国共产党人自身所具有的这种与时俱进和勇于创新的优良工作作风,这种不拘泥于传统思维束缚而执着追求现实革新的宝贵致思精神具有天然的现实亲和力,高度契合了新的时代形势下马克思主义理论教育思想亟待实现由传统的"革命话语体系"向现代的"改革话语体系"和"建设话语体系"新转换并不断向纵深处发展的现实诉求,是改革开放以来党的马克思主义理论教育思想形成与发展不可或缺的内在驱动力。

改革开放以来中国共产党人所具有的求真务实的工作作风主要体现在两个层面:一是坚持理论联系实际。回望我国改革开放三十多年的风雨历程,从邓小平强烈呼吁"同理论脱离实际、一切只从主观愿望出发、一切只从本本和上级指示出发而不联系具体实际的错误倾向作坚决的斗争",①到江泽民明确提出"一个中心、三个着眼于"的重要思想,再到胡锦涛反复倡导"不断根据发展变化着的实际情况和时代条件,坚持马克思主义基本原理同中国具体实际相结合,不断开拓党和人民事业前进的道路",②理论联系实际始终是贯穿在党的各项工作之中的首要原则和根本方针,是中国共产党人坚持弘扬求真务实工作作风的具体体现。二是反对空谈、崇尚实干、讲求实效。从邓小平掷地有声地提出"世界上的事情都是干出来的,不干,半点马克思主义也没有,只有把嘴上说的、纸上写的、会上定的,变成具体的行动、实际的效果、人民的利益,我们的工作才算做到了位、做到了家",③到胡锦涛旗帜鲜明地指出"求真务实,是辩证唯物主义和历史唯物主义一以贯之的科学精神,是我们党的思想路线的核心内容,也是党的优良传统和共产党人应该具备的政治品格",④再到习近平在阐述"中国梦"战略构想时语重心长地强调"空谈误国、实干兴邦",忌空谈、讲实干、求实效始终是贯穿在党和国家的各项工作之中的优良作风,是中国共产党人秉承求真务实工作作风的另一个重要方面。从理论联系实际,到反对空谈、崇尚实干、讲求实效,这些求真务实的优良

---

① 《邓小平文选》第2卷[M]. 北京:人民出版社1994年版,第115页。
② 《十六大以来重要文献选编》(上)[M]. 北京:中央文献出版社2005年版,第642页。
③ 《邓小平文选》第2卷[M]. 北京:人民出版社1994年版,第211页。
④ 《胡锦涛在中央纪律检查委员会第三次全体会议上强调:大力弘扬求真务实精神大兴求真务实之风继续深入开展党风廉政建设和反腐败斗争》[J].《党建》2004年第2期。

工作作风不仅促使中国共产党人对马克思主义理论教育的长期性和艰巨性时刻保持清醒的认识,而且不断激励中国共产党人紧密结合国际国内的客观形势、党和国家的各项工作及人民群众的思想状况全面推进马克思主义理论教育思想的深化创新。

第二章

改革开放以来党的马克思主义理论教育思想发展的历史轨迹

改革开放以来党的马克思主义理论教育思想的发展作为一个动态的整体过程,同任何思想理论体系的发展一样,也经历一个探索、形成和完善的历史过程。从思想发展史角度分阶段考察改革开放以来党的马克思主义理论教育思想的演进历程,梳理其发展轨迹,是我们深入探讨和研究改革开放以来党的马克思主义理论教育思想发展的逻辑体系、基本内容和突出特点,揭示其内在规律性的前提基础和首要任务。正如恩格斯所指出:"思维的任务现在就是要透过一切迷乱现象探索这一过程的逐步发展的阶段,并且透过一切表面的偶然性揭示这一过程的内在规律性。"① 鉴于此,本章着重对改革开放以来党的马克思主义理论教育思想的发展历程进行逻辑梳理。经过系统研究,笔者认为根据实践的发展变化及不同时期中国共产党人对思想发展的推动,可以将其归纳为探索发展、开拓创新、繁荣发展和深入推进四个阶段。其中,以邓小平为主要代表的中国共产党人在我国思想领域拨乱反正和改革开放全面展开的历史转折时期,初步探索形成马克思主义理论教育思想的基本轮廓,成功打开马克思主义理论教育思想发展的新局面;以江泽民为主要代表的中国共产党人在建设社会主义市场经济建设体制的新时期,相继提出"一个中心,三个着眼于""两个坚定不移""三个统一""四以"等新思想,成功开辟马克思主义理论教育思想发展的新境界;以胡锦涛为主要代表的中国共产党人在改革开放和社会发展进入整体推进的关键时期和攻坚阶段,从指导理念、意识形态主题、政治保障等层面全面推进马克思主义理论教育思想的繁荣发展;以习近平为主要代表的中国共产党人在全面建成小康社会的决定性历史阶段,着重从强化理论武装、创新教育内容和加强党内教育等层面推进马克思主义理论教育思想的深化发展。

---

① 恩格斯:《反杜林论》[M]. 北京:人民出版社1999年版,第23页。

一、改革开放起步与全面展开阶段党的马克思主义理论教育思想的探索发展（1978－1992年）

"历史从哪里开始，思想进程也应当从哪里开始"。① 改革开放以来党的马克思主义理论教育思想形成于我国思想领域拨乱反正和改革开放起步与全面展开的历史转折期。"真理标准问题"大讨论的顺利开展，唱响了改革开放以来党的马克思主义理论教育思想解放的先声。党的十一届三中全会的胜利召开，拉开了改革开放以来党的马克思主义理论教育思想发展的帷幕，是改革开放以来党的马克思主义理论教育思想形成和发展的逻辑开端。随后，在改革开放和现代化建设的具体实践中，党的马克思主义理论教育思想逐步形成基本轮廓、建构起科学体系，并在社会主义精神文明建设和马克思主义理论教育学科化建设进程中不断走向成熟，成功开创马克思主义理论教育思想发展的新局面。

（一）"真理标准问题"讨论：新时期马克思主义理论教育和思想解放的先声

1978年关于"真理标准问题"的讨论，既是我国迈向发展新阶段的一次思想大解放，也是新时期马克思主义理论教育工作拨乱反正、正本清源的先声，拉开了改革开放的序幕。当时之所以会引发这样一场全国性大讨论，主要是由特殊的时代背景所决定的。从1976年"文化大革命"结束到1978年党的十一届三中全会召开之前，虽然"四人帮"已经被粉碎，"文化大革命"已经结束，但是改革开放的春天并没有自然到来，我国社会主义建设事业仍然徘徊不前，思想领域是非混淆、满目疮痍，包括马克思主义理论教育在内的各项工作举步维艰，面临诸多亟待解决的问题。例如，"左"的错误思想一度盛行，马克思列宁主义和毛泽东思想被断章取义、歪曲误解；"两个凡是"错误方针的出炉给人们重新套上教条主义的精神枷锁，为新形势思想的大解放和大发展设置了新障碍。可见，面对从"文化大革命"噩梦中刚刚苏醒的中国，如何彻底否定"以阶级斗争为纲"的错误思想，冲破极左错误和"两个凡是"的禁区，驱散"文化大革命"遗留的迷信盛行、思想僵化的精神状态，恢复党的实事求是思想路线，无疑是新时期思想领域和马克思主义理论教育战线面临的首要任务。正如邓小平一再强调："所谓理论要通过实践来检验……现在对这样的问题还要引起争论，可见思想僵化。"②

---

① 《马克思恩格斯选集》第2卷[M]．北京：人民出版社1995年，第43页。
② 《邓小平文选》第2卷[M]．北京：人民出版社1994年版，第128页。

面对"文化大革命"的错误实践和"两个凡是"的错误观点,1977年4月尚未恢复工作的邓小平率先旗帜鲜明地提出批评意见。他以一名老共产党员的名义给中央写信,一针见血地指出"'两个凡是'不行,'两个凡是'不符合马克思主义",①并郑重提出"我们必须世世代代地用准确的完整的毛泽东思想来指导我们党、全军和全国人民,把党和社会主义的事业,把国际共产主义运动的事业,胜利地推向前进"。②信件一经转发,便在全党引起强烈反响。邓小平对"两个凡是"错误方针的抵制和怀疑,开启了新时期思想解放的闸门,促使全党不断展开新思考,为真理标准化大讨论奠定了思想基础。同年9月,《人民日报》刊发陈云、聂荣臻等中央领导人的文章,文章着重强调了恢复党的优良传统和优良作风的重要性。随后,党中央明确作出恢复中央宣传部,由中宣部掌管全国的宣传、文化和出版工作的决定,并果断要求尽快恢复和办好各级党校,把党校办成捍卫、宣传普及马克思列宁主义和毛泽东思想的前沿阵地。这就为思想领域的拨乱反正、正本清源以及党的马克思主义理论教育工作的恢复和开展创造了条件。

1978年5月11日,《光明日报》刊登题为《实践是检验真理的唯一标准》的特约评论员文章。文章明确提出:"检验真理的唯一标准只能是社会实践,任何理论都要不断地接受实践的检验"。12日,新华社播发这篇文章,《人民日报》和《解放军报》等众多刊物纷纷转载。文章刊出后虽然受到来自"两个凡是"支持者的横加指责和强烈反对,但同时也得到邓小平、叶剑英、陈云、李先念、胡耀邦等老一辈革命家的高度肯定和鼎力支持。随后,在邓小平等老一辈无产阶级革命家的积极倡导和大力支持下,国内掀起轰轰烈烈的关于"真理标准问题"的大讨论,一场有关"实践是检验真理的唯一标准"的讨论迅速席卷全国,一场全国范围的思想解放运动蓬勃开展起来。1978年6月,邓小平在全军政治工作会议上进一步提出:"我们一定要肃清林彪、'四人帮'的流毒,拨乱反正,打破精神枷锁,使我们的思想来个大解放。"③同年6月到11月,中央党政各部门及全国大多数省、市、自治区和各大军区的负责同志相继发表文章或讲话,积极贯彻和落实"实践是检验真理的唯一标准"这一马克思主义基本原则。对于这场大讨论,邓小平给予高度评价,一再强调"这场讨论的意义太大了,它的实质就在于是不是坚持马列主义、毛泽东思

---

① 《邓小平文选》第2卷[M].北京:人民出版社1994年版,第38页。
② 《邓小平文选》第2卷[M].北京:人民出版社1994年版,第39页。
③ 《邓小平文选》第2卷[M].北京:人民出版社1994年版,第119页。

想",①"只有解放思想,坚持实事求是,一切从实际出发,理论联系实际,我们的社会主义现代化建设才能顺利进行,我们党的马列主义、毛泽东思想的理论也才能顺利发展。从这个意义上说,关于真理标准问题的争论,的确是个思想路线问题,是个政治问题,是个关系到党和国家的前途和命运的问题",②最终把真理标准问题大讨论的意义落脚到是否坚持马克思主义这一根本问题上,强有力地驳斥了"两个凡是"的错误观点。

这场关于"实践是检验真理唯一标准"的大讨论,既是思想认识上的是非之争,也是不同价值观之间的较量,是自延安整风以来又一场彻底而深刻的思想解放运动和马克思主义理论教育运动。在这场大讨论中,以邓小平为主要代表的中国共产党人不仅深刻地批判了"两个凡是"的错误思想,驱散了一度盛行的个人崇拜的迷雾,理清了"文化大革命"中被搞乱了的思想、理论和路线上的是非问题,而且恢复了"实践"的权威,把一切理论问题推向社会实践的"审判台",重新确立了实事求是的马克思主义思想路线,从根本上端正马克思主义理论教育的指导方针,为我们党重新确立马克思主义理论教育的正确路线准备思想条件。真理标准大讨论既开辟了马克思主义中国化的新阶段,也为当代中国马克思主义理论教育打开新局面奠定了深厚的思想基础和群众基础。

(二)马克思主义理论教育和思想战线拨乱反正的全面展开

伴随"真理标准问题"大讨论的顺利开展,新时期我国思想领域和马克思主义理论教育战线全面拨乱反正的步伐不断加快。1978年,邓小平发表《解放思想,实事求是,团结一致向前看》这一被誉为"开辟新时期新道路、开创建设有中国特色社会主义新理论的宣言书"③的重要文章,以马克思主义者的科学态度和非凡胆略号召全党不断解放思想、重新认识和对待马克思主义,首次把实事求是和解放思想视为统一序列的概念提到思想路线的战略高度,同坚持马克思主义紧紧联系在一起。这篇文章冲破了"两个凡是"的禁锢,为即将召开的党的十一届三中全会做了充分准备。同年12月,党的十一届三中全会顺利召开。全会高度评价真理标准问题的讨论,重新确立解放思想、实事求是的思想路线,作出把党的工作重心转向经济建设的战略决策。这次具有划时代意义的会议是我国马克思主义理论

---

① 《邓小平文选》第2卷[M]. 北京:人民出版社1994年版,第191页。
② 《邓小平文选》第2卷[M]. 北京:人民出版社1994年版,第143页。
③ 《江泽民文选》第2卷[M]. 北京:人民出版社2006年版,第10页。

教育发展史上的重要里程碑,也是当代马克思主义理论教育发展的历史转折点。它使新时期马克思主义理论教育思想实现三大根本转折:一是由"两个凡是"向"解放思想、实事求是"思想路线的根本转换。党的十一届三中全会重新恢复马克思主义的思想路线,把解放思想、实事求是重新确立为党的指导方针,为新时期理论教育指明了发展方向、确立了思想路线。二是由"革命型"向"建设型"、由"以阶级斗争为纲"向"为社会主义经济建设服务"教育目标的根本转换。党的十一届三中全会彻底纠正了马克思主义理论教育以往充当革命斗争工具、单纯为政治服务的教育目标,使理论教育逐步转向服务经济建设、促进社会发展和人的全面发展的新轨道。三是由"封闭"向"开放"、由"固守成规"向"全方位改革"的教育范式的根本转向。在党的十一届三中全会精神的指引下,随着改革开放的深入推进,当代马克思主义理论教育不仅在内容上不断深化拓展,而且在辐射范围上广泛扩展到社会各领域、各阶层和各群体。可以说,党的十一届三中全会既是中国全面改革开放的新起点,也是当代马克思主义理论教育思想形成发展的逻辑开端。它为新时期我国思想领域拨乱反正的深入进行、马克思主义理论教育的全面展开以及马克思主义理论教育思想的形成、发展和完善奠定了坚实基础。这一时期,中国共产党人通过马克思主义理论教育推进改革开放、指导经济建设的思想也初露端倪。这对正处于全球性社会主义低谷与改革开放新浪潮特殊交叉口的中国化马克思主义理论教育事业来说具有重要意义。

党的十一届三中全会后,虽然思想领域"左"的错误思想得到切实纠正,但思想界和社会上仍存在严重的错误倾向。部分人甚至打着反思历史和批判"左"的幌子,散布反对党的领导、主张全盘西化和走资本主义道路的思潮,极力丑化社会主义和中国共产党的领导,恶意干扰十一届三中全会路线的贯彻落实。面对这种现实的危险,可以说,思想领域和马克思主义理论教育战线的拨乱反正尚未真正完成,仍亟待深入而全面的开展。1979年3月,邓小平在党的理论工作务虚会上发表《坚持四项基本原则》重要讲话,明确将"四项基本原则"作为立国之本,并严肃指出"为了实现四个现代化,我们必须坚持社会主义道路,坚持无产阶级专政,坚持共产党的领导,坚持马列主义、毛泽东思想",[①]"如果动摇了这四项基本原则的任何一项,那就动摇了整个社会主义事业,整个现代化建设事业"。[②] 会议突出

---

① 《邓小平文选》第2卷[M]. 北京:人民出版社1994年版,第173页。
② 《邓小平文选》第2卷[M]. 北京:人民出版社1994年版,第173页。

强调坚持四项基本原则对于我国思想建设的极端重要性,并把解放思想与坚持四项基本原则相统一起来,揭开了新时期坚持四项基本原则、反对资产阶级自由化斗争的序幕。四项基本原则是我国的立国之本,是建设中国特色社会主义事业的政治前提和根本保证。它的确立明确了新时期马克思主义理论教育的基本政治原则,为马克思主义理论教育的发展指明了正确的政治方向。随后,有关四项基本原则的教育也成为新时期马克思主义理论教育的基本内容和生动教材。

虽然党的十一届三中全会重新确立解放思想、实事求是的思想路线,为全面拨乱反正提供根本前提,四项基本原则的提出为拨乱反正提供政治保障,但是要全面完成思想领域和马克思主义理论教育战线的拨乱反正,我们党还面临一个难以回避的问题,即如何正确评价毛泽东和毛泽东思想,实事求是地看待我们党的历史,科学总结新中国成立以来社会主义探索的经验教训。如果这些问题得不到合理解决,拨乱反正就难以彻底完成,社会主义现代化建设也不能顺利开展。面对这个极端重要的问题,党中央决定从1979年11月起着手起草《关于建国以来党的若干历史问题的决议》(以下简称《决议》)。在邓小平的主持下,通过党内4000多人历时两年反复讨论和修改,这一重要历史文件最终在党的十一届六中全会上顺利通过。《决议》不仅正确区分新中国成立以来的正确与错误路线,而且科学阐述毛泽东思想的科学体系和历史作用,客观评价毛泽东在革命和建设中的历史地位,划清毛泽东思想和毛泽东晚年错误的界限,拨开笼罩在毛泽东思想体系上的种种"神化"或"魔化"的迷雾,确立毛泽东的历史地位和毛泽东思想的指导地位,为人们原原本本地认识毛泽东思想、坚定不移地继承和发展毛泽东思想奠定了基础。《决议》的通过标志着我们党在指导思想上彻底完成拨乱反正,预示着有关毛泽东思想的研究和宣传教育进入一个崭新的历史阶段。党的十一届六中全会之后,全国人民围绕在马克思列宁主义、毛泽东思想的理论旗帜之下实现了思想的高度统一和空前团结。这既为新时期我们党的各项工作实现由传统到当代的平稳对接提供思想先导,也为新时期党的马克思主义理论教育思想的探索发展指明方向、奠定思想基础和提供重要理论依据。

(三)经济建设和改革开放进程中马克思主义理论教育思想的探索发展

党的十一届三中全会以后,我国开启了改革开放和现代化建设的新征程。改革和建设的伟大实践呼唤马克思主义理论教育思想不断与时俱进。在新的历史时期,以邓小平为主要代表的中国共产党人逐步展开一系列理论与实践探索。如果说,在"真理标准问题"大讨论和思想领域全面拨乱反正时期,中国共产党人主要围绕"什么是马克思主义、怎样对待马克思主义"的问题,初步为党的马克思主义理论教育思想的形成奠定基础,那么,党的十一届三中全会以后,以邓小平为主要代表的中国共产党人则主要围绕"什么是社会主义、怎样建设社会主义"这一首要问题,在深入推进改革开放和现代化建设的具体实践中深化发展党的马克思主义理论教育思想,最终形成马克思主义理论教育思想的基本轮廓和科学体系。

从1978年至1982年,是我国改革开放和现代化建设初步探索的阶段。在改革开放之初,党中央首先立足于现代化建设的战略全局,明确提出"实现四个现代化需要学习的东西很多,但是'根本的是要学习马列主义、毛泽东思想,要努力把马克思主义的普遍原则同我国实现四个现代化的具体实践结合起来'①",突出强调马克思主义理论教育在社会主义现代化建设中的战略指导地位。在此基础上,党中央还高度重视经济工作在马克思主义理论教育中的基础性地位,一再指出"政治工作是要做的,而且是要好好地做。但是,政治工作要落实到经济上面,政治问题要从经济的角度来解决",②"马列主义、毛泽东思想的基本原则,我们任何时候都不能违背,这是毫无疑义的。但是,一定要和实际相结合,要分析研究实际情况,解决实际问题",③反复强调马克思主义理论教育必须坚持以经济建设为中心,服从和服务于经济建设。在"以经济建设为中心"这一根本思想的指引下,为使改革开放的思想理念切实深入人心、家喻户晓,这一期间的马克思主义理论教育着重围绕党的路线、方针、政策展开宣传教育活动,致力于形成有利于全面改革的理论指导和信息舆论环境。其中,伴随改革率先从农村起步,为切实推行农村家庭联产承包责任制的贯彻落实,从1979年9月党的十一届四中全会发布《关于加快农业发展若干问题的决定》,到1980年5月邓小平发表《关于农村政策问题》,马克思主义理论教育始终紧密结合党在农村的各项方针政策着重从生产力、生产关系的角度宣传普及农村家庭联产承包责任制的相关知识,讲明"在生产队领导下实行的包产到户是依存于社会主义经济,而不会脱离社会主义轨道的"④;伴随改革从农村向城市逐步拓展,马克思主义理论教育又围绕1979年中央工作会议对城市经济改革的决定,积极宣传普及扩大企业自主权、"以计划经济为主、市场调节为辅"等一系列政策。这期间,理论教育还时刻遵循邓小平提出的物质

---

① 《邓小平文选》第2卷[M]. 北京:人民出版社1994年版,第153页。
② 《邓小平文选》第2卷[M]. 北京:人民出版社1994年版,第195页。
③ 《邓小平文选》第2卷[M]. 北京:人民出版社1994年版,第114页。
④ 《三中全会以来重要文献选编》(上册)[M]. 北京:人民出版社1982年版,第668页。

鼓励与精神鼓励相结合的教育原则,"实行精神鼓励为主、物质鼓励为辅的方针"①,密切结合现代化建设的具体工作在各领域广泛开展实践活动。

从1982年至1987年,是我国改革开放全面启动的新阶段。这期间中国共产党人立足于全面改革的崭新实践高瞻远瞩地构思和提出一系列颇具中国特色的马克思主义理论教育思想,使得马克思主义理论教育工作非常活跃。这些思想主要包括:一是强调马克思主义理论教育是我们党的真正优势。邓小平针对当时社会上普遍存在的质疑"现在我们是在建设,最需要学专业知识和管理知识,学马克思主义理论有什么实际意义?",②反复强调马克思主义理论教育"无论过去、现在和将来,这都是我们的真正优势"。③ 二是提出"建设型"教育模式。1982年,邓小平在党的十二大上首次提出"建有中国特色社会主义"的科学命题,并深刻指出"把马克思主义的普遍真理同我国的具体实践结合起来,走自己的道路,建设有中国特色社会主义,这就是我们总结长时期历史经验得出的基本结论",明确提出马克思主义理论教育的主要内容是中国特色社会主义建设理论,主要任务是将这一建设理论切实贯穿于改革和建设的各领域,调动一切力量支持和参与社会主义建设。至此,马克思主义理论教育彻底抛弃"文化大革命"时期"假、大、空"的务虚思维而转向"重在建设"的理性务实思维。在这一思想的指导下,随后在全面深化城市经济改革的过程中,马克思主义理论教育着重依据《中共中央关于经济体制改革的决定》等重要指示加以开展,引导人们突破对计划经济与市场经济、商品经济相对立的传统认识;在深入推进对外开放的进程中,重点向人们阐明实行对外开放、参与国际合作和竞争是现代化大生产的必然要求。三是确立培育"四有"新人的教育目标。1985年,邓小平在全国科技工作会议上集中概括和提炼出培养"四有"新人的教育目标,并将马克思主义关于人的全面自由发展的目标纳入"四有"新人的培育机制,以增强马克思主义理论教育实施的针对性。四是初步阐明整体教育和分层教育相结合的工作机制。这期间党中央一再强调马克思主义理论教育不但"要针对每个单位、每个人的不同情况去做思想工作",④而且要全面覆盖军队、企业、学校和农村等社会各阶层和各群体,从而"加强我们工作中的原

---

① 《邓小平文选》第2卷[M]. 北京:人民出版社1994年版,第51页。
② 《邓小平文选》第3卷[M]. 北京:人民出版社1993年版,第146页。
③ 《邓小平文选》第3卷[M]. 北京:人民出版社1993年版,第144页。
④ 《邓小平文选》第2卷[M]. 北京:人民出版社1994年版,第380页。

则性、系统性、预见性和创造性"。① 可见,随着党的十二大的顺利召开和改革开放的深入推进,我们党关于马克思主义理论教育目的、内容和原则等思想日趋成熟。

从1987年至1992年,是改革开放和现代化建设深入发展的阶段。随着改革和建设的深入推进,这期间一系列困扰着人们正确认识改革开放的根本性问题及传统社会主义理论中没有涉及的新问题和新现象日趋凸显出来,因而我们党将马克思主义理论教育关注的重点逐步转向"释疑解惑"和"排忧解难",即把人民群众最为关注或深感困惑的热点、难点、疑点问题作为重点课题加以深入探讨,并将得出的正确结论作为马克思主义理论教育的重点内容来宣传讲授,从而切实增强马克思主义对于人民群众的亲和力。这也是这个阶段马克思主义理论教育最为鲜明的特点。其中,1987年10月,党的十三大重点提出并系统阐释了关于社会主义初级阶段的理论和党的基本路线。随后,为贯彻落实党的十三大精神,深入开展社会主义初级阶段理论教育和党的基本路线教育成为马克思主义理论教育常抓不懈的重要内容。1992年初,邓小平发表"南方谈话",用"实话""白话"对长期以来困扰人们思想的诸多认识问题,诸如社会主义本质、市场经济姓"社"姓"资"、计划与市场的关系、改革与革命的关系、科学技术与经济发展的关系、既要警惕右又要严防"左"等问题,作了总结式论述。这次南方谈话既有理论上的深刻性和创造性,又有政治上的现实性和针对性,是邓小平理论走向成熟的集大成之作,也是在社会主义市场经济建设背景下为人民群众答疑解惑、指导理论教育实践的理论纲领。随后,宣传普及与贯彻落实邓小平"南方谈话"精神成为马克思主义理论教育的主要内容和关键所在。在邓小平"南方谈话"重要精神的指引下,马克思主义理论教育工作也随之"转入与现代化建设相适应的更高的平台上去"②。譬如,社会主义本质论的提出,要求我们立足于中国特色社会主义本质的战略高度创新发展马克思主义理论教育思想,从目的和手段相统一的视角把握马克思主义理论教育的职责和使命;"三个有利于"标准的确立,要求我们用社会主义义利统一的标准来判断马克思主义理论教育工作的得失。由此可见,党的十三大的胜利召开和邓小平"南方谈话"的发表为新时期马克思主义理论教育思想的内容设计及路径和方法选择提供了现实依据。在这些重要思想的指引下,邓小平时期党

---

① 《邓小平文选》第3卷[M].北京:人民出版社1993年版,第147页。
② 吕会霖:《新世纪思想政治工作》[M].上海:上海人民出版社2005年版,第2页。

的马克思主义理论教育思想走向成熟和完善。

（四）社会主义精神文明建设中马克思主义理论教育战略地位的确立

社会主义社会作为一种社会形态，既要有高度发达的物质文明，又要有高度发达的精神文明，唯有物质文明和精神文明两者协调发展，才是真正意义上的社会主义。在新的历史时期，以邓小平为主要代表的中国共产党人在把党和国家各项工作的重心转向经济建设、不断加强社会主义物质文明建设的同时，还郑重提出建设高度发达的社会主义精神文明的战略任务，并从两个文明相互关系的角度突出强调坚持马克思主义和加强马克思主义理论教育对于中国改革开放和现代化建设的强大精神动力作用。

"社会主义精神文明"这一概念是由叶剑英在1979年9月发表的《庆祝中华人民共和国成立三十周年大会上的讲话》中首次提出的。叶剑英指出："我们要在建设高度物质文明的同时，提高全民族的教育科学文化水平和健康水平，树立崇高的革命理想和革命道德风尚，发展高尚的丰富多彩的文化生活，建设高度的社会主义精神文明。"①1982年9月，胡耀邦在党的十二大报告中又进一步从"努力建设高度的社会主义精神文明"的战略高度对社会主义精神文明建设展开系统论述。在报告中，胡耀邦把社会精神文明建设集中概括为"文化建设"和"思想建设"两大内容，突出强调"思想建设决定着我们的精神文明的社会主义性质。它的主要内容，是工人阶级的、马克思主义的世界观和科学理论，是共产主义的思想、信念和道德"，②从而把马克思主义理论教育列为思想建设的重要议题和核心内容。根据党的十二大精神，1986年9月党的十二届六中全会通过的《中共中央关于社会主义精神文明建设指导方针的决议》，进一步提出"作为工人阶级的科学世界观和全人类精神文明的伟大成果的马克思主义，是社会主义事业和党的领导的理论基础，是社会主义意识形态的最重要的组成部分，对整个精神文明建设起着重大的指导作用。我们的理想建设、道德建设、文化建设、民主法制观念建设，都离不开马克思主义的指导，离不开马克思主义的理论建设"，③着重从社会主义精神文明建设总体布局的战略高度阐明马克思主义理论教育的战略意义，最终确立马克思主义理论教育在社会主义精神文明建设的基础性、根本性战略地位，将新

---

① 《三中全会以来重要文献选编》（上）[M]. 北京：人民出版社1982年版，第234页。
② 《十二大以来重要文献选编》（上）[M]. 北京：人民出版社1986年版，第30页。
③ 《建设有中国特色的社会主义重要文献选编》[M]. 北京：蓝天出版社1993年版，第507页。

时期马克思主义理论教育推向一个新的制高点。

党中央在从思想上高度重视马克思主义理论教育在社会主义精神文明建设中的战略地位的同时,还在社会主义精神文明建设的实践过程中积极根据新形势的发展变化潜移默化地加强马克思主义理论教育,提出一系列切合人民群众思想实际的实践教育命题。例如,1981年、1982年、1983年,党中央连续三年倡导开展"五讲、四美、三热爱教育",①普遍扎实地开展建设城乡文明的活动。通过这种把马克思主义理论教育群众化的活动方式,引导人们在实践中自觉践行各种道德观念,从而真正实现社会道德秩序的重建和社会风气的根本好转。在积极开展"五讲、四美、三热爱教育"的同时,党中央还高度重视人生观和价值观教育、集体主义和爱国主义教育、共产主义理想教育。其中,为引导广大党员和群众树立正确的人生观和价值观,在1983年毛泽东发出向雷锋同志学习的号召20周年之际,党中央和相关部门先后开展向雷锋、张海迪和朱伯儒等英雄人物学习的活动;为使人生观和价值观教育科学化和制度化,党中央相继出版《刘少奇选集》《周恩来选集》《学哲学用哲学》《辩证法随谈》和《邓小平文选》等无产阶级革命家的通俗著作,并将其作为马克思主义理论教育的理论指导,在潜移默化中对广大党员和群众进行以世界观、人生观、价值观和共产主义理想信念为主体内容的马克思主义基本理论教育,以切实提升人们的认识水平和理论水平。可见,这期间社会主义精神文明建设战略命题的提出和落实不仅确立了马克思主义理论教育的战略地位,旗帜鲜明地规定了马克思主义理论教育工作的根本指向,而且为当代马克思主义理论教育发展营造了良好社会氛围、增添了崭新的时代内容。

(五)马克思主义理论教育学科化与科学化的恢复与发展

中国共产党人对于马克思主义理论教育的认识与研究由来已久。早在"十月革命一声炮响,给中国送来了马克思列宁主义"之时,众多有识之士就开始用马克思主义去思考中国问题,并在漫长的革命生涯中逐渐形成颇具特色的马克思主义理论教育思潮。但是,由于长期受革命和战争的影响,我们党既不可能在实践中对马克思主义理论教育进行科学化总结,更不能明确提出马克思主义理论教育的学科化问题。改革开放以来,伴随马克思主义理论教育逐渐驶入正轨,马克思主义理论教育科学化和学科化的问题日益凸现出来,中国共产党人适时提出了推进

---

① "五讲"指讲文明、讲礼貌、讲卫生、讲秩序、讲道德;"四美"指心灵美、语言美、行为美、环境美;"三热爱"指热爱祖国、热爱社会主义、热爱中国共产党。

马克思主义理论教育科学化和学科化建设的思想。

　　1979年,在党的工作理论务虚会上,邓小平在深刻阐释马克思主义理论教育任务目标的基础上,针对马克思主义理论教育的科学化问题作了明确说明。一方面,邓小平提出马克思主义理论教育的科学化是以其自身的政治特性为逻辑前提的。他明确指出:"马克思主义的思想理论工作是不能离开现实政治的……不能设想,离开政治的大局,不研究政治的大局,不估计革命斗争的实际发展,能成为一个马克思主义的思想家、理论家。"①另一方面,邓小平以四项基本原则的提出和发展为例指出,理论创新是马克思主义理论教育永葆生机活力和科学性的前提和动力。他指出,四项基本原则"在目前的新形势下却都有新的意义,都需要根据新的丰富的事实作出新的有充分说服力的论证。这样才能够教育全国人民,全国青年,全国工人,解放军全体指战员,也才能够说服那些向今天的中国寻求真理的人们。这是一项十分重大的任务,既是重大的政治任务,又是最大的理论任务。这决不是改头换面地抄袭旧书本所能完成的工作,而是要费尽革命思想家心血的崇高的创造性的科学工作"。② 随后,在邓小平的这些重要思想指引下,学术界和思想界相继展开关于马克思主义理论教育科学化问题的大讨论,有关"马克思主义理论教育是一门科学""马克思主义理论教育工作是科学性、政治性和政策性很强的工作"等新论断层出不穷。中国共产党人关于马克思主义理论教育科学化问题的论断既为马克思主义理论教育的深化发展奠定坚实的认识基础,也为马克思主义理论教育步入学科化发展轨道提供理论依据和思想支撑。

　　伴随人们对于马克思主义理论教育科学化认识的不断加深,马克思主义理论教育学科化建设逐步提上日程并得到深化发展。20世纪80年代以来,我国开始陆续在各级、各类学校开设思想品德课,在高校设立马克思主义理论专业。1980年,教育部明确规定:"各高等学校一般都应该建立马列主义教研室","高等学校的马列主义教研室属于系(处)级的教学单位,应直属校党委领导。"1984年9月,中宣部、教育部联合发出《关于加强和改进高等院校马列主义理论教育的若干规定》,突出强调马克思主义理论教育在高等教育中的地位和作用。1985年8月,中央下发《关于改革学校思想品德和政治理论课程教学的通知》,

---

① 《邓小平文选》第2卷[M].北京:人民出版社1994年版,第179页。
② 《邓小平文选》第2卷[M].北京:人民出版社1994年版,第180页。

对中小学和高校政治理论课的教学内容、教学方法和师资队伍等提出全面要求,是新形势下学校马克思主义理论课的纲领性文件。党的十一届三中全会后,为加强马克思主义理论课建设,教育部还根据邓小平在理论务虚会上的讲话精神,组织一批教学经验丰富的教师编写"国际共产主义运动史""辩证唯物主义与历史唯物主义""政治经济学""中国共产党历史"四门马列主义理论课的教学大纲,供1979年新学期试用。1980年6月到9月,教育部先后委托各科研单位和高等学校编写的四门马克思主义理论课的教材共计17种全部出版。1981年1月,教育部又在北京召开高等学校政治理论课教材讨论会,针对四门课程的17种教材展开深入探讨,群策群力提出具体的修订意见,并将新修改的教材出版供1981年秋季开学使用。这就为马克思主义理论教育搭建起重要的学科平台,为马克思主义理论教育的科学化建设提供坚实的学科支撑。随着马克思主义理论教育学科化建设的逐步推进,我国马克思主义理论教育逐渐趋于制度化、规范化和程序化。

二、建设社会主义市场经济体制阶段党的马克思主义理论教育思想的开拓创新(1992－2002年)

1992年,伴随邓小平"南方谈话"的发表和党的十四大的召开,中国迈入建设社会主义市场经济体制的崭新发展阶段。随后,以江泽民为主要代表的中国共产党人在深化改革、扩大开放和加快建设的发展进程中,把马克思主义理论教育提升到思想的、政治的、战略的高度,紧密结合世情、国情和党情瞬息万变的客观实际,创造性提出"三个代表"重要思想,并在此基础上相继提出"一个中心,三个着眼于""两个坚定不移""两个不能含糊""两个统一起来""三讲教育""三个结合""四以"等新的理论内容,成功开辟马克思主义理论教育发展的新境界,把邓小平时期马克思主义理论教育思想发展到一个新高度,为马克思主义理论教育工作的深化发展提供坚实的理论政策依据。

(一)明确旗帜问题至关重要,确立邓小平理论历史地位

20世纪90年代前后,伴随东欧剧变、苏联解体,世界社会主义运动深陷低谷,一些仇视社会主义制度的西方国家和政客们欣喜若狂,期待着"东欧倒,苏联倒;苏联倒,中国倒"的"多米诺骨牌"效应以摧枯拉朽之势出现。中国究竟要举什么旗?中国究竟应该去向何处?以江泽民为主要代表的中国共产党人受命于重大历史关头,明确提出"旗帜问题至关重要",坚定地指出中国一定要高举邓小平理

论伟大旗帜不动摇,反复强调"在当代中国,有了这面旗帜,有了这个精神支柱,一个有五千万党员的大党才会有更加坚强的战斗力,一个有十一亿人口的大国才会有更加强大的凝聚力",①"这就是我们的主心骨。有了这个主心骨,我们就能任凭风浪起,稳坐钓鱼船"。② 正是在这一重要思想的指导下,从1992年邓小平"南方谈话"精神的宣传普及,到党的十四大之后邓小平建设有中国特色社会主义理论的贯彻落实,再到党的十五大之后邓小平理论的学习贯彻,这一时期党的马克思主义理论教育始终围绕邓小平理论开展宣传普及活动,不断掀起学习贯彻邓小平理论的新高潮。

1992年初,面对东欧剧变和国内政治风波对中国社会主义建设事业所造成的空前巨大的压力以及人们对中国前途命运的种种质疑、揣测和隐忧,邓小平先后赴上海、深圳、珠海等多地视察,开始具有重大现实意义和深远历史意义的视察并发表一系列重要谈话。邓小平"南方谈话"探讨的中心议题是如何在改革开放和现代化建设进程中深入贯彻党的"一个中心,两个基本点"基本路线,抓住时代发展机遇,集中人力、物力和财力把经济建设搞上去。这次谈话既是邓小平对中国改革和建设实践的深刻总结,是邓小平对建设中国特色社会主义理论最为集中完整的表述,更是开创我国改革开放和现代化建设发展新阶段的宣言书,具有很强的思想性、理论性、前瞻性和指导性。同年2月,党中央正式将邓小平"南方谈话"以中央文件形式向全党下发,号召全体党员干部深刻学习把握、全面贯彻落实邓小平"南方谈话"的重要精神。文件一经发出,从中央到地方迅速形成宣传普及、学习贯彻邓小平"南方讲话"精神的高潮。同年3月,中央政治局召开会议高度肯定邓小平"南方谈话"精神并将其上升为党的意志。随后,江泽民在党的十四大上再次深刻指出:"邓小平同志今年初视察南方的重要谈话,极大地鼓舞了全党同志和全国各族人民。广大干部和群众思想更加解放,精神更加振奋,上下团结一致,到处热气腾腾,进一步展现出中华民族实现伟大理想的壮丽前景。"③邓小平"南方谈话"精神的深入学习与贯彻,对于廓清改革和建设进程中的种种思想困惑、深入推进马克思主义理论教育具有深远意义。

---

① 《江泽民论有中国特色社会主义》专题摘编[M]. 北京:中央文献出版社2002年版,第19页。
② 《江泽民论有中国特色社会主义》专题摘编[M]. 北京:中央文献出版社2002年版,第46页。
③ 《十四大以来重要文献选编》(上)[M]. 北京:人民出版社1996年版,第2页。

1992年10月,党的十四大胜利召开。江泽民在党的十四大报告中把邓小平建设有中国特色社会主义理论集中概括为九个方面,并深刻指出"这个理论,第一次比较系统地初步回答了中国这样的经济文化比较落后的国家如何建设社会主义、如何巩固和发展社会主义的一系列基本问题,用新的思想、观点,继承和发展了马克思主义",①"深刻反映了我国社会主义建设的客观规律,集中体现了党和人民的意志和愿望,是对毛泽东思想的继承和发展,是当代中国的马克思主义",②指明了邓小平建设有中国特色社会主义理论在全党的战略指导地位。在此基础上,江泽民深入指出:"学习马克思列宁主义毛泽东思想,中心内容是学习建设有中国特色社会主义的理论"③,进一步明确这一阶段用邓小平建设有中国特色社会主义理论武装全党、教育群众的战略任务。党的十四大后,为确保全党和全国人民扎实有效地学习这一理论,中共中央决定编辑出版《邓小平文选》。1993年10月,继《邓小平文选(1975—1982年)》《建设有中国特色的社会主义》(增订本)的基础上,《邓小平文选》第三卷出版。同日,中央发布《关于学习〈邓小平文选〉第三卷的决定》并举行学习报告会。随后,中央连续三次召开学习建设有中国特色社会主义理论研讨会,先后举办四期省部级领导学习《邓小平文选》第三卷研讨班,在全国上下掀起一场轰轰烈烈学习邓小平建设有中国特色社会主义理论的热潮。1994年11月,在《邓小平文选》第三卷出版一周年之际,中央文献编辑委员会又增补、修订《邓小平文选(1938—1965年)》和《邓小平文选(1975—1982年)》,并将其改称为《邓小平文选》第一卷、第二卷,由人民出版社出版第二版。这次修订再版后的第一、二卷,与年前出版第三卷作为一套完整系统的邓小平著作集,全面论述了邓小平建设有中国特色社会主义理论。1995年5月,中宣部印发《邓小平同志建设有中国特色社会主义理论学习纲要》,并组织相关部门相继编发《邓小平党的建设理论学习纲要》《邓小平经济理论学习纲要》《邓小平教育思想学习纲要》等专题性学习纲要,为深入开展建设有中国特色社会主义理论教育提供重要的文本依据。

1997年9月,党的十五大胜利召开。江泽民在党的十五大报告中正式将"邓小平建设有中国特色社会主义理论"命名为"邓小平理论",并将其与马克思列宁

---

① 《十四大以来重要文献选编》(上)[M]. 北京:人民出版社1996年版,第10页。
② 《十四大以来重要文献选编》(上)[M]. 北京:人民出版社1996年版,第650页。
③ 《十一届三中全会以来党的历次全国代表大会中央全会重要文件选编》(下)[M]. 北京:中央文献出版社1997年版,第191页。

主义、毛泽东思想一起作为指导我们党前进的旗帜正式确定为党的指导思想,写入党章。他高度肯定邓小平理论的历史地位,指出:"邓小平理论是当代中国的马克思主义,是马克思主义在中国发展的新阶段。"①"坚持十一届三中全会以来的路线不动摇,就是高举邓小平理论的旗帜不动摇。"②"在社会主义现代化建设新时期,有了邓小平理论,这是我们党最大的思想政治优势。"③伴随党的十五大上邓小平理论思想指导地位的确立,马克思主义中国化发展再次达到新的历史高度。以此为开端,学习贯彻邓小平理论随之成为这一阶段马克思主义理论教育的主要任务和核心内容。为推动这一战略任务的实施,江泽民在明确提出"全党要重视学习,善于学习,兴起一个学习马列主义、毛泽东思想特别是邓小平理论的新高潮"④的同时,还深刻指出贯彻落实邓小平理论"一定要以我国改革开放和现代化建设的实际问题、以我们正在做的事情为中心,着眼于马克思主义理论的运用,着眼于对实际问题的理论思考,着眼于新的实践和新的发展",⑤用"一个中心,三个着眼于"对马克思主义学风作了新概括,确立了新时期学习贯彻邓小平理论的根本原则。为更好地开展邓小平理论的宣传教育活动,1998年6月中共中央下发《关于在全党深入学习邓小平理论的通知》,深入推动广大党员干部对邓小平理论的深入学习。1998年,在纪念"真理标准问题"大讨论20周年座谈会上,胡锦涛再次强调"要坚定不移地用邓小平理论武装全党,教育干部和人民",在全党全社会掀起学习邓小平理论的新高潮。

(二)创立"三个代表"重要思想,创新指导思想

世纪之交,中国面临东欧剧变和国内政治风波、经济风险的严峻考验,作为社会主义事业领导核心的中国共产党人能否通过强化自身建设肩负起新的历史使命已经成为关系到我国现代化建设进程的突出问题。正是在这种形势下,以江泽民为主要代表的中国共产党人高举邓小平理论伟大旗帜,在不断总结实践经验和加强理论反思的同时,坚持从时代变化和实践发展的客观实际出发,以推进党的建设新的伟大工程为新起点,紧紧围绕"建设什么样党,怎样建设党"这一核心问题,创造性提出"三个代表"重要思想,采用通俗易懂的语言形式发展创新马克思

---

① 《江泽民文选》第2卷[M].北京:人民出版社2006年版,第9页。
② 《江泽民文选》第2卷[M].北京:人民出版社2006年版,第1页。
③ 江泽民:《论党的建设》[M].北京:中央文献出版社2001年版,第286页。
④ 《江泽民文选》第2卷[M].北京:人民出版社2006年版,第43页。
⑤ 《江泽民文选》第2卷[M].北京:人民出版社2006年版,第12页。

主义,指明了新形势下党的根本任务。可以说,从邓小平理论历史地位的最终确立,到"三个代表"重要思想的提出,以江泽民为主要代表的中国共产党人始终不遗余力地推动马克思主义理论教育指导思想和教育内容的发展创新。

从2000年至2001年上半年,这是党中央明确提出和阐发"三个代表"重要思想的关键时期。其中,2000年2月,江泽民在广州主持党建工作座谈会时首次明确提出"三个代表"重要思想。他指出"总结我们党七十多年的历史,可以得出这样一个重要结论,这就是:我们党所以赢得人民的拥护,是因为我们党在革命、建设、改革的各个历史时期,总是代表着中国先进生产力的发展要求,代表着中国先进文化的前进方向,代表着中国最广大人民的根本利益",①用明晰通俗的语言将总结党的建设历史经验而得出的理论提炼概括为"三个代表"这一科学概念。随后,党中央决定用两年左右时间在全国农村开展"三个代表"重要思想的学习教育实践活动。同年5月,江泽民在上海主持党建工作座谈会时又进一步提出"始终做到'三个代表',是我们党的立党之本、执政之基、力量之源",②对"三个代表"重要思想的当代价值作出精辟概括。6月9日,江泽民在中央党校工作会议上首次明确指出"三个代表"重要思想是在回答"建设什么样的党,怎样建设党"这一时代新课题的过程中提出的。6月28日,江泽民在中央思想政治工作会议上发表《思想政治工作面临的新形势新情况》的重要讲话,结合广大党员干部和普通群众最为关心的重大理论问题和现实生活问题,提出并阐述"四个如何认识"问题,阐明了"三个代表"重要思想产生的现实依据。10月11日,江泽民在党的十五届五中全会上的讲话中再次提出:"我们的各项工作,都要贯彻落实'三个代表'的要求,看看我们所采取的措施、所做的工作,是不是符合'三个代表'的要求,符合的就毫不动摇地坚持,不符合的就勇于实事求是地纠正",③反复强调要把"三个代表"重要思想作为衡量各项工作的重要标准。

从2001年下半年至2001年11月,这是党中央系统阐发和丰富发展"三个代表"重要思想的新时期。2001年7月1日,在纪念建党80周年大会上,江泽民在回顾我们党80年的光辉历程和丰功伟绩的同时深刻阐述了"三个代表"重要思想的科学内涵和基本内容。可以说,"七一"讲话是系统阐发和科学论述"三个代

---

① 《江泽民文选》第3卷[M].北京:人民出版社2006年版,第2页。
② 《江泽民文选》第3卷[M].北京:人民出版社2006年版,第6页。
③ 江泽民:《论"三个代表"》[M].北京:中央文献出版社2001年版,第72页。

表"重要思想的代表作。2002年5月31日,江泽民在中央党校省级干部进修学校毕业典礼上进一步指出"三个代表"重要思想是与马克思列宁主义、毛泽东思想、邓小平理论一脉相承的理论体系,创造性提出"贯彻'三个代表'重要思想,关键在坚持与时俱进,核心在保持党的先进性,本质在坚持执政为民"。①"5·31"讲话更为深入、更为系统、更为深刻地对"三个代表"重要思想作了新阐释。2002年11月,党的十六大胜利召开。大会深刻剖析我国面临的国际国内形势,科学总结我国改革和建设的经验教训,进一步阐明"三个代表"重要思想的历史地位和重要作用,提出要把"三个代表"重要思想同马克思列宁主义、毛泽东思想、邓小平理论一起确立为全党必须长期坚持的指导思想。江泽民指出:"开创中国特色社会主义事业新局面,必须高举邓小平理论伟大旗帜,坚持贯彻'三个代表'重要思想。'三个代表'重要思想是对马克思列宁主义、毛泽东思想和邓小平理论的继承和发展,反映了当代世界和中国的发展变化对党和国家工作的新要求,是加强和改进党的建设、推进我国社会主义自我完善和发展的强大理论武器,是全党集体智慧的结晶,是党必须长期坚持的指导思想",②标志着中国化马克思主义的发展再次达到历史新水平。

"三个代表"重要思想的提出,在深化"什么是社会主义,怎样建设社会主义"认识的基础上,第一次从理论上科学回答了"建设什么样的党,怎样建设的党"的重大历史和现实课题,既丰富发展邓小平有关社会主义建设的理论,又创造性推动马克思主义党建理论的新发展,深刻揭示出新的历史条件下中国共产党的执政规律、社会主义建设的规律和人类社会发展的规律,使人们对于马克思主义、中国特色社会主义的认识升华到新境界。"三个代表"重要思想是中国共产党人实践科学马克思主义观的思想结晶,是中国化马克思主义的重要组成部分,用新鲜经验和新的理论观点深化拓展了马克思主义理论教育的指导思想。这既是新形势下我们党对马克思主义理论教育规律认识的深刻反映,也是党对马克思主义理论教育的时代性、实践性的深刻把握。

(三)围绕社会主义市场经济体制改革重塑马克思主义理论教育新话语

社会主义现代化建设既是中国社会文明进步的基础,也是新时期马克思主义

---

① 《认真学习江泽民重要讲话 全面贯彻"三个代表"要求》[N].《甘肃日报》2002-06-02(01)。

② 《江泽民文选》第3卷[M].北京:人民出版社2006年版,第536页。

理论教育实践的现实基础。20世纪90年代以来,在邓小平"南方谈话"和党的十四大精神的科学指引下,伴随改革开放的纵深发展和社会主义市场经济体制的逐步建立,马克思主义理论教育工作也相继"转入与现代化建设相适应的更高的平台上去"。① 如何基于建立、发展和完善社会主义市场经济体制的需求,既适应市场经济的要求,合理解答社会主义经济体制改革中传统社会主义理论所没有解答或无法解释的新事物、新现象,又超越市场经济的物质利益价值,引导市场经济主体逐步树立与社会主义社会相适应的伦理精神和价值观念,已经成为马克思主义理论教育面临的首要课题。正是基于新时代的这种新情况和新任务,以江泽民为主要代表的中国共产党人紧密围绕社会主义市场经济体制改革塑造马克思主义理论教育的新话语,努力寻求马克思主义理论教育与社会主义市场经济体制改革两者之间的契合点,积极引导人民群众科学看待社会主义制度与市场经济之间的关系,正确认识我国的基本经济制度和分配方式,逐步树立与发展社会主义市场经济相适应的新思想和新观念。可见,这一时期围绕社会主义市场经济体制的建立重塑教育新话语,保证社会主义市场经济体制改革的正确方向,是党的马克思主义理论教育思想发展创新的鲜明特点。

20世纪90年代之后,为适应社会主义市场经济体制的深刻变革,马克思主义理论教育的话语主体重点转向我们党在十四大以后制定的一系列重大经济方针、经济路线和经济政策。其中,1993年11月,党的十四届三中全会通过《关于建立社会主义市场经济体制若干问题的决定》(以下简称《决定》)。《决定》对社会主义市场经济体制改革和建设的总体目标进行全面战略部署,提出包括农村改革、企业改革、市场体制改革、宏观调控体系改革、收入分配和社会保障体制改革等在内八个方面的改革内容。《决定》通过对党的十四大确定的经济体制改革目标进行具体化和系统性解读,形成建设有中国特色社会主义市场经济体制的总体规划,是新时期指导马克思主义理论教育,动员全国人民投身经济体制改革的总纲领。1997年9月,党的十五大进一步确立社会主义初级阶段的基本经济制度和分配制度。伴随经济体制和分配制度的深刻调整和转变,如何引导人们正确理解和把握我国新的基本经济制度和分配制度随之成为马克思主义理论教育的重要内容之一。2001年,江泽民在庆祝建党八十周年大会上的讲话中明确提出,劳动、管理、技术和资本等要素都是创造财富的源泉,社会主义市场经济要引进新的劳动

---

① 吕会霖:《新世纪思想政治工作》[M].上海:上海人民出版社2005年版,第2页。

观和财富观,根据这些要素在财富创造过程中的贡献进行利益分配。2003年10月,党的十六届三中全会通过《中共中央关于完善社会主义市场经济体制若干问题的决定》,突出强调建成完善的社会主义经济体制是对全党新的重大考验,具有重大现实意义和深远历史意义。可以说,从《关于建立社会主义市场经济体制若干问题的决定》初步提出社会主义市场经济体制改革的目标,到《关于完善社会主义市场经济体制若干问题的决定》着重强调完善社会主义市场经济体制,以江泽民为核心的中国共产党人在构建社会主义市场经济体制过程中系统回答了"什么是社会主义市场经济"、"怎样建设社会主义市场经济"等一系列重大理论和实践问题,不断调整和解答了生产资料所有制与生产力发展、利益分配之间的新矛盾、新问题。这些都为新时期强化马克思主义理论教育,使广大群众充分认识社会主义市场经济体制对于马克思主义经济理论的突破、创新之处,进而使社会主义市场经济体制改革理论逐渐深入人心提供了强有力的理论支持和话语支撑。

20世纪90年代以来,伴随我国社会主义市场经济体制建设不断向纵深发展,经济体制的变革同时也导致国内政治、文化、社会生活的全方位变革,致使"社会经济成分和经济利益多样化、社会生活方式多样化、社会组织形式多样化、就业岗位和就业方式多样化日趋明显"。① 这"四个多样化"的出现给马克思主义理论教育工作带来大量的新问题、新矛盾。面对社会主义市场经济体制改革背景下马克思主义理论教育社会环境的激变,以江泽民为主要代表的中国共产党人相继提出"两个统一起来""三个结合""四以""四个如何认识"等新论断,不断为强化马克思主义理论教育提供坚实的理论政策依据和话语支撑,进而增强马克思主义理论教育的说服力和战斗力。其中,对于"两个统一起来",这是江泽民针对社会主义市场经济条件下思想多元化发展的现状而提出的。他明确指出,新形势下马克思主义理论教育要应对思想多元化问题:"一是必须努力把马克思主义理论、建设有中国特色社会主义的思想道德的宣传教育的一致性,与社会不同群体的特点和要求的多样性统一起来;二是必须努力把理想信念和思想道德的宣传的理论性,与人民群众日常工作生活的实践性统一起来"。② 就"四以"重要思想而言,这是江泽民在1994年全国思想工作会议上明确提出的。他指出要在社会主义经济体制改革进程中通过马克思主义理论教育引导人民群众统一思想、达成共识,不仅要

---

① 江泽民:《论"三个代表"》[M]. 北京:中央文献出版社2001年版,第52-63页。
② 《江泽民文选》第3卷[M]. 北京:人民出版社2006年版,第199页。

以邓小平理论为根本指针,而且必须坚持"以科学的理论武装人,以正确的舆论引导人,以高尚的精神塑造人,以优秀的作品鼓舞人,不断培养和造就一代又一代有理想、有道德、有文化、有纪律的社会主义新人"。①"四以"具有极强的现实针对性,是新时期推进马克思主义理论教育发展的重要指针。就"三个结合""四个如何认识"重要思想来看,这是江泽民在2000年中央思想政治工作会议上针对当时广大干部群众关心的重大思想理论问题而提出的。他不仅把人们普遍关注的思想理论问题集中概括为"四个如何认识",即"如何认识社会主义发展的历史进程、如何认识资本主义发展的历史进程、如何认识我国社会主义改革实践过程对人们思想的影响、如何认识当今的国际环境和国际政治斗争带来的影响",②而且深刻指出要科学解答"四个如何认识"问题就必须遵循"三个结合",即"要紧密结合国内外形势的变化,紧密结合我国社会生产力最新发展和经济体制深刻变革的实际,紧密结合我们党员、干部队伍发生的重大变化"。③"四个如何认识"和"三个结合"的提出,从不同视角点明新时期马克思主义理论教育工作的核心和重点,为推进马克思主义理论教育指明了新的前进方向,提供了坚实的现实理论基础。这期间,它们连同"两个统一起来""四以"成为马克思主义理论教育核心话语。

(四)开展党性党风教育,在加强党建中推进马克思主义理论教育

世纪之交,中国改革进入攻坚阶段,发展迈入关键时期。面对国际国内层出不穷的新任务、新现象和新情况,我们党深刻意识到只有在全面提升党员干部马克思主义思想理论水平的基础上,不断强化党员干部队伍建设,深入开展党风党性建设,切实增强广大党员干部拒腐防变和抵御风险的能力,才能真正保证改革开放和现代化建设的顺利开展。因而,进入20世纪90年代后,以江泽民为主要代表的中国共产党人高度重视通过加强思想理论建设和开展保持党员党性教育深入推进党内马克思主义理论教育,并将其视为一项基础性、紧迫性和长期性的工作。可以说,这既是中国共产党人在新的历史条件下潜移默化地运用不断发展的马克思主义武装全党的一项重大举措,也是改革开放以来党的马克思主义理论教育思想发展创新的一次成功实践。

新的历史时期,我国党内马克思主义理论教育的重点在于学习邓小平建设有

---

① 《十四大以来重要文献选编》(上)[M]. 北京:人民出版社1996年版,第647页。
② 《十五大以来重要文献选编》(中)[M]. 北京:人民出版社2001年版,第1331-1337页。
③ 《江泽民文选》第3卷[M]. 北京:人民出版社2006年版,第2页。

中国特色社会主义理论和开展以"讲学习、讲政治、讲正气"为主要内容的党员党性教育。其中,1991年7月,江泽民在建党七十周年的讲话中明确要求广大党员干部积极学习"邓小平建设有中国特色社会主义理论"。1992年10月,江泽民在党的十四大上再次提出用邓小平建设有中国特色社会主义理论武装全党的战略任务,突出强调"如果我们党有一大批同志,系统地而不是零碎地、实际地而不是空洞地掌握了建设有中国特色社会主义理论,并且能够运用这一理论去研究和解决重大问题,我们党领导改革开放和社会主义现代化建设的能力和水平就会大大提高"。① 为深入贯彻落实江泽民的讲话精神,1994年9月党的十四届四中全会通过《中共中央关于加强党的建设几个重大问题的决定》,专门研究新形势下党的建设问题,并作出通过三年时间在党员干部中有计划、有步骤地开展学习邓小平建设有中国特色社会主义理论和学习党章"双学"活动的重大决定。随后,全国共有5600多万党员干部积极参与"双学"活动,全党思想得到高度统一,标志着我们党在理论建设和实践性建设方面取得突破性进展。而在具体学习的过程中,由于部分党员不同程度呈现出重视邓小平经济思想而忽视邓小平政治思想的不良倾向,党中央深刻意识到只"讲学习"有失偏颇,还必须狠抓思想政治建设,引导党员干部"讲政治""讲正气"。基于此,1995年底,江泽民在北京视察工作时严肃指出,领导干部在学习建设有中国特色社会主义理论的同时,一定要讲学习、讲政治、讲正气。1996年10月,党的十四届六中全会通过《关于加强社会主义精神文明建设若干重要问题的决议》,正式提出"对县级以上领导干部要集中进行一次以讲学习、讲政治、讲正气为主要内容的党性党风教育"。② 至此,我们党在相继出台一系列重大方针和政策敦促全党努力提升理论水平和思想修养的基础上,成功探索出一种马克思主义理论教育与党性党风教育相结合的新形式——以"讲学习、讲政治、讲正气"为核心内容的党性党风教育,成功开启了党内马克思主义理论教育的崭新篇章。

伴随我们党关于以"讲学习、讲政治、讲正气"为主要内容开展马克思主义理论教育这一重要思想的提出,为积极贯彻落实中央精神,1996年中央宣传部出版发行《讲学习 讲政治 讲正气》一书,系统收录毛泽东、邓小平和江泽民有关"讲学习、讲政治、讲正气"的大量论述及党的相关决议。1998年11月,党中央下发

---

① 江泽民:《论社会主义精神文明建设》[M]. 北京:中央文献出版社1997年版,第76页。
② 《十四大以来重要文献选编》(下)[M]. 北京:人民出版社1999年版,第2068页。

《关于在全国县级以上党政领导班子和领导干部中深入开展以"讲学习、讲政治、讲正气"为主要内容的党性党风教育的意见》,对"三讲"教育活动进行全面战略部署,要求集中三年时间以全国县级以上领导干部为主要对象深入开展"三讲"教育。同年12月,中央召开电视电话会议发起全国总动员。随后,教育部、团中央及山东、广西、内蒙古等7个省部级领导班子和125个省直部门、地市县自上而下、分级分批、先行试点。1999年3月,全国"三讲"教育工作会议在北京召开,以整风精神继续推进"三讲"教育。2000年12月,全国"三讲"教育工作会议在北京顺利闭幕,标志着"讲学习、讲政治、讲正气"为主要内容的"三讲"集中教育顺利完成。通过"三讲"教育,广大党员干部普遍经受一次深刻的思想洗礼和严格的党内生活锻炼,切实增强了自身的马克思主义理论水平、政治素养、责任意识、执政水平,提高了自身贯彻落实党的基本路线和基本纲领的自觉性,促进了自身作风的转变和拒腐防变抵御力的提高,增强了建设有中国特色社会主义的决心和信心。可以说,这一阶段我们党以整风精神开展的党性党风教育,是党中央在社会主义市场经济建设新阶段对广大党员特别是党的领导干部进行的一次最为普遍、深刻而彻底的马克思主义教育活动。

三、全面建设小康社会阶段党的马克思主义理论教育思想的繁荣发展(2002—2012年)

党的十六大以后,伴随我国改革开放和经济社会发展进入整体推进的关键时期和攻坚阶段,多样性社会矛盾亟待妥善解决与合理化解,多样化利益关系亟需统筹兼顾与协调处理,多元化思想文化需要系统整合和正确引导。面对新世纪新阶段这些层出不穷的新情况和新问题,以胡锦涛为主要代表的中国共产党人高瞻远瞩、审时度势,明确提出我们在思想上的应对之策——加强马克思主义理论教育,推进当代中国马克思主义大众化,用马克思主义凝聚力量、指导实践。为全面提升马克思主义理论教育的实效性,中国共产党人还坚持"思想上不断有新解放、理论上不断有新发展、实践上不断有新创造",从多层面不断推进马克思主义理论教育思想的创新发展:一是提出理论教育新的指导理念——科学发展观和中国特色社会主义理论体系;二是提出理论教育新的意识形态主题——构建社会主义核心价值体系;三是提出理论教育新的可靠保障——实施与启动马克思主义理论建设工程;四是提出理论教育新的社会要求——推进马克思主义中国化、大众化和时代化;五是提出理论教育的政治保障——以提升执政能力和保持先进性为主题的强化党内理论教育。伴随这些思想的提出,这一时期党的马克思主义理论教育思想在理论表现上更加系统和成熟,在实践落实上更趋向求真和务实,开拓了马克思主义理论教育思想发展的新境界。

(一)创新指导理念,高扬中国化马克思主义的理论旗帜

理论创新是马克思主义生命之所系,力量之所在。党的十六大以后,以胡锦涛为主要代表的中国共产党人紧密结合新阶段国际国内形势的新变化,不仅正式确立"三个代表"重要思想的指导地位,大力开展"三个代表"重要思想的宣传普及活动,而且"大力推进理论创新,不断赋予当代中国马克思主义鲜明的实践特色、民族特色、时代特色",①进一步提出科学发展观、构建社会主义和谐社会等一系列理论创新成果,并最终确立涵盖邓小平理论、"三个代表"重要思想及科学发展观等重大战略思想在内的中国特色社会主义理论体系,从而全面拓新马克思主义理论教育的指导理念,为马克思主义理论教育注入新鲜血液。"党的理论创新每推进一步,理论武装就要跟进一步",②这一时期马克思主义理论教育首先正是围绕党的理论创新成果展开的。高扬中国化马克思主义理论的伟大旗帜,用发展着的马克思主义指导实践、凝聚思想,抢占马克思主义在意识形态领域的主阵地,是新时期马克思主义理论教育思想发展最突出的表现。

坚持用"三个代表"重要思想武装全党、教育人民,这是以胡锦涛为主要代表的中国共产党人反复强调的首要思想。伴随2002年党的十六大正式把"三个代表"重要思想写入党章,胡锦涛明确提出:"'三个代表'重要思想反映了我国最广大人民的共同意愿,体现了当今世界和中国发展的时代精神,显示了马克思主义科学理论的强大力量,是全党全国人民在新世纪新阶段继续团结奋斗的共同思想基础。要实现全面建设小康社会的宏伟目标,必须把学习贯彻'三个代表'重要思想不断引向深入",③并多次要求兴起学习和宣传"三个代表"重要思想的高潮。在这一思想的指导下,2003年6月,中共中央下发《关于在全党掀起学习贯彻"三个代表"重要思想新高潮的通知》,对掀起学习"三个代表"重要思想的新高潮作出重要部署。为此,中央文献出版社专门出版《江泽民论中国特色社会主义(专题摘要)》,中宣部编发《"三个代表"重要思想学习纲要》。同年7月,胡锦涛在建党

---

① 《十七大以来重要文献选编》(上)[M]. 北京:中央文献出版社2009年版,第26页。
② 《十六大以来重要文献选编》(下)[M]. 北京:中央文献出版社2008年版,第596页。
③ 胡锦涛:《"三个代表"重要思想理论研讨会上的讲话》[M]. 北京:人民出版社2003年版,第3页。

82 周年之际召开的"三个代表"重要思想研讨会上进一步指出,贯彻落实"三个代表"重要思想必须坚持"三个结合",即学习理论和指导实践相结合、改造客观世界和改造主观世界相结合、运用理论和发展理论相结合。① 11 月,《江泽民文选》三卷本出版,为更加深入地贯彻学习"三个代表"重要思想提供了重要的文本依据。12 月,胡锦涛在全国宣传思想工作会议上再次强调在未来一段时间,坚持用"三个代表"重要思想武装全党、教育群众是思想宣传工作特别是马克思主义理论教育工作的首要任务。2005 年,为深入贯彻落实党的十六大和十六届三中、四中全会精神,党中央发出在全党开展践行"三个代表"重要思想的保持党员先进性教育活动的号召,督促广大党员干部深入学习"三个代表"重要思想和党章。与此同时,为响应党中央的号召,教育部还发出《关于进一步深化"三个代表"重要思想"三进"工作的通知》,对"三个代表"重要思想在高校"两课"教学中的"三进"工作提出具体要求。正是通过这样一系列宣传普及活动,"三个代表"重要思想逐步植根于全党和全国人民思想。

在新的历史阶段,以胡锦涛为主要代表的中国共产党人在高度重视和加强"三个代表"重要思想理论教育的同时,还积极发展马克思主义,在科学回答"实现什么样的发展、怎样发展"这一时代新课题的基础上,最终形成马克思主义中国化的最新理论成果——科学发展观,并以此为主要内容展开马克思主义理论教育。2003 年 10 月,党的十六届三中全会通过《中共中央关于完善社会主义市场经济体制若干问题的决定》,明确要求"坚持以人为本,树立正确、全面、协调、可持续的发展观,促进经济社会和人的全面发展",②首次在党的文件中提出科学发展观的重要命题,创立中国特色的马克思主义发展观。科学发展观的提出,契合了当代中国经济社会发展的时代诉求,标志着中国共产党人对社会主义经济建设规律和马克思主义社会发展理论的认识达到一个新的水平和境界。为使科学发展观广泛而持久地掌握人民群众,党中央明确提出"坚持不懈地用马克思主义中国化最新成果武装全党、教育人民"。③ 2004 年 2 月,温家宝在中央举办的省部级主要领导干部树立和贯彻科学发展观研讨班上发表重要讲话,在阐明科学发展观产生的历史渊源和现实诉求的基础上对深入贯彻落实科学发展观作了具体部署。同年 9

---

① 《十六大以来重要文献选编》(上)[M]. 北京:中央文献出版社 2005 年版,第 374 - 375 页。
② 《十六大以来重要文献选编》(上)[M]. 北京:中央文献出版社 2005 年版,第 465 页。
③ 《十七大以来重要文献选编》(上)[M]. 北京:中央文献出版社 2009 年版,第 26 页。

月,党的十六届四中全会通过《中共中央关于加强党的执政能力建设的决定》,把学习宣传科学发展观纳入新时期党员干部执政能力建设的内容体系。2005年,党的十六届五中全会通过《中共中央关于制定国民经济和社会发展第十一个五年规划的建议》,要求把我国各项工作切实转入全面、协调和可持续发展的轨道,进一步指明新形势下马克思主义理论教育的服务方向和奋斗目标。2006年,全国人大十届四次会议通过《中华人民共和国国民经济和社会发展第十一个五年规划纲要》,再次强调"十一五"时期要使经济建设和社会发展得以持续、协调、稳步进行,关键是要全面落实科学发展观。2007年,党的十七大进一步阐明科学发展观的精神实质、科学内涵和历史价值,正式把科学发展观确立为党的指导思想,为马克思主义理论教育提供坚实的理论支撑。在这期间,围绕贯彻落实科学发展观的现实课题,广大教育工作者还广泛深入到军队、学校、社区和工厂,有计划、有组织地在全国各条战线以人民群众喜闻乐见的形式展开普及活动。

  2007年,党的十七大对改革开放以来党的理论创新成果作出全新概括,把邓小平理论、"三个代表"重要思想和科学发展观等重要战略思想系统整合为中国特色社会主义理论体系,并向全党发出"开展中国特色社会主义理论体系宣传普及活动,推动当代中国马克思主义大众化"的号召。中国特色社会主义理论体系凝结着改革开放以来中国共产党人不懈探索实践的心血和智慧,是马克思主义中国化的最新理论成果,是指导中国特色社会主义实践的理论旗帜。它的确立标志着我们党对中国特色社会主义的认识提升到一个新高度,为当代中国马克思主义理论教育提供坚实的思想指导和理论支撑。党的十七大以后,为使中国特色社会主义理论体系深入人心,党中央在2008年1月组织召开全国宣传思想工作会议。胡锦涛在会上明确指出,要做好当前和今后一段时期的理论宣传工作,关键是要高举中国特色社会主义伟大旗帜,"坚持以邓小平理论和'三个代表'重要思想为指导,深入贯彻科学发展观,把坚持马克思主义基本原理同推进马克思主义中国化结合起来,用党的理论创新成果武装头脑、指导实践、推动工作,巩固马克思主义在意识形态的指导地位"。[①] 同时,胡锦涛还立足于建设有中国特色社会主义事业的战略全局紧密结合思想文化领域层出不穷的新情况和新问题,提出包含马

[①]《扎扎实实做好新形势下的宣传思想工作　为全面建设小康社会提供思想文化保证——胡锦涛同志在同全国宣传思想工作会议代表座谈时的讲话摘要》[J].《党建》2008年第2期.

克思主义理论教育工作在内的党的各项宣传教育工作必须坚持做到"高举旗帜，围绕大局，服务人民，改革创新"。其中，高举旗帜是灵魂所在，围绕大局是根本任务，服务人民是根本宗旨，改革创新是不竭动力。这就进一步指明新时期包含马克思主义理论教育在内的各项宣传教育工作应该遵循的根本指针和根本目标，从大众化、时代化和全局化的战略高度对加强马克思主义理论教育提出新要求，使党的马克思主义理论教育思想发展迈向新阶段。

（二）社会主义核心价值体系"高势位"引领社会思潮

进入 21 世纪以来，伴随我国步入以市场经济为主导的转型期，我国社会呈现出崭新的发展态势，即经济体制深刻变革、利益格局深刻调整、思想观念深刻变迁，人们的生活方式、文化观念和价值观念处于激烈冲突、碰撞和交锋中。在这种文化深刻交融交流、观念激烈碰撞、思想空前活跃的时代新境遇下，我国亟需建立一套与社会主义市场经济相适应的思想准则，竖起一面能够凝聚人心、强基固本的精神旗帜，以整合多元化价值观念、引领多样化社会思潮、化解各种利益纠纷，牢牢把握意识形态领域的主导权。正是在这种背景下，构建社会主义核心价值体系的科学命题应运而生。这一重大历史命题的提出，是以胡锦涛为主要代表的中国共产党人重视和强化社会主义意识形态建设的本质体现，确立了新时期马克思主义理论教育的意识形态主题，标志着马克思主义理论教育思想发展步入崭新的历史阶段。

社会主义核心价值体系的概念是我们党在 2006 年召开的党的十六届六中全会上首次提出的。胡锦涛在全会通过的《中共中央关于构建社会主义和谐社会若干重大问题的决定》中，不仅明确提出社会主义核心价值体系是"以马克思主义为指导、以中国特色社会主义共同信念为主题、以改革创新为特征的时代精神和以爱国主义为核心的民族精神为精髓、以社会主义荣辱观为基础"的"四位一体"的价值体系，而且把"建设社会主义核心价值体系"摆在和谐社会建设的突出位置，郑重提出"建设社会主义核心价值体系，形成全民族奋发向上的精神力量和团结和睦的精神纽带"的战略任务。一年之后，党的十七大又进一步阐发社会主义核心价值体系的科学内涵并提出推进社会主义核心价值体系建设的一系列举措。胡锦涛在会上明确要求"积极探索用社会主义核心价值体系引领社会思潮的有效途径，主动做好意识形态工作，既尊重差异，包容多样，又有力抵制各种错误和腐朽思想的影响"，"切实把社会主义核心价值体系融入国民教育和精神文明建设全过程,转化为人民的自觉追求"。① 社会主义核心价值体系是社会主义意识形态的主体内容和本质体现,是我们党在新形势下团结全国人民开拓进取的精神旗帜。建设社会主义核心价值体系理念的提出,标志着继邓小平在"文化大革命"结束后把意识形态工作纳入以"经济建设为中心"的现代化建设全局之后,我国意识形态理论发展实现了又一次战略性转变。正如侯惠勤教授所指出:"改革开放30年,社会主义核心价值体系是继邓小平在大陆步入改革开放新时期,对于意识形态发展进行战略调整后,又一次重大的战略调整。它标志着我们对于社会主义意识形态建设规律的认识,实现了又一次新的飞跃。"②建设社会主义核心价值体系战略任务的确立,标志着我们党对中国特色社会主义本质和社会主义意识形态建设的认识再一次深化,进一步丰富和发展了马克思主义意识形态理论,提高了马克思主义的意识形态理论和科学社会主义理论中国化的新境界,确立了新时期马克思主义理论教育的意识形态主题。可以说,社会主义核心价值体系既是马克思主义理论教育的指导思想,又是其主体内容。在党的十七大精神指引下,宣传普及社会主义核心价值体系所倡导的价值原则和行为规范,用社会主义核心价值体系引领社会思潮,随之成为马克思主义理论教育的首要任务。

在新的历史条件下,为切实有效地推进社会主义核心价值体系建设,以胡锦涛为主要代表的中国共产党人紧密结合中国的具体实际,一方面明确要求发挥道德、行政、政策和法律等多种手段的合力效能,坚持"包容差异、尊重多样"的原则,使社会主义核心价值体系迅速占领大众媒体阵地、公共生活场所和文化教育战线等主战场,弘扬各种社会思潮、社会心理和社会舆论的积极健康因素,转化或消解各种非马克思主义或反社会主义核心价值体系的思潮。另一方面,明确提出必须遵循"贴近生活、贴近群众、贴近实际"的原则,积极探索适合社会各个阶层的核心价值观,将核心价值体系教育切实落实到社会不同群体,以夯实建设核心价值体系的群众基础和社会基础。譬如,胡锦涛在2008年一次全国军队会议上创造性提出,要大力培育"忠诚于党、热爱人民、报效国家、献身使命、崇尚荣誉"的当代军人核心价值观,并强调"这是建设社会主义核心价值体系的重要方面"③。此外,还突出强调以"八荣八耻"为基本内容的社会主义荣辱观教育是核心价值体系教

---

① 《十七大以来重要文献选编》(上)[M]. 北京:中央文献出版社2009年版,第26－27页。
② 侯惠勤:《马克思的意识形态批判与当代中国》[M]. 北京:中国社会科学出版社2010年版,第708页。
③ 《胡锦涛提出军人核心价值观》[N]. 新华每日电讯,2008－12－31(01)。

育的重中之重。"八荣八耻"重要思想是胡锦涛在2006年参加全国政协十届四次会议时首次提出的。它以简洁明快、富有中国气派的表达句式指明区分是非、善恶、荣辱的界限,全面阐述树立正确价值观、世界观的具体要求,进一步深化和创新了马克思主义的义利观、价值观和伦理观理论,是引导当代中国社会价值取向的最基本、最具时代性的行为准则。以"八荣八耻"为主要内容的社会主义荣辱观教育的提出和落实,充分展示我们党的马克思主义理论发展创新的突出亮点,对新时期马克思主义理论教育的有效推进产生积极影响。

(三)全面实施与启动马克思主义理论研究和建设工程

坚持马克思主义的指导地位毫不动摇,历来是中国共产党人反复强调的重要思想。党的十六大以后,为切实增强马克思主义理论的感召力和创造力,不断巩固马克思主义的指导地位,以胡锦涛为主要代表的中国共产党人审时度势创造性提出了全面实施与启动马克思主义理论研究与建设工程的战略思想。这一战略思想的提出和落实,为新的历史条件下开展马克思主义理论教育提供了坚实的思想指导和政策保障,有效地推动了马克思主义理论教育的学科体系、教材体系、教学体系和队伍建设的相互促进与协调发展,强有力地巩固了马克思主义在意识形态领域的指导地位。全面实施与启动马克思主义理论研究与建设工程的思想,是党的十六大以后马克思主义理论教育思想发展创新的有机组成部分。

实施马克思主义理论研究和建设工程的战略思想是中共中央在2004年1月发出的《关于进一步繁荣发展哲学社会科学的意见》中最早提出的。当月,中央办公厅转发中央宣传思想工作领导小组《关于实施马克思主义理论研究和建设工程的意见》。《实施意见》根据《关于进一步繁荣发展哲学社会科学的意见》的精神,对实施和落实工程进行具体部署,明确指出工程的主要任务是"把邓小平理论、'三个代表'重要思想和科学发展观作为研究重点,以重大现实问题为主攻方向,把马克思主义在中国发展的最新理论成果贯穿到哲学社会科学的学科建设、教材建设中,进一步加强马克思主义理论队伍建设,力争用10年左右时间,形成充分反映当代中国马克思主义最新理论成果的学科体系和教材体系,形成一支老中青三结合的马克思主义理论研究和教学骨干队伍"。同年4月,中共中央再次召开实施马克思主义理论研究和建设工程的工作会议,着力推进马克思主义理论研究和建设工程的实施。李长春在会上深刻指出,"实施马克思主义理论研究与建设工程是不断开辟马克思主义发展新境界的必然要求,是巩固马克思主义在意识形态领域指导地位的重大举措,是不断开创中国特色社会主义事业新局面的迫切需要,是加强党的理论建设、保持党的先进性的重要保证"。正是基于对实施工程必要性和重要性的反复考量和仔细斟酌,中央决定正式启动与实施马克思主义理论研究和建设工程。2007年,党的十七大进一步提出"繁荣发展哲学社会科学,推进学科体系、学术观点、科研方法创新,鼓励哲学社会科学界为党和人民事业发挥思想库作用,推动我国哲学社会科学成果和优秀人才走向世界"①的战略任务,全面深化和深入推动马克思主义理论研究和建设工程的实施。

自从马克思主义理论研究和建设工程启动与实施以后,在党中央的直接领导下,该工程在马克思主义经典著作编译研究、马克思主义中国化理论创新成果研究、重大理论和现实问题研究以及马克思主义理论学科体系、教材体系和队伍建设研究等方面都取得突破性进展。譬如,就马克思主义学科体系建设而言,2005年2月中央宣传部和教育部发布《关于进一步加强和改进高等学校思想政治教育理论课的意见》,将马克思主义理论上升为一级学科并下设六个二级学科,为马克思主义理论教育提供了强有力的学科支撑;就马克思主义教学体系建设来说,2005年2月中央宣传部和教育部针对高校思想政治理论课建设提出"05方案"。"05方案"将本科的思想政治理论课程设置为《马克思主义基本原理》《中国近现代史纲要》《毛泽东思想、邓小平理论和"三个代表"重要思想概论》和《思想道德修养与法律基础》等4门必修课。同年3月,还颁发《〈中共中央宣传部、教育部关于进一步加强和改进高等学校思想政治理论课的意见〉实施方案》(以下简称《方案》)。《方案》要求:"新课程改革要体现马克思主义与时俱进的理论品格,更好地适应时代发展的要求;要突出重点,更好地吸收理论和实践发展的最新成果;要有利于更好地用马克思主义理论武装大学生头脑";从马克思主义教材体系建设来看,一方面,中宣部多次组织权威专家围绕人民群众普遍关心的重大理论和实际问题编写理论通俗读物和学习辅助材料,如从《干部群众关心的25个理论问题》到《理论热点18题》、从《理论热点面对面》到《划清"四个重大界限"》、从《六个"为什么"》到《七个"怎么看"》等,结合当时群众关心的难点和热点问题深入浅出地阐述中国化马克思主义的最新理论成果,将官方和理论界的思想价值观转化成人民群众易于接受的、通俗易懂的思想价值观,使马克思主义理论的宣传由晦涩抽象演绎为生动具体、由政治高度回归大众视域。另一方面,教育部多次组织专家学者围绕基础理论和马克思主义中国化最新成果的科学体系等统编教材,使

---

① 《十七大以来重要文献选编》(上)[M].北京:中央文献出版社2009年版,第27页。

马克思主义理论成果进教材、进课堂、进大学生大脑。其中,截至2010年6月,《马克思主义基本原理概论》《思想道德修养与法律基础》共修订过3次,《毛泽东思想和中国特色社会主义理论体系概论》《中国近代史纲要》共修订过4次。值得特别指出的是,2010年中央编译局编辑出版《马克思恩格斯文集》(十卷本)和《列宁专题文集》(五卷本),这是中央实施马克思主义理论研究和建设工程所取得的标志性成果;对于马克思主义理论教育队伍建设而言,中央不仅大力倡导建立从中央到地方的多层次、多渠道的培训格局,进一步完善教师队伍培训体系,而且要求全国各高校积极采取脱产进修、社会考察、学术交流等措施,着力培养一批年富力强、锐意进取、业务精湛的理论骨干教师队伍。

(四)系统性推进马克思主义中国化、大众化和时代化

进入新世纪,国际局势的纵横变化亘古未有,国内相继步入经济体制和发展方式深刻变革的"双重转型期"。面对新时期国内外形势的深刻变化,以胡锦涛为主要代表的中国共产党人审时度势提出大力推进马克思主义中国化、时代化和大众化的战略新思想,着力巩固马克思主义在全球化和社会主义市场经济境遇下的指导地位。虽然马克思主义中国化、时代化和大众化的问题早已蕴含于马克思主义发展的历史进程始终,但在以往中国特殊的历史实践和时代语境中它们并没有被作为统一序列的概念明确提出来。可以说,推进马克思主义中国化、时代化和大众化战略任务的最终确立,既是当代中国共产党人马克思主义理论教育思想的创新所在,也是当代中国共产党人马克思主义理论教育思想的集中展现和庄严宣示,是当代中国马克思主义理论教育发展创新的思想基础和根本目标导向。

2007年,胡锦涛在党的十七大报告中深刻剖析指出:"《共产党宣言》发表以来近一百六十年的实践证明,马克思主义只有与本国国情相结合、与时代发展同进步、与人民群众共命运,才能焕发出强大的生命力、创造力、感召力"①,明确要求大力推进理论创新,不断赋予当代中国马克思主义鲜明的民族特色、时代特色和大众品格。在此基础上,党中央作出"开展中国特色社会主义理论体系宣传普及活动,推动当代中国马克思主义大众化"②的战略部署,确立了全面推动马克思主义大众化的战略任务和奋斗目标,要求扎实深入地开展中国特色社会主义理论体系宣传普及活动,使当代中国马克思主义为广大群众所理解和掌握,从而发挥

---

① 《十七大以来重要文献选编》(上)[M]. 北京:中央文献出版社2009年版,第9页。
② 《十七大以来重要文献选编》(上)[M]. 北京:中央文献出版社2009年版,第26页。

其广泛联系群众、团结社会各阶层和增强民族凝聚力的功效。2008年,胡锦涛在纪念改革开放三十周年大会上进一步要求,"不断推动当代中国马克思主义大众化,让当代中国马克思主义放射出更加灿烂的真理光芒",①把马克思主义大众化建设放在各项工作的重中之重。2009年,胡锦涛在党的十七届四中全会上第一次提出推动马克思主义时代化的历史新任务,并将时代化与中国化、大众化三者相结合,集中提出和系统阐发"不断推进马克思主义中国化、时代化、大众化"②的战略命题。这一科学命题的提出,是我们党对历史发展、国际形势和现实社会动态变化等方面的系统把握,为深入开展马克思主义理论教育指明了前进方向。全会通过的《中共中央关于加强和改进新形势下党的建设若干重大问题的决定》还紧密围绕加强和改进新形势下党的建设这一主题提出大力推进党的思想理论建设中国化、大众化和时代化,要求"始终以思想理论建设为根本建设,坚持党的思想路线,解放路线、实事求是、与时俱进,坚持真理、修正错误,不断推进马克思主义中国化、时代化、大众化,坚持以马克思列宁主义、毛泽东思想、邓小平理论和'三个代表'重要思想为指导,深入贯彻落实科学发展观,提高运用科学理论改造主观世界和客观世界能力,使党的理论和实践始终体现时代性、把握规律性、富于创造性"。③这一要求对于新形势下推进党的建设具有极为重要的指导意义。2011年,胡锦涛在纪念中国共产党成立九十周年大会上再次强调:"在新的历史条件下提高党的建设科学化水平,必须坚持解放思想、实事求是、与时俱进,大力推进马克思主义中国化时代化大众化,提高全党思想政治水平。"可以说,全面推进马克思主义中国化、大众化和时代化,既是新时期发展创新马克思主义的本质要求,更是开展马克思主义理论教育的基本目标。

(五)以提升执政能力和保持先进性为主题强化党内马克思主义理论教育

加强党的执政能力建设和先进性建设是马克思主义政党存在和发展的生命所系、力量所在,是我们党的事业发展的根本保证和永恒主题,两者都以党内马克思主义理论教育为根本保证。党的十六大以后,以胡锦涛为主要代表的中国共产党人面对改革开放、市场经济、国际环境的严峻考验,在全面分析新时期我国发展的阶段性特征基础上,始终坚持以提高党的执政能力和保持党的先进性为主题强

---

① 《十七大以来重要文献选编》(上)[M].北京:中央文献出版社2009年版,第812页。
② 《十七大以来重要文献选编》(中)[M].北京:中央文献出版社2011年版,第145页。
③ 《十七大以来重要文献选编》(中)[M].北京:中央文献出版社2011年版,第143页。

化党内马克思主义理论教育,不断加强和改进新形势下党的建设,从而确保我们党始终走在时代前列,为全面建设小康社会和开创中国特色社会主义事业新局面提供强有力的组织保证和政治保证。

2004年9月,党的十六届四中全会通过的《中共中央关于加强党的执政能力建设的决定》(以下简称《决定》),是中国共产党历史上第一个专门提出加强党的执政能力建设战略任务的纲领性文献。《决定》在确立党的执政能力建设总体目标的基础上,明确要求"加强党的执政能力建设,必须坚持以马克思列宁主义、毛泽东思想、邓小平理论和'三个代表'重要思想为指导",①"把党的思想理论建设放在首位,大力弘扬理论联系实际的学风,增强把马克思主义基本原理同中国具体实际相结合的能力,提高全党的理论思维和战略思维水平",从提高党的执政能力、巩固党的执政地位的战略高度充分肯定马克思主义理论教育的重要性和必要性。同年11月,中共中央下发《关于在全党开展以实践"三个代表"重要思想为主要内容的保持共产党员先进性教育活动的意见》,从推进党的先进性建设维度对党内马克思主义理论教育的重要性、指导思想和目标要求进行阐发,并决定从2005年1月起历时一年半,在党内开展以实践"三个代表"重要思想为主要内容的保持共产党员先进性教育活动。2005年1月,胡锦涛在保持共产党员先进性专题报告会上系统阐述党的先进性建设与执政能力建设之间的关系,深入指出强化党内马克思主义理论教育是加强党的先进性建设和执政能力建设的必然要求。2007年,党的十七大进一步提出大力加强基层党的建设,全面巩固和发展先进性教育成果,紧紧围绕巩固党的先进性这一永恒主题把党性教育引向基层。2008年9月,根据党的十七大部署,中央决定从2008年9月至2010年2月在全党深入开展学习实践科学发展观活动。这次活动是"三个代表"重要思想学习教育活动和保持共产党员先进性教育活动的继续,是全面提高党的执政能力、保持党的先进性的重要举措。其参与人数多、历时时间长、影响范围广,是党内马克思主义理论教育的一次成功实践。2009年9月,党的十七届四中全会通过《中共中央关于新形势下党的建设若干历史问题的决定》,深入阐明加强和改进党的建设的总体要求和根本任务并提出建设马克思主义学习型政党的科学命题,强调"必须按照科学理论武装、具有世界眼光、善于把握规律、富有创新精神的要求,把建设马克思

---

① 《十六大以来重要文献选编》(中)[M]. 北京:中央文献出版社2006年版,第275页。

主义学习型政党作为重大而紧迫的战略任务抓紧抓好"。① 随后,根据中央的统一部署,加强党内马克思主义理论学习、建设马克思主义学习型政党,成为中国共产党人提升自身执政能力建设和先进性建设的重中之重。

四、全面建成小康社会决定性阶段党的马克思主义理论教育思想的深入推进（2012年至今）

党的十八大以来,伴随中国特色社会主义建设迈入全面建成小康社会的决定性阶段,以习近平为主要代表的中国共产党人"接过历史的接力棒",积极应对新时期新阶段党和国家面临的前所未有的风险考验与挑战,以稳健扎实、积极进取的姿态推进各项工作,陆续出台一项项深得党心军心民心的重大举措。媒体对此高度评称:中国新政,已见雏形。具体至马克思主义理论教育方面,中国共产党人在继承传统马克思主义理论教育思想的基础上,紧密结合新的社会实际和时代特征,从多层面不断推进马克思主义理论教育思想的创新与升华:一是积极围绕党的理论创新成果加强理论武装,掀起学习宣传党的十八大报告、贯彻落实党的十八大精神的新热潮;二是创造性地提出"中国梦"战略思想,赋予马克思主义理论教育质朴亲近的教育内容;三是积极倡导以坚定理论信念、学习党的历史和加强党的纯洁性建设为主线强化党内马克思主义理论教育。

（一）全面学习党的十八大报告,深入贯彻党的十八大精神

2012年11月8日,党的十八大审议通过胡锦涛代表第十七届中央委员会作的报告——《坚定不移沿着中国特色社会主义道路前进,为全面建成小康社会而奋斗》。在报告中,胡锦涛立足于历史和时代的高度,既深刻总结党的十六大以来中国特色社会主义建设的发展历程和实践经验,描绘全面建成小康社会和实现中华民族伟大复兴的宏伟蓝图,又全面审视当今世界和当代中国的发展走势,创造性地提出一系列新思想、新论断、新举措和新部署。作为党的十六大以来理论创新成果的集大成之作,党的十八大报告在新的时代条件下从根本上坚持和发展了马克思主义理论尤其是科学社会主义理论,可谓是当代中国马克思主义的经典文献,"是我们党团结带领全国人民坚定不移走中国特色社会主义道路、继续发展中国特色社会主义的政治宣言和行动纲领"。② "党的理论创新每推进一步,理论武

---

① 《十七大以来重要文献选编》(中)[M]. 北京:中央文献出版社2011年版,第145页。
② 《党的十八大文件汇编》[M]. 北京:党建读物出版社2012年版,第43页。

装就要跟进一步"。① 随后,新时期马克思主义理论教育着重围绕学习领会党的十八大报告的理论亮点展开。学习党的十八大报告、贯彻党的十大精神,成为这一时期马克思主义理论教育思想发展的显著特点。

纵观党的十八大报告全文,新风扑面,大量的理论亮点闪烁于报告的字里行间、熠熠生辉。在这其中,有关科学发展观和中国特色社会主义的新概括和新阐发,是最为突出和最为重要的两大理论亮点,也是新时期马克思主义理论教育宣传讲授的重点性内容。关于"科学发展观",报告不仅首次明确将科学发展观与马克思列宁主义、毛泽东思想、邓小平理论和"三个代表"重要思想一起确立为"党必须长期坚持的指导思想",高度提升科学发展观在马克思主义中国化理论创新成果中的历史地位,而且紧密围绕科学发展的精神实质和发展举措等问题提出一系列新论断和新思想。具体而言,一是把"求真务实"同"解放思想、实事求是、与时俱进"作为同一序列的概念,共同确定为科学发展观"最鲜明的精神实质"。② 二是着重用四个"更加自觉"对如何深入落实科学发展观展开详细阐述,即"更加自觉地把推动经济社会发展作为落实科学发展观的第一要义,更加自觉地把以人为本作为落实科学发展观的核心立场,更加自觉地把全面协调可持续作为落实科学发展观的基本要求,必须更加自觉地把统筹兼顾作为落实科学发展观的根本方法"。报告针对科学发展观的这一新定位和新阐述,推动党的指导思想实现了又一次与时俱进。关于"中国特色社会主义",报告主要从科学内涵、基本要求和总部署等层面作了新概括与新阐释。其中,有关中国特色社会主义的科学内涵,由于中国特色社会主义主要是以道路、理论和制度三种具体形态存在的,中国特色社会主义道路、中国特色社会主义理论体系和中国特色社会主义制度三者共同构成中国特色社会主义的科学内涵,因而报告着重从中国特色社会主义道路、理论体系和制度三者的内涵、功能及辩证关系层面对中国特色社会主义作了新阐述,指出"中国特色社会主义道路是实现途径,中国特色社会主义理论体系是行动指南,中国特色社会主义制度是根本保障,三者统一于中国特色社会主义伟大实践,这是党领导人民在建设社会主义长期实践中形成的最鲜明特色"③,全面深化与拓展了中国特色社会主义的时代内涵;关于坚持和发展中国特色社会主义的基本

---

① 《十六大以来重要文献选编》(下)[M]. 北京:中央文献出版社2008年版,第596页。
② 中央文献研究室第五编研部:《感悟十八大——十八大报告新思想新观点新论断》[J]. 《党的文献》2013年第1期。
③ 《党的十八大文件汇编》[M]. 北京:党建读物出版社2012年版,第10页。

要求,报告着重提出"八项基本要求",即"坚持人民主体地位,坚持解放和发展社会生产力,坚持推进改革开放,坚持维护社会公平正义,坚持走共同富裕道路,坚持促进社会和谐,坚持和平发展,坚持党的领导";对于中国特色社会主义的总体部署,报告主要从总依据、总布局和总任务三个方面展开详细阐述,强调"建设中国特色社会主义,总依据是社会主义初级阶段,总布局是五位一体,总任务是实现社会主义现代化和中华民族伟大复兴"①。有关科学发展观和中国特色社会主义新思想和新论断的提出,不仅深刻表明中国共产党人对中国特色社会主义建设规律的认识已经提升到一个新的高度,而且为加强和改进马克思主义理论教育提供新的指导思想和新的教育内容。

党的十八大闭幕后,宣传好党的十八报告、贯彻好党的十八大精神,成为我国一项紧迫而重要的政治任务。为引导全党和全社会切实学习好党的十八大报告、落实好党的十八大精神,以习近平为主要代表的中国共产党人还着重从"抓一条主线""四个下功夫"等层面提出新要求。其中,2013年11月17日,习近平在主持十八届中央政治局第一次集体学习时着重提出:"坚持和发展中国特色社会主义是贯穿党的十八大报告的一条主线。我们要紧紧抓住这条主线,把坚持和发展中国特色社会主义作为学习贯彻党的十八大精神的聚焦点、着力点、落脚点,只有这样,才能把党的十八大精神学得更加深入、领会得更加透彻、贯彻得更加自觉"②,强调学习党的十八大报告必须牢牢抓住坚持和发展中国特色社会主义这条主线。在党的十八大召开后第一次军委扩大会议上,习近平又进一步提出学习党的十八大报告、贯彻党的十八大精神必须坚持从四个方面"下功夫",即"在深入领会报告的主题和重大理论观点、重大战略思想、重大工作部署上下功夫,在掌握中国特色社会主义理论体系所蕴含的马克思主义立场、观点、方法上下功夫,在坚定对马克思主义的信仰、对中国特色社会主义的信念、对改革开放和社会主义现代化建设的信心、对党中央的信赖上下功夫,在武装头脑、指导实践、推动工作上下功夫",为把学习党的十八大报告、贯彻党的十八大精神引向深处提供了方法论指导。正在党中央这些重要思想的指导下,全党和全社会掀起轰轰烈烈的学习党的十八大报告、贯彻党的十八大精神的新热潮。

---

① 《党的十八大文件汇编》[M].北京:党建读物出版社2012年版,第10页。
② 习近平:《紧紧围绕坚持和发展中国特色社会主义 学习宣传贯彻党的十八大精神》[M].北京:人民出版社2012年版,第2页。

（二）提出"中国梦"，赋予马克思主义理论教育质朴亲近的理论内容

如何切实提升教育的实效性，是贯穿于马克思主义理论教育过程始终的一个重要问题。而要切实提升马克思主义理论教育的实效性，一个十分重要的前提和关键性条件就是必须使人民群众真实地感受到教育内容契合民意、紧接地气、植于草根、通俗易懂，与自身面对的社会现实问题与人生问题密切相连，对自身的生活和人生有现实价值和指导意义。只有这样，马克思主义理论教育的内容才能真正被广大群众自觉自愿地认可、支持和接受，马克思主义理论教育也才能取得预期效果。正是基于质朴亲近、通俗易懂的教育内容对于提升马克思主义理论教育实效性的这种重要作用，党的十八大以来以习近平为主要代表的中国共产党人不仅反复强调空谈误国、实干兴邦，积极倡导以合乎大众口味、满足大众诉求的内容谈与人民群众相关的问题，高度推崇简约、质朴、亲民的文风，而且明确提出"中国梦"，主动以质朴亲近的内容来表述实现中华民族伟大复兴的梦想，宣传中国特色社会主义理论。可以说，通过提出"中国梦"，赋予马克思主义理论教育质朴亲近的教育内容，提升马克思主义理论教育实效性，是这一时期党的马克思主义理论教育思想发展的突出亮点。

"中国梦"是习近平在2012年11月29日参观国家博物馆《复兴之路》展览时提出的。2013年3月17日，习近平在十二届全国人大一次会议闭幕式上又以"中国梦"为主题发表重要讲话，继续深化对"中国梦"科学内涵、实现路径的认识，阐明实现"个人梦"与"民族梦"的互动关系。随后，在主持中央各项工作时，基于对世情、国情、党情以及中国改革和发展实践问题的真切感知与科学把握，以习近平为主要代表的中国共产党人又多次从不同视角系统阐述"中国梦"。纵览有关"中国梦"的一系列观点，其不仅抛开精雕细琢、标新立异的文字表述，积极运用百姓熟知的语言和"讲故事""讲道理"的形式从坚持中国道路、弘扬中国精神和凝聚中国力量三个方面清晰回答了"实现怎样的目标、怎么实现目标""树立怎样的理想、怎样实现理想"这一事关党和国家前途命运的根本性问题，指明了中国特色社会主义事业深化发展的前进方向，而且把中国特色社会主义建设、实现中华民族伟大复兴与普通百姓对幸福生活的追求有机地融合，把中国共产党人的施政抱负与普通百姓的内心感受高度契合起来，最大限度地兼顾、包容与汇聚了不同群体和不同社会阶层的利益、愿望与追求，道出了亿万中国人戮力奋斗的共同心声，堪称马克思主义基本原理与中国实际、时代特征和大众意志有机结合的光辉典范。作为中国特色社会主义理论体系发展创新的重大思想理论成果，"中国梦"是中国

共产党人以马克思主义之"矢"射中国实际问题之"的"的结果,是当代中国意识形态话语和政治话语的大众形态,具有浓厚的质朴亲切性、通俗易懂性及强大的亲和力、感召力和震撼力。正是源于"中国梦"自身所具有的这种质朴亲切、契合大众生活、合乎大众口味的特性,其一经提出就备受推崇、广受好评,显示出强大的包容量,迅速成为2012年度海内外高度关注的热点话题之一,并在2013年持续升温,成为当今中国发展进步的形象语词、高昂旋律和精神旗帜。

"中国梦"的提出为新时期我国马克思主义理论教育注入了质朴亲切、鲜活生动的时代内容。党的十八大以来,宣传好、贯彻好"中国梦"重要思想,把全党、全民族的思想和行动统一到"中国梦"的重大战略部署上来,落实到"中国梦"思想确定的各项任务上来,成为马克思主义理论教育的关键和重点。其有力地提升了马克思主义理论教育的实效性,吸引越来越多的人民群众广泛认同、衷心拥护和真心支持当代中国马克思主义。

(三)以坚定信念、学习党史和推进党建科学化为主线强化党内马克思主义理论教育

党的十八大以来,伴随我国迈入全面建成小康社会的攻坚时期和决定性阶段,中国共产党作为中国特色社会主义建设事业的领导核心和中流砥柱,所肩负的责任与重担更加艰巨和繁重。面对这种历史重托和执政压力,以习近平为主要代表的中国共产党人在深刻反省党内存在的突出问题,积极借鉴党内建设的历史经验的基础上,不断以更高方位的战略视野和以更大的决心加强党的建设。他们不仅一再重申"坚定理想信念,坚守共产党人精神追求"的极端重要性,突出强调"党的历史这门功课不仅必修,而且必须修好"的思想观点,而且进一步提出"全面提高党的建设科学化水平"新任务。正是在中国共产党人这些重要思想的指导下,以坚定理想信念、学习党史和提高党的建设科学化水平为主线强化党内建设,成为新时期党内马克思主义理论教育的主要内容。这也是新时期以来我国马克思主义理论教育思想发展创新的又一重要举措。

"坚定理想信念,坚守共产党人精神追求"的重要思想是胡锦涛在党的十八大上明确提出的。党的十八大闭幕后,习近平在主持十八届中央政治局第一次集体学习时的讲话中再次重申这一思想的重要性。习近平不仅深刻指出坚定理想信念、坚守中国共产党人精神追求,既是中国共产党人的政治灵魂和安身立命之本,也是中国共产党人经受住各种严峻考验和挑战的精神支柱,而且生动形象地将理想信念喻为中国共产党人精神上的"钙",强调如果理想信念不够坚定,中国共产

党人在精神层面就会因缺"钙"而得"软骨病",就会出现这样那样的严重问题。基于此,习近平明确提出全党要把强化理想信念教育作为党的建设的重中之重,并进一步强调广大党员要严格按照党的十八大的战略部署,深入学习践行中国特色社会主义理论体系尤其是科学发展观,不断坚定自身对马克思主义、社会主义和共产主义的信仰,进而矢志不渝地为实现中国特色社会主义建设事业的共同理想而奋斗不息。随后,李建国、刘云山等分别在"全国人大机关党的十八大精神专题学习班"和"党的群众路线教育实践活动工作会议"上发表重要讲话,再次重申"坚定理想信念,坚守共产党人精神追求"的极端重要性。正是在以习近平为主要代表的中国共产党人的这些重要思想指导下,以"坚定理想信念,坚守共产党人精神追求"为主线推进党的建设,成为新时期党内马克思主义理论教育的主要内容。

通过开展党的历史教育加强党内思想理论建设是党的十八大以来我国强化党内马克思主义理论教育的又一项重要举措。以习近平为主要代表的中国共产党人曾在多种场合反复强调党史教育的极端重要性,对为什么开展、怎样开展党史教育等问题展开详细阐释。其中,在中国共产党成立92周年前夕,习近平在主持十八届中央政治局第七次集体学习时的讲话中,不仅深刻指出:"历史是最好的教科书","学习党史、国史,是坚持和发展中国特色社会主义、把党和国家各项事业继续推向前进的必修课",把党史教育进一步提高到事关党和国家发展全局的重要地位,而且语重心长地提出:"这门功课不仅必修,而且必须修好",要求各级党委务必要把党史学习置于党内思想建设的重中之重常抓不懈,要把党史教育同建设学习型党组织紧密结合,不失时机地开展党史学习教育活动,以加深广大党员对党的思想理论的理解,提升广大党员的思想政治素质,坚定广大党员对党、对马克思主义、对社会主义的信心与信念。在此基础上,习近平还着重强调加强党史教育要抓好重点对象——各级领导干部特别是年轻干部,使他们系统性地接受革命传统教育和党性教育,切实理解和掌握我们党在革命、建设和改革不同历史时期创造的丰富经验,真正获得思想的启迪、领导能力和执政能力的提高。正是在以习近平为主要代表的中国共产党人高度重视下,注重党史学习已经逐渐成为广大党员干部的自觉行动,成为新时期党内马克思主义理论教育常抓不懈的重要工作。

"全面提高党的建设科学化水平"是党的十八大在新的历史条件下为全面加强和推进党的建设伟大工程提出的又一重大战略部署,是中国共产党人审时度势加强党的建设、巩固党的执政基础的又一新思路和新举措。为全面提高党的建设科学化水平,党的十八大还深入提出"建设学习型、服务型、创新型的马克思主义执政党"①的新要求,并首次将"党的纯洁性建设"纳入党的建设主线之中,要求党的建设必须"牢牢把握加强党的执政能力建设、先进性和纯洁性建设这条主线",②对党的建设主线进行新概括。这就使得新形势下全面提高党的建设科学化水平这一战略目标变得更为系统、完整和科学。党的十八大闭幕后,习近平在主持十八届中央政治局第一次集体学习时的讲话中再次重申"全面提高党的建设科学化水平"新任务,要求全党要深刻学习领会、逐条贯彻落实十八大围绕这一新任务提出的具体要求。在以习近平为主要代表的中国共产党人的这些重要思想指导下,"全面提高党的建设科学化水平"随之成为新时期党内马克思主义理论教育的主要内容。

---

① 《党的十八大文件汇编》[M]. 北京:党建读物出版社2012年版,第37页。
② 《党的十八大文件汇编》[M]. 北京:党建读物出版社2012年版,第37页。

第三章

改革开放以来党的马克思主义理论教育思想发展的主要成果

全面梳理改革开放以来党的马克思主义理论教育思想的发展历程,可以清晰地看出,改革开放三十多年来,以邓小平、江泽民、胡锦涛和习近平为主要代表的中国共产党人对马克思主义理论教育思想的探索是前后相继、一脉承接的,是一个在继承已有经验基础上根据社会环境的变化而不断创新发展的动态过程。随着我国马克思主义理论教育工作的日趋深化和马克思主义理论教育在理论建构和实践探索方面的日臻完善,中国共产党人在马克思主义理论教育的具体实践中逐渐形成一套相对完整、科学和独具中国特色的马克思主义理论教育思想体系,即基于"为什么""教什么""怎样教""谁来教""对谁教"及"如何教好"六重维度,分别对马克思主义理论教育的目的、内容、路径、主体、客体和原则等基本问题展开科学探索与理性回答,创造性提出一系列既一脉相承又与时俱进的理论认识和理论原理,并相应作出方针、政策、路线和纲领性的论述和说明,不断根据实际形势的发展变化以巨大的理论创新勇气赋予马克思主义理论教育思想崭新的时代内涵,实现改革开放以来党的马克思主义理论教育思想的发展、创新和突破。深入挖掘和系统提炼改革开放以来党的马克思主义理论教育思想发展所取得的主要成果,既是准确把握改革开放以来中国化马克思主义理论教育客观规律和突出特色的关键所在,也是深入推进马克思主义理论教育的基础理论研究和实践创新体系建构的必要环节。

一、关于马克思主义理论教育的目的

改革开放以来,伴随我国迈入社会转型和改革攻坚的关键时期,国内社会经济结构不断调整,社会利益格局深刻变动,思想观念急遽变化,意识形态领域剧烈动荡。面对这些层出不穷的新情况和新问题,以邓小平、江泽民、胡锦涛和习近平为主要代表的中国共产党人站在党和国家前途命运的战略高度,从国家、社会和个体三个层面突出强调马克思主义理论教育的"生命线"地位和价值,指出要完成建设中国特色社会主义事业的奋斗目标,就必须大力强化马克思主义理论教育,以保证社会主义现代化建设的正确方向,维护国家意识形态安全,净化社会风气,坚定人民群众的马克思主义信仰,促进人民群众的全面自由发展,从价值论层面指明了新时期马克思主义理论教育的目的。

(一)国家价值维度:坚定社会主义发展方向,维护意识形态安全

进入20世纪70年代,世界格局发生深刻变化,国际国内形势日趋复杂。从国际方面看,资本主义意识形态和社会主义意识形态的交锋并未终结,而是逐步走向复杂化、隐蔽化和白热化;从国内方面看,伴随改革开放的深入推进,国内诸多社会问题尚待解答,众多未知领域亟待开拓,各项任务艰巨而繁重。面对复杂的国内外形势,以邓小平、江泽民、胡锦涛和习近平为主要代表的中国共产党人清醒地意识到,马克思主义理论教育作为一项强本固基的战略性工程,已成为我国巩固政权和治理国家的首选。因而,他们立足国家发展的战略高度,一再强调要坚持不懈地对广大党员干部和人民群众进行马克思主义理论教育,坚定人们实践中国特色社会主义建设道路的信念,维护社会主义意识形态领域的安定团结,保证中国特色社会主义建设事业发展的正确方向。

早在改革开放初期,以邓小平为主要代表的中国共产党人就高度重视马克思主义理论教育在巩固社会主义制度和维护社会主义意识形态安全方面的重要作用。1979年10月,邓小平在文学艺术工作者第四次代表大会上深刻指出,马克思主义理论教育作为我国各项工作的"生命线"承载着保证我国改革和建设的社会主义方向、维护意识形态安全的重任,并要求马克思主义理论教育工作者群策群力,"在意识形态领域中,同各种妨害四个现代化的思想习惯进行长期的、有效的斗争"。① 1982年9月,胡耀邦在党的十二大上郑重提出,要使我国改革和建设事业有坚定而准确的政治方向,避免滑向资本主义轨道,就必须大力加强马克思主义理论教育。否则,如果忽视马克思主义理论教育,"我们的现代化建设就不能保证社会主义的方向,我们的社会主义社会就会失去理想和目标,失去精神的动力和战斗的意志,就不能抵制各种腐化因素的侵袭,甚至会走上畸形发展和变质的

---

① 《邓小平文选》第2卷[M].北京:人民出版社1994年版,第209页。

邪路"。① 1985年9月,邓小平在中国共产党全国代表会议上再次强调,我国改革开放和现代化建设是在极为复杂的国内外环境中进行的,开展马克思主义理论教育是维护国家意识形态安全、确保改革和建设事业健康发展的重要保障。基于此,邓小平呼吁广大党员和群众在工作之余抽出一定的时间学习马克思主义理论,"因为只有这样,才能提高我们运用它的基本原则基本方法,来积极探索解决新的政治经济社会文化基本问题的本领,既把我们的事业和马克思主义理论本身推向前进,也防止一些同志,特别是一些新上来的中青年同志在日益复杂的斗争中迷失方向",②"只有这样,我们党才能坚持社会主义道路,建设和发展有中国特色社会主义,一直达到我们的最后目的,实现共产主义"。③

党的十四大以后,伴随东欧剧变、苏联解体,国际共产主义运动陷入低谷,一些仇视社会主义制度的西方国家狂妄叫嚣并预言"东欧倒、苏联散、中国倒"的"多米诺骨牌"效应即将出现。面对国际国内的复杂局面和各种风险的严峻考验,为抵制意识形态领域各种错误观念对人们思想的消极影响,巩固社会主义政权,以江泽民为主要代表的中国共产党人多次语重心长地指出:"形势越复杂,任务越繁重,斗争越尖锐,我们就越要坚持邓小平理论和党的基本路线、基本方针、基本纲领,……这就是我们的主心骨。有了这个主心骨,我们就能任凭风浪起,稳坐钓鱼船",④要求"从坚持党的领导和社会主义道路,从确保实现党的总目标、总任务,从成功地挫败敌对势力和平演变图谋的战略高度,充分认识加强干部的马克思主义理论学习和理论武装的重要性,充分认识坚持和发展马克思主义的重要性"。⑤在他们看来,马克思主义是我们立党立国的根本指导思想,是全国人民团结奋斗的理论基础,要粉碎国内外敌对势力"分化""西化"的政治图谋,保证我国各项事业的社会主义发展方向,最根本的就是要巩固马克思主义在意识形态领域的指导地位,使马克思主义理论教育自觉承担起维护社会主义意识形态的政治使命,真正占领我国意识形态建设的主阵地。否则,"如果放弃马克思主义的指导地位,在指导思想上搞多元化,势必导致人心大乱、天下大乱,给党和国家带来灾难。"⑥

---

① 《十二大以来重要文献选编》(上)[M]. 北京:人民出版社1986年版,第28页。
② 《邓小平文选》第3卷[M]. 北京:人民出版社1993年版,第147页。
③ 《邓小平文选》第3卷[M]. 北京:人民出版社1993年版,第147页。
④ 《江泽民论有中国特色社会主义》(专题摘编)[M]. 北京:中央文献出版社2002年版,第46页。
⑤ 《十三大以来重要文献选编》(中)[M]. 北京:人民出版社1991年版,第1144页。
⑥ 《江泽民文选》第3卷[M]. 北京:人民出版社2006年版,第86页。

"思想文化阵地,马克思主义、无产阶级的思想不去占领,各种非马克思主义、非无产阶级的思想甚至反马克思主义的思想就会去占领。"①"我们的事业就会因为没有正确的理论基础和思想灵魂而迷失方向,就会归于失败。"②

进入新世纪新阶段,面对国内经济社会发展的新任务和意识形态领域层出不穷的新问题,以胡锦涛为主要代表的中国共产党人更加重视立足于国家发展的宏观层面强化马克思主义理论教育。2003年1月,胡锦涛在全国宣传思想工作会议上明确要求:"把深入学习宣传贯彻党的十七大精神作为首要政治任务,高举中国特色社会主义伟大旗帜,坚持以邓小平理论和'三个代表'重要思想为指导,深入贯彻落实科学发展观,把坚持马克思主义基本原理同推进马克思主义中国化结合起来,用党的理论创新成果武装头脑、指导实践、推动工作,巩固马克思主义在意识形态领域的指导地位",③切实发挥马克思主义理论教育在维护国家意识形态安全方面的重要作用。2004年9月,胡锦涛在党的十六届四中全会上深入剖析:"意识形态领域历来是敌对势力同我们激烈争夺的重要阵地,如果这个阵地出了问题,就可能导致社会动乱甚至丧失政权。敌对势力要搞乱一个社会、颠覆一个政权,往往总是先从意识形态领域打开突破口,先从搞乱人们的思想下手",④提出"各级党委和各级领导干部特别是主要负责同志都要从提高党的执政能力、巩固党的执政地位、完成党的执政使命的战略高度来谋划意识形态工作,加强和改进对意识形态工作的领导,提高做好新形势下意识形态工作的能力,牢牢掌握意识形态工作的领导权和主动权",⑤并要求各级各部门把马克思主义理论教育摆在意识形态工作的重中之重常抓不懈。2008年12月,胡锦涛在纪念党的十一届三中全会召开30周年大会上进一步指出:"马克思主义是我们立党立国的根本指导思想。坚持和巩固马克思主义指导地位,是党和人民团结一致、始终沿着正确方向前进的根本思想保证",⑥再次强调马克思主义理论教育承载着确保我国始终沿着中国特色社会主义道路稳步前进的重任。

---

① 《江泽民文选》第3卷[M]. 北京:人民出版社2006年版,第97页。
② 《江泽民文选》第3卷[M]. 北京:人民出版社2006年版,第282页。
③ 《扎扎实实做好新形势下的宣传思想工作 为全面建设小康社会提供思想文化保证——胡锦涛同志在同全国宣传思想工作会议代表座谈时的讲话摘要》[J].《党建》2008年第2期。
④ 《十六大以来重要文献选编》(中)[M]. 北京:中央文献出版社2006年版,第318页。
⑤ 《十六大以来重要文献选编》(下)[M]. 北京:中央文献出版社2008年版,第684页。
⑥ 《十七大以来重要文献选编》(上)[M]. 北京:中央文献出版社2009年版,第796页。

(二)社会价值维度:整合多样性社会思潮,促成良好的社会风气

改革开放新时期,伴随国内经济成分、就业方式、分配方式和利益关系的多样化发展,人们的思想观念也随之急剧变化并趋向多元化发展,拜金主义、享乐主义、极端个人主义等错误观念和新自由主义、历史虚无主义等错误思想观点不断充斥思想领域,致使国内社会风气每况愈下。面对这种客观社会现实,以邓小平、江泽民、胡锦涛和习近平为主要代表的中国共产党人清醒地意识到,"改善社会风气要从教育入手",①明确指出通过教育特别是马克思主义理论教育引导人们分清是非、明确界限,自觉摒弃各种腐朽的、落后的思想,进而促成社会风气的根本好转,是新时期开展各项工作的首要前提和根本保证。

早在改革开放初期,以邓小平为主要代表的中国共产党人就坚持把马克思主义理论教育作为搞好社会风气的首要任务和核心路径强抓不懈。针对改革开放之初"四人帮"遗毒仍在一定社会范围内存在的恶劣状况,邓小平曾多次要求"一定要从各方面采取有效的措施,搞好我们的社会风气,打击那些严重败坏社会风气的恶劣行为",②这里讲到的教育主要就是指思想教育特别是马克思主义理论教育。1979年3月,在《坚持四项基本原则》中,邓小平在回顾我国社会风气演化发展历史、总结社会风气建设经验教训的基础上,阐明了马克思主义理论教育对于净化社会环境、改善社会风气的极端重要性。1983年10月,针对当时思想文化领域普遍"存在相当严重的混乱,特别是存在精神污染的现象"③的恶劣情形,邓小平在党的十二届二中全会上严肃指出:"一定要彻底扭转这种不正常的局面,使马克思主义的和社会主义、共产主义的宣传,特别是在一切重大理论性、原则性问题上的正确观点,在思想界真正发挥主导作用",④突出强调马克思主义理论教育在净化社会风气和引领社会风尚方面的重要作用。1985年9月,面对"'一切向钱看'的资本主义腐朽思想,正在严重地侵蚀我们的党风和社会风气"⑤的社会现实,陈云着重指出,通过开展思想教育特别是马克思主义理论教育强化精神文明建设,是清除败坏党风和社会风气的歪风邪气、确保国家各项事业不偏离社会主义道路的重要保证。1989年"政治风波"发生后,邓小平在总结教训的基础上语

---

① 《邓小平文选》第3卷[M].北京:人民出版社1993年版,第144页。
② 《邓小平文选》第2卷[M].北京:人民出版社1994年版,第177页。
③ 《邓小平文选》第3卷[M].北京:人民出版社1993年版,第39页。
④ 《邓小平文选》第3卷[M].北京:人民出版社1993年版,第46页。
⑤ 《十二大以来重要文献选编》(中)[M].北京:人民出版社1986年版,第854页。

重心长地指出:"我们要抓紧四项基本原则的教育,马克思主义基本理论的教育,搞几年风气就会变的。"①

党的十四大以后,面对我国社会主义精神文明建设不断呈现出严重的"滑坡"和"疲软"现象,以江泽民为主要代表的中国共产党人更加重视发挥马克思主义理论教育在引导社会思潮、理顺社会关系、化解社会矛盾和改善社会风气等方面的重要作用。1995年9月,江泽民在党的十四届五中全会上深刻指出:"改革开放以来,政治经济形势很好,精神文明建设也取得了很大进展。但是还存在一些亟待解决的问题,思想政治工作薄弱,拜金主义、享乐主义抬头,一些地方社会治安情况不好,一些腐败、丑恶现象又重新滋长蔓延。这些问题应该引起我们的高度重视,采取切实有力措施加以解决"②,明确提出我国越是搞改革开放,越要加强思想教育特别是马克思主义理论教育。在以江泽民为主要代表的中国共产党人看来,"贫穷不是社会主义;精神生活空虚,社会风气败坏,也不是社会主义",③只有物质文明和精神文明同时搞好才是真正具有中国特色的社会主义,而要在市场经济建设的新形势下搞好精神文明建设、抵制各种歪风邪气、营造良好的社会风气,就必须依靠马克思主义理论教育,否则"如果动摇了马克思主义这个精神支柱,就会导致思想混乱、社会动乱,那将是党、国家和民族的灾难"。

步入新世纪新阶段,伴随我国迈入经济社会发展的关键时期和改革开放的攻坚阶段,在多元社会利益关系加速重组的进程中,多元化利益诉求和思想观念相互激荡,导致人们在思想认识上困惑层生,"各种信息提示我们,信仰不明,道德沦丧,文化低俗的气氛正在弥漫,对中华民族的复兴造成严重的困扰"。④ 面对这些新情况,胡锦涛在2010年9月主持中央政治局第二十三次集体学习时明确要求通过开展马克思主义理论教育整合多样性社会思潮、扭转党风和社会风气,"最大限度增加和谐因素、最大限度减少不和谐因素,更加积极主动地处理好人民内部矛盾,为推动科学发展、促进社会和谐,为实现全面建设小康社会奋斗目标、加快

---

① 《邓小平文选》第3卷[M]. 北京:人民出版社1993年版,第318页。
② 《社会主义精神文明建设重要文献选编》[M]. 北京:中央文献出版社1996年版,第557页。
③ 《江泽民论有中国特色社会主义》(专题摘编)[M]. 北京:中央文献出版社2002年版,第380页。
④ 陈奎元:《抓住机遇,总结经验,推进哲学社会科学理论研究和创新》[N]. 中国社会科学院报,2009-03-19(01)。

推进社会主义现代化创造良好社会环境"。① 党的十六届六中全会通过的《中共中央关于构建社会主义和谐社会若干重大问题的决定》还高瞻远瞩地提出了"构建社会主义核心价值体系"的战略任务,要求"切实把社会主义核心价值体系融入国民教育和精神文明建设全过程、贯穿现代化建设各方面。……坚持以社会主义核心价值体系引领社会思潮,尊重差异,包容多样,最大限度地形成社会思想共识"。② 伴随"构建社会主义核心价值体系"重要战略任务的提出,通过开展以社会主义核心价值体系学习教育为主导内容的马克思主义理论教育,用社会主义核心价值体系"高势位"引领多样化社会思潮,用中国特色社会主义共同理想凝聚群众力量,用社会主义荣辱观引领社会风尚,成为贯穿于马克思主义理论教育工作始终的一项重要而紧迫的战略任务。

(三)个体价值维度:坚定马克思主义信仰,促进人的全面发展

马克思主义理论教育工作,"从根本上来说就是做人的工作,做群众的工作",它的终极目标必须回归和落脚到促进现实的人的发展上。改革开放新时期,以邓小平、江泽民、胡锦涛和习近平为主要代表的中国共产党人深切感触到,"人民群众的理想信念、精神状态和人心所向,最终决定建设有中国特色社会主义事业的成败",③因而他们高度重视发挥马克思主义理论教育的育人功能,要求马克思主义理论教育必须坚持以马克思主义关于人的全面自由发展的观念为圭臬,以坚定人民群众的马克思主义信仰、提升人民群众的精神境界和促进人民群众的全面自由发展为价值取向和终极目标,进而真正达到提升人和完善人的良好效果。

引导人民群众树立坚定的马克思主义信仰,是马克思主义理论教育的首要意义。早在改革开放之初,以邓小平为主要代表的中国共产党人在总结中国革命的经验教训时就曾多次指出:"为什么我们过去能在非常困难的情况下奋斗出来,战胜千难万险使革命胜利呢?就是因为我们有理想,有马克思主义信念,有共产主义信念。"④"对马克思主义的信仰,是中国革命胜利的一种精神动力。"⑤在此基

---

① 胡锦涛:《在十六届中共中央政治局第二十三次集体学习上讲话》[N]. 人民日报,2010-09-29(01)。
② 《十六大以来重要文献选编》(下)[M]. 北京:中央文献出版社2008年版,第661页。
③ 《江泽民论有中国特色社会主义》(专题摘编)[M]. 北京:中央文献出版社2002年版,第409页。
④ 《邓小平文选》第3卷[M]. 北京:人民出版社1993年版,第110页。
⑤ 《邓小平文选》第3卷[M]. 北京:人民出版社1993年版,第63页。

础上,中国共产党人明确要求:"一定要经常教育我们的人民,尤其是我们的青年,要有理想",①"要特别教育我们的下一代下两代,一定要树立共产主义的远大理想",②一再告诫全党能否通过马克思主义理论教育坚定人民群众对马克思主义、社会主义和共产主义的信念,直接关系到我们党能否团结全国人民同心同德建设中国特色社会主义,直接决定着中国特色社会主义建设事业的兴衰成败,假如"没有这样的信念,就没有凝聚力。没有这样的信念,就没有一切"。③ 党的十四大以后,面对部分党员和群众理想信念不坚定、马克思主义信仰动摇、建设中国特色社会主义事业信心匮乏的现实状况,以江泽民为主要代表的中国共产党人更加注重发挥马克思主义理论教育对于理想信念和马克思主义信仰的塑造与建构作用。江泽民曾多次严肃指出:"我们共产党人的根本政治信仰是社会主义和共产主义,世界观是马克思主义的辩证唯物主义和历史唯物主义,这是任何时候都丝毫不能动摇的",④要求各级党组织积极通过马克思主义理论教育帮助党员干部和人民群众坚定的马克思主义信仰和社会主义信念,巩固马克思主义在意识形态领域的指导地位,"把理想信念牢固地建立在马克思主义的科学基础上"。⑤ 2000年6月,江泽民在中央思想政治工作会议上具体提出:"要通过我们的研究和宣传工作,帮助广大干部群众坚定对马克思主义的信仰、对社会主义的信念、增强对改革开放和社会主义现代化建设的信心,增强对党和政府的信任。"⑥党的十六大以后,以胡锦涛为主要代表的中国共产党人再次重申:"理想信念,是一个政党治国理政的旗帜,是一个民族奋力前行的向导",⑦反复强调理想信念是凝聚全党和全国人民共同奋斗的思想基础,人民群众只有树立坚定的理想信念,才能在思想上构筑起自觉抵御各种腐朽、落后思想侵蚀的坚固防线,自觉投身社会主义建设事业。2000年12月,胡锦涛在共青团十四届四中全会上着重提出:"对青年进行理想信念教育,最根本的就是要加强马列主义、毛泽东思想特别是邓小平理论教育",⑧对青年这一特殊群体的理想信念教育提出具体要求。2009年9月,党的十

---

① 《邓小平文选》第3卷[M]. 北京:人民出版社1993年版,第110页。
② 《邓小平文选》第3卷[M]. 北京:人民出版社1993年版,第111页。
③ 《邓小平文选》第3卷[M]. 北京:人民出版社1993年版,第190页。
④ 《江泽民文选》第2卷[M]. 北京:人民出版社2006年版,第361页。
⑤ 《江泽民文选》第2卷[M]. 北京:人民出版社2006年版,第362页。
⑥ 江泽民:《论"三个代表"》[M]. 北京:中央文献出版社2001年版,第127页。
⑦ 《十六大以来重要文献选编》(中)[M]. 北京:中央文献出版社2006年版,第636页。
⑧ 胡锦涛:《共青团十四届四中全会上的讲话》[N]. 中国青年报,2001-02-19(01)。

七届四中全会进一步强调:"把理想信念教育作为全党学习践行社会主义核心价值体系的重中之重",①要求把坚定理想信念作为马克思主义理论教育特别是社会主义核心价值体系教育的首要问题来解决,作为一项强固根本的基础性工程强抓不懈。党的十八大以来,以习近平为主要代表的中国共产党人更加重视理想信念教育在广大群众思想发展中的重要作用。2012年11月,习近平在主持十八届中央政治局第一次集体学习时曾形象地将理想信念比作党员干部精神上的"钙",强调如果理想信念不够坚定,广大党员干部在思想上和精神上就会因缺"钙"而得"软骨病",要求把通过马克思主义理论教育强化党员干部的理想信念作为新时期党内建设的重中之重。2013年5月,习近平在同各界优秀青年代表座谈时的讲话中着重提出:"广大青年要坚持用邓小平理论、'三个代表'重要思想、科学发展观武装头脑,把理想信念建立在对科学理论的理性认同上"②,为青年这一特殊群体的理想信念教育指明了发展方向。

改革开放以来,中国共产党人在把理想信念教育作为马克思主义理论教育的核心内容强抓不懈的同时,还依据马克思恩格斯提出的未来社会是"以每个人的全面而自由的发展为基本原则","建立在个人全面发展和他们共同的社会生产能力成为他们的社会财富这一基础上的自由个性"③的社会理想这一设想,把人的全面自由发展作为包含马克思主义理论教育工作在内的党和国家一切工作的终极目标和根本落脚点。其中,邓小平在继承和发展马克思主义"以人为本"价值诉求的基础上,不仅要求把"三个有利于"和"人民赞成不赞、拥护不拥护"作为衡量包括马克思主义理论教育在内一切工作成败与否的最高标准,而且具体提出马克思主义理论教育的根本任务是培养有理想、有道德、有文化、有纪律的社会主义建设者,基于我国初级阶段的基本国情将人的全面自由发展这一根本目标具体化。党的十四大以后,以江泽民为主要代表的中国共产党人进一步指出:"推进人的全面发展,同推进经济、文化的发展和改善人民物质文化生活,是互为前提和基础的",④提出"我们建设有中国特色社会主义的各项事业,我们进行的一切工作,既要着眼于人民现实的物质文化生活需要,同时又要着眼于促进人民素质的提高,

---

① 《十七大以来重要文献选编》(中)[M]. 北京:中央文献出版社2011年版,第147页。
② 习近平:《在同各界优秀青年代表座谈时的讲话》[N]. 人民日报,2013-05-05(02)。
③ 《马克思恩格斯全集》第46卷上[M]. 北京:人民出版社1979年版,第104页。
④ 江泽民:《论"三个代表"》[M]. 北京:中央文献出版社2001年版,第180页。

也就是要努力促进人的全面发展",①从社会发展与人的发展互为条件、相互促进的视角指明了促进人的全面自由发展是我国社会发展的应然价值诉求。在此基础上,党中央还具体提出"三个代表"重要思想,赋予马克思主义"以人为本"思想崭新的时代内涵。伴随党中央这些重要思想的相继提出和落实,马克思主义理论教育也被赋予促进人的全面自由发展的时代使命。党的十六大以后,以胡锦涛为主要代表的中国共产党人进一步提出"以人为本"的崭新执政理念,而"以人为本"思想的根本目标和最高准则就是要实现人的全面自由发展。在"以人为本"执政理念的指导下,胡锦涛在2003年7月召开的"三个代表"重要思想理论研讨会上明确要求:"党的理论、路线、纲领、方针、政策和工作必须以符合最广大人民的根本利益为最高衡量标准。"②2007年10月,党的十七大再次提出:"要始终把实现好、维护好、发展好最广大人民的根本利益作为党和国家一切工作的出发点和落脚点,尊重人民主体地位,发挥人民首创精神,保障人民各项权益,走共同富裕道路,促进人的全面发展。"③这些论述都是这一时期中国共产党人对"以人为本"科学内涵的集中概括和系统表述,充分体现了中国共产党人对"人的全面自由发展"这一马克思主义最高价值追求的不懈坚持。伴随人的全面自由发展成为国内各领域密切关注的焦点,"人本价值诉求"在各领域日趋凸显和明晰,我国各项工作被赋予培育人、提升人、实现人的全面自由发展的更高使命,坚持"以人为本"新理念逐步被纳入包含马克思主义理论教育在内的一切领域。譬如,2003年12月,胡锦涛在全国宣传思想政治教育工作会议上指出:"思想政治教育工作说到底是做人的工作,必须坚持育人为本"④,将"育人为本"作为马克思主义理论教育的基本指导理念。党的十八大以来,伴随"人民"一词热度持续升温,坚持把人民主体地位放在首位,以人民群众的根本利益为起点、以人文情怀和大众视野为基调、以人民群众的广泛接受为基点,以人的全面自由发展为根本立足点,开展马克思主义理论教育,是以习近平为主要代表的中国共产党人发展创新马克思主义理论教育思想的显著特点和历史性贡献。

---

① 江泽民:《论"三个代表"》[M]. 北京:中央文献出版社2001年版,第179页。
② 《十六大以来重要文献选编》(上)[M]. 北京:中央文献出版社2005年版,第364页。
③ 《十七大以来重要文献选编》(上)[M]. 北京:中央文献出版社2009年版,第12页。
④ 《坚持用"三个代表"重要思想统领宣传思想工作 为全面建设小康社会提供科学理论指导和强大舆论力量》[N]. 人民日报,2003-12-08(01)。

二、关于马克思主义理论教育的内容

马克思主义理论教育的内容直接决定着教育的性质、形式和效果,是马克思主义理论教育的根本问题。改革开放以来,以邓小平、江泽民、胡锦涛和习近平为主要代表的中国共产党人紧密结合我国改革开放和现代化建设的实际需要,在深入考察人民群众思想政治状况和道德风貌的基础上,遵循马克思主义理论教育的基本规律,提出一系列有关马克思主义理论教育内容的新思想,即坚持以马克思主义的基本原理和科学理论体系为基础性内容,以马克思主义中国化的最新理论成果为重点性内容,以中国近现代史、爱国主义和民族精神为拓展性内容,不断赋予新时期马克思主义理论教育崭新的时代内容,逐步推进马克思主义理论教育内容体系的科学性、全面性和系统性。

(一)基础性内容:马克思主义的科学体系和基本原理

马克思主义是马克思恩格斯创立的建立在辩证唯物主义和历史唯物主义学说基础之上的博大精深、完整严密的科学理论体系。它深刻地揭示了客观物质世界尤其是人类社会历史的发展规律,体现了最广大人民群众的根本利益,实现了人类思想史上质的飞跃,是无产阶级认识世界和改造世界的强大思想武器。从马克思、恩格斯、列宁到毛泽东等马克思主义经典作家都在马克思主义的基本理论研究方面作出了难以磨灭的贡献。改革开放以后,经过思想领域的拨乱反正,马克思主义基本原理被重新确定为马克思主义理论教育的基础内容。以邓小平、江泽民、胡锦涛和习近平为主要代表的中国共产党人突出强调和高度重视马克思主义基本原理教育和马克思主义科学体系教育,始终坚持把宣传普及马克思主义基本理论摆在马克思主义理论教育的首要位置。

改革开放之初,以邓小平为主要代表的中国共产党人曾多次提出:"我们搞改革开放,把经济重心放在经济建设上,没有丢马克思,没有丢列宁,没有丢毛泽东。老祖宗不能丢啊"①,"一定不要忘记了马克思列宁主义,不要丢掉这个最根本的东西"②,"马列主义、毛泽东思想的基本原则,我们任何时候都不能违背,这是毫无疑义的"③,套用"老祖宗"一词形象地形容马克思列宁主义、毛泽东思想在马克

---

① 《邓小平文选》第 3 卷[M]. 北京:人民出版社 1993 年版,第 369 页。
② 《邓小平文选》第 1 卷[M]. 北京:人民出版社 1994 年版,第 283 页。
③ 《邓小平文选》第 2 卷[M]. 北京:人民出版社 1994 年版,第 114 页。

思主义理论教育中的基础性地位。1979年3月,邓小平在《坚持四项基本原则》的讲话中还具体指出:"我们坚持的和要当作行动指南的是马列主义、毛泽东思想的基本原理,或者说是由这些基本原理构成的科学体系"①,进一步将"老祖宗"所代指的内容——马克思主义的基本原理和科学体系——明晰化。与此同时,针对当时林彪别有用心地套用"最高""顶峰""最活"等词语割裂毛泽东思想和马克思列宁主义之间一脉相承的关系的问题,邓小平还尖锐地反驳:"马克思主义、列宁主义、毛泽东思想,归根到底是马克思主义",②"我们思想的理论基础是马克思列宁主义",③一再告诫人们马克思列宁主义与毛泽东思想之间是根与枝、源与流的关系,开展毛泽东思想教育绝不能淡化和忽视马克思列宁主义的基本原理和科学体系教育。1985年6月,彭真在同全国人大常委会机关负责同志谈话时还专门围绕"努力学习马克思主义基本理论"这一主题展开系统论述,不仅提出"学习马克思列宁主义的基本理论,目前是一个非常迫切的问题",而且着重强调"学习马克思主义,是学习马克思主义的精神实质,学习它的立场、观点、方法,而不是简单背诵它的词句或解决某些具体问题的结论"。④ 在此基础上,为深入推进马克思主义基本原理和科学体系教育,以邓小平为主要代表的中国共产党人还多次发出"必须再重新进行一次学习"的号召,明确提出"学习什么?根本的是要学习马列主义、毛泽东思想,要努力把马克思主义的普遍原则同我国实现四个现代化的具体实践结合起来",⑤反复强调只有脚踏实地地学习马克思主义的基本原理和科学体系,"才能提高我们运用它的基本原则基本方法,来积极探索解决新的政治经济社会文化基本问题的本领"⑥,才能切实提升新时期我国理论工作的自觉性和社会实践的主动性。

党的十四大以后,以江泽民为主要代表的中国共产党人同样高度重视学习和宣传马克思主义基本原理的重要性。他们不仅指出,"马克思主义是严密而完整的科学的思想体系,始终是我们党、工人阶级和劳动群众认识世界、改造世界的行动指南。一百多年来,没有哪一种理论、学说能像马克思主义那样保持勃勃生机,

---

① 《邓小平文选》第2卷[M]. 北京:人民出版社1994年版,第171页。
② 《邓小平年谱(1975-1997)》(上)[M]. 北京:中央文献出版社2004年版,第222页。
③ 《邓小平年谱(1975-1997)》(上)[M]. 北京:中央文献出版社2004年版,第222页。
④ 《十二大以来重要文献选编》(中)[M]. 北京:人民出版社1986年版,第740页。
⑤ 《邓小平文选》第2卷[M]. 北京:人民出版社1994年版,第153页。
⑥ 《邓小平文选》第3卷[M]. 北京:人民出版社1993年版,第147页。

对推动社会进步起那样巨大的作用,造成那样深远的影响",①"学习和研究马克思主义理论,是提高党的工作的科学性、预见性的根本途径",②而且着重强调"马克思主义的基本原理任何时候都要坚持,否则我们的事业就会因为没有正确的理论基础和思想灵魂而迷失方向,就会归于失败",③"我们对马克思主义的基本原理,任何时候都要坚持,一切否定和放弃马克思主义的言行都是错误的,都必须坚决反对",④"我们坚持马克思主义,关键是坚持马克思主义的基本原理,并坚持运用它来分析和研究今天的实践",⑤明确要求新时期我国马克思主义理论教育必须坚持以马克思主义的基本原理和科学体系为基础性内容,引导人们科学理解马克思主义理论的基本立场、观点和方法,准确运用辩证唯物主义和历史唯物主义观察社会现象、分析现实问题、解答思想困惑和破解时代难题。

进入新世纪新阶段,党内学习马克思主义基本原理的风气日益淡化,部分党员不但轻视和排斥马克思主义基本原理,甚至留恋于新自由主义、民主社会主义等西方资产阶级理论的怀抱乐不思蜀。面对这种现实状况,以胡锦涛为主要代表的中国共产党人,一方面反复重申"没有马克思主义的理论基础,就谈不上把马克思主义基本原理同中国具体实际相结合",⑥强调开展马克思主义理论教育必须坚持以马克思主义的基本原理和科学体系为基础性内容,并正式实施和启动"马克思主义理论研究与建设工程",把"坚持用科学的态度对待马克思主义"作为工程建设的一项重要任务,为马克思主义基本原理教育提供了政策支持和重要依据。另一方面,重点要求通过狠抓马克思主义经典著作的学习和宣传工作强化人们对马克思主义基本原理的认识与理解。2009年9月,胡锦涛在党的十七届四中全会上着重强调,广大党员干部特别是党的中高级领导干部只有潜心研读马克思主义经典著作,才能准确把握马克思主义的世界观、历史观和方法论,才能真懂、真信、真用马克思主义基本原理,才能把我们党真正打造成一支马克思主义学习型政党。2010年9月,习近平在中国浦东干部学院座谈会上深入指出:"马克思主义经典著作是马克思主义理论的本源。学习马克思主义经典著作,有利于从源头

---

① 《十三大以来重要文献选编》(中)[M]. 北京:人民出版社1991年版,第1143页。
② 《江泽民论社会主义精神文明建设》(专题摘编)[M]. 北京:中央文献出版社1999年版,第45页。
③ 《江泽民文选》第3卷[M]. 北京:人民出版社2006年版,第282页。
④ 《江泽民文选》第3卷[M]. 北京:人民出版社2006年版,第337页。
⑤ 江泽民:《论"三个代表"》[M]. 北京:中央文献出版社2001年版,第126页。
⑥ 习近平:《做好新形势下干部教育培训工作》[N]. 学习时报,2010-10-25(01)。

上完整准确地理解马克思主义,系统掌握马克思主义科学真理,也有利于深化对中国特色社会主义理论体系的理解和运用。没有马克思主义的理论基础,就谈不上把马克思主义基本原理同中国的具体实际相结合",①进一步阐明了通过学习马克思主义经典著作进行追本溯源、探求马克思主义理论的本真意蕴,对于真正弄懂和灵活运用马克思主义基本原理体系具有极为重要的现实意义。这也是党的十八大以来习近平带领中国共产党人继续坚持和深入贯彻的重要思想。例如,2003年3月,习近平在中央党校建校80周年大会上语重心长地强调,学懂、学通、学精马克思主义基本原理特别是深刻领悟贯穿其中的立场、观点和方法,是我们做好一切工作的看家本领。

(二)重点性内容:马克思主义中国化理论创新成果

伴随"十月革命一声炮响,给中国送来了马克思主义",前赴后继的中国共产党人便开始在把马克思主义基本原理同中国具体实际相结合的历史进程中以巨大的理论创新勇气不断推进中国化马克思主义理论成果的发展创新,相继形成既一脉相承又与时俱进的毛泽东思想、邓小平理论、"三个代表"重要思想和科学发展观等一系列重大战略思想,为各个历史时期的马克思主义理论教育提供崭新的时代内容。改革开放以来,中国共产党人始终坚持把马克思主义中国化理论创新成果作为马克思主义理论教育的重点性内容,坚持运用马克思主义中国化的最新理论成果武装全党、教育人民,推动中国特色社会主义建设平稳发展。正如胡锦涛所指出:"理论创新每前进一步,理论武装就跟进一步,这是我们党加强自身建设的一条重要经验。"②

党的十一届三中全会以后,以邓小平为主要代表的中国共产党人在重新恢复实事求是思想路线,破除人们对马克思主义特别是毛泽东思想的教条式理解的基础上,着重提出新时期我国的马克思主义理论教育必须坚持以马克思主义中国化第一次历史性飞跃所产生的中国化马克思主义——毛泽东思想为重点性内容。对此,邓小平在1977年写给中央的信中明确指出:"我们必须世世代代地用准确的完整的毛泽东思想来指导我们全党、全军和全国人民,把党和社会主义的事业,把国际共产主义运动的事业,胜利地推向前进",③强调"毛泽东思想过去是中国

---

① 习近平:《做好新形势下干部教育培训工作》[N].学习时报,2010-10-25(01).
② 《十七大以来重要文献选编》(下)[M].北京:中央文献出版社2013年版,第439页.
③ 《邓小平思想年谱(1975-1997)》(上)[M].北京:中央文献出版社1998年版,第26页.

革命的旗帜,今后将永远是中国社会主义事业和反霸权主义事业的旗帜,我们将永远高举毛泽东思想的旗帜前进"。① 1978年12月,邓小平在中央工作会议闭幕式上号召全党重新学习时再次语重心长地指出:"毛泽东思想这个旗帜丢不得。丢了这个旗帜,实际上就否定了我们党的光辉历史"②。在此基础上,邓小平还着重提出:"中央提倡学习,主要是学习马克思主义哲学,重点是学习毛泽东同志的哲学著作。……现在我们的干部中很多人不懂哲学,很需要从思想方法、工作方法上提高一步。《实践论》、《矛盾论》、《论持久战》、《战争和战略问题》、《论联合政府》等著作,选编一下",③强调马克思主义理论教育在坚持以毛泽东思想为重点内容的同时,还必须重点抓好毛泽东哲学著作教育。

  党的十四大以后,伴随邓小平建设有中国特色社会主义理论在全党指导地位的最终确立,以江泽民为主要代表的中国共产党人在重视和加强毛泽东思想教育的同时,进一步强调在和平与发展成为时代主题的历史条件下"学习马克思列宁主义毛泽东思想,中心内容是学习建设有中国特色社会主义的理论",④并提出"用邓小平同志建设有中国特色社会主义的理论武装全党"⑤的重要任务。为尽快贯彻落实这一战略任务,1994年12月,胡锦涛在建设有中国特色社会主义理论研讨会上深刻指出:"建设有中国特色社会主义理论是中国改革开放伟大时代的产物,这一理论揭示了改革开放和现代化建设的客观规律,为我们正确认识和处理当代中国的经济、政治、社会问题,推进改革和建设不断发展,提供了强大的思想武器和科学方法"⑥,明确要求新形势下开展马克思主义理论教育必须"继续紧紧围绕建设中国特色社会主义这个主题,全面系统地研究和宣传这一理论,鲜明而生动地阐释其中的基本观点和精神实质,帮助广大干部、群众更好地理解和掌握这一理论武器"。⑦ 随后,伴随党的十五大上邓小平理论历史地位的最终确立,以江泽民为主要代表的中国共产党人进一步指出:"在社会主义现代化建设新时

---

① 《邓小平文选》第2卷[M].北京:人民出版社1994年版,第172页。
② 《邓小平年谱(1975 – 1997)》(上)[M].北京:中央文献出版社2004年版,第648页。
③ 《邓小平文选》第2卷[M].北京:人民出版社1994年版,第303 – 304页。
④ 《十一届三中全会以来党的历次全国代表大会中央全会重要文件选编》(下)[M].北京:中央文献出版社1997年版,第191页。
⑤ 《十四大以来重要文献选编》(上)[M].北京:人民出版社1996年版,第38页。
⑥ 《十四大以来重要文献选编》(中)[M].北京:人民出版社1997年版,第1115页。
⑦ 《十四大以来重要文献选编》(中)[M].北京:人民出版社1997年版,第1119页。

期,有了邓小平理论,这是我们党最大的政治优势",①"加强党的思想建设,根本的是坚定不移地用邓小平理论武装全党,充分发挥党的思想政治优势",强调邓小平理论是马克思列宁主义和毛泽东思想在当代中国的最新发展,是新时期马克思主义理论教育的重点性内容。在此基础上,他们多次要求"全党要重视学习,善于学习,兴起一个学习马列主义、毛泽东思想特别是邓小平理论的新高潮"。② 为确保全党和全国人民扎实有效地学习邓小平理论,党中央还先后组织相关单位编辑出版邓小平的一系列著作,为开展邓小平理论教育提供了强有力的文本依据。

党的十六大以后,伴随"三个代表"重要思想在全党指导地位最终确立,以胡锦涛为主要代表的中国共产党人在继续坚持把毛泽东思想和邓小平理论等马克思主义中国化理论创新成果作为马克思主义理论教育的重点性内容强抓不懈的同时,还进一步将"三个代表"重要思想纳入马克思主义理论教育的内容体系。2002年11月,党中央下发《关于认真学习贯彻党的十六大精神的通知》,明确提出"学习贯彻十六大精神,核心是学习贯彻'三个代表'重要思想,把学习贯彻十六大精神的热潮引向深入,最重要的是兴起学习贯彻'三个代表'重要思想新高潮"。③ 2003年6月,中央又专门下发《关于在全党兴起学习贯彻"三个代表"重要思想新高潮的通知》,要求各级党组织积极组织开展以实践"三个代表"重要思想为主要内容的保持党员先进性教育活动。2007年2月,李长春在省部级主要领导干部学习《江泽民文选》专题研讨会上着重强调:"要深入学习《江泽民文选》,进一步深刻领会'三个代表'思想的时代背景、实践基础、科学内涵、精神实质、历史地位和重要意义",④要求从深度上和广度上深入推进"三个代表"重要思想的贯彻落实。不仅如此,党的十六大以后,中国共产党人在积极推进"三个代表"重要思想教育的同时,还以巨大的理论勇气进行理论创新,先后提出了科学发展观、构建社会主义和谐社会、建设社会主义核心价值体系等重大战略思想,并党的十七大上创造性地把科学发展观与邓小平理论、"三个代表"重要思想等一系列重大战略思想系统整合为中国特色社会主义理论体系。随后,以胡锦涛为主要代表的中国共产党人在各种场合一再强调,"在当代中国,坚持中国特色社会主义理论体系,就是真

---

① 江泽民:《论党的建设》[M]. 北京:中央文献出版社2001年版,第286页。
② 《江泽民文选》第2卷[M]. 北京:人民出版社2006年版,第43页。
③ 《中共中央关于认真学习贯彻党的十六大精神的通知》[J].《党建》2002年第12期。
④ 新华日报社编:《时政文献辑览》[M]. 北京:人民出版社2008年版,第264页。

正坚持马克思主义",①并多次发出"深入学习贯彻中国特色社会主义理论体系,着力用马克思主义中国化最新成果武装全党"②的伟大号召。中国特色社会主义理论体系作为马克思主义中国化第二次历史性飞跃所产生的理论成果,随之与毛泽东思想一起成为马克思主义理论教育的中心内容。2008年12月,胡锦涛在纪念党的十一届三中全会召开30周年大会上还着重从如何切实增强各项工作的原则性、系统性、预见性、创造性"四位性能"的认识高度,再次重申加强中国特色社会主义理论体系教育的重要性,明确要求"刻苦学习马克思列宁主义、毛泽东思想特别是邓小平理论、'三个代表'重要思想以及科学发展观等重大战略思想,学习做好工作所需要的一切新知识,坚持求真务实,加强战略思维,树立世界眼光,提高对发展中国特色社会主义的规律性认识,增强工作的原则性、系统性、预见性、创造性,提高推动科学发展、促进社会和谐能力"。③

党的十八大以来,随着党的十八大报告正式提出,学习党的十八大报告、贯彻党的十八大精神,成为马克思主义理论教育的重点内容。作为党的十六大以来理论创新成果的集大成之作,党的十八大报告从根本上坚持和发展马克思主义,是当代中国马克思主义的经典性文献。为把学习党的十八大报告、贯彻党的十八大精神引向深处,以习近平为主要代表的中国共产党人不仅在各种场合一再强调宣传好党的十八大报告、落实好党的十八大精神的极端重要性,而且还着重从"抓一条主线""四个下功夫"等层面提出具体要求。综上可见,改革开放以来马克思主义理论教育重点内容的变化始终是围绕马克思主义中国化理论创新成果的形成而不断丰富和发展。

(三)拓展性内容:中国近现代史、爱国主义和民族精神

改革开放以来我国马克思主义理论教育不仅以马克思主义基本原理为基础性内容,以马克思主义中国化理论创新成果为重点性内容,而且紧密结合我国改革开放和现代化建设的客观需要广泛吸纳中国近现代史、爱国主义和民族精神等诸多崭新的时代内容。这些新内容的注入,有助于从多重视角引导广大党员和群众科学认识社会主义社会的发展规律、正确看待我们党和国家的前途命运、深刻感知马克思主义在中国社会发展中的强大精神动力作用,从而加深人们对马克思

---

① 《十七大以来重要文献选编》(上)[M].北京:中央文献出版社2009年版,第9页。
② 《十七大以来重要文献选编》(上)[M].北京:中央文献出版社2009年版,第26页。
③ 《十七大以来重要文献选编》(上)[M].北京:中央文献出版社2009年版,第814页。

主义的理解、认同与信任,坚定人们建设有中国特色社会主义的理想信念。这就极大地充实和丰盈了马克思主义理论教育的科学内涵和内容体系,为新时期开展马克思主义理论教育提供了有力的历史依据和思想支撑。

中国近现代史既是马克思主义在华夏大地集中展现并释放强大精神动力的历史,也是中国人民理解和接受马克思主义的最深厚、最富影响力的文化土壤和现实基础。正如江泽民所指出:"我们党领导人民进行革命、建设和改革的历史,是一部蕴含和体现马克思列宁主义、毛泽东思想和邓小平理论的活生生的教科书。"①可见,开展中国近现代史教育既是引导人们接受和认同马克思主义的前提依据和重要载体,也是巩固党和人民团结奋斗思想基础的重要保障。改革开放以来,为通过中国革命和建设的成败得失充分说明只有马克思主义和社会主义才能救中国,坚定人们走社会主义道路的信念,中国共产党人高度重视运用中国近现代史教育人民。邓小平在1987年初曾深刻地指出,从鸦片战争后中国被视为"东亚病夫",到孙中山"以俄为师"寻求救民于水火之路;从日本侵华后我国沦为半殖民地,到毛泽东向全世界庄严宣告"中国人民站起来了",中国近一个半世纪跌宕起伏的历史雄辩地证明"坚持马克思主义对中国十分重要,坚持社会主义对中国也十分重要"。② 在此基础上,邓小平提出:"要懂得些中国历史,这是中国发展的一个精神动力",③"青年人不了解这些历史,我们要用历史教育青年,教育人民"。④ 党的十四大以后,以江泽民为主要代表的中国共产党人也高度重视运用确凿的历史事实教育人民,引导人们树立坚定的马克思主义信仰和社会主义信念。其中,针对党员干部这一群体,强调"作为当代中国的领导干部,如果不了解中国的历史,特别是中国的近代史、现代史和我们党的历史,就不可能认识和把握中国社会发展的客观规律,继承和发扬我们党在长期斗争过程中形成的优良传统,也就不能胜任领导建设中国特色社会主义的职责",⑤要求把中国近现代史教育纳入党内马克思主义理论教育的内容体系;针对青年学生这一群体,一方面指出加强中国近现代史教育有助于"引导和帮助青年学生树立正确的世界观、人生观、价值观,打下科学理论的基础,确立为建设有中国特色社会主义而奋斗的政治

---

① 江泽民:《论党的建设》[M]. 北京:中央文献出版社1999年版,第331-332页。
② 《邓小平文选》第3卷[M]. 北京:人民出版社1993年版,第62页。
③ 《邓小平文选》第3卷[M]. 北京:人民出版社1993年版,第358页。
④ 《邓小平文选》第3卷[M]. 北京:人民出版社1993年版,第206页。
⑤ 江泽民:《论党的建设》[M]. 北京:中央文献出版社2001年版,第224-225页。

方向。这样,才能增强青少年抵制错误思潮和拜金主义、享乐主义、极端个人主义等腐朽思想侵蚀的能力"。① 另一方面,江泽民在 1991 年致信主管教育的李铁映和何东昌等同志时提出,各级各类学校要积极引导青年学生学习中国近现代史,"使他们熟悉我国的近代史、现代史和我们党的斗争史,认识今天的人民政权来之不易",②强调"如果轻视思想政治教育、历史知识教育和人格培养,那就会产生很大的片面性,而这种片面性往往会影响人的一生的轨迹"。③ 随后,李铁映深入提出:历史教育"是一项全民性的基础教育,不仅应在学校中进行,而且亦应在全社会进行"。这一期间,正是在这些重要思想的指导下,如何运用马克思主义的历史唯物主义和辩证唯物主义原理讲解中国近现代史,引导人们正确认识中国社会发展规律,成为马克思主义理论教育的拓展性内容,《中国革命史》等课程也随之陆续走进高校马克思主义理论教育课堂。党的十六以后,以胡锦涛为主要代表的中国共产党人更加重视历史教育在马克思主义理论教育中的重要作用,坚持把宣传普及中国近现代史与推进马克思主义中国化、大众化相结合。2005 年初,中宣部和教育部下发《关于进一步加强和改进高等学校思想政治理论课的意见》,要求在高校思想政治理论课中设置《中国近现代史纲要》必修课,开展有关中国革命、建设和改革的历史教育,引导学生正确认识社会发展规律和自身肩负的社会责任。随后,为进一步凸显中国近现代史在马克思主义理论教育中的重要地位,党中央在 2005 年召开的"马克思主义理论研究与建设工程"会议上将马克思主义理论提升为一级学科,并下设包括"马克思主义中国化研究""中国近代史基本问题研究"在内的六个二级学科。2005 年底,国务院学位委员会和教育部在研究生培养学科专业目录中新增"马克思主义理论"一级学科,并专门设置"马克思主义中国化研究"二级学科。2008 年 4 月,国务院学位委员会和教育部联合下发《关于增设"中国近现代史基本问题研究"二级学科的通知》,决定在马克思主义理论一级学科下增设"中国近现代史基本问题研究"二级学科,以推动中国近现代史研究和马克思主义中国化的历史研究。与此同时,以胡锦涛为主要代表的中国共产党人

---

① 《江泽民论有中国特色社会主义》(专题摘编)[M]. 北京:中央文献出版社 2002 年版,第 262 页。
② 《毛泽东邓小平江泽民论世界观人生观价值观》[M]. 北京:人民出版社 1997 年版,第 456 页。
③ 《江泽民论有中国特色社会主义》(专题摘编)[M]. 北京:中央文献出版社 2002 年版,第 264 页。

还在各种场合一再重申:"只有铭记历史,特别是铭记中国共产党领导人民创造的中国革命史,才能深刻了过去、全面把握现在、正确创造未来",①明确提出开展马克思主义理论教育必须将中国近现代史教育、群众性的理想信念教育和党员的先进性教育三者密切结合。正是在这些重要思想和决策的指导和推动下,中国近现代史作为马克思主义理论教育的拓展性内容,陆续走进党内和高校等各个领域的马克思主义理论教育课堂,驶入人民群众特别是大学生群体的视野。党的十八大以来,以习近平为主要代表的中国共产党人更加重要中国近现代史在马克思主义理论教育中的重要地位。2013年6月,习近平在主持十八届中央政治局第七次集体学习时不仅指出"学习党史、国史,是坚持和发展中国特色社会主义、把党和国家各项事业继续推向前进的必修课",②强调"这门功课不仅必修,而且必须修好",要求把党史教育提升到事关党和国家发展全局的重要地位强抓不懈,而且要求站在推进马克思主义理论大众化的战略高度,积极采取开展专题讲座、播放影视宣传片和开设红色旅游景点、纪念馆等人民大众喜闻乐见、易于接受的形式创新党史教育的方式方法,增强党史教育的影响力。

爱国主义教育是培育高素质人才、铸造民族精神的基础性和灵魂性工程,是最基本的素质教育。在当代中国,爱国主义与社会主义就本质而言具有高度的一致性,一方面建设中国特色社会主义是爱国主义的永恒主题,另一方面爱国主义教育和中国特色社会主义教育同为弘扬社会主旋律的教育。改革开放以来,以邓小平、江泽民、胡锦涛和习近平为主要代表的中国共产党人在重视中国近现代史教育的同时,还创造性地将爱国主义纳入马克思主义理论教育的内容体系,赋予马克思主义理论教育鲜明的时代内涵和民族特色,使得马克思主义理论教育更为实际、具体和生动,更易于被人们理解和接受。对此,以邓小平为主要代表的中国共产党人曾多次指出:"有人说不爱社会主义不等于不爱国。难道祖国是抽象的吗?不爱共产党领导的社会主义的新中国,爱什么呢",③强调"必须发扬爱国主义精神,提高民族自尊心和民族自信心。否则我们就不可能建设社会主义,就会

---

① 《坚持不懈地学习中国革命史发扬光大党的光荣革命传统》[N].人民日报,2006-07-26(01)。
② 《习近平在中共中央政治局第七次集体学习时强调:在对历史的深入思考中更好走向未来 交出发展中国特色社会主义合格答卷》[J].《党建》2013年第7期。
③ 《邓小平文选》第2卷[M].北京:人民出版社1994年版,第392页.

被种种资本主义势力所侵蚀腐化",①要求把马克思主义教育与爱国主义教育有机融合为一体,通过爱国主义教育提高群众对马克思主义和社会主义的自信心和自豪感。1983年7月,针对改革开放进程中部分群众对马克思主义和社会主义的前途深感茫然、对祖国情感淡薄的现实状况,中宣部还专门颁发《关于加强爱国主义宣传教育的意见》,要求积极通过爱国主义教育引导群众拥护马克思主义和党的路线方针政策。1993年7月,江泽民在学习《邓小平文选》第三卷报告会上还着重提出:"学习新一卷《邓小平文选》,必须紧紧抓住邓小平同志反复强调的爱国主义精神……爱国主义、社会主义是凝聚中华民族,推动中国发展的伟大精神动力。我们要把这种精神一代一代传下去",②要求把爱国主义教育置于邓小平理论教育的重中之重。2002年5月,江泽民在纪念中国共产主义青年团成立八十周年大会上进一步指出:"五四运动以来,中国青年运动奏响的主旋律,就是鲜明强烈的爱国主义。……这种爱国主义,坚持马克思主义科学理论的指导,融入了体现时代进步的民主精神和科学精神,使中华民族的发展有了正确的思想指引。"③在以江泽民为主要代表的中国共产党人看来,"在我国,爱国主义、集体主义、社会主义教育,是三位一体、相互促进的",④因此要把爱国主义教育融入社会主义教育和马克思主义理论教育中,"通过各种生动活泼的形式,广泛、深入、持久地加强爱国主义教育和宣传",⑤从而使人们朴素的爱国主义情感和精神由感性上升为理性、由自发上升为自觉。基于此种认识,以胡锦涛为主要代表的中国共产党人在新世纪新阶段也一再强调:"爱国主义最鲜明的主题就是不断发展中国特色社会主义,在改革开放中加快推进社会主义现代化,全面建设小康社会,把中华民族伟大复兴的宏伟蓝图变成美好现实",⑥要求各级各部门共同推进爱国主义教育、马克思主义理论教育和中国特色社会主义理论教育的发展。

中华民族精神集中展现了中华民族的血脉和风骨,是中华民族文化的结晶和内核。改革开放以来,中国共产党人十分重视弘扬中华民族精神,并把弘扬和培育民族精神具体纳入国民教育特别是马克思主义理论教育的全过程,要求以井冈

---

① 《邓小平文选》第2卷[M]. 北京:人民出版社1994年版,第369页。
② 《十四大以来重要文献选编》(上)[M]. 北京:人民出版社1996年版,第449页。
③ 《江泽民文选》第3卷[M]. 北京:人民出版社2006年版,第482页。
④ 江泽民:《宣传思想战线是我们党一条极其重要战线》[J].《党建》1993年第3期。
⑤ 江泽民:《关于加强爱国主义教育》[J].《人民论坛》1997年第6期。
⑥ 胡锦涛:《在同中国农业大学师生代表座谈时的讲话》[N]. 人民日报,2009-03-05(02)。

山精神、长征精神、延安精神、红岩精神、西柏坡精神、红旗渠精神、雷锋精神和抗洪精神等为主要内容开展民族精神教育,把马克思主义中国化的优秀成果潜移默化地灌输给广大党员和群众,切实提升马克思主义理论教育的实效性和感染力。其中,党的十六大报告明确提出:"面对世界范围各种思想文化的相互激荡,必须把弘扬和培育民族精神作为文化建设极为重要的任务,纳入国民教育全过程,纳入精神文明建设全过程,使全体人民始终保持昂扬向上的精神状态",[1]强调我国要屹立于世界之林就必须依靠民族精神教育来统一思想、凝聚力量。在此基础上,报告还从丰富思想教育特别是马克思主义理论教育的内容角度出发,深入提出"要把长征精神作为加强社会主义精神文明建设的重要动力,作为在全体人民特别是青少年中进行理想信念和思想道德教育的重要内容",[2]赋予包含马克思主义理论教育在内的一切思想教育崭新的时代内容。2003年12月,胡锦涛在全国宣传思想工作会议上进一步提出:"当前和今后一个时期,宣传思想工作要坚持把弘扬和培育民族精神作为宣传思想战线极为重要的任务",要求思想战线特别是马克思主义理论教育战线上的工作者必须自觉担负起民族精神教育的重任。2007年10月,李长春在纪念井冈山革命根据地创建80周年大会上,不仅指出"井冈山革命斗争最重要的历史贡献,就是坚持把马克思主义基本原理同中国具体实际结合起来,为中国革命找到正确道路",[3]强调井冈山革命展现了中国共产党的优良传统和革命风骨,而且要求紧密结合中国特色社会主义建设实践的新发展和党的历史任务的新变化,通过马克思主义理论教育将井冈山革命精神发扬光大,使马克思主义中国化的优秀成果在新的历史条件下绽放出耀眼光芒。

三、关于马克思主义理论教育的路径

推进当代中国马克思主义理论教育、凝聚思想共识,是一项艰巨而复杂的系统工程,需要多维度、多路径、全方位广泛开展。改革开放以来,以邓小平、江泽民、胡锦涛和习近平为主要代表的中国共产党人在深刻把握瞬息万变的国际国内形势以及人民群众思想的独立性、层次性和复杂性的基础上,认真研究新时期马克思主义理论教育的规律和特点,积极探索出学习教育、舆论导向、典型示范和科

---

[1] 《十六大以来重要文献选编》(上)[M]. 北京:中央文献出版社2005年版,第30页。
[2] 江泽民:《在纪念红军长征胜利60周年大会上的讲话》[N]. 人民日报,1996-10-22(01)。
[3] 新华日报社编:《时政文献辑览》[M]. 北京:人民出版社2008年版,第275页。

学建设等诸多推进马克思主义理论教育的有效路径和方法,不断将马克思主义理论最大限度地贯穿和渗透到社会生活的各领域和各环节,使马克思主义的理论威力和话语优势转化为人民群众的思想共识和自觉追求。这些内隐的、渗透性的教育路径的提出,打破了传统的"单纯依靠讲述理论、灌输概念化的经典论断"等教育模式的束缚,实现了理论教育从单一线性的方法和路径向综合立体的方法和路径地成功转换,有效地推动了马克思主义在人们头脑中的根植和内化。

(一)学习教育:强化理论武装和理论灌输的主要渠道

马克思主义经典作家历来高度重视理论武装和理论灌输的重要作用,一再强调马克思主义作为意识形态层面的思想理论不能自发地转化为人民群众的自觉意识和行动,而是必须通过理论武装和理论灌输才能内化于人们的思想深处、外化为人们的自觉追求与行动,任何阶级政治上的自觉和信仰上的坚定都源自于科学理论武装上的成熟。对此,马克思恩格斯曾深刻地指出:"如果没有严格的科学思想和正确学说来号召工人,那就等于玩弄空洞虚伪的传教把戏"、"无知从来也不能帮助任何人。"①列宁也多次强调:"没有革命的理论,就不会有革命的运动。"②受经典作家这一重要思想的影响,改革开放以来我们党也非常重视加强马克思主义的理论武装和理论灌输,并在实践中逐步探寻出一条颇具中国特色的有效路径——学习教育,即以集体学习或自我学习、全面学习或专题学习为主要形式,"以讲授讲解、理论学习、宣传教育、理论培训、理论研讨为主要内容",③对社会各阶层进行马克思主义的理论武装和灌输教育。这也是新时期我国马克思主义理论教育和社会主义意识形态教育的首要渠道和根本途径。

改革开放之初,为通过马克思主义理论教育引导党员干部和广大群众树立坚定的马克思主义信仰和社会主义信念,邓小平不仅指出最行之有效的方法是引导大家讲学习,而且多次发出"全党必须再重新进行一次学习"的伟大号召,要求各级党校、团校积极通过学习教育的主渠道进行经常性的党内集中学习和个人自我学习,切实提升党员干部的理论修养和政治觉悟。党的十四大以后,江泽民不仅进一步指出"学习和研究马克思主义理论,是提高党的工作的科学性、预见性的根

---

① 中共中央编译局:《人间的普罗米修斯 回忆马克思恩格斯》(Ⅲ)[M]. 北京:人民出版社1983年版,第14-15页。
② 《列宁选集》第1卷[M]. 北京:人民出版社1995年版,第153页。
③ 郑永廷:《思想政治教育方法论》[M]. 北京:高等教育出版社1996年版,第122-125页。

本途径"，①而且明确要求各级各部门不断掀起学习教育的新高潮，"使马克思主义的理论、建设有中国特色社会主义的思想观念和道德要求，不断灌注到并真正深入全体党员、干部和全体人民的头脑之中，成为他们自觉的思想要求和行为规范"。② 1995年9月，党的十四届五中全会还明确要求在全国县级以上领导干部中深入开展以"讲学习、讲政治、讲正气"为主要内容的"三讲"教育活动，并把"讲学习"摆在"三讲"教育的首要位置，而"讲学习"就是要求通过学习教育用马克思主义理论武装教育广大党员干部。1998年7月，江泽民在学习邓小平理论工作会议上再次重申："十五大以来，中央多次强调加强理论学习。为什么呢？因为它对我们党和国家的前途命运，实在太重要了"，③强调我国越是进行社会主义市场经济体制改革，越要高度重视通过学习教育加强对党员干部和人民群众的马克思主义理论武装和灌输教育。党的十六大以后，我们党逐步将学习教育作为一项长期战略任务强抓不懈，要求"坚持把学习作为全党一项十分重要的任务，不断加强，不断推进，努力使全党的马克思主义理论水平和科学文化水平不断有新的提高"。④ 2009年9月，党的十七届四中全会还专门向提出"建设马克思主义学习型政党，提高全党思想政治水平"的战略任务，要求"必须按照科学理论武装、具有世界眼光、善于把握规律、富有创新精神的要求，把建设马克思主义学习型政党作为重大而紧迫的战略任务抓紧抓好"，⑤即按照建设学习型政党的标准进一步强化党内学习教育。这种学习教育既包括对马克思主义基本原理和马克思主义中国化理论创新成果的学习传承，也包括对新时期党的理论、政策与制度的学习贯彻。党的十八大以来，习近平更加注重加强学习教育尤其是加强党员干部的学习教育，多次呼吁广大党员和群众要有强烈的学习紧迫感。2013年3月4日，习近平在庆祝中央党校建校80周年大会上不仅指出党员干部要正确认识和妥善处理我国经济社会发展中层出不穷的新问题，最科学和最有效的路径是通过学习切实增强自身本领，而且再次重申党的十八大提出的"建设学习型、服务型、创新型马克思主义执政党"这一重大战略任务，指明建设学习型马克思主义执政党的关键在

---

① 江泽民：《论社会主义精神文明建设》[M]．北京：中央文献出版社1999年版，第45页。
② 《十五大以来重要文献选编》（中）[M]．北京：人民出版社1999年版，第1586页。
③ 《毛泽东邓小平江泽民论思想政治工作》[M]．北京：学习出版社2000年版，第103页。
④ 《胡锦涛在中共中央政治局集体学习时强调——加强领导干部学习　提高执政兴国本领》[N]．人民日报，2002-12-27(01)。
⑤ 《十七大以来重要文献选编》（中）[M]．北京：中央文献出版社2011年版，第145页。

于通过加强学习教育引导党员干部掌握马克思列宁主义、毛泽东思想和中国特色社会主义理论体系,特别是领悟贯穿其中的马克思主义立场、观点和方法。随后,刘云山在3月28日发表的《在全党兴起学习之风调研之风实干之风》中进一步强调:"弘扬良好学风首先是大兴学习之风,学习者智、学习者胜,学习才能生存、学习才能发展,选择了学习就选择了进步。"①正是在党中央的高度重视和直接指导下,十八大以来全党上下广泛掀起学习教育的新热潮,学习成为各级党组织的显著特征。

综上可见,改革开放三十多年来,从到邓小平理论学习教育活动的开展,到"三讲"学习教育活动的推进,到保持共产党员先进性学习教育活动的实施,到"三个代表"重要思想学习教育活动的贯彻,到以"八荣八耻"为主要内容的社会主义荣辱观学习教育活动的启动,到科学发展观学习教育活动和中国特色社会主义理论体系学习教育活动的推进,再到"建设学习型、服务型、创新型马克思主义执政党"战略任务的提出和落实,"学习教育"始终是中国共产党人进行马克思主义理论教育最常用、最基本、最切实有效的途径。这也是中国共产党人发展创新马克思主义理论教育思想的有机组成部分。

(二)舆论导向:抢占大众传媒以及网络等宣传主阵地

传播媒介具有嗅觉灵敏、传播广泛、影响力大、兼容互动等显著优势,历来是政治信息资源集散和宣传教育的重要载体,对于政治的影响早已不言而喻。正如学者迈克尔·罗斯金所指出:"政治系统和传播体系是精确并行的,它们缺一不可。"②"工欲善其事,必先利其器",充分利用传播媒介的舆论导向功能打好马克思主义理论教育的主动仗,也是马克思主义政党夺取革命与建设事业成功的重要经验之一。早在马克思、恩格斯、列宁和毛泽东时期,他们就非常重视利用报刊、广播等媒体的舆论导向功能传播马克思主义。改革开放以来,受马克思主义经典作家的影响,以邓小平、江泽民、胡锦涛和习近平为主要代表的中国共产党人,也非常重视发挥各种媒介资源在马克思主义理论教育中普及理论、引领思想、凝聚力量、"唱响主旋律,打好主动仗"③的舆论导向功效,并在报刊、电视、广播等马克思主义传统传播媒体的基础上引入网络这一新媒介,零时差、零距离地宣传马克

---

① 刘云山:《在全党兴起学习之风调研之风实干之风》[J].《理论参考》2013年第4期。
② 〔美〕迈克尔·罗斯金:《政治学》,林震等译[M]. 北京:华夏出版社2002年版,第131页。
③ 李康平、张吉雄:《邓小平德育思想研究》[M]. 北京:中国社会科学出版社2001年版,第76页。

思主义理论与党和国家的思想路线、理论主张,使理论学术语言转换为契合人民群众思维的话语符号,在潜移默化、寓教于乐中加深人民群众对马克思主义的认知和理解,增强人们对理论宣传讲授的信任度,进而真正达到马克思主义理论入耳、入脑、入心的传播效果。

改革开放之初,以邓小平为主要代表的中国共产党人就突出强调传播媒介在宣传普及马克思主义和强化意识形态建设方面的舆论导向功能。1979年10月,邓小平在全国文学艺术工作者第四次代表大会上明确提出,新闻工作者要自觉肩负起通过正确的舆论导向加强社会主义意识形态建设的重任,与教育工作者、理论工作者和政治工作者一道"在意识形态领域中,同各种妨害四个现代化的思想习惯进行长期的、有效的斗争"。① 随后,为给改革和建设营造良好的舆论氛围,邓小平又进一步指出:"广播、电视都要把促进安定团结,提高青年的社会主义觉悟,作为自己的一项经常性的、基本的任务","要大力宣传社会主义的优越性,宣传马克思列宁主义、毛泽东思想的正确性",②呼吁主流媒体积极宣传普及马克思主义的主流意识形态和党的各项路线方针政策。党的十四大以后,面对新的时代发展形势对思想宣传战线提出更高要求,以江泽民为主要代表的中国共产党人更加重视发挥舆论导向在马克思主义理论教育中的重要作用。1994年1月,江泽民在全国宣传思想工作会议上明确指出:"舆论导向正确,人心凝聚,精神振奋;舆论导向失误,后果严重",要求各项思想宣传工作必须坚持"以科学的理论武装人,以正确的舆论引导人,以高尚的精神塑造人,以优秀的作品鼓舞人"。1996年1月,江泽民在接见《解放军报》社师以上干部时着重强调:"新闻作为一种意识形态,作为宣传、教育、动员人民群众的一种舆论形式,总是直接或间接地反映我们党和国家的政治立场、政治主张和政治观点",③深刻地揭示出新闻媒体承载着意识形态教化的重任,其舆论导向具有一定的政治性和意识形态性。1996年9月,江泽民在视察《人民日报》时着重提出"坚持正确的舆论导向,首先要把握好报刊、通讯社、电台、电视台、出版社的宣传方向,把这些阵地牢牢地掌握在我们党的手里,掌握在马克思主义者手里",④要求大众传媒通过正确的舆论宣传牢牢掌握马克思主义在意识形态领域的话语权和主导地位。1997年9月,党的十五大进一步提

---

① 《邓小平文选》第2卷[M]. 北京:人民出版社1994年版,第209页。
② 《邓小平文选》第2卷[M]. 北京:人民出版社1994年版,第255页。
③ 江泽民:《在接见解放军报社师以上干部时的讲话》[J].《新闻战线》1996年第2期。
④ 《十四大以来重要文献选编》(中)[M]. 北京:人民出版社1997年版,第1672页。

出:"新闻宣传必须坚持党性原则,坚持实事求是,把握正确的舆论导向",①"舆论导向"概念首次被正式写进党的文件,由此也肯定和确立了舆论宣传工作在马克思主义理论教育和社会主义意识形态建设的重要地位。2000年6月,江泽民在中央思想政治工作会议上再次指出:"思想文化阵地,马克思主义、无产阶级的思想不去占领,各种非马克思主义、非无产阶级的思想甚至反马克思主义的思想就会去占领",②要求"在宣传思想领域,我们要坚持唱响主旋律,打好主动仗,科学生动地宣传马克思主义"。③ 党的十六大以后,伴随我国改革和建设进入发展机遇与矛盾凸显相互交织的关键时期,如何通过正确的舆论导向把马克思主义基本原理和马克思主义中国化理论创新成果广泛渗透到群众日常生活中去,潜移默化地引导大众,以致达到寻常百姓日用而不知的境界,成为马克思主义理论教育的关键和重点所在。围绕这一问题,2003年10月,胡锦涛在党的十六届三中全会上着重要求:"要坚持马克思主义在意识形态领域的指导地位,牢牢掌握宣传舆论工作的主动权,加强宣传思想文化阵地的建设和管理,妥善处理意识形态领域出现的问题,使社会思想舆论的主流更加积极健康向上。"④2009年2月,习近平在中共文献研究会成立大会上深入指出:"要把丰富的文献编辑和研究成果转化为宣传成果,通过出版普及读物、拍摄影视作品、利用互联网等多种手段,对广大干部、群众和青年进行理论教育,更加广泛地宣传中国特色社会主义理论体系",⑤高度重视发挥舆论导向在中国特色社会主义理论体系教育中的独特作用。与此同时,为打造利于社会主义核心价值体系建设的舆论强势,中国共产党人还着重强调:"各类新闻媒体要把宣传社会主义核心价值体系作为义不容辞的社会责任",⑥"牢牢把握正确的舆论导向,坚持团结稳定鼓劲、正面宣传为主的基本方针,把社会主义核心价值体系的要求贯穿到日常宣传报道中"。在党中央这些重要思想的指导下,中宣部理论局还专门组织相关部门制作了一批电视理论专题片,引导群众增强对"中国模式""中国特色社会主义"和"中国式现代化"的理解。譬如,中央电视台相继在2004年和2007年制作播出《航标》《复兴之路》《大国崛起》《世纪中

---

① 《江泽民文选》第2卷[M]. 北京:人民出版社2006年版,第34页。
② 《江泽民文选》第3卷[M]. 北京:人民出版社2006年版,第97页。
③ 《江泽民文选》第3卷[M]. 北京:人民出版社2006年版,第228页。
④ 《党建研究》评论员:《解放思想 与时俱进 认真学习贯彻十六届三中全会决定精神》[J].《党建研究》2003年第11期。
⑤ 习近平:《在中国中共文献研究会成立大会上的讲话》[J].《党的文献》2009年第3期。
⑥ 《十七大以来重要文献选编》(上)[M]. 北京:中央文献出版社2009年版,第184页。

国》《伟大的历程》《改革开放三十年纪实》等多部宣传普及中国化马克思主义的纪录片,把抽象的理论传播寓于中国改革开放三十年的宏大叙事中,在历史与现实的相互交叉中将马克思主义中国化理论创新成果娓娓道来,极大地增强了马克思主义理论的震撼力和感召力;中央和地方各部门制作一批高质量的弘扬社会主旋律的文献片和政论片,如中央电台开展的《新世纪的旗帜》讲座、黑龙江电视台摄制的《为人民谋幸福》,引起强烈的社会反响、产生良好的宣传效果;中央主办的《人民日报》《光明日报》等报刊及各省党报专门设立的理论专版,在马克思主义理论教育中起到极其重要的舆论导向作用。

值得特别指出的是,伴随互联网日益成为舆论导向的前沿阵地,改革开放以来中国共产党人还明确提出"我们的党建工作、思想政治工作、组织工作、宣传工作、群众工作等,都应该适应信息网络化的特点",①高度重视利用网络的舆论导向开展马克思主义理论教育,积极构建信息化时代全方位、立体化的网络马克思主义理论教育体系,最大限度地掌握舆论宣传的主导权,实现马克思主义理论教育由传统宏观领域到现代微观领域的拓展。其中,2000年6月,江泽民在中央思想政治工作会议上指出,现代网络信息技术的迅猛发展为马克思主义理论教育提供了便捷、高效的技术手段,极大地拓展了教育的空间和渠道,要求积极利用网络信息技术提高马克思主义理论教育的时效性和影响力。2001年1月,江泽民在全国宣传部长会议上进一步提出:"要高度重视互联网的舆论宣传,……不断增强网上宣传的影响力和战斗力,使之成为思想政治工作的新阵地,对外宣传的新渠道"。2008年1月,在全国宣传思想工作会议上,胡锦涛再次强调"加强网络文化建设和管理,充分发挥互联网在我国社会主义文化建设中的重要作用,有利于提高全民族的思想道德素质和科学文化素质,有利于扩大宣传思想工作的阵地,有利于扩大社会主义精神文明的辐射力和感染力,有利于增强我国的软实力",②李长春则着重提出:"发挥互联网、手机短信等新媒体的作用,扩大社会主义核心价值体系宣传的覆盖面和影响力",③要求充分发挥新媒体在社会主义核心价值体系教育中的舆论导向作用。同年6月,胡锦涛在《人民日报》社考察工作时深入指出:"互联网已成为思想文化信息的集散地和社会舆论的放大器,我们要充分认识

---

① 《江泽民文选》第3卷[M]. 北京:人民出版社2006年版,第300页。
② 《胡锦涛在中共中央政治局第三十八次集体学习时强调:以创新的精神加强网络文化建设和管理满足人民群众日益增长的精神文化需要》[N]. 人民日报,2007-01-25(01)。
③ 《十七大以来重要文献选编》(上)[M]. 北京:中央文献出版社2009年版,第184页。

以互联网为代表的新兴媒体的社会影响力,高度重视互联网的建设、运用、管理,努力使互联网成为传播社会主义先进文化的前沿阵地、提供公共文化服务的有效平台、促进人们精神生活健康发展的广阔空间",①要求通过强化网络舆论阵地建设特别是强化承载着意识形态灌输重任的主流网络媒体的舆论阵地建设,大力宣传普及马克思主义理论和社会主义思想、引领多样化社会思潮。新时期,伴随党中央这些重要思想的提出,国内各种宣传普及马克思主义理论的门户网站相继建成。如人民网、北京市委讲师团创办的"宣讲家"网站、各地党委政府设立的马克思主义专题网站及大量的"红色网站"等门户网站相继开设。作为新时期宣传和系统讲授马克思主义的官方话语平台和主要阵地,它们更加注重运用通俗易懂的大众语言表达深奥的马克思主义理论,有效地提高了马克思主义理论教育的实效性和影响力。

(三)典型示范:发挥模范人物对主流价值的昭示作用

模范人物是"传统优秀道德的典型承载者,是现实主导道德价值的积极弘扬者,是未来理想道德的开拓创新者"。② 他们展现着一个民族浓厚的内在品质和孜孜不倦的人性追求,昭示着社会的主流价值观念和价值取向,具有强烈的示范作用,能够潜移默化地引导人们做出正确的选择和判断,其影响的深度和广度是制度、权力等政治影响力无以比拟的。正如苏联学者伊·谢·康所言,模范人物的榜样效应是"道德上主动精神的一种形式,表现为一个人(一群人或集体)的举动变成其他人行为的楷模……它不仅仅激励别人效仿自己,而且向别人提供现成的活动方式,这种活动方式普及于他人,变成许多人的行为规范"。③ 改革开放以来,中国共产党人高度重视发挥模范人物和先进典型在群众思想情感和日常生活中的价值引领和行为示范作用,坚持把典型示范作为推动马克思主义理论教育的有效实现路径,以不同领域、不同阶层的人群中相继涌现出来的先进典型为教材来说服群众,力求以人示范、以事说理、以小见大,实现真理的力量和人格的力量有效结合,为新时期马克思主义理论教育注入丰富的人文内涵和时代蕴意。

---

① 胡锦涛:《在〈人民日报〉社考察工作时的讲话》[N].人民日报(海外版),2008-06-21(01)。
② 廖小平:《论道德榜样——对现代社会道德榜样的检视》[J].《道德与文明》2007年第2期。
③ 钟明华、任剑萍、李萍:《走向开放的道德》[M].广州:中山大学出版社1994年版,第277-278页。

中国共产党人一贯主张通过典型示范发挥党员干部和模范人物在思想宣传战线特别是马克思主义理论教育战线的引导作用。1978年6月,邓小平在全军政治工作会议上明确提出"以身作则很重要"①,强调人民群众对党员干部是听其言、观其行的,因而广大党员干部在宣传马克思主义理论时必须以身作则、典型示范,影响和带动人民群众树立坚定的马克思主义和社会主义信仰。1980年12月,邓小平在中央工作会议上再次强调:"党和政府愈是实行各项经济改革和对外开放的政策,党员尤其是党的高级负责干部,就愈要高度重视、愈要身体力行共产主义思想和共产主义道德。"②1983年,在纪念毛泽东发出"向雷锋同志学习"号召20周年之际,邓小平进一步指出"谁愿当一个真正的共产主义者,就应该向雷锋同志的品德和风格学习"。随后,为积极响应党中央的号召,全国各地广泛掀起了"学雷锋、树新风"活动。在这次活动中,党中央还不失时机引导人们向张海迪、朱伯儒等先进模范人物学习,引导人们坚定社会主义和共产主义信念。1990年,江泽民在同"奋斗者的足迹"知识分子报告团成员座谈时再次强调:"榜样的力量是无穷的。组织报告团,用现身说法的方法介绍先进模范人物的成长道路是一个好经验,是思想政治工作的一个好办法。"③

党的十四大以后,以江泽民为主要代表的中国共产党人在深入推进社会主义市场经济市场经济体制改革的进程中,面对日趋复杂的国际国内环境,更加重视发挥典型示范在马克思主义理论教育中的重要作用,多次提出"宣传思想工作部门要注意抓典型",④大力宣传各条战线上涌现出的先进典范,积极弘扬社会主义主旋律,把党中央一贯倡导的先进思想观念、价值观念和高尚精神灌输到群众的意识观念中去,督促人们见贤思齐、不断提升自身的思想觉悟和道德境界。对此,江泽民曾多次剖析指出:"身教重于言传。党的思想政治工作能否做好,很大程度上还取决于我们党的自身建设和各级领导干部的言行表现",⑤"我们的人民中间,工人和农民中间,知识分子中间,有千千万万个先进的典型,他们是我们民族的优秀分子,在他们的身上体现着我们的民族精神,体现了民族的希望。我们要

---

① 《邓小平文选》第2卷[M]. 北京:人民出版社1994年版,第124页。
② 《邓小平文选》第2卷[M]. 北京:人民出版社1994年版,第367页。
③ 《毛泽东邓小平江泽民论思想政治工作》[M]. 北京:学习出版社2000年版,第204页。
④ 《十四大以来重要文献选编》(中)[M]. 北京:人民出版社1997年版,第1676页。
⑤ 《江泽民文选》第3卷[M]. 北京:人民出版社2006年版,第98页。

以先进模范人物为榜样,把我们的工作推向前进",①强调党员干部和各条战线上的先进人物是学习、实践和信仰马克思主义的榜样,他们不仅以自身的卓著工作业绩、高大道德形象和巨大人格魅力引领中国特色社会主义建设奋然前进,而且用自身实际行动生动地诠释和展现马克思主义理论的科学内涵,因而在马克思主义理论教育中充分发挥党员干部和先进人物的典型示范作用尤为重要。1994年,为通过典型示范卓有成效地宣传普及邓小平建设有中国特色社会主义理论,江泽民在全国宣传思想工作会议上还着重提出:"宣传思想工作部门的同志在学习理论方面应该起带头作用,学习得更深一些,运用得更好一些。"②1996年,江泽民在全国宣传部长会议上又进一步要求:"我们要继续宣传在各条战线上涌现出来的优秀党员、优秀干部和劳动模范,同时要加强舆论监督,适当选择一些搞歪风邪气的典型,给他们曝曝光,有的还要绳之以法。要深入进行爱国主义、集体主义、社会主义的宣传教育,把我们党一贯倡导的高尚精神,灌输到广大干部、群众的思想和行动中去"。与此同时,江泽民还高度肯定:"这几年大力宣传孔繁森、张鸣岐、李润五等先进人物,收到很好的效果。"③

进入新世纪新时期,以胡锦涛为主要代表的中国共产党人更加重视运用典型示范的教育路径开展马克思主义理论教育,多次要求在党员干部和普通群众中挖掘和表扬积极践行中国特色社会主义理论的先进典型,"坚持把领导带头、典型示范贯穿始终",④"用典型说话",⑤对群众进行形象生动、富有感召力的理论教育。其中,2003年7月,胡锦涛在"三个代表"重要思想理论研讨会上提出:"兴起学习贯彻'三个代表'重要思想新高潮,领导机关和领导干部是关键",要求广大党员干部"要学在前面,用在前面,做持久学、深入学的表率,成为学以致用、用有所成的模范",⑥充分发挥自身在学习、践行"三个代表"重要思想方面的引导和示范作用。2005年4月,胡锦涛在全国劳动模范和先进工作者表彰大会上要求大力弘扬爱岗敬业、艰苦奋斗和甘于奉献的劳模精神,充分发挥先进人物积极践行改革开放和现代化建设理想信念及实践和信仰马克思主义的示范功效。2007年7月,中

---

① 《毛泽东邓小平江泽民论思想政治工作》[M]. 北京:学习出版社2000年版,第204页。
② 《十四大以来重要文献选编》(上)[M]. 北京:人民出版社1996年版,第652页。
③ 《十四大以来重要文献选编》(中)[M]. 北京:人民出版社1997年版,第1676页。
④ 《十七大以来重要文献选编》(上)[M]. 北京:中央文献出版社2009年版,第597页。
⑤ 《十七大以来重要文献选编》(上)[M]. 北京:中央文献出版社2009年版,第72页。
⑥ 《十六大以来重要文献选编》(上)[M]. 北京:中央文献出版社2005年版,第321页。

央文明办和共青团中央等部门在全国开展道德模范评选活动。经过评选,共有53人荣获"全国道德模范",254人荣获"全国道德模范提名奖"。这是新中国成立以后评选范围最广、涉及群体最全、影响范围最大的道德模范奖评活动。同年9月,胡锦涛在会见全国道德模范时号召全国人民以他们为榜样,自觉践行社会主义荣辱观,共同营造知荣辱、讲正气、促和谐的良好社会氛围。① 2009年9月,李长春在出席第二届道德模范评选表彰典礼时再次强调:"要大力学习宣传道德模范的感人事迹和高尚精神,推进社会主义核心价值体系建设,用榜样的力量引导全社会积极践行社会主义荣辱观。"②除定期评选全国道德模范之外,中国共产党人在新时期还高度重视挖掘和褒奖马克思主义理论宣传战线上涌现的模范宣传者,如党的理论战士——大连舰艇学院教授方永刚、国防大学政治理论教研室许志功、民间传播马克思主义理论的代表人物——河南农民胡可平。作为平民教授、大众学者,他们广泛深入到工厂、农村、学校和社区宣传普及马克思主义理论,用自身行动熏陶和影响身边的民众,也是中国共产党人高度推崇的先进典型。俗话说:"喊破嗓子不如做出样子",这种运用群众身边看得见、学得到的"平民英雄"的感人事迹教育群众的方式,比单纯进行枯燥的理论讲授更富有感召力和实效性。

(四)强化建设:不断推进理论教育的科学化和学科化

马克思主义理论教育虽然历来是我们党的政治优势和优良传统,但是中国共产党人真正将其专门作为一门科学和学科来重点建设却是在改革开放之后。改革开放以来,以邓小平、江泽民、胡锦涛和习近平为主要代表的中国共产党人在通过学习教育、舆论导向和典型示范等重要教育路径深入推进马克思主义理论教育的同时,不断强化马克思主义理论教育的科学化和学科化建设,为马克思主义理论教育探寻强有力的学理支撑。以科学化和学科化建设为依托大力推进马克思主义理论教育的学科体系、课程体系、教材体系、教学体系、科研队伍和教学队伍建设,充分发挥马克思主义理论学科的宣传功能、服务功能和科研功能,全面提升当代中国马克思主义理论教育的学术品位、学术含量和理论内涵,使人民群众特别是高校大学生真正完整准确地掌握马克思主义的理论内涵、精神实质和科学体系,既是改革开放以来中国共产党人一贯坚持的重要思想,也是新的历史条件下

---

① 《胡锦涛在会见全国道德模范时强调:高度重视和切实加强社会主义道德建设 为经济社会发展提供强有力的思想道德保障》[N]. 人民日报,2007-9-19(01).
② 《第二届全国道德模范评选表彰颁奖典礼在京举行》[N]. 人民日报,2009-09-21(01).

我国推进马克思主义理论教育最有效、最科学和最根本的路径。

改革开放之初,为肃清思想领域存在的"左倾"错误,重新确立实事求是思想路线,抢占马克思主义思想宣传的主战场,以邓小平为主要代表的中国共产党人不仅坚定地指出:"世界上赞成马克思主义的人会多起来,因为马克思主义是科学",①而且不断指导相关部门对马克思主义理论教育的学科内涵和学科定位展开重新思考和界清,把马克思主义理论教育的科学化和学科化建设提上日程。其中,1978年4月,教育部颁发《关于加强高等学校马列主义理论教育的意见》,要求从哲学、政治经济学和科学社会主义理论三个层面把被"四人帮"颠倒的是非纠正过来,拉开马克思主义理论教育的科学性和学科性建设的帷幕;1979年12月,全国高校《马克思主义哲学原理》专业教材研讨会在北京召开,会议明确要求"教材的内容应有严格的科学性、相对稳定性和强烈的时代感,在语言文字上要准确、简明、生动、通俗"。② 根据这一会议精神,随后李秀林主持编写出版《辩证唯物主义和历史唯物主义》,肖前主持编写出版《历史唯物主义原理》《辩证唯物主义原理》,为马克思主义理论教育的科学性和学科性建设提供教材支撑;1980年7月,教育部下发《改进和加强高等学校马列主义课的试行办法》,要求在高校本科生中开设哲学、政治经济学和中共党史三门课程,并针对课程的教学大纲、教材编写、教学方法和师资队伍等问题提出具体要求;1984年4月,教育部通过《关于在十二所院校设置思想政治教育专业的意见》,要求采取正规化方式培养大专生、本科生等不同层次的马克思主义理论教育工作专门人才;1984年及翌年8月,中共中央及相关部门先后下发《关于加强和改进高等院校马列主义理论教育的若干规定》,督促各高校加快马列主义理论课改革;1989年,原国家教委进一步指出:"马克思主义理论教育的各门课程都应从不同的理论侧面和不同的逻辑体系,去阐明四项基本原则是中国革命和建设不可动摇的历史逻辑和政治结论,去回答学生所存在的带倾向性的深层思想认识问题"③,强调马克思主义理论教育课教学必须摆脱以往理论脱离实际的空洞说教;1990年10月,国务院学位委员会第九次会议颁发《授予博士、硕士学位和培养研究生的学科、专业目录》,要求在法学门类一级学科

---

① 《邓小平文选》第3卷[M].北京:人民出版社1993年版,第382页。
② 李淮春:《〈马克思主义哲学原理〉专业教材讨论会在北京召开》[J].《哲学动态》1980年第1期。
③ 教育部社会科学司组编:《普通高校思想政治理论课文献选编(1949—2006)》[M].北京:中国人民大学出版社2007年版,第139页。

下设立马克思主义理论教育(包含马克思主义原理、中国社会主义建设、中国革命史、世界政治经济和国际关系)硕士学位授权点。这期间,党中央及其相关部门的这些重要思想举措,为我国后来创设科学化、规范化的马克思主义理论学科、推动马克思主义理论教育科学化和学科化发展,提供了学科建设的基本力量,指明了学科建设发展的发展取向,积累了学科建设的宝贵经验,奠定了学科建设的思想基础。

党的十四大以后,以江泽民为主要代表的中国共产党人对马克思主义理论教育科学化和学科化建设问题展开深入探索。1994年8月,党中央下发《关于进一步加强和改进学校德育工作的若干意见》,明确提出"以邓小平同志建设有中国特色社会主义理论作为学校马克思主义理论教育的中心内容";1995年10月,原国家教委发布《关于高校马克思主义理论课和思想品德课教学改革的若干意见》,着重强调"要把马克思主义理论教育与思想政治教育作为人文社会科学的重点学科进行建设";1996年,原国家教委首次要求在部分重点大学设立"马克思主义理论与思想政治教育"博士学位授权学科点,标志着马克思主义理论学科的本科、硕士、博士层次的梯队建设提上日程,使马克思主义理论教育的科学化和学科化建设迈上新台阶;1997年6月,国务院把原来的马克思主义理论教育、思想政治教育两个专业整合提升为"马克思主义理论与思想政治教育"专业,并将其归属至法学门类政治学一级学科下,深入推进了马克思主义理论教育的学科化与科学化建设;1998年6月,中央宣传部、教育部联合颁发《关于普通高等学校"两课"课程设置的规定及其实施工作的意见》(即"98方案"),要求全国高校正式开设"邓小平理论概论"课,有效地增强了马克思主义中国化理论创新成果在马克思主义理论教育中的地位和分量。

新世纪新时期,以胡锦涛为主要代表的中国共产党人更加注重马克思主义理论教育的科学化和学科化建设。2004年,中共中央先后印发《中共中央关于进一步繁荣发展哲学社会科学的意见》和《中共中央国务院关于进一步加强和改进大学生思想政治教育的意见》,在高度肯定哲学社会科学和高校思想政治教育在中国特色社会主义建设中具有举足轻重的重要地位的同时,指明新世纪哲学社会科学工作和高校思想政治教育工作的重要任务。2005年3月,中宣部、教育部发出关于印发《中共中央宣传部、教育部〈关于进一步加强和改进高等学校思想政治理论课的意见〉实施方案》的通知,从宏观和微观双重视角对高校马克思主义理论教育进行指导。同年12月,国务院学位委员会、教育部印发《关于调整增设马克思主义理论一级学科及所属二级学科的通知》，宣布正式建立马克思主义理论一级学科及所属的六个二级学科，彻底解决了马克思主义理论教育的学科定位和归属问题，使马克思主义理论教育找到了自身发展的专业提托和学科基础，标志着马克思主义理论教育的科学化和学科化建设取得突破性进展，打开了马克思主义理论学科蓬勃发展的新局面，促使我国马克思主义理论学科建设进入快速稳健发展的新阶段。从 2005 年起，教育部还决定每年定期组织开展骨干教师培训活动。2008 年，教育部进一步要求设置独立的马克思主义理论教育课教学、科研和组织机构，以改变长期以来马克思主义理论教育队伍组织建设薄弱问题，使马列课教师开展工作具有组织保障和依托。从 2009 年起，教育部明确规定全国各高校要积极利用寒暑假组织教师到革命历史纪念地、爱国主义教育基地、工农业生产基地进行实地考察，开拓马列课教师的研究视域和理论视野。

改革开放三十多年以来，经过中国共产党人在强化建设方面的艰辛探索和努力，马克思主义理论学科从分散到整合、从弱小到强大，逐渐成长为一门体系完善、特色鲜明、前景广阔、生命力强大的重要学科，培育了一支老、中、青"三位一体"的学术研究和教学队伍，为马克思主义理论教育的平稳发展提供了学理支撑和人才支撑，一大批本科、硕士、博士毕业生奋斗在思想理论战线，为推进马克思主义中国化时代化大众化，繁荣我国哲学社会科学，巩固马克思主义在意识形态领域的指导地位发挥了极其重要的作用。可以说，强化建设是改革开放以来马克思主义理论教育的核心路径和有效切入点。

四、关于马克思主义理论教育的主体

准确确定教育主体即解决好"谁来教"的问题，是搞好马克思主义理论教育工作的前提性和关键性环节。作为马克思主义理论教育的发动者、组织者和实施者，教育主体在马克思主义理论教育中起到主导作用，其自身的思想觉悟、责任意识、素质结构、能力水平和工作作风在很大程度上直接决定着马克思主义理论教育的方向、质量和实施效果。改革开放以来，以邓小平、江泽民、胡锦涛和习近平为主要代表的中国共产党人密切结合国际国内形势和中国特色社会主义建设的实际需要，把中国共产党作为理论教育和思想宣传的领导核心，把高素质的马克思主义理论教育队伍作为宣传教育的主力军，并提出依靠全党、全社会齐抓共管，全面构建全方位、多层次、立体化教育格局的思想。

(一)中国共产党是理论教育和思想宣传领导核心

马克思恩格斯在《共产党宣言》中曾深刻指出:"在实践方面,共产党人是各国工人政党中最坚决的、始终起推动作用的部分;在理论方面,他们胜过其余无产阶级群众的地方在于他们了解无产阶级运动的条件、进程和一般结果"①,从理论和实践双重维度揭示出共产党人的先进性。正是由于共产党人自身这种独特的先进性特征,决定他们既是发展创新马克思主义的主导力量,也是宣传普及马克思主义的主体。毛泽东曾结合中国具体实际指出:"直到第一次世界大战和俄国十月革命之后,才找到马克思列宁主义这个最好的真理,作为解放我们民族的最好的武器,而中国共产党则是拿起这个武器的倡导者、宣传者和组织者",②并着重强调"掌握思想领导是掌握一切领导的第一位"。③ 毫无疑问,毛泽东这里所讲到的"掌握思想领导",是指中国共产党人要用马克思主义理论教育占领党员干部和人民群众的思想阵地。进入改革开放新时期,以邓小平、江泽民、胡锦涛和习近平为核心的各届中央领导集体更加重视中国共产党在宣传普及马克思主义中的重要作用,并指明中国共产党是理论教育和思想宣传的领导核心。

早在改革开放之初,以邓小平为主要代表的中国共产党人就高度重视中国共产党在马克思主义理论教育中的领导作用。1978年3月,邓小平在全国科学大会开幕式上指出:"党委的领导,主要是政治上的领导,保证正确的政治方向,保证党的路线、方针、政策的贯彻。"④1979年1月,在党的理论工作务虚会上,邓小平在指出"没有共产党的领导就不可能有社会主义革命,不可能有无产阶级专政,不可能有社会主义建设",⑤高度肯定中国共产党在革命和建设中的中流砥柱地位的基础上,指明了中国共产党肩负着"不断地向非党员宣传马列主义和党的主张"⑥的特殊任务,突出强调中国共产党在思想战线特别是马克思主义理论教育战线上的领导作用。1980年8月,邓小平在中央政治局扩大会议上进一步指出,马克思主义理论教育"各级党委要做,各级领导干部要做,每个党员都要做",⑦强调党员

---

① 《马克思恩格斯选集》第1卷[M]. 北京:人民出版社1995年版,第285页。
② 《毛泽东选集》第3卷[M]. 北京:人民出版社1991年版,第796页。
③ 《毛泽东文集》第2卷[M]. 北京:人民出版社1993年版,第435页。
④ 《邓小平文选》第2卷[M]. 北京:人民出版社1994年版,第98页。
⑤ 《邓小平文选》第2卷[M]. 北京:人民出版社1994年版,第169页。
⑥ 《邓小平文选》第1卷[M]. 北京:人民出版社1994年版,第19页。
⑦ 《邓小平文选》第2卷[M]. 北京:人民出版社1994年版,第342页。

干部和各级党委,上至党中央,下至基层党组织,都是马克思主义理论教育的主体,开展马克思主义理论教育必须充分发挥中央和地方两个积极性。同年12月,邓小平在中央工作会议上再次重申:"我们说改善党的领导,其中最主要的,就是加强思想政治工作",①并要求全党积极向各级学校、妇联、工会等群体宣传四项基本原则,以保证全社会形成安定团结、和谐稳定的政治局面。在深入推进改革开放的进程中,面对思想战线不断呈现出疲软涣散的发展态势,邓小平还尖锐地指出:"党的十一届三中全会以来,特别是十二大,对于思想战线的指导方针是正确的、鲜明的,问题在于贯彻执行不力。从中央到地方,各级党委的主要负责人一定要重视理论界文艺界以及整个思想战线的情况、问题和工作。首先要认识目前问题的严重性,认识改变思想战线的领导软弱涣散状况的迫切必要性",②"加强党对思想战线的领导,克服软弱涣散的状态,已经成为全党的一个迫切的任务",③多次提出"必须大力加强党对思想战线的领导",④"各级党委,首先是党委主要负责同志,要密切注视和深入研究思想战线的形势和问题,采取切实有效的办法改进这条战线的工作",⑤一再强调中国共产党必须高度重视并充分发挥自身在思想战线尤其是马克思主义理论教育战线的领导作用。

党的十四大以后,以江泽民为主要代表的中国共产党人继承和发展了邓小平时期的这一重要思想。江泽民多次在各种场合指出:"要把十几亿人的思想和力量统一和凝聚起来,共同建设中国特色社会主义,没有共产党的统一领导是不可设想的",⑥一再要求"各级党委都要增强阵地意识,切实加强对思想文化阵地的领导",⑦"全党同志特别是各级领导干部要经常关注思想理论领域的情况,积极地做好正确的引导工作"。⑧ 其中,1993年1月,江泽民在全国首届宣传部长座谈会上语重心长地指出:"在加快经济建设和改革开放的过程中,各级党委务必十分重视宣传思想工作,务必加强对宣传思想工作的领导",⑨强调马克思主义理论教

---

① 《邓小平文选》第2卷[M]. 北京:人民出版社1994年版,第365页。
② 《邓小平文选》第3卷[M]. 北京:人民出版社1993年版,第45页。
③ 《邓小平文选》第3卷[M]. 北京:人民出版社1993年版,第47页。
④ 《邓小平文选》第3卷[M]. 北京:人民出版社1993年版,第45页。
⑤ 《邓小平文选》第3卷[M]. 北京:人民出版社1993年版,第48页。
⑥ 《十五大以来重要文献选编》(上)[M]. 北京:人民出版社2000年版,第692页。
⑦ 《江泽民文选》第3卷[M]. 北京:人民出版社2006年版,第97页。
⑧ 《江泽民文选》第1卷[M]. 北京:人民出版社2006年版,第578页。
⑨ 《毛泽东邓小平江泽民论思想政治工作》[M]. 北京:学习出版社2000年版,第80页。

育工作在各项宣传思想工作中处于首要位置。1996年,他在谈到宣传思想战线的任务时提出:"宣传思想工作不只是宣传思想工作部门的任务,而且是各级党委和政府的重要职责",①指明党的各级组织,上至党中央下至基层党组织,都是马克思主义理论教育的主体。1997年12月,在江泽民在党的第十五次全国代表大会上具体提出:"高举邓小平理论伟大旗帜,各级领导干部尤其是几百名中央委员、几千名省部级干部负有特殊重要的责任。"②2000年6月,江泽民在中央思想政治工作会议上再次指明:领导干部"任何情况下都不能放松对思想政治和意识形态工作的领导。不重视、不会做思想政治工作,不可能成为成熟的领导干部",③要求党员干部必须切实抓好思想政治教育工作和马克思主义理论教育工作。

党的十六大以后,随着人民群众对经济发展的呼声愈加高涨、对民主政治的欲求愈发强烈、对文化信仰的追求愈加多样,高度重视马克思主义理论教育工作在其他各项工作中的"生命线"地位,积极运用马克思主义理论教育加强思想引导和价值观念调控显得尤为迫切和重要。为切实有效地运用马克思主义理论教育人民群众、整合社会思想,以胡锦涛为主要代表的中国共产党人不仅指出"党的领导是做好宣传思想工作的关键,任何时候、任何情况下都不能动摇。越是深化改革、扩大开放,越是发展社会主义市场经济,越要重视宣传思想工作",④而且多次提出"各级党委和各级领导干部特别是主要负责同志都要从提高党的执政能力、巩固党的执政地位、完成党的执政使命的战略高度来谋划意识形态工作,加强和改进对意识形态工作的领导,提高做好新形势下意识形态工作的能力,牢牢掌握意识形态工作的领导权和主动权",⑤从搞好意识形态建设的战略高度重申我们党必须牢牢把握马克思主义理论教育的领导权和主动权。为深入贯彻党的十七大精神,党中央还明确要求:"各级党委要把学习宣传贯彻党的十七大精神作为首要政治任务,摆上重要议事日程,切实加强组织领导"。⑥ 2008年,李长春在全国宣传思想工作会议上再次指出:"开创宣传思想文化的新局面,关键在党的领

---

① 《毛泽东邓小平江泽民论思想政治工作》[M]. 北京:学习出版社2000年版,第84页。
② 《江泽民论有中国特色社会主义》(专题摘编)[M]. 北京:中央文献出版社2002年版,第12页。
③ 《江泽民文选》第3卷[M]. 北京:人民出版社2006年版,第97页。
④ 《十六大以来重要文献选编》(上)[M]. 北京:中央文献出版社2005年版,第527页。
⑤ 《十六大以来重要文献选编》(下)[M]. 北京:中央文献出版社2008年版,第684页。
⑥ 《十七大以来重要文献选编》(上)[M]. 北京:中央文献出版社2009年版,第74页。

导",①强调中国共产党是确保新时期我国改革开放事业沿着正确方向前行的领导力量。可见,改革开放以来中国共产党人始终高度重视中国共产党在马克思主义理论教育中的领导作用。这就为新形势下开展马克思主义理论教育提供了坚实的组织保证和思想保证。

（二）高素质的理论教育队伍是宣传教育的主力军

马克思主义理论教育是一门涉及"灵魂工程"的科学。这项工程的落实既是我们党的重要任务,也是马克思主义理论教育工作者义不容辞的责任。马克思主义理论教育战线上的广大工作者担负着传播马克思主义理论和社会主义意识形态的重任,是马克思主义理论教育的骨干力量。其思想觉悟、文化结构和能力水平直接影响到马克思主义理论教育的最终实效。改革开放以来,以邓小平、江泽民、胡锦涛和习近平为主要代表的中国共产党人明确提出精干有力的教育队伍是搞好马克思主义理论教育工作的组织保证,要求着力打造一支文化素质高、政治责任感强的专业教育队伍,切实增强马克思主义理论教育的说服力和感召力。

改革开放以后,以邓小平为主要代表的中国共产党人高度重视马克思主义理论教育队伍在社会各条战线的精神引导作用。邓小平曾深刻指出:"思想战线上的战士,都应是人类灵魂工程师",②要求他们"作为灵魂工程师,应当高举马克思主义的、社会主义的旗帜,用自己的文章、作品、教学、讲演、表演,教育和引导人们正确地对待历史,认识现实,坚信社会主义和党的领导,鼓舞人民奋发努力,积极向上,真正做到有理想、有道德、有文化、有纪律,为伟大壮丽的社会主义现代化建设事业而英勇奋斗",③突出强调思想战线上的工作者首先应该是马克思主义理论教育者,应当自觉承担起宣传马克思主义尤其是宣传中国化马克思主义的重任。为建立一支素质高、业务强的马克思主义理论教育队伍,党中央还多次要求从中央到地方都要努力培育能够灵活运用马克思主义的立场、观点和方法解答中国改革和建设实际问题的理论队伍,并强调这支队伍既要以中青年理论人才为主,又要广泛吸收一批经验丰富、理论水平高的资深人才。其中,1985年9月,邓小平在中国共产党全国代表会议上提出:"思想政治工作队伍必须大力加强。"④1989年7月,中央政治局会议讨论通过《中共中央关于加强宣传、思想工作的通

---

① 《十七大以来重要文献选编》（上）[M]. 北京:中央文献出版社2009年版,第191页。
② 《邓小平文选》第3卷[M]. 北京:人民出版社1993年版,第40页。
③ 《邓小平文选》第3卷[M]. 北京:人民出版社1993年版,第40页。
④ 《邓小平文选》第3卷[M]. 北京:人民出版社1993年版,第145页。

知》,明确要求建立一支精干有力的专职政工队伍。在这些重要思想的指导下,我国从20世纪80年代起开始大规模培训高素质的理论教育队伍,马克思主义理论教育的队伍建设逐步迈入正规化、科学化的轨道。

党的十四大以后,伴随社会主义市场经济体制改革的深入推进,马克思主义理论教育战线的工作任务愈加繁重,马克思主义理论教育队伍建设的重要性和迫切性日益凸显。以江泽民为主要代表的中国共产党人在充分肯定高素质的马克思主义理论教育队伍对于改革和建设的重要作用的基础上,对马克思主义理论教育队伍建设提出了更为严格、具体的要求。1994年1月,江泽民在全国宣传思想工作会议上提出:"建设一支政治强、业务精、作风正的宣传思想工作队伍,是做好宣传思想工作的组织保证。各级党委要从政治上、思想上、工作上、生活上关心这支队伍,建设好这支队伍",①指明马克思主义理论教育队伍的整体素质直接影响到思想宣传工作的质量和效果。1998年6月,中共中央下发《关于在全党深入学习邓小平理论的通知》,要求努力培养一批"政治坚定、思想敏锐、学识渊博、联系实际"的马克思主义理论家,并强调这四条要求是新形势下衡量马克思主义理论教育工作者素质高低的重要标准。1999年11月,中共中央通过《关于加强和改进思想政治工作的若干意见》,进一步要求"按照提高素质、优化结构、相对稳定的要求,建设一支政治强、业务精、作风正的思想政治工作队伍。要选拔一批德才兼备的中青年干部,充实到这支队伍中来"。② 2000年6月,江泽民在中央思想政治工作会议上再次强调:"必须建立一支政治强、业务精、纪律严、作风正的专兼结合的思想政治工作队伍。"③

进入21世纪,面对新形势、新要求,以胡锦涛主要代表的中国共产党人把打造素质高、业务精、责任心强的马克思主义理论教育队伍放在马克思主义教育工作建设的重中之重。2003年7月,胡锦涛在"三个代表"重要思想理论研讨会上提出:"广大理论工作者在理论的研究、宣传和贯彻方面肩负着重要责任",要求广大马克思主义理论教育工作者"认真学习和宣传'三个代表'重要思想,认真研究改革开放和现代化建设提出的重大理论和实际问题,在认识世界、传承文明、创新理论、咨政育人、服务社会方面不断作出新的建树",④在新形势下赋予马克思主

---

① 《十四大以来重要文献选编》(上)[M]. 北京:人民出版社1996年版,第660页。
② 《十五大以来重要文献选编》(中)[M]. 北京:人民出版社2001年版,第1048页。
③ 《江泽民文选》第3卷[M]. 北京:人民出版社2006年版,第96页。
④ 《十六大以来重要文献选编》(上)[M]. 北京:中央文献出版社2005年版,第377页。

义理论教育队伍新的职责。2004年,中共中央发出《关于进一步繁荣发展哲学社会科学的意见》,提出实施马克思主义理论研究和建设工程。该工程不仅是一项全面推进马克思主义理论创新的基础性工程,而且是一项强化马克思主义理论教育队伍建设的战略性工程,对新形势下加强马克思主义理论队伍建设作出了全面部署。2005年11月,在中央政治局学习会议上,胡锦涛进一步提出造就马克思主义理论大家、学科领军人物和高素质的后备人才"三个层次人才"的重要任务,李长春提出培养一批马克思主义理论家、中青年学科带头人、理论宣传名家和外向型理论人才。2007年1月,李长春在马克思主义理论研究和建设工程工作会议上深入指出,加强马克思主义理论教育的队伍建设是增强社会各界对"工程"的认知度和认同感的重要前提,并着重要求"组织一批理论功底好、表达能力强的专家学者上电视,打造一批电视理论宣传的名牌和名家"。① 2008年4月,党中央提出要在五年内把"加强马克思主义理论教育队伍建设"作为马克思主义理论研究和建设工程的一项战略任务强抓不懈,努力"培养忠于党、忠于人民的马克思主义家特别是中青年理论家","培养一批善于运用通俗语言、善于运用电视、网络等现代传媒,为广大干部群众解疑释惑的理论宣传名家"。② 正是在以胡锦涛为领导核心的中国共产党人的高度重视和直接指导下,这期间我国逐步形成一支以"马克思主义理论专家顾问——马克思主义研究知名学者——马克思主义理论宣传工作者"③等专业宣传教育工作者为主的高素质理论教育队伍,为当代中国马克思主义理论教育提供了人才支持。

(三)全面构建全方位、多层次、立体化教育格局

马克思主义理论教育是一项广泛辐射全民的"系统工程",并非任何单一群体所能够独立完成,而是必须在党中央的正确领导下,依靠全党和全社会共同来做。马克思主义理论教育工作中不同层次和不同群体的教育者只有密切协作、齐抓共管,"认真落实谁主管谁负责和属地管理的原则",才能形成覆盖面广的理论教育工作网络,把马克思主义理论教育全面渗透到社会各阶层和各群体的日常工作生活中,进而发挥理论教育的最佳效果。对此,毛泽东曾深刻指出:"思想政治工作,各个部门都要负责任。共产党应该管,共青团应该管,政府主管部门应该管,学校

---

① 《十六大以来重要文献选编》(下)[M].北京:中央文献出版社2008年版,第893页。
② 《十七大以来重要文献选编》(上)[M].北京:中央文献出版社2009年版,第462页。
③ 刘先春、杨志超:《当代中国马克思主义大众化的路径选择》[J].《安徽师范大学学报(人文社会科学版)》2010年第6期。

的校长教师更应该管。"①改革开放以来，以邓小平、江泽民、胡锦涛和习近平为主要代表的中国共产党人在继承毛泽东相关思想的基础上，充分认识到发挥宣传教育队伍合力和传播主体叠加效应的重要性，创造性地提出了全面构建全方位、多层次、立体化教育格局的思想，即在党中央的统一领导下，以各级党组织为基础，各级宣传部门负责实施，理论界、教育界、新闻传媒界、文化界等社会各方面力量多管齐下、齐抓共管，全方位推进农村、企业、高校、军队和社区等社会各领域的理论教育，从而形成横向到边、纵向到底的教育辐射网。

改革开放以后，以邓小平为主要代表的中国共产党人对各条战线上的宣传工作者都寄予厚望，非常注重发挥这些马克思主义理论教育主体的重要作用。邓小平曾多次呼吁："文艺界所有的同志，以及从事教育、新闻、理论工作和其他意识形态工作的同志，都经常地、自觉地以大局为重，为提高人民和青年的社会主义觉悟奋斗不懈"，②"为了实现安定团结，宣传、教育、理论、文艺部门的同志们，要从各方面来共同努力"③，要求各条战线上的宣传工作者通力合作，大力宣传马克思主义和社会主义思想，同各种错误思想进行长期而有效的斗争。为充分发挥少先队、共青团、工会、妇联等不同群体组织宣传普及马克思主义和社会主义思想的积极性和主动性，邓小平还深刻指出："工会是搞什么的？共青团是搞什么的？妇联是搞什么的？还不都是做政治工作的？"④在此基础上，他相继提出："要加强各级学校的政治教育、形势教育、思想教育，包括人生观教育、道德教育"，⑤"大力加强工会工作和妇联工作，大力加强共青团工作、少先队工作和学生会工作"，⑥要求社会各界齐心协力推进马克思主义理论教育工作。

党的十四大以后，为调动社会各领域的力量形成教育合力，以江泽民主要代表的中国共产党人深入指出："思想工作是全党的工作，不仅宣传部门要做，各级党委和企业、农村、学校、街道等基层党组织要做，各级行政部门和工会、共青团、妇联等也都有做群众思想工作的责任。"⑦2000年6月，江泽民在中央思想政治工作会议上还明确要求："要建立党委统一领导，党政各部门和工会、共青团、妇联等

---

① 《毛泽东文集》第7卷[M]．北京：人民出版社1999年版，第226页。
② 《邓小平文选》第2卷[M]．北京：人民出版社1994年版，第256页。
③ 《邓小平文选》第2卷[M]．北京：人民出版社1994年版，第255页。
④ 《邓小平文选》第2卷[M]．北京：人民出版社1994年版，第195页。
⑤ 《邓小平文选》第2卷[M]．北京：人民出版社1994年版，第369页。
⑥ 《邓小平文选》第2卷[M]．北京：人民出版社1994年版，第369页。
⑦ 《十四大以来重要文献选编》(上)[M]．北京：人民出版社1996年版，第655页。

人民团体齐抓共管、各负其责的思想政治工作体制,建立健全思想政治工作责任制",①为建立责权明晰、稳定有序、协调统一的马克思主义理论教育运行机制指明了方向。这一时期,在强化教育合力机制建设的基础上,党中央还十分重视引导来自社会不同阶层和不同群体的优秀人才投身马克思主义理论教育,提出要"努力培养一批全面掌握建设有中国特色社会主义理论,学贯中西,联系实际的理论家;一批坚持正确方向,深入反映生活,受到群众喜爱的名记者、名编辑、名主持人;一批熟悉方针政策,社会责任感强,精通业务知识的出版家;一批紧跟时代步伐,热爱祖国和人民,艺术精湛的作家、艺术家",②并要求"社会科学研究和宣传、新闻、出版、文化、教育部门的党组织,要组织力量,写出一批有现实性、理论性、科学性的文章和著作。用马克思主义基本理论武装广大党员和干部,培养一代又一代马克思主义的理论家和各项事业的专家"。③

党的十六大以后,为营造学习贯彻"三个代表"重要思想的浓厚氛围,以胡锦涛为主要代表的中国共产党人进一步提出:"工会、共青团和妇联等人民团体要充分发挥广泛联系各界群众的优势,开展各具特色的学习贯彻活动。党校、社会科学院、高等学校等单位,要围绕重大理论和实际问题,集中力量,加强研究,推出一批有深度、有分量的研究成果。企业、农村、机关、学校、部队和社区的基层党组织,要把学习贯彻'三个代表'重要思想同加强自身建设紧密结合起来,同开展保持共产党员先进性教育活动结合起来,真正使干部受到教育,群众得到实惠。"④为贯彻落实党的十七大精神,中国共产党人还要求:"各级组织、宣传部门和其他有关部门,要在党委的统一领导下,密切配合,抓好党的十七大精神的学习宣传贯彻工作","工会、共青团、妇联等人民团体要充分发挥自身优势,开展各具特色的学习教育活动"。⑤ 正是在中国共产党人这些重要思想的指导下,我国逐渐建构起全方位、立体化、多层次的马克思主义理论教育工作新格局。

五、关于马克思主义理论教育的客体

马克思主义理论教育作为一项复杂的社会实践活动,离不开一定的教育客

---

① 《江泽民文选》第3卷[M]. 北京:人民出版社2006年版,第97页。
② 《毛泽东邓小平江泽民论思想政治工作》[M]. 北京:学习出版社2000年版,第83页。
③ 《十三大以来重要文献选编》(中)[M]. 北京:人民出版社1991年版,第719页。
④ 《十六大以来重要文献选编》(上)[M]. 北京:中央文献出版社2005年版,第323页。
⑤ 《十七大以来重要文献选编》(上)[M]. 北京:中央文献出版社2009年版,第74页。

体。要有的放矢地开展马克思主义理论教育,切实增强教育的针对性和实效性,首先必须明确教育客体,即准确把握和科学定位"对谁教"的问题。改革开放以来,以邓小平、江泽民、胡锦涛和习近平为主要代表的中国共产党人紧密结合我国改革和建设的具体实际,在科学区分和准确把握来自不同社会阶层和不同群体的教育对象在社会发展中具有的不同作用以及他们思想的独立性、差异性和多样性的基础上,不仅明确提出要把党员干部作为教育的重点对象,把青少年尤其大学生作为教育的基本着力点,而且进一步要求教育必须全面辐射军队、农村、企业和社区等社会各领域,在高度重视教育的重点性和层次性的同时,突出强调教育的全民性、普遍性和大众化。

(一)以广大党员干部作为理论教育的重点对象

党员干部队伍自身马克思主义理论素养的高低,与党的执政能力的高低、与党的事业的兴衰成败休戚相关。中国共产党自诞生之日起,不仅把马克思主义看作是全党的思想理论基础,旗帜鲜明地确立了马克思列宁主义作为党的指导思想的历史地位,而且高度重视运用马克思列宁主义理论教育、武装全党,力求全面提升党员干部的理论素养。时刻坚持以广大党员尤其是各级领导干部为教育的重点对象,不断强化党内马克思主义理论教育,努力从思想上建党,切实坚定党员干部对社会主义、共产主义的理想信念和忠诚态度,既是民主革命和社会主义革命时期是我们党进行马克思主义理论教育的中心环节,是党的一大优良传统、政治优势和宝贵经验,也是改革开放以来以邓小平、江泽民、胡锦涛和习近平为主要代表的中国共产党人一贯坚持的重要思想。

改革开放初期,为尽快适应改革和建设的需求,以邓小平为主要代表的中国共产党人曾多次向全党尤其是党的各级领导干部发出"全党必须再重新进行一次学习"的号召,旗帜鲜明地指出"学习什么?根本的是要学习马列主义、毛泽东思想",[①]强调广大党员干部最为首要和根本性的任务是通过学习马克思列宁主义和毛泽东思想提高自身的马克思主义理论水平,掌握马克思主义的世界观和方法论。针对领导干部这一特殊群体,刘少奇还着重指出:"党的干部的马克思列宁主义的觉悟水平愈高,他们识别正确的意见和错误的意见、识别好的领导者和坏的领导者的能力也就愈高,他们的工作能力也就愈高。"1980年12月,邓小平在《贯彻调整方针,保证安定团结》的讲话中进一步指出:"党和政府愈是实行各项经济

---

① 《邓小平文选》第2卷[M]. 北京:人民出版社1994年版,第153页。

改革和对外开放的政策,党员尤其是党的高级负责干部,就愈要高度重视、愈要身体力行共产主义思想和共产主义道德。否则,我们自己在精神上解除了武装,还怎么能教育青年,还怎么能领导国家和人民建设社会主义!"①1985 年 9 月,邓小平在党的全国代表会议上深入提出:"现在我还想提出一个新的要求,这不仅是专对新干部,对老干部也同样适用,就是要学习马克思主义理论",②"我希望党中央能作出切实可行的决定,使全党的各级干部,首先是领导干部,在繁忙的工作中,仍然有一定的时间学习,熟悉马克思主义的基本理论,从而加强我们工作中的原则性、系统性、预见性和创造性"。③ 1986 年 9 月,党的十二届六中全会通过《关于社会主义精神文明建设指导方针的决议》,再次要求"党员干部尤其是领导干部和从事意识形态工作的干部,要带头认真学习马克思主义。没有认真的学习,坚持和发展就无从谈起"。④ 以邓小平为主要代表的中国共产党人深刻地认识到,作为党的路线方针政策的制定者和执行者,作为社会主义建设的中流砥柱和领导力量,广大党员特别是党的领导干部的马克思主义理论水平,直接决定着党的领导能力和执政能力,关系着国家的前途和命运,因此他们始终坚持把广大党员干部作为马克思主义理论教育的重要对象。

党的十四大以后,面对因部分党员干部不注重自身理论素养、放松理论学习而导致党内问题层出不穷的现实状况,以江泽民为主要代表的中国共产党人尖锐地指出:"小平同志深刻指出,十年来最大的失误是教育,放松了思想政治教育。我理解,其中首先是放松了干部的马克思主义理论教育。"⑤"这一代年轻干部,还缺乏马克思主义基本理论的扎实功底,缺乏对中国历史和现实的系统了解,缺乏党内生活和艰苦环境的严格锻炼。"⑥为扭转这一局面,江泽民随后在主持各项工作时严肃指出:"没有先进理论武装的党,不可能是先进的党;没有先进理论武装的共产党员,不可能发挥先锋战士的作用","理论建设是党的建设的根本,理论素

---

① 《邓小平文选》第 2 卷[M]. 北京:人民出版社 1994 年版,第 367 页。
② 《邓小平文选》第 3 卷[M]. 北京:人民出版社 1993 年版,第 146 页。
③ 《邓小平文选》第 3 卷[M]. 北京:人民出版社 1993 年版,第 147 页。
④ 《中共党史文献选编(社会主义革命和建设时期)》[M]. 北京:中共中央党校出版社 1992 年版,第 701 页。
⑤ 《十三大以来重要文献选编》(中)[M]. 北京:人民出版社 1991 年版,第 1142 页。
⑥ 《江泽民论有中国特色社会主义》(专题摘编)[M]. 北京:中央文献出版社 2002 年版,第 687 页。

质是领导干部思想政治素质的灵魂",①"抓党的建设,首先要抓好党的思想政治建设,因为解决思想政治问题是做好其他各项工作的前提和基础",②"努力提高各级领导干部特别是中青年领导干部的马克思主义理论水平,是党的事业不断开拓前进的必然要求,也是中青年领导干部自身成长的必然要求",③"如果我们党有一大批同志,系统地而不是零碎地、实际地而不是空洞地掌握了建设有中国特色社会主义理论,并且能够运用这一理论去研究和解决重大问题,我们党领导改革开放和社会主义现代化建设的能力和水平就会大大提高",④强调党员干部之所以成为马克思主义理论教育的重点对象是由他们在我国经济社会发展中所承载的历史重任决定的。在此基础上,江泽民深入提出:"要在全党系统地深入地进行马列主义、毛泽东思想基本理论的教育,特别是马克思主义哲学教育,党的基本路线的教育,党的基本知识的教育。进行这'三个基本'教育,一定要贯穿党性教育,突出用马克思主义的世界观、方法论武装广大党员",⑤并着重要求"党的干部特别是高中级干部要带头学习和实践'三个代表'重要思想,成为勤奋学习、善于思考的模范,解放思想、与时俱进的模范,勇于实践、锐意创新的模范",⑥一再强调要通过加强党内马克思主义理论教育使党员干部的思想建设和执政能力建设牢固建立在马克思主义的科学基础之上。在这期间,党中央还先后于1998年和2003年在全党发起学习贯彻邓小平理论、"三个代表"重要思想的实践活动,掀起党内马克思主义理论学习的新热潮。

党的十六大以后,以胡锦涛为主要代表的中国共产党人在继承传统的党内马克思主义理论教育思想的基础上,进一步提出了把我们党建设成为"马克思主义学习型政党"的战略思想。2004年9月,胡锦涛在党的十六届四中全会上明确要求,全体党员干部要切实增强自身灵活运用马克思主义基本原理解决中国实际问题的能力,提高自身的理论思维和战略思维水平,努力建设学习型政党。2007年10月,党的十七大重申建设学习型政党的要求,深入提出"要按照建设学习型政党的要求,紧密结合改革开放和现代化建设的生动实践,深入学习马克思列宁主

---

① 《江泽民文选》第2卷[M]. 北京:人民出版社2006年版,第366－367页。
② 《江泽民文选》第3卷[M]. 北京:人民出版社2006年版,第94页。
③ 《江泽民文选》第3卷[M]. 北京:人民出版社2006年版,第50页。
④ 江泽民:《论社会主义精神文明建设》[M]. 北京:中央文献出版社1997年版,第76页。
⑤ 《江泽民文选》第1卷[M]. 北京:人民出版社2006年版,第95页。
⑥ 《江泽民文选》第3卷[M]. 北京:人民出版社2006年版,第569页。

义、毛泽东思想、邓小平理论和'三个代表'重要思想,在全党开展深入学习实践科学发展观活动,坚持用发展着的马克思主义指导客观世界和主观世界的改造,进一步把握共产党执政规律、社会主义建设规律、人类社会发展规律,提高运用科学理论分析和解决实际问题能力"。① 2009 年 9 月,党的十七届四中全会通过《中共中央关于加强和改进新形势下党的建设若干重大问题的决定》,进一步要求全党把"建设马克思主义学习型政党,提高全党思想政治水平"作为一项重要的战略任务常抓不懈。2010 年 10 月,习近平在全国干部教育培训工作会议上着重指出建设马克思主义学习型政党必须重点抓好中国特色社会主义理论体系教育和党性教育。2013 年 11 月,党的十八大进一步提出"建设学习型、服务型、创新型马克思主义执政党"的新任务和新要求,使得新形势下全面提高党的马克思主义理论水平这一战略目标变得更为系统、完整和科学。

党的十八大以来,中国共产党在新的历史条件下面临着更为复杂的国内外局势。为确保中国共产党始终是中国特色社会主义事业的坚强领导核心,以习近平为主要代表的中国共产党人以更大的决心积极推进党内马克思主义理论教育。具体体现在:其一,认真贯彻落实党的十八大提出的"坚定理想信念,坚守共产党人精神追求"的重要思想和"全面提高党的建设科学化水平"的战略任务,把强化理想信念教育和建设"学习型、服务型、创新型的马克思主义执政党"作为党内马克思主义理论教育的首要任务。其二,进一步要求各级党委把党史学习置于党的思想建设的重中之重常抓不懈,把党史教育同建设学习型党组织相结合,不失时机地开展党史学习活动,使广大党员干部坚定对马克思主义的信仰、对社会主义的信念。其三,要求广大党员干部认真学习马克思主义经典著作,加深对马克思主义基本原理和中国化马克思主义的理解,提升自身思想政治素质。在以习近平为主要代表的中国共产党人的高度重视和直接指导下,加强理想信念教育和党史教育、学习马克思主义经典著作以及建设"三型"马克思主义执政党,成为新时期党内马克思主义理论教育的主要内容。

(二)以青少年尤其大学生作为教育基本着力点

青少年尤其是大学生是我们党的事业的生力军、继承者和接班人,是国家和民族兴旺发达、繁荣昌盛的希望所在。他们的思想政治状况在很大程度上决定着中华民族的前途和命运。加强对青少年尤其是大学生的马克思主义理论教育,既

---

① 《十七大以来重要文献选编》(上)[M]. 北京:中央文献出版社 2009 年版,第 38-39 页。

是不断提高青年学生的思想素质和马克思主义理论素养,引导青年学生健康成长的重要保证,也是教育和引导青年学生树立坚定的马克思主义信仰和社会主义理想信念,确保党和国家的社会主义事业长盛不衰、后继有人的必由之路。改革开放以来,以邓小平、江泽民、胡锦涛和习近平为主要代表的中国共产党人高度重视加强青年学生的马克思主义理论教育,把青少年尤其是大学生作为马克思主义理论教育的基本着力点。

党的十一届三中全会以后,面对全国百废待兴、百业待举以及改革开放和现代化建设蓄势待发的现实状况,以邓小平为主要代表的中国共产党人对广大青年学生寄予殷切期望,明确把青年学生作为教育尤其是马克思主义理论教育的基本着力点常抓不懈。一方面,邓小平多次指出:"十一届三中全会确立的这条中国的发展路线,是否能够坚持得住,要靠大家努力,特别是要教育后代"①,提出"青年应当努力学习。……你们一定要十分重视马克思列宁主义的学习,来不断地提高自己的政治觉悟"②,突出强调马克思主义理论教育在提升青年学生思想道德素质方面的重要作用。为推动马克思主义理论教育真正走向青年学生,全面提升青年学生的马克思主义理论素养,还逐步把马克思主义理论教育的科学化和学科化建设提上日程,在全国各院校中广泛开设哲学、政治经济学和中共党史等课程,大力加强马克思主义基本理论教育、毛泽东思想教育和四项基本原则教育。另一方面,为防御、抵制资产阶级自由化思潮和资本主义"和平演变"对青年学生的思想腐蚀,中国共产党人要求把加强青年学生的马克思主义理论教育放在各项工作的重中之重。尤其是20世纪80年代末90年代初,面对因资产阶级自由化思潮泛滥而导致学生闹事和政治风波等悲剧相继上演的现实状况,邓小平多次指出:"问题在于我们思想战线上出现了一些混乱,对青年学生引导不力",③"十年来我们的最大失误是在教育方面,对青年的政治思想教育抓得不够",④提出"要特别教育我们的下一代下两代,一定要树立共产主义的远大理想。一定不能让我们的青少年作资本主义腐朽思想的俘虏,那绝对不行",⑤要求把加强青年学生马克思主义

---

① 《邓小平文选》第3卷[M].北京:人民出版社1993年版,第381页。
② 《邓小平年谱(一九〇四——一九七四)》(中)[M].北京:中央文献出版社2009年版,第1257页。
③ 《邓小平文选》第3卷[M].北京:人民出版社1993年版,第198页。
④ 《邓小平文选》第3卷[M].北京:人民出版社1993年版,第287页。
⑤ 《邓小平文选》第3卷[M].北京:人民出版社1993年版,第111页。

理论教育作为反对资产阶级自由化思潮、抵制资本主义"和平演变"和培养社会主义事业可靠接班人的一项重要战略任务。

党的十四大以后,以江泽民为主要代表的中国共产党人更加重视加强青年学生的马克思主义理论教育,多次从青年学生马克思主义理论教育的重要性、方式方法等方面展开探讨。对于青年学生马克思主义理论教育的重要性问题,党中央在1998年6月下发的《关于全党深入学习邓小平理论的通知》中指出:"用邓小平理论武装广大青年是关系到改革开放和21世纪国家发展前途的大事,各级党委都要从国家振兴和民族复兴的高度重视对青年的理论教育,鼓励青年学习邓小平理论,树立正确的世界观、人生观、价值观。"2001年5月,江泽民在纪念中国共青团成立八十周年大会上进一步强调:"马克思主义的政党只有赢得青年,才能赢得未来。……我们党要赢得青年,就必须用先进的理论引导青年,用光辉的事业凝聚青年,用良好的作风吸引青年",①指明了用马克思主义这一先进理论武装教育青年学生的重要意义;对于如何加强青年学生马克思主义理论教育,中国共产党人在继承邓小平时期的青年学生马克思主义理论教育思想的基础上,还着重提出马克思主义理论教育要坚持"三进",即进学校、进教材、进头脑,高度重视学校课堂教育。1994年6月,江泽民在全国教育工作会议上明确要求各级各类学校不断加大马克思列宁主义、毛泽东思想和邓小平理论教育的力度,通过总结经验、改进教学等方式切实提升政治理论课的实效性,对新时期青年学生的马克思主义理论教育提出高标准、严要求。

党的十六大以后,以胡锦涛为主要代表的中国共产党人在高度肯定青年学生对中国社会发展进步的重要作用的同时,还从青年学生的发展特性出发系统概括青年学生思想发展中不容忽视的诸多问题,进而提出把青年学生作为马克思主义理论教育的基本着力点予以引导。其中,2000年12月,胡锦涛在共青团十四届四中全会上指出:"当代青年是跨世纪的一代,肩负着承前启后、继往开来的历史重任。无论是完成当前的任务,还是实现长远的发展目标,都离不开当代青年的觉悟和奋斗。"②"青年代表着未来。赢得青年,才能赢得未来。"③同时,他还根据青年的思想状况深入指出:"青少年是社会中一个正在成长的群体,他们求知欲强、

---

① 《十五大以来重要文献选编》(下)[M].北京:人民出版社2003年版,第2389页。
② 胡锦涛:《与无党派人士界和共青团青联界委员座谈时的讲话》[N].人民日报,2000-03-05(02)。
③ 胡锦涛:《在共青团十二届五中全会上的讲话》[N].人民日报,1992-12-20(02)。

可塑性也强,容易受到社会环境的影响。"①"在新的历史条件下,面对我国经济体制转轨时期遇到的各种复杂矛盾,面对世界社会主义事业出现的严重挫折,面对西方敌对势力加紧对我国进行的思想文化渗透,一部分青年中也确实产生了这样那样的思想困惑和模糊认识。"②基于此,党中央明确要求把青年学生作为马克思主义理论教育的重点对象强抓不懈。2003 年 7 月,胡锦涛在同共青团与会代表座谈时再次要求,积极引导广大青年学生学习马克思列宁主义、毛泽东思想、邓小平理论和"三个代表"重要思想,树立崇高的理想信念,培养高尚的道德情操。2005 年 1 月,胡锦涛在全国加强和改进大学生思想政治教育工作会议上,从如何培育高素质的社会主义接班人的战略高度,着重要求把社会主义核心价值体系教育作为青年学生马克思主义理论教育的重要内容。2006 年 10 月,胡锦涛在党的十六届六中全会上再次强调:"要从赢得青年、赢得未来的高度,抓好大学生的理论学习,在广大青年中培养一大批坚定的马克思主义者",始终把青年学生作为马克思主义理论教育的重点对象予以关注和重视。

(三)全面辐射军队、农村、企业和社区各领域

改革开放以来,以邓小平、江泽民、胡锦涛和习近平为主要代表的中国共产党人深刻地意识到,马克思主义理论的宣传普及离不开坚实的民众基础,马克思主义作为科学的思想理论体系只有符合社会各阶层和各群众的现实利益诉求,使不同利益群体都能从中寻找到自身的利益象征和合法根据,才能真正被广大人民群众所接受和掌握,才能成为人们认识世界和改造世界的强大思想武器,在实践中发挥正确的指导作用。因而,他们在重视抓好党员干部和青年学生两大社会群体的马克思主义理论教育的同时,还积极扩大教育的辐射范围和受众主体,将企业、农村、军队等广泛纳入马克思主义理论教育的对象范围,把马克思主义理论教育和党的路线方针政策教育全面渗透到农村改革、企业管理和军队管理等各领域,促使马克思主义理论教育的接受主体逐渐走向广泛化、普遍化和大众化,使马克思主义从"官学"走向"民学",成为一项人人参与的事业。

早在改革开放之初,以邓小平为主要代表的中国共产党人就曾提出"人人都

---

① 胡锦涛:《视察北京市和平街街道青年文明社区时的讲话》[N]. 人民日报,2000 – 05 – 04 (01)。
② 胡锦涛:《在共青团十四届四中全会上的讲话》[N]. 中国青年报,2001 – 02 – 19(01)。

要改造"①、"在党内外进行马克思主义教育"②等一系列思想论断,要求通过马克思主义理论教育广泛团结和动员人民群众参与社会主义现代化建设。1989年"政治风波"过后,邓小平还一针见血地指出:"十年最大的失误是教育,这里我主要是讲思想政治教育,不单纯是对学校、青年学生,是泛指对人民的教育",③语重心长地强调开展思想政治工作特别是马克思主义理论教育工作绝不能忽视教育对象的广泛性。1992年,邓小平在"南方谈话"中深入指出,新时期要强有力地抵制资本主义的和平演变,就必须扩大马克思主义理论教育的辐射范围,"把我们的军队教育好,把我们的专政机构教育好,把共产党员教育好,把人民和青年教育好"。④在这些重要思想的统领和指导下,中国共产党人不断加大农村、军队和企业等社会各群体的马克思主义理论教育力度。其中,为加强农村的马克思主义理论教育,1982年10月,党中央组织召开全国农村思想政治工作会议,并于同年12月通过《当前农村经济政策的若干问题》的重要决议,针对农村思想政治工作及马克思主义理论教育工作展开详细论述,提出新时期马克思主义理论教育工作必须渗透到农村改革和建设中去。1983年1月,党中央专门下发《关于加强农村思想政治工作的通知》,指出"今天的农民,作为社会主义的劳动者,有社会主义觉悟的一面;作为昨天的小私有者,又不可避免的会有某些旧社会残留下来的旧观念、旧思想的一面,这种情况绝不是短期内就可以彻底改变的,需要做长期、艰苦的工作。""必须坚决而又正确地进行反对资本主义思想、封建主义残余思想腐蚀的斗争",⑤要求积极运用党的各项现行政策和社会主义、共产主义思想武装广大农村干部、教育农民群众,"逐步提高农民的政治、思想觉悟,使人人争做有理想、有道德、有文化、守纪律,爱祖国、爱社会主义、爱党、爱集体的社会主义农民",⑥为农村马克思主义理论教育的发展指明了方向。1991年初,党中央下发《关于党在农村普遍开展社会主义思想教育的意见》,重点要求对农村党员干部和农民群众进行社会主义制度优越性教育、党的基本路线、现阶段党在农村的方针政策教育及爱国主义、集体主义的思想教育;为搞好军队的马克思主义理论教育,1978年全军

---

① 《邓小平文选》第2卷[M].北京:人民出版社1994年版,第93-94页。
② 《邓小平文选》第2卷[M].北京:人民出版社1994年版,第330页。
③ 《邓小平文选》第3卷[M].北京:人民出版社1993年版,第306页。
④ 《邓小平文选》第3卷[M].北京:人民出版社1993年版,第380页。
⑤ 《十二大以来重要文献选编》(上)[M].北京:人民出版社1986年版,第272页。
⑥ 《十二大以来重要文献选编》(上)[M].北京:人民出版社1986年版,第271页。

政治工作会议通过《关于加强军队政治工作的决议》，提出运用马克思列宁主义和毛泽东思想的基本理论武装全军指战员是人民军队政治工作的一项根本任务。1981年9月，邓小平在华北检阅军事演习部队时强调："我们一定要坚持四项基本原则，加强政治思想建设，努力使部队成为贯彻执行党的路线、方针、政策的模范。"①1987年2月，中共中央批转中央军委《关于新时期军队政治工作的决定》，对军队马克思主义理论教育的主要任务、方法方式作了具体阐述。1992年，邓小平在"南方谈话"中再次强调："要把我们的军队教育好"②；为推进企业的马克思主义理论教育，1981年2月，中共中央发布《关于加强职工教育工作的决定》，要求把马克思主义理论教育纳入企业职工的系统教育中，教育引导广大职工树立社会主义和共产主义理想信念、克服落后思想和不良风气。1983年1月，全国职工思想政治工作会议下发《国营企业职工思想政治工作纲要（试行）》，将国际国内形势教育、党的路线方针政策教育、社会主义思想教育纳入职工思想教育的内容范畴。为切实保证企业马克思主义理论教育的实效性，党中央还特别要求"共产主义思想体系的教育必须同实行马克思主义物质利益原则紧密结合"③。1990年5月，李瑞环在中国职工思想政治工作研究会年会上发表《关于职工思想政治工作的若干问题》的重要讲话，要求通过加强马克思主义理论教育确保企业的社会主义性质。

党的十四大以后，以江泽民为主要代表的中国共产党人紧密结合我国改革和建设的客观实际，再次重申"广大工人、农民、知识分子、干部是建设社会主义事业的基本力量，思想政治工作必须全面做好"，④"企业、农村、学校、科研院所、街道和其他基层单位组织，都要根据自己的实际，解决好把思想政治工作任务落到实处的问题"，⑤"马克思主义的指导地位，最基础的工作是用马克思主义、毛泽东思想、邓小平理论武装全党，教育人民"，⑥反复强调马克思主义理论教育的对象是全体人民。其中，针对"农村马克思主义理论教育"，中国共产党人不仅指出"农村的思想文化阵地，先进的正确的思想和优良社会风尚不去占领，落后的错误的思

---

① 《邓小平文选》第2卷[M]．北京：人民出版社1994年版，第395页。
② 《邓小平文选》第3卷[M]．北京：人民出版社1993年版，第380页。
③ 《十二大以来重要文献选编》（上）[M]．北京：人民出版社1986年版，第364页。
④ 《江泽民文选》第3卷[M]．北京：人民出版社2006年版，第90页。
⑤ 《十五大以来重要文献选编》（中）[M]．北京：人民出版社2001年版，第1044页。
⑥ 《江泽民文选》第3卷[M]．北京：人民出版社2006年版，第87页。

想和不良社会风气就必然会去占领",①指明加强农村马克思主义理论教育的极端重要性,而且深入提出"农村思想政治工作要结合奔小康、建设社会主义新农村来进行",②"我们决不能重复过去搞'思想工作万能'、'政治冲击一切'那套思维方式和工作方法,但也决不能把生产力对社会发展起最终决定作用的原理简单化、绝对化、庸俗化",③要求农村马克思主义理论教育工作的内容、方式方法必须与时俱进、推陈出新。1996年6月,江泽民在河南考察农村时还着重强调:"用爱国主义、集体主义和社会主义思想占领农村思想文化阵地。这是加强农村精神文明建设的一项带根本性的任务。"④1999年9月,中共中央发布《关于加强和改进思想政治工作的若干意见》,进一步提出"要从农村实际出发,着重开展党的基本路线和农村政策教育、社会主义的集体主义精神教育、移风易俗教育、民主法制教育、科学文化教育",⑤要求把党的基本路线和农村政策教育作为农村马克思主义理论教育的重中之重。2000年11月,中共中央下发《关于在农村开展"三个代表"重要思想学习教育活动的意见》,深入指出农村理论教育必须坚持学习教育与推进农村工作相结合、正面教育与自我教育相结合、从实际出发与分类指导相结合等基本原则。2001年1月,中央在《关于做好二〇〇一年农业和农村工作的意见》中再次要求:"深入开展'三个代表'重要思想的学习教育,促进农村社会全面进步。"⑥在这期间,为深入宣传贯彻有关"三农问题"的相关路线、方针、政策,党中央还非常注重农村马克思主义理论教育的通俗性,多次要求积极运用通俗易懂、简单明了的乡村语言增强广大农民对马克思主义理论的认同感;对于"军队马克思主义理论教育",江泽民在1994年12月中央军委扩大会议上严肃提出:"我们必须高度重视军队的思想政治建设,必须把它摆在全军各项建设的首位",并指出加强军队思想政治建设"最重要的是要引导和组织广大干部战士深入学习马列主义、毛泽东思想,中心是深入学习邓小平同志建设有中国特色社会主义理论";⑦关于"企业马克思主义理论教育",1996年5月,江泽民在《加快国有企业改革和发展步伐》的讲话中着重指出,企业领导干部只有认真学习邓小平建设有

---

① 《江泽民文选》第1卷[M]. 北京:人民出版社2006年版,第276页。
② 《十五大以来重要文献选编》(中)[M]. 北京:人民出版社2001年版,第1045页。
③ 《江泽民文选》第3卷[M]. 北京:人民出版社2006年版,第85页。
④ 《十四大以来重要文献选编》(下)[M]. 北京:人民出版社1999年版,1951-1952页。
⑤ 《十五大以来重要文献选编》(中)[M]. 北京:人民出版社2001年版,第1045页。
⑥ 《十五大以来重要文献选编》(中)[M]. 北京:人民出版社2001年版,第1601页。
⑦ 《十四大以来重要文献选编》(中)[M]. 北京:人民出版社1997年版,第1126页。

中国特色社会主义理论,才能准确把握我们党有关改革开放、经济发展和企业改革的重要思想并用其指导生产实践。1999年8月,江泽民在国有企业改革和发展座谈会上进一步提出,要坚持不懈地用马克思列宁主义、毛泽东思想、邓小平理论和党的基本路线等马克思主义中国化最新理论成果武装企业领导干部和广大职工,努力建设"四有"职工队伍。

党的十六大以后,以胡锦涛为主要代表的中国共产党人不仅更加重视加强党员干部、青年学生以及其他社会群体的马克思主义理论教育,一再强调"要在覆盖面上求深入",①而且站在党和国家发展的战略高度高屋建瓴地提出了"推动马克思主义大众化"的科学命题。其中,2007年10月,党的十七大首次提出这一命题,明确要求"开展中国特色社会主义理论体系宣传普及活动,推动当代中国马克思主义大众化"。② 2009年9月,党的十七届四中全会又系统提出"推进马克思主义中国化、时代化、大众化"的战略任务。伴随"推动马克思主义大众化"这一科学命题的提出和确立,新时期我国马克思主义理论教育被赋予更加明确的奋斗目标,即实现马克思主义理论教育最广泛的人民性。正是在"推动马克思主义大众化"这一思想的指导下,中国共产党人不仅提出马克思主义理论教育"要在扩大覆盖面上求深入","要抓好农村特别是偏远山区的学习宣传,抓好新经济组织、新社会组织、进城务工人员、离退休人员、下岗失业人员和流动人口中党员的学习宣传",③而且根据不同群体和社会阶层的思想状况和特点提出针对性要求。其中,为深入推进农村的马克思主义理论教育,中国共产党人曾多次指出:"实现全面建设小康社会的宏伟目标,最艰巨最繁重的任务在农村,最广泛最深厚的基础也在农村",④并深入提出"要深入宣传党在农村的各项政策,把政策原原本本交给广大农民群众,使他们了解政策、掌握政策,共同为落实政策而努力",⑤"坚持用社会主义先进文化占领农村阵地,满足农民日益增长的精神文化需求,提高农民思想道德素质。扎实开展社会主义核心价值体系建设,坚持用中国特色社会主义理论体系武装农村党员、教育农民群众,引导农民牢固树立爱国主义、集体主义、社

---

① 《十七大以来重要文献选编》(上)[M].北京:中央文献出版社2009年版,第179页。
② 《十七大以来重要文献选编》(上)[M].北京:中央文献出版社2009年版,第26页。
③ 《十七大以来重要文献选编》(上)[M].北京:中央文献出版社2009年版,第179页。
④ 《十七大以来重要文献选编》(上)[M].北京:中央文献出版社2009年版,第693页。
⑤ 《十六大以来重要文献选编》(下)[M].北京:中央文献出版社2008年版,第291页。

会主义思想",①强调农村马克思主义理论教育肩负着宣传普及马克思主义中国化最新理论成果、不断提高广大农民的思想道德素质和科学文化素质和推动农村马克思主义大众化的历史重任;为深化军队的马克思主义理论教育,中国共产党人在指出"政治工作是构成军队战斗力的重要因素",②提出军队要"组织学习马克思列宁主义、毛泽东思想、邓小平理论和'三个代表'重要思想",③"做好用中国特色社会主义理论体系武装官兵工作,深入开展坚定中国特色社会主义信念、有效履行我军历史使命主题教育"④的同时,还着重要求大力加强军人核心价值观教育。2008 年,胡锦涛在全国军政会议上提出并系统阐发了"忠诚于党、热爱人民、报效国家、献身使命、崇尚荣誉"的当代军人核心价值观,突出强调"这是建设社会主义核心价值体系的重要方面",要求"要把培育当代革命军人核心价值观融入部队建设的方方面面"。⑤ 当代革命军人核心价值观的提出,既是我们党立足时代发展和军队建设全局提出的重大战略任务,也是新形势下强化军队马克思主义理论教育的重大创新实践。这一思想提出后,全军迅速掀起"大力培育当代革命军人核心价值观主题教育活动"的高潮。

六、关于马克思主义理论教育的原则

马克思主义理论教育的原则是指教育主体在对教育客体开展马克思主义理论教育活动、处理马克思主义理论教育过程中的基本矛盾时必须依据和遵循的基本要求和基本准则,主要解决的是"马克思主义理论教育如何教好"的问题。改革开放以来,以邓小平、江泽民、胡锦涛和习近平为主要代表的中国共产党人在深入考察马克思主义理论教育的内在本质和基本活动规律的基础上,反复强调理论教育必须坚持"学马列要精,要管用""理论联系实际""正面教育与反面批判相结合""因材施教、因人制宜"等基本原则。这些教育原则涉及马克思主义理论教育的各个方面,贯穿于改革开放以来马克思主义理论教育的全过程,是中国共产党人开展马克思主义理论教育活动时所遵循的基本要求和处理马克思主义理论教育过程中基本问题的根本依据。

---

① 《十七大以来重要文献选编》(上)[M]. 北京:中央文献出版社 2009 年版,第 684 页。
② 《中国人民解放军政治工作条例》[M]. 北京:长城出版社 2003 年版,第 4-5 页。
③ 《十六大以来重要文献选编》(上)[M]. 北京:中央文献出版社 2005 年版,第 519 页。
④ 《十六大以来重要文献选编》(上)[M]. 北京:中央文献出版社 2005 年版,第 659 页。
⑤ 《胡锦涛提出军人核心价值观》[N]. 新华每日电讯,2008-12-31(01)。

(一)坚持"学马列要精,要管用"

重视和加强马克思主义的理论学习历来是马克思主义政党的优良传统。但是由于马克思主义理论博大精深,马克思主义经典著作和重要文献卷帙浩繁,仅已出版的马克思、恩格斯、列宁选集、全集和文集就达100多卷,再加上10多卷毛泽东选集和文集,这些著作即使是长期专注于马克思主义理论研究的专家学者都很难看得全、吃得透,因而要使它们全部得到宣传普及,可以说是一项根本无法实现的任务。况且,伴随时代主题和历史任务的深刻变迁,一部分著作和论断已经丧失其当代价值,并没有加以宣传普及的必要。正如有学者所指出:"特别是马克思的一些分析和论断,在当时提出来时是对的,但现在情况发生了变化,有些论断已经过时了。"[①]因此,改革开放以来,为切实有效地推进马克思主义理论教育,以邓小平、江泽民、胡锦涛和习近平为主要代表的中国共产党人明确提出了"学马列要精要管用"的原则,强调学习和宣传马克思主义的关键在于掌握马克思主义的思想精髓和科学体系、学会马克思主义经典作家观察问题、分析问题和处理问题的立场和方法。"要精,要管用"思想是改革开放以来中国共产党人开展马克思主义理论教育一贯坚持的根本原则,生动展现了中国共产党人中国式的思维特色,为马克思主义理论教育思想宝库增添了新的理论成果。

"要精,要管用"思想是由邓小平在1992年初的南方谈话中最早提出。邓小平在讲话中指出:"我们讲了一辈子马克思主义,其实马克思主义并不玄奥。马克思主义是很朴实的东西,很朴实的道理。"[②]"学马列要精,要管用。长篇的东西是少数搞专业的人读的,群众怎么读?要求都读大本子,那是形式主义的,办不到。"在邓小平看来,马克思主义理论教育实效性的高低,很大程度上取决于教育者在理论宣传过程中能否对马克思主义经典作家的著作和文本作出科学取舍、能否抓住马克思主义的本质内涵和精神实质,而不在于单纯进行成本大套的条文灌输。基于此,邓小平还进一步提出,贯彻落实"要精,要管用"思想必须坚决克服形式主义和本本主义两种错误倾向。他多次尖锐地指出"现在有一个问题,就是形式主义多",[③]明确要求"政治学习的内容要精简,特别要反对一些形式主义的东

[①] 叶庆丰:《马克思主义"老祖宗"哪些不能丢,哪些需要发展?》[J].《理论学刊》2007年第7期。
[②] 《邓小平文选》第3卷[M]. 北京:人民出版社1993年版,第382页。
[③] 《邓小平文选》第3卷[M]. 北京:人民出版社1993年版,第381页。

西",①"追求表面文章,不讲实际效果、实际效率、实际速度、实际质量、实际成本的形式主义必须制止。说空话、说大话、说假话的恶习必须杜绝"。② 在马克思主义理论教育"要精,要管用"的问题上,邓小平不仅针对这一思想提出大量精辟深邃的论述,而且还身体力行践行"要精,要管用"思想,提出一系列群众耳熟能详的重要论断,如贫穷不是社会主义、发展才是硬道理、革命是解放生产力、改革也是解放生产力等,为新时期开展中国化马克思主义理论教育提供了精炼明了、言简意赅的内容。党的十四大以后,受邓小平"要精、要管用"思想的影响,以江泽民为主要代表的中国共产党人进一步提出:"学习马列主义、毛泽东思想和邓小平理论,关键是要掌握其理论实质。"③"要努力在掌握理论的科学体系上下功夫,在掌握基本原理及其精神实质上下功夫,在掌握马克思主义的立场、观点、方法并用以指导实践上下功夫。"④为全面落实"运用邓小平理论武装全党、教育群众"这一战略任务,江泽民还具体要求:"认真学习邓小平同志的战略思想和理论观点,认真学习他运用马克思主义立场、观点和方法研究新情况、解决新问题的科学态度和创造精神。学习要联系实际,要精,要管用。"⑤进入新世纪新时期,在"要精,要管用"思想的指导下,以胡锦涛为主要代表的中国共产党人深入指出:"我们学习马克思列宁主义、毛泽东思想、邓小平理论和'三个代表'重要思想,必须紧紧围绕掌握马克思主义的基本原理特别是贯穿其中的立场、观点和方法来进行,努力掌握观察事物、判断形势、解决问题、推动工作的科学世界观和方法论,善于在纷繁复杂的矛盾中抓住根本,在不断变化的形势中把握方向,不断开创中国特色社会主义事业新局面",强调提升马克思主义理论教育有效性的关键在于引导人民群众掌握马克思主义的基本立场、观点和方法,学会在纷繁复杂的现象中分析和把握事物的本质。为深入贯彻落实"要精,要管用"这一重要思想,党的十七届四中全会还提出,要从各级领导机关做起,大力整顿文风会风,提倡开短会、讲短话、讲管用的话,力戒讲空话、套话。2010年10月,习近平在上海浦东干部学院出席干部教育培训工作座谈会时深入指出:"邓小平同志说,读马列要精,这个'精'主要是指马克思主义导师们的经典著作。江泽民同志、胡锦涛同志也强调老祖宗不能

---

① 《邓小平年谱(1975—1997)》(上)[M]. 北京:中央文献出版社 2004 年版,第 235 页。
② 《邓小平文选》第 2 卷[M]. 北京:人民出版社 1994 年版,第 100 页。
③ 江泽民:《论"三个代表"》[M]. 北京:中央文献出版社 2001 年版,第 75 页。
④ 《十四大以来重要文献选编》(下)[M]. 北京:人民出版社 1999 年版,第 1961 页。
⑤ 《十四大以来重要文献选编》(上)[M]. 北京:人民出版社 1996 年版,第 39 页。

丢,丢了就丧失根本"①,进一步强调准确把握马克思列宁主义经典著作的理论精髓是提升马克思主义理论教育实效性的核心和关键所在。2013年5月,习近平在中央党校春季学期开学典礼上再次重申"学马列要精,要管用"思想的重要性,强调学精、学透马克思主义经典著作是系统把握马克思主义基本原理的关键。这也是党的十八大以来以习近平为主要代表的中国共产党人继续坚持和深入贯彻的重要思想。

(二)坚持大力弘扬理论联系实际的马克思主义学风

马克思主义的实践性本质决定它必须走出书斋、面向实践、走向大众,必须坚持理论与实际相结合。理论与实际相结合是无产阶级政党在长期的革命和建设实践中艰难探索得出的宝贵结论。改革开放以来,以邓小平、江泽民、胡锦涛和习近平为主要代表的中国共产党人始终强调新形势下开展马克思主义理论教育必须做好理论与实际"相结合"这篇大文章,紧密结合我国改革和建设的具体实际有针对性地展开宣传和教育工作,坚持用马克思主义理论之"矢"去射中国改革开放和现代化建设实际之"的",关注人民大众的世俗生活和物质利益诉求,着力解答时代、实践提出的重大理论问题和实际问题,为当代中国马克思主义理论教育提供鲜活的注解。

早在改革开放之初,面对我国改革和建设的崭新实践,以邓小平为主要代表的中国共产党人就曾多次指出:"在中国建设社会主义这样的事,马克思的本本上找不出来,列宁的本本上也找不出来,每个国家都有自己的情况,各自的经历也不同,所以要独立思考",②强调新形势下马克思主义理论的宣传和普及工作只有与中国改革和建设的具体实际紧密结合,才有其存在的合法性依据和现实性基础,才能将中国化马克思主义讲得透彻、用得灵活。在以邓小平为主要代表的中国共产党人看来,"马克思主义发展的科学,是革命的指南,它的生命力就在于不断分析研究实践中出现的新情况、新问题,同各个时代和各个国家的具体革命实践相结合",③"每个党只有把马列主义的普遍真理和本国具体实践相结合才能成

---

① 习近平:《做好新形势下干部教育培训工作》[N].《理论探索》2010年第6期。
② 《邓小平文选》第3卷[M].北京:人民出版社1993年版,第260页。
③ 《十二大以来重要文献选编》(中)[M].北京:人民出版社1986年版,第291页。

功",①"只有结合中国实际的马克思主义,才是我们所需要的真正的马克思主义"。②否则,"各国的情况千差万别,人民的觉悟有高有低,国内阶级关系的状况、阶级力量的对比又很不一样,用固定的公式去硬套怎么行呢?就算你用的公式是马克思主义的,不同各国的实际相结合,也难免犯错误",③"离开自己国家的实际谈马克思主义,没有意义",④"马列主义、毛泽东思想如果不同实际情况相结合,就没有生命力了"。⑤ 1982 年 9 月,邓小平在党的十二大上还总结指出:"把马克思主义的普遍真理同我国的具体实际结合起来,走自己的道路,建设有中国特色的社会主义。这就是我们总结长期历史经验得出的基本结论",⑥明确将理论与实际相结合的经验提高到规律性认识的高度。在"理论联系实际"思想的指导下,这一时期我国马克思主义理论教育始终紧密围绕改革开放和经济建设的中心任务而展开,不断教育党员干部和人民群众正确认识和理解改革开放以来党的各项路线方针政策、认清现代化建设的社会主义方向,从而切实保证我国改革和建设能够始终沿社会主义方向平稳发展。

党的十四大以后,以江泽民为主要代表的中国共产党人,一方面总结指出"一切从实际出发,实事求是,理论联系实际,是我们党的优良作风和思想路线,也是党校教育的指导方针",⑦"每当革命和建设的重大关头,我们党总是结合不断发展的实际,加强理论学习,提高全党的马克思主义水平,这是一条宝贵的历史经验",⑧指明理论联系实际的马克思主义学风是我们党学习和普及马克思主义理论一贯坚持的重要原则,是党的优良传统和政治优势。另一方面,再次重申"我们的理论研究和理论宣传,必须从实际出发,实事求是地回答实践提出的问题,回答得越清楚、越透彻、越有说服力,它的作用就越大,也越易于使人们认识到理论的正确和学习的必要",并提出"一个党委、一个领导干部,能不能坚持理论联系实际

---

① 《邓小平年谱(一九〇四—一九七四)》(下)[M]. 北京:中央文献出版社 2009 年版,第 1615 页。
② 《邓小平文选》第 3 卷[M]. 北京:人民出版社 1993 年版,第 213 页。
③ 《邓小平文选》第 2 卷[M]. 北京:人民出版社 1994 年版,第 318 页。
④ 《邓小平文选》第 3 卷[M]. 北京:人民出版社 1993 年版,第 191 页。
⑤ 《邓小平文选》第 2 卷[M]. 北京:人民出版社 1993 年版,第 118 页。
⑥ 《邓小平文选》第 3 卷[M]. 北京:人民出版社 1993 年版,第 3 页。
⑦ 《十三大以来重要文献选编》(中)[M]. 北京:人民出版社 1991 年版,第 1145 页。
⑧ 《江泽民论有中国特色社会主义》(专题摘编)[M]. 北京:中央文献出版社 2002 年版,第 425 页。

的学风,运用马克思主义的立场、观点、方法研究和解决工作中面临的现实问题,是理论上和政治上是否成熟的一个根本标志",①强调能否坚持理论联系实际的马克思主义学风是衡量党员干部在理论上和政治上成熟与否的重要标准之一。在此基础上,还创造性地提出新形势下宣传、普及和运用马克思主义理论必须要坚持"一个中心、三个着眼于"的重要思想,即"以我国改革开放和现代化建设的实际问题、以我们正在做的事情为中心,着眼于马克思主义理论的运用,着眼于对实际问题的理论思考,着眼于新的实践和新的发展"。②"一个中心、三个着眼于"思想是以江泽民为主要代表的中国共产党人结合中国具体实际对理论联系实际的马克思主义学风作出的新阐发,为深入贯彻理论联系实际的马克思主义学风指明了具体方向和着力点。在这一重要思想的指引下,这一时期我国马克思主义理论教育重点围绕社会主义市场经济体制改革而展开,旨在引导人民群众认清市场经济与社会主义制度之间的关系,保证我国市场经济建设沿着社会主义方向健康发展。

步入新世纪新时期,以胡锦涛为主要代表的中国共产党人更加注重大力弘扬理论与实际相结合的马克思主义学风,不断推进马克思主义理论教育与人民群众现实生活的有机融合。从"纪念毛泽东同志诞辰110周年座谈会"的举行,到"庆祝中国共产党成立八十五周大会"的召开,再到党的十七大报告的提出,以胡锦涛为主要代表的中国共产党人在党的各种会议上发表的一系列重要讲话中曾多次重申,"我们党在八十多年的奋斗历程中积累的一条根本经验,就是要不断根据发展变化着的实际情况和时代条件,坚持马克思主义基本原理同中国具体实际相结合,不断开拓党和人民事业前进的道路",③强调理论联系实际的马克思主义学风既是以往马克思主义理论教育的优良传统,也是新时期马克思主义理论教育必须坚持的重要原则。在此基础上,中国共产党人一方面还创造性地提出"推进马克思主义中国化、大众化和时代化"的科学命题。"马克思主义中国化、大众化和时代化"命题是中国共产党人在新的历史条件下对理论联系实际的马克思主义学风的生动诠释。它的提出赋予理论联系实际的马克思主义学风鲜明的时代特色和民族内涵。另一方面,进一步要求新时期研究和普及马克思主义理论必须大兴

---

① 江泽民:《论社会主义精神文明建设》[M].北京:中央文献出版社1999年版,第97页。
② 《江泽民文选》第2卷[M].北京:人民出版社2006年版,第12页。
③ 《十六大以来重要文献选编》(上)[M].北京:中央文献出版社2005年版,第642页。

"求真务实之风",强调"求真务实,是辩证唯物主义和历史唯物主义一以贯之的科学精神,是我们党的思想路线的核心内容,也是党的优良传统和共产党人应该具备的政治品格"。① "求真务实之风"与理论联系实际的马克思主义学风两者在精神实质和本质内涵上具有高度的一致性,都深刻揭示出马克思主义理论只有紧密联系实际,才能展现出应有的理论价值和实践价值,才能转化为强大的思想力量和物质力量。可以说,前者是后者与时俱进的一种表述方式。这期间,正是在"推进马克思主义中国化、大众化、时代化"与"大兴求真务实之风"等重要思想的指导下,我国马克思主义理论教育取得诸多实质性进展。譬如,科学发展观、社会主义荣辱观、和谐社会、全面发展等理论话语不仅广泛地出现于各种正式场合,而且已经在潜移默化逐步转化为人民群众的日常生活话语。

(三)坚持正面教育与反面批判相结合

革命的彻底的批判精神是马克思主义的本真精神。一部马克思主义发展史可以说就是一部马克思主义不断同各种错误思潮进行批判斗争的历史。正如列宁所指出:"这一学说在其生命的途程中每走一步都得经过战斗。"② 从这个意义上讲,马克思主义的传播、宣传和普及就是一个"立"科学理论与"破"错误思想有机统一的过程。马克思主义正是在这种与各种非马克思主义和反马克思主义思潮的不断斗争中逐渐在群众中宣传和普及开来,不断得到人们的认同和信仰。改革开放以来,中国改革和建设的道路并非一帆风顺,始终是正确思想与错误思想相互交织、进步观念与落后观念相互碰撞。因而,面对改革和建设的复杂局势,以邓小平、江泽民、胡锦涛和习近平为主要代表的中国共产党人,既坚持从正面灌输马克思主义理论,又注重通过批判各种错误社会思潮不断扩大马克思主义及其理论创新成果的宣传普及,使马克思主义理论和改革开放的政策逐步深入人心,从而更加坚定马克思主义的指导地位。以正面教育为主和反面批判为辅相结合,是改革开放以来我国马克思主义理论教育坚持的重要原则。

党的十一届三中全会以后,伴随改革和建设的逐步推进,社会上不断出现各种打着反"左"旗号否定四项基本原则、否定社会主义的错误思潮,资产阶级自由化倾向也日益滋长。面对这一社会现实,以邓小平为主要代表的中国共产党人在

---

① 《胡锦涛在中央纪律检查委员会第三次全体会议上强调:大力弘扬求真务实精神大兴求真务实之风 继续深入开展党风廉政建设和反腐败斗争》[J].《党建》2004年第2期。
② 《列宁选集》第2卷[M].北京:人民出版社1995年版,第1页。

重视加强正面的、系统的马克思主义理论教育的同时,还反复强调"批判的武器一定不能丢",①"一定要掌握好批判的武器",②主张从反面批判的角度开展马克思主义理论教育,引导人们明辨善恶是非、形成理性认识。1980年8月,邓小平在中央政治局扩大会议上深入提出:"要运用马克思列宁主义、毛泽东思想,对于封建主义遗毒的表现,进行具体的准确的如实的分析。"③"在思想政治方面肃清封建主义残余影响的同时,决不能丝毫放松和忽视对资产阶级思想和小资产阶级思想的批判,对极端个人主义和无政府主义的批判。"④同年12月,针对一些同四项基本原则背道而驰的错误思想不断抬头的状况,邓小平在中共中央工作会议上进一步提出:"要继续批判和反对封建主义在党内外思想政治方面的种种残余影响,并继续制定和完善各种符合于社会主义原则的制度和法律来清除这些影响。同时,要批判和反对崇拜资本主义、主张资产阶级自由化的倾向,批判和反对资产阶级损人利己、唯利是图、'一切向钱看'的腐朽思想,批判和反对无政府主义、极端个人主义",⑤"必须在思想政治领域把上述的斗争进行到底"。⑥ 1983年10月,为解决思想战线软弱涣散的现实状况,邓小平在党的十二届二中全会上不仅提出要通过正面的系统教育"使马克思主义的和社会主义、共产主义的宣传,特别是在一切重大理论性、原则性问题上的正确观点,在思想界真正发挥主导作用",⑦而且明确要求通过反面批判展开积极的思想斗争,肃清封建残余思想和资产阶级思想的影响,"引导人民提高觉悟,认识这些倾向的危害性,团结起来,抵制、谴责和反对这些错误倾向"。⑧ 在邓小平看来,"只要我们党真正加强马克思主义的领导,坚决克服软弱涣散的状态和自由主义态度,认真开展积极的思想斗争,思想战线的上述种种问题都可以解决,也不难解决"。⑨ 20世纪80年代末90年代初,为反对和遏制当时不断泛滥的资产阶级自由化思潮,邓小平严肃指出,对资产阶级自由化思潮的批判斗争是长期的,"要贯穿在实现四化的整个过程中,不仅本世纪内

---

① 《邓小平文选》第2卷[M].北京:人民出版社1994年版,第390页。
② 《邓小平文选》第2卷[M].北京:人民出版社1994年版,第391页。
③ 《邓小平文选》第2卷[M].北京:人民出版社1994年版,第335页。
④ 《邓小平文选》第2卷[M].北京:人民出版社1994年版,第336页。
⑤ 《邓小平文选》第2卷[M].北京:人民出版社1994年版,第368-369页。
⑥ 《邓小平文选》第2卷[M].北京:人民出版社1994年版,第369页。
⑦ 《邓小平文选》第3卷[M].北京:人民出版社1993年版,第46页。
⑧ 《邓小平文选》第2卷[M].北京:人民出版社1994年版,第211页。
⑨ 《邓小平文选》第3卷[M].北京:人民出版社1993年版,第46页。

要进行,下个世纪还要继续进行"。① 当然,这期间我们党在通过反面批判不断推进马克思主义理论教育的同时,仍然以正面系统的宣传教育为前提。1989年11月,李瑞环在全国省、市、自治区党报总编辑新闻工作研讨班上专门发表题为《坚持正面宣传为主的方针》的讲话,明确要求思想战线的宣传报道要坚持以正面宣传为主的方针,及时准确地宣传社会主义主流意识形态和党的路线、方针、政策,积极营造利于稳定局面的舆论环境。党的十四大以后,以江泽民为主要代表的中国共产党人更加注重遵循正面教育与反面批判相结合的原则开展马克思主义理论教育,引导人们明辨正确与谬误,认清马克思主义的科学性和先进性。江泽民曾深刻指出:"马克思主义从不惧怕批评,也从不惧怕同非马克思主义、反马克思主义的斗争。马克思主义正是在这种斗争中不断显示出自己的科学真理性。"② 基于此,他反复强调:"在宣传思想领域,我们要坚持唱响主旋律、打好主动仗,科学生动地宣传马克思主义,引导干部群众不断克服和抵制错误、落后、腐朽的思想文化的影响与侵蚀马克思主义理论教育工作。"③ 为批判和抵制各种否定党的"一个中心、两个基本点"基本路线的错误思潮,江泽民还着重要求:"在党内特别是领导干部中要警惕右,但主要是防止'左'。……'左'的表现在否定改革开放、认为和平演变的主要危险来自经济领域,甚至用'阶级斗争为纲'的思想影响和冲击经济建设这个中心。右可以葬送社会主义,'左'可以葬送社会主义。"④ "对于违反以经济建设为中心、违反四项基本原则、违反改革开放政策的错误思想政治观点,对于反马克思主义的挑战和攻击,必须进行积极的思想斗争。"⑤ 他强调,由于"马克思主义的真理,是在同各种谬误的斗争中确立、发展起来和不断深入人心的",⑥ 因而加强反面批判是开展马克思主义理论教育不可或缺的重要环节。进入新世纪新阶段,面对民主社会主义论、普世价值论和新自由主义论等多元化价值理念和社会思潮不断对中国特色社会主义建设造成诸多纷扰,以胡锦涛为主要代表的中国共产党人审时度势提出"既尊重差异、包容多样,又有力地抵制各种错误和腐朽思想的影响"的指导方针,即对于各种正确、有益的社会思潮

---

① 《邓小平年谱(1975—1997)》(下)[M]. 北京:中央文献出版社2004年版,第1169页。
② 《江泽民文选》第3卷[M]. 北京:人民出版社2006年版,第228页。
③ 《江泽民文选》第3卷[M]. 北京:人民出版社2006年版,第228页。
④ 《江泽民文选》第1卷[M]. 北京:人民出版社2006年版,第223页。
⑤ 《江泽民文选》第3卷[M]. 北京:人民出版社2006年版,第88页。
⑥ 《江泽民文选》第3卷[M]. 北京:人民出版社2006年版,第88页。

要坚持正面引导,在包容多样和尊重差异的基础上引导它们为社会主义建设服务;对于各种反马克思主义和反社会主义的腐朽落后社会思潮要坚持反面批判,澄清人们头脑中的错误认识。在此基础上,党中央还具体提出:"坚持以社会主义核心价值体系引领社会思潮,尊重差异,包容多样,最大限度地形成社会思想共识",①大力倡导用社会主义核心价值体系"高势位"引领多样化社会思潮,有效整合各种思想文化资源,进而在以正面教育为主、反面批判为辅的理论宣传和普及进程中引导全社会最大限度地达成思想共识。由此可见,正面教育为主、反面批判为辅的教育原则贯穿和渗透于改革开放以来马克思主义理论教育的整个历史进程中。

(四)坚持因材施教、因人制宜

"因材施教"语出《论语》,是孔子最早提出的重要教育方法。它是指教育者在施教过程中必须在充分考察受众的实际情况和个体差异的基础上,因人制宜、因势利导、有的放矢地进行差别性教育,使教育受众都能扬长避短,从而获得最佳收益。改革开放以后,伴随我国社会结构剧烈变动、利益格局深刻调整、社会分层不断加剧,人们思想活动的独立性、选择性、差异性、复杂性和多变性日趋增强,马克思主义理论教育面对的受众逐渐由单纯接受型转变为独立思考型。基于此种现实,以邓小平、江泽民、胡锦涛和习近平为主要代表的中国共产党人创造性地把因材施教原则引入马克思主义理论教育过程中,强调要在充分考察不同群体和社会阶层的实际情况和个体差异的基础上,"针对每个单位、每个人的不同情况去做思想工作",②从而在尊重多样、包容差异的基础上使马克思主义理论"化于多质的大众",感召大众心志、凝聚大众精神、引领大众行为,切实实现马克思主义理论普及与普通群众现实需求的有效对接。

以邓小平为主要代表的中国共产党人无论是在中国革命还是建设时期历来是因材施教的光辉典范。党的十一届三中全会以后,伴随我国各项工作的重心转向改革和建设,为了通过马克思主义理论教育造就思想觉悟高、政治素质强的社会主义建设者,邓小平曾多次提出:"要按照差异区别对待",③"善于根据不同对象去进行政治解释工作",④并指出"时间不同了,条件不同了,对象不同了,因此

---

① 《十六大以来重要文献选编》(下)[M]. 北京:中央文献出版社 2008 年版,第 661 页。
② 《邓小平文选》第 2 卷[M]. 北京:人民出版社 1994 年版,第 380 页。
③ 《邓小平文选》第 2 卷[M]. 北京:人民出版社 1994 年版,第 106 页。
④ 《邓小平文选》第 1 卷[M]. 北京:人民出版社 1994 年版,第 17 页。

解决问题的方法也不同",①"政治工作要适合情况,要根据不同情况来进行工作,提出具体口号"。② 在邓小平看来,依据不同教育对象的差异性开展宣传教育工作,是马克思主义理论教育取得实效性的首要前提。否则,如果忽视个体差异性,不因材施教、因人制宜,而只是千篇一律地采取同种方式对待,马克思主义理论教育只能取得事倍功半的教育效果。正如邓小平在1978年全国教育工作大会上所指出:"我们在鼓励帮助每个人勤奋努力的同时,仍然不能不承认各个人在成长过程中所表现出来的才能和品德的差异,并且按照这种差异给以区别对待,尽可能使每个人按不同的条件向社会主义和共产主义的总目标前进。"③党的十四大以后,伴随人们的思想观念和价值取向呈现出日益多元化的发展趋势,以江泽民为主要代表的中国共产党人在马克思主义理论教育过程中更加重视坚持"因材施教、因人制宜"的原则。2011年11月,江泽民在全国宣传部长工作会议上深刻指出:"随着改革开放的推进和经济的发展,我国社会出现了具有明显差别的不同群体,有党员、干部也有普通群众,有文化水平高的也有文化水平低的,有国有企业的干部职工也有非公有制经济人士,有无神论者也有有神论者,有信仰这种宗教的也有信仰那种宗教的,如此等等。他们的经济状况、生活环境、思想认识、文化素质、心理特征都有所不同,如果不做具体分析,不采取有针对性的方式方法,不因材施教、因人制宜,而是千篇一律,空洞说教,思想宣传的效果肯定不会好。""工人、农民、知识分子、干部、军人、离退休人员等都有自己的特点,千篇一律地做工作,是不会取得好效果的。"④基于此,他明确要求:"必须努力把马克思主义理论、建设有中国特色社会主义的思想道德的宣传教育的一致性,与社会不同群体的特点和要求的多样性统一起来。"⑤党的十六大以后,伴随人们主体意识和主体诉求不断加强,"因材施教"原则在马克思主义理论教育中的重要性更加凸显。面对这一现实状况,以胡锦涛为主要代表的中国共产党人再次强调要根据教育对象的不同特点及其提出的不同要求开展宣传教育,从而满足人民群众日益增长的多层次和多样化的需求。2004年5月,胡锦涛在全

---

① 《邓小平文选》第2卷[M]. 北京:人民出版社1994年版,第119页。
② 《邓小平年谱(一九〇四——一九七四)》(上)[M]. 北京:中央文献出版社2009年版,第297页。
③ 《邓小平文选》第2卷[M]. 北京:人民出版社1994年版,第106页。
④ 《江泽民文选》第3卷[M]. 北京:人民出版社2006年版,第90页。
⑤ 江泽民:《论"三个代表"》[M]. 北京:中央文献出版社2001年版,第134页。

国加强和改进未成年人思想道德建设工作会议上,还针对在未成年人这一特殊群体具体指出:"要适应未成年人的接受能力,因势利导,循循善诱,生动形象,润物无声,做到入耳、入脑、入心。"①

---

① 《十六大以来重要文献选编》(中)[M].北京:中央文献出版社2006年版,第83页。

第四章

改革开放以来党的马克思主义理论教育思想发展的突出特色

从特征论的角度探讨改革开放以来党的马克思主义理论教育思想发展,既是深化本课题研究之必需,又是科学评价改革开放以来党的马克思主义理论教育思想发展的必要前提。鉴于此,本章着重对改革开放以来党的马克思主义理论教育思想发展的突出特色展开详细剖析。通过对改革开放以来党的马克思主义理论教育思想发展之中诸多内容进行系统解析、提炼和整合,在把握共性和规律性的基础上,可以清晰发现,在国际国内形势急剧嬗变的新时期,党的马克思主义理论教育思想的发展逐步跳出传统思维方式的束缚,呈现出五个方面的鲜明特征:既不再将政治化需求和社会发展的需要完全强加于人的发展之上,也不完全倾向于个体脱离社会的自然发展,而是在充分考虑人的发展与社会发展相互关系的基础上,剥离种种外在的强求,跳出单纯追求社会发展的束缚,将实现人的发展与完善作为教育的终极目标,力求实现政治化主导的社会教育与个体发展的人本教育的协调发展;不再单纯从意识形态性角度或科学性角度去认识和界定马克思主义理论教育,而是将理论教育的意识形态性、科学性与思想性紧密结合,积极寻求意识形态性教育、科学性教育和思想性教育的相互统一;不再片面强调教育的政治宣传功效,而是提出政治宣传与理论探索和教育教学三者要并行不悖;不再通过外在强制力对群众进行生塞硬注的灌输性教育,而是要求将灌输性教育、渗透性教育和自主性教育三者相互融合;不再单纯重视党员干部和青年学生的重点性教育,而是把将党员干部、企业职工、农民群众和青年学生等不同群体和不同社会阶层广泛纳入教育的对象范畴,因人制宜、因势利导、有的放矢地进行有差别的教育,实现广泛性、先进性和层次性的协调发展。上述特点既是改革开放以来党的马克思主义理论教育思想发展的突出特色,也是改革开放以来党的马克思主义理论教育思想发展的全部缩影、真实写照和根本精髓之所在。

一、政治化主导的社会教育与个体发展的人本教育齐头并进

马克思主义理论教育的产生和发展不仅对于维系社会生活、实现社会稳定有序运行尤其是政治健康稳定发展具有不可替代的重要作用,而且对于人们知识结构和精神世界的塑造与建构发挥着重要作用。通过梳理改革开放以来党的马克思主义理论教育思想可以清晰地发现,新时期党的马克思主义理论教育逐渐摆脱以往单纯服务社会发展的传统教育模式,既不完全强调人的社会化发展,也不完全倾向于脱离社会的个人发展,而是从社会发展和人的发展的双重维度出发,既遵从社会发展的需要,为推动我国改革和建设提供巨大的精神力量,又充分考虑人的个性发展规律,把提升人性、促进人的全面自由发展作为教育的终极目标。易言之,改革开放以来党的马克思主义理论教育思想的发展是由人的发展的现实需要出发,从政治文化教化角度特别是意识形态传导的角度实施对人们的社会化塑造、加强对人们精神世界的引导和建构,从而实现了政治化主导的社会教育与个体发展齐头并进发展的良好局面。

(一)工具性目的:从政治化角度实现对人的社会化塑造

人在社会中生存与发展必然面临一个社会化的过程,而教育是实现人的社会化的最好途径与手段。以涂尔干为主要代表的社会教育论者曾指出:"教育的目的是使出生时不适应社会生活的个体成为崭新的社会我。"①"一切国家和一切时代的教育都是社会的,不管它的意识形态是怎样反社会的。"②在他们看来,教育要受社会发展的制约,因而我们必须根据社会发展的需求去建构教育的目的。毋庸置疑,社会教育论者这种过度追求教育社会功效的思想有失偏颇,但是其却客观地体现出任何教育都具有塑造社会人的工具性目的,完全倾向于个人的超脱社会的教育是不存在的。"人的本质不是单个人所固有的抽象物,在其现实性上,它是一切社会关系的总和"。③ "人不是抽象的蛰居于世界之外的存在物。人就是人的世界,就是国家、社会"。④ 任何教育都必须遵循"人是社会的人"这一人的本

---

① 〔俄〕维果茨基:《教育心理学》,龚浩然等译[M]. 杭州:浙江教育出版社 2003 年版,第 104 页。
② 〔法〕涂尔干:《教育及其性质与作用》,载张人杰主编《国外教育社会学基本文选》[M]. 上海:华东师范大学出版社 1989 年版,第 21 页。
③ 《马克思恩格斯选集》第 1 卷[M]. 北京:人民出版社 1995 年版,第 56 页。
④ 《马克思恩格斯选集》第 1 卷[M]. 北京:人民出版社 1995 年版,第 1 页。

质规定,充分尊重和满足人们的社会化需求。马克思主义理论教育同样也不能例外。在本文第一章马克思恩格斯的马克思主义理论教育思想中,通过追溯和考察马克思恩格斯关于马克思主义理论教育重要任务的相关思想,我们也可知道满足人的社会化需要是马克思主义理论教育产生的重要原因之一。事实上,不仅人的社会化需要是马克思主义理论教育产生的内在驱动力,由于人的政治需要作为个体在政治社会中的一种本能和自然反应,是个体存在必然的内在的规定性,因而在人的社会化过程中人们产生的不同政治化需要又在不断推动着马克思主义理论教育的发展。可见,马克思主义理论教育本身就具有满足人的政治社会化的需求之义。由此,基于人们对不同社会意识形态观念和政治文化理念做出的抉择,最大限度地满足人们的政治文化需求,进而从政治化角度实现对人们的社会化塑造、实现社会秩序的稳定团结和经济的良性发展,不仅是马克思主义理论教育的重要任务,也是马克思主义理论教育目的性的题中应有之义。

改革开放以来,面对日趋复杂的国际国内新形势和新任务,为切实增强人们的政治敏锐性和政治鉴别力,坚定人们的正确政治方向,满足人们丰富多样的政治文化诉求,从政治化角度实现对人们的社会化塑造,中国共产党人不仅从国家价值维度提出马克思主义理论教育的任务在于坚定我国改革开放和现代化建设的社会主义发展方向、维护我国意识形态领域的安定团结,从社会价值维度提出马克思主义理论教育的任务在于通过整合多样化社会思想、引领多样化社会思潮及引导人们树立坚定的马克思主义信仰实现对社会健康发展的推动和关照,并紧密围绕国家价值维度与社会价值维度的这些重要教育任务,反复要求切实根据社会发展的需要和人的社会化需求来建构马克思主义理论教育的目的,而且旗帜鲜明地提出要大力加强马克思主义"政治观"教育,丝毫不回避马克思主义理论教育的工具性目的——从政治化角度实现对人的社会化塑造。其中,邓小平反复指出:"马克思主义的思想理论工作是不能离开现实政治的。……不能设想,离开政治的大局,不研究政治的大局,不估计革命斗争的实际发展,能成为一个马克思主义的思想家、理论家。"① 在邓小平看来,由于任何人的发展都是在一定社会所设定的范围内的发展,其必然不能摆脱社会发展特别是政治发展的束缚和规约,因而马克思主义理论教育如果回避和漠视政治问题,必将脱离人们的社会化特别是政治社会化发展诉求、违背和抹杀自身教育本性与特性。江泽民则明确强调:"我

---

① 《邓小平文选》第 2 卷[M]. 北京:人民出版社 1994 年版,第 179 页。

们搞现代化建设,中心任务是发展经济,但必须有政治保证,不讲政治、不讲政治纪律不行。"①"不论哪个领域、哪条战线工作,都要讲政治"。②"我这里所说的政治,包括政治方向、政治立场、政治观点、政治纪律、政治鉴别力、政治敏锐性。"③具体至"马克思主义理论教育",他还着重指出:"一定要加强马克思主义理论学习,加强政治学习,增强政治敏感性,善于从政治上观察和处理问题,发挥我们党的政治优势,保证经济和各项事业的健康发展",④旗帜鲜明地指出了马克思主义理论教育的政治性价值。中国共产党人这一重要思想深刻揭示出,马克思主义理论教育作为政治的"伴生物"和统摄思想领域的"软权力",承载着通过向人们灌输政治意识、政治思想、主流价值观念,将人们的思想统一于共同的政治目标,使人们步调一致地为社会的团结稳定与建设行动服务的重任,具有从政治化的角度加强对人的社会化塑造,实现教育对象的政治社会化,引导人们对改革和建设达成广泛统一的思想共识的工具性目的。否则,如果我国马克思主义理论教育淡化和脱离政治性,实现对人们无政治化的任意塑造,人们的社会化进程就会失去航向,人们就不可能把学到的知识真正奉献给国家和社会,正处于社会经济体制深刻转轨、社会结构急剧变动的现代化过程中的中国也必将萌发各种非常不稳定的因素。由此概言之,改革开放以来党的马克思主义理论教育思想的发展具有浓厚的政治倾向性和社会指向性。它始终强调要坚持在社会利益与个人利益相统一的基础上,通过对人们进行政治精神文化的引导来实现人的社会化,增强不同阶层和不同利益群体的社会归属感和政治认同感,保证所培养人才的政治方向,进而更好地整合社会思想,理顺社会关系,化解社会矛盾,保证社会主义方向,实现社会秩序的稳定与经济的良性发展。

(二)理论教育的逻辑起点:从人的现实需要出发

虽然人是社会的人,受到一定社会条件的制约,任何超越现实社会的抽象的人是不存在的,但是人又不是被动的社会产物,而是能动的社会主体,能够在学习和实践的基础上积极主动地改造客观世界和主观世界。所以,就人类历史发展的总体进程来看,人与社会总是相互影响、互为条件的。作为特定社会细胞的个体人基于不同的利益诉求不断为实现自身需求而努力奋斗,推动或抑制社会的发

---

① 《江泽民文选》第1卷[M].北京:人民出版社2006年版,第458页。
② 《江泽民文选》第2卷[M].北京:人民出版社2006年版,第366页。
③ 《江泽民文选》第1卷[M].北京:人民出版社2006年版,第457页。
④ 《十三大以来重要文献选编》(下)[M].北京:人民出版社1993年版,第1708-1709页。

展。正如马克思曾深刻指出:"人们通过每一个人追求他自己的、自觉期望的目的而创造自己的历史,却不管这种历史的结局如何,而这许多按不同方向活动的愿望及其对外部世界的各种各样影响所产生的结果,就是历史。因此,问题也在于,这许多个别的人所期望的是什么。愿望是由激情或思虑来决定的。而直接决定激情或思虑的杠杆是各式各样的。有的可能是外界的事物,有的可能是精神方面的动机,如功名心、'对真理和正义的热忱'、个人的憎恶,或者甚至是各种纯粹个人的怪癖。"[①]可见,现实的人的需求和发展是推动社会发展的动力之源,社会历史发展的过程就是人的主体实践的过程。从这个意义上讲,人类的一切认识活动和实践活动的出发点都必须立足于现实的人,必须围绕现实的人的发展及其特点展开。马克思主义理论教育同样不能例外。由于"思想根本不能实现什么东西。为了实现思想,就要有使用实践力量的人",[②]满足现实的人的需求和发展(理论教育的本体价值之所在)是马克思主义理论教育推动人的社会化、促进社会发展(理论教育工具性目的之所在)的前提和基础,马克思主义科学知识和社会舆论的产生必须建立在现实的、个体的人的需求与发展的基础之上,因而马克思主义理论作为一种意识形态要真正掌握广大人民群众,通过马克思主义理论教育取得预期效果,获得一种人们持久践行的影响力,就必须把现实的人的发展放在首要和基础位置,积极回应和满足人民群众的现实需要,切实维护人民群众的根本利益。否则,如果仅仅片面强调马克思主义理论教育在促进人的政治社会化发展中的功效,而忽视实现马克思主义理论教育的本体价值,使现实的人的需求和发展得不到充分满足,马克思主义理论教育的工具性目的就会失去基础和保证,成为无源之水、无本之木,"不可避免地会堕落为革命的空谈"。[③]

改革开放以来,中国共产党人在强调马克思主义理论教育的工具性目的,从政治化角度不断加强对人的社会化塑造、推动人的社会化发展的同时,并没有忽视人的主动性和积极性,更没有否认人在社会发展中的主体地位和主体价值,把个体简单地视为社会机器上被动的螺丝钉,而是把人的现实需要作为马克思主义理论教育的逻辑出发点,要求马克思主义理论教育必须遵循人的个性发展的自然规律,顺应和满足人自身的现实发展诉求。可以说,新时期党的马克思主义理论

---

① 《马克思恩格斯全集》第21卷[M].北京:人民出版社1965年版,第342页。
② 《马克思恩格斯全集》第2卷[M].北京:人民出版社1957年版,第152页。
③ 《列宁全集》第17卷[M].北京:人民出版社1988年版,第194页。

教育思想的发展,虽然把塑造社会化的人、满足人的政治化需要作为教育的工具性目的,但是对人的现实需求的关注和解答才是其真正的逻辑出发点和目的所在,是贯穿其始终的重要主题。通过本文第三章对改革开放以来党的马克思主义理论教育思想发展成果的梳理和总结也不难发现,中国共产党人不仅提出"马克思主义是好东西,但如果马克思主义不能带来人民生活的改善,谁还相信马克思主义?"①"对群众提出和反映的问题,必须满腔热情地加以处理,切实帮助群众解决生产和生活中的实际困难,绝不能漠然置之,更不能粗暴地对待群众,激化矛盾",②"把解决群众思想问题和解决民生问题结合起来"等诸多重要论断,将解决群众的现实需要置于马克思主义理论教育工作的重中之重,而且紧密结合事关群众切身利益的现实问题的发展变化不断推进中国化马克思主义的发展创新,遵循贴近实际、贴近生活、贴近群众的"三贴近"原则进行理论阐释,使马克思主义理论教育宣传讲授的内容集中投放到人民群众普遍关心的热点、焦点和难点问题上,真正做到关注需要、回应关切、答疑解惑。譬如,从邓小平时期"南方谈话"的发表,到江泽民时期"三个代表"重要思想的提出,再到胡锦涛时期科学发展观和中国特色社会主义理论体系等一系列重要思想的确立,等等,这些马克思主义中国化的理论创新成果始终"以解决人民群众最关心、最直接、最现实的利益问题为重点",③实事求是、入情入理地向人民群众阐述了新时期我国企业改革、农村改革和劳动就业等各层面实行的各项政策,讲明了我国改革和建设进程中为什么会出现诸多深层次的矛盾和问题及应该以怎样的正确态度客观地认识和解决这些问题等,从而不断赋予马克思主义理论教育的内容以反映和体现人民群众现实利益需求的新理论。这就使得新时期马克思主义理论教育能够从人民群众的现实需要出发,在保持全国人民根本利益相一致的基础上关注每个人的利益需求,使群众从内心真正感受到马克思主义理论是帮助他们解决实际诉求、提高生活质量和幸福指数的科学理论,与他们的日常生产和生活密切相关,从而切实增强马克思主义理论教育的针对性和亲和力。此外,中宣部组织编写的《干部群众关心的25个理论问题》《理论热点面对面》《理论热点18题》等通俗读物及有关中国特色社会主义理论体系方面的各类专题学习辅助材料也是新时期马克思主义理论教育

---

① 《邓小平年谱(1975-1997)》(上)[M].北京:中央文献出版社2004年版,第668页。
② 《毛泽东邓小平江泽民论思想政治工作》[M].北京:学习出版社2000年版,第83页。
③ 《十六大以来重要文献选编》(下)[M].北京:中央文献出版社2008年版,第650页。

关注现实的人的发展的最好例证。可见,改革开放以来党的马克思主义理论教育思想的发展基本摆脱了以往脱离实际、空洞说教的教育模式,在把理论宣传与解答群众的实际困难和思想困惑相结合的过程中逐步找到了马克思主义理论与当代中国社会发展的最佳结合点,从而促使马克思主义不断内化为人民群众的自觉意识,外化为人民群众的自觉行动。

(三)价值目标与最终归宿:尊重人性,促进人的全面发展

学者金生鈜曾多次深刻指出:"教育非他,乃是心灵的转向",①旨在强调教育之根本在于实现对受教育者的人性启迪、精神引导和思想建构。实质上回归客观现实来看,任何教育特别是关涉到人的精神层面和思想层面的教育要取得预期成效,不仅仅取决于受教育者对其相关内容的理解和掌握程度,关键还在于它对受教育者的人性启迪和精神建构程度。尤其是在现代社会中,伴随现实生活的复杂多变性导致人性趋向多样化发展,如崇高与低俗同在、善良与邪恶共存,情操高尚、舍己为人者有之,道德沦丧、良心泯灭者有之;甘于奉献者有之,善于哗众取宠、卖国求荣者有之……不同的人在展示人性的社会舞台上演绎着不同的人性曲目,教育在启迪人性、加强思想引导与建构上的作用显得尤为迫切和重要。因此,教育特别是关涉到人的精神层面与思想层面的教育必须承担起引导受教育者正确认识与理解自身、去除自身恶习、发展道德人性、加强思想塑造与建构的重任。正如美国学者杜威所指出:"教育的意义的本身就在改变人性以形成那些异于朴质的人性的思维、情感、欲望和信仰的新方式。"②否则,如果教育忽视或缺乏对受教育者的人性启迪、精神引导和思想教化,那么"即使把一个心灵最为高尚的哲学家放在一个日常生活极不方便、道德沦丧的恶劣环境之中,他也会变得麻木不仁、凶残无耻。一个毫无免疫力的、无依无靠的孩子置身这样的环境,他会受到怎样的影响那就可想而知了。在一个野蛮、贫困和肮脏的环境中,要想培养出一个心地善良、纯洁和品德高尚的人,这是根本不可能的。"③从这个意义上讲,教育特别是涉及精神层面和思想层面的教育不仅应是一种知识教育,更应是一种人性启迪和精神导向教育。具体至马克思主义理论教育这一直接指向人的精神世界的教

---

① 金生鈜:《理解与教育:走向哲学解释学的教育哲学导论》[M].北京:教育科学出版社1997年版。
② 〔美〕杜威:《人的问题》,傅统先等译[M].上海:上海人民出版社1966年译,第155页。
③ 〔英〕塞缪尔·斯迈尔斯:《品格的力量》,刘曙光等译[M].北京:北京图书馆出版社1999年版,第35页。

育实践活动,则更应该如此。它不仅应该承担起理论知识教育和政治观念教育的重担,更应该自觉肩负起通过传播和宣传社会主义主流价值理念和精神观念加强对人们的人性启迪与思想引导的重任,为人们的精神世界建构提供导向与支撑,进而推动人们的全面自由发展,实现从"培养阶级社会需要的人"到"对人性的启迪与精神引导"的成功转向。借用雅斯贝尔斯的话说即是:"通过现存世界的全部文化导向人的灵魂觉醒之本源和根基,而不是导向原初派生出来的东西和平庸的知识。"①

改革开放以来,伴随我国改革和建设的深入推进以及人们主体意识的不断觉醒,中国共产党人敏锐地意识到我们党以往在新民主主义革命和社会主义革命时期基于革命实践的需要,强调"掌握思想教育,是团结全党进行伟大政治斗争的中心环节",②把"如何实现人的政治化""如何培养同阶级敌人作斗争的无产阶级战士"作为马克思主义理论教育工作的重中之重,把"是否符合社会价值尺度,能否满足社会发展需要"作为衡量马克思主义理论教育工作得失的标准等一系列教育理念,很大程度上将人的发展掩藏于革命与建设的发展之中,以马克思主义理论教育的阶级性、政治性和工具性替代人的主体性,因而已经不能适应新时期我国社会发展与文明进步的现实需要。基于此,以邓小平、江泽民、胡锦涛和习近平为主要代表的中国共产党人不仅明确指出马克思主义理论教育"说到底是做人的工作,必须坚持育人为本","既要坚持教育人、引导人、鼓舞人、鞭策人,又要做到尊重人、理解人、关心人、帮助人",③而且及时把马克思主义理论教育的关注重点转向"培养怎样的人,如何培养人",把教育着眼点放置于人本身,把教育的终极目标定位于满足人的精神文化需求、启迪人性、推进人的思想的建构与完善、实现人的全面发展,在关注人的政治社会化的同时,更加注重人们德行的养成、主体意识的培养和人性的提升,逐步打破了以往单纯以政治教育"主沉浮"的育人模式。通过本文第三章对改革开放以来党的马克思主义理论教育思想发展成果的梳理也可以清晰地发现,为全方位启迪人性、推动人民群众的全面自由发展,中国共产党人时刻遵循"以人为本"的科学理念对马克思主义理论教育的目标、内容和实现路径

---

① 〔德〕雅斯贝尔斯:《什么是教育》,邹进译[M]. 北京:生活·读书·新知三联书店1991年版,第3页。
② 《毛泽东选集》第3卷[M]. 北京:人民出版社1991年版,第1094页。
③ 《坚持用"三个代表"重要思想统领宣传思想工作 为全面建设小康社会提供科学理论指导和强大舆论力量》[N]. 人民日报,2003-12-08(01)。

展开积极探索和构建。例如,单从教育内容方面来看,从世界观、人生观和价值观"三观"教育的落实到信仰教育的推行,从社会主义精神文明建设的提出到社会主义核心价值体系的构建,从中华民族精神的重塑到社会主义荣辱观的弘扬,等等,马克思主义理论教育带给人们的不再是枯燥的、单调的学理知识,而是积极立足于时代发展的新变化以及人民群众多层面和多样化的精神文化诉求,充分利用"北京奥运、汶川地震总动员、抗击南方雪灾"等生动鲜活的宣传素材,通过开展形式多样、主题鲜明的爱国主义、五讲四美三热爱、民族精神、社会新风等教育实践活动,不断赋予马克思主义理论教育内容崭新的时代元素,进而卓有成效地推进"三观"教育、荣辱观教育和社会主义核心价值观教育。这些新的时代元素的注入不仅促使新时期马克思主义理论教育趋向生活化、人文化和立体化,彰显出浓郁的民族气质、民族品格和民族气派,而且通过弘扬社会主义主流价值观念和社会主旋律,昭示价值、理想和信念,揭示生活意义、生存价值和生命本质,加强人的精神世界的引导和建构,直接导向人的内心深处,促使人民群众在日常生产与生活中接受体验、感染和熏陶,不断运用马克思主义基本原理和马克思主义中国化理论创新成果思考自身、认识社会、反思生活和提升人性,进而实现自身质的飞跃。

二、意识形态性教育、科学性教育和思想性教育实现有机统一

马克思主义理论教育作为一项复杂的社会实践活动,其在社会政治生活中的"生命线"和"软权力"地位决定它具有浓厚的意识形态性,这是其本质属性;其在教育内容上的科学真理性决定它具有鲜明的科学性,这是其特性。但性质上分析,马克思主义理论教育之本质和特性——意识形态性和科学性的教化和宣扬,不是单纯靠刚性的国家强制力所能完成,还必须依靠能够内化于人们内心且为灵魂共鸣的柔性力量——思想性——来引导和催化。可以说,意识形态性、科学性与思想性三重属性在马克思主义理论教育中是并融共生、缺一不可的,意识形态性教化、科学性灌输和思想性引导是贯穿马克思主义理论教育始终的重要使命。通过梳理和提炼改革开放以来党的马克思主义理论教育思想发展的主要成果,可以发现,新时期我国马克思主义理论教育逐渐摆脱以往单纯强调意识形态教育或科学性教育的传统模式,逐步将思想性教育纳入理论教育的内容体系,不断推进意识形态性教育、科学性教育和思想性教育的交往互动、协调发展。

(一)动力之源:"政治形态"意识形态观念的建构与完善

通过本章第一部分的分析可知,马克思主义理论教育承载着从政治化的角度

实现人的社会化的重任,具有浓郁的政治特性。在现实生活中,正是马克思主义理论教育自身这种浓厚鲜明的政治特性,尤其是其努力以主流价值观念、行为准则和思想方式向人们进行教育与灌输,促进人们形成共同持有的价值观念、价值取向和理想信仰的特性,使得它历来成为社会主义国家巩固政权和治理国家的首选。当然,社会主义国家运用马克思主义理论教育对国家的政治治理,既不是直接进行的,也不是全方位进行的,而是通过发挥马克思主义理论教育的意识形态性来掌控意识形态领导权、实施意识形态控制力来完成的。在这其中,通过意识形态教育推进"政治形态"意识形态观念在广大群众头脑中的建构、完善、根植和内化,既是马克思主义理论教育的动力之源,也是马克思主义理论教育的题中应有之义。① 马克思主义理论教育只有自觉肩负起意识形态教化的重任,承担起维护社会主义主流意识形态的政治使命,充分发挥自身鲜明的价值导向性、行为规范性和思想调节性,以科学系统的观点、理论和逻辑体系对在其指导下建立起来的社会主义政治制度和权力体系的"合法性"和"正当性"作出合理辩护,在社会中赢得独立的、主导的政治话语权,对内充当起凝聚社会成员人心的"黏合剂",对外成为"与国际接轨"、平等对话的话语权威,使人们从思想与内心深处对国家所采取的政治形态及所制定的路线方针政策产生强烈的认同感,才能为维护国家统治和政治制度提供影响力持久的理论依据、思想基础、精神支柱和舆论支持,才能最大限度地引导全社会达成思想共识,赢得最为坚实和最为广泛的社会认同基础。正如有学者所指出:"意识形态可以在漫长的历史发展过程中逐渐衍生或固化为一种内心信念、习惯势力、传统文化或文化传统,沉积在社会成员的精神世界中。"②否则,如果马克思主义理论教育放弃意识形态领域的领导权,淡化或忽视"政治形态"意识形态观念在人们头脑中的建构与完善,国家势必将难以深入持久地维持下去,马克思主义理论教育自身也必将失去前行的动力、前进的方向和存在的意义。东欧剧变、苏联解体的历史事实就是铁的例证、血的教训。

改革开放以来,面对国内思想领域逐步趋向复杂化、多样化,国际上社会主义意识形态与资本主义意识形态之间的斗争日趋呈现表面弱化、实际加强的发展态势,以邓小平、江泽民、胡锦涛和习近平为主要代表的中国共产党人清醒地意识到,由于资本主义妄图通过意识形态的隐性扩张一统天下的政治霸权欲望在和平

---

① 本文导语部分对马克思主义理论教育的意识形态性已做详细阐述,此处就不再赘述。
② 郑永廷:《社会主义意识形态发展研究》[M].北京:人民出版社2002年版,第27页。

与发展时代并未减退,社会主义的主流思想文化面临异常严峻的挑战和考验,两种意识形态之间的博弈与制衡已成为社会主义和资本主义国家之间角逐的"软实力",因而我国主流意识形态建设在新的历史条件下只能加强、不能削弱,无论是巩固和维护中国特色社会主义的政治制度和国家政权,还是全面推进建设有中国特色社会主义的伟大实践,都要积极发挥马克思主义理论教育的意识形态教化功能,为它们提供科学性合理的指导和辩护。基于此,中国共产党人高度重视和发挥马克思主义理论教育的意识形态教化功能,不断推进"政治形态"意识形态观念在人们头脑中的建构与完善,维护我国意识形态领域的安全稳定。通过本文第三章对改革开放以来党的马克思主义理论教育思想发展成果的梳理和考察也可以清晰地发现,中国共产党人始终高度重视并突出强调马克思主义理论教育的意识形态性。其中,从"为什么"进行马克思主义理论教育的层面来看,我们党从国家价值维度明确提出教育的任务在于维护意识形态安全,反复强调社会主义意识形态的主阵地,如果马克思主义意识形态不去占领,各种非马克思主义和反马克思主义意识形态势必会去抢占;就马克思主义理论教育"教什么"的层面而言,我们党果断地将改革和建设进程中先后形成的崭新社会主义意识形态——马克思主义中国化的理论创新成果——邓小平理论、"三个代表"重要思想和科学发展观等独具中国特色的社会主义理论体系,作为重点性内容纳入教育的内容体系,以期提升社会主义意识形态的凝聚力、感召力和同化力;从马克思主义理论教育"怎样教"的层面来说,我们党明确提出新闻媒体要"把体现党的意志与反映人民心声统一起来",①通过舆论导向途径深化对国家主流意识形态的宣传,使马克思主义主流意识形态从"形而上"的空洞说教回归到"形而下"的现实生活,使人们在潜移默化中接受社会主义主流意识形态观念、达成社会共识,维持社会的稳定和发展。可以说,时刻强调马克思主义理论教育的意识形态性,不断加强社会主义意识形态教育,是贯穿于改革开放以来党的马克思主义理论教育思想发展过程始终的政治特色和政治优势。

(二)协调与互动:"文化形态"建设与"意识形态"建构

马克思主义理论就其本质而言毋庸置疑具有浓厚的意识形态性,但就其20世纪最初作为一种舶来文化传入中国来看,它更多是以一种科学文化形态的方式

---

① 《坚持用"三个代表"重要思想统领宣传思想工作 为全面建设小康社会提供科学理论指导和强大舆论力量》[N]. 人民日报,2003 – 12 – 08(01)。

在广大知识分子中间加以传播开来的,并与当时的无政府主义和资本主义自由民主思想相互碰撞交锋。马克思主义之所以能够在中国土壤中生根、发展,也正在于马克思主义理论作为世界优秀文化成果自身具有深邃丰厚的文化内涵,使它能够与中华文化传统相交融并迸发出崭新而浓郁的文化生命气息。由此可见,马克思主义理论并不是单向度的、独断的政治意识形态的宣传话语,也不是政治权力和上层建筑的简单附庸,而是科学文化形态与意识形态相互融合的有机统一体。这就要求人们在开展马克思主义理论教育的过程中既要重视发挥马克思主义理论的意识形态功能,坚持做到"以意识形态化人",又要关注马克思主义理论的文化形态功能,努力做到"以科学文化化人",努力实现两者的交往互动、协调发展。就笔者看来,葛兰西在某种程度上可谓是自觉把马克思主义理论的意识形态与科学文化形态加以相互区分和融合的理论先驱。在葛兰西看来,现代国家是由政治社会和市民社会两个上层建筑阶层构成,这两个阶层分别以不同的权力形式实施国家的统治职能。其中,前者行使的是直接的带有强迫性色彩的权力,后者实施的是能够影响和控制社会舆论的"文化领导权",即文化霸权。按照葛兰西的思想分析,文化领导权区别于强制性的政治意识形态话语权,是知识分子通过教育而获得和形成的一种文化话语权。这种文化话语权能够在加速和推进文化领导权形成的基础上更好地巩固和强化政治领导权和意识形态话语权。① 运用葛兰西这一思想理论反观"东欧剧变、苏联解体"事件,不难发现,一个国家如果只是一味追求经济和军事等硬实力的较量,忽视或压制国家文化领导权和意识形态话语权等"软实力"的协调发展,社会必将难以保持和谐稳定,国家性质甚至会发生改向。由此意义上讲,社会主义国家要想通过取得马克思主义理论教育的预期效果来赢得革命、改革或建设的全面胜利,就必须大力推进马克思主义理论的"意识形态"建构与"科学文化形态"建设的协调发展,即不仅要通过灌输意识形态、传授政治知识和传达政治动态来掌控意识形态话语权,而且要通过凸显马克思主义理论的科学文化形态来赢取文化话语权,使人们在对文化形态的接受、理解和认同中达成意识形态的高度认同和自觉践行。

改革开放以来,伴随人民群众主体意识的不断觉醒和人民群众本质力量的极度张扬,传统马克思主义理论教育由于过度强调教育的意识形态性日趋呈现"失

---

① 参见梅景辉:《文化形态与意识形态的融合——马克思主义理论教育的现代性语境及其创新》[J].《湖北社会科学》2010年第11期。

语"状态,已经难以赢得人民群众的广泛认同和普遍支持。在此情景下,以邓小平、江泽民、胡锦涛和习近平为主要代表的中国共产党人深刻意识到,开展马克思主义理论教育不仅要突出其意识形态性的一面,而且必须彰显其科学文化性的一面。只有真正做到把科学文化教育与意识形态教育两者彼此交融、内在统一起来,将马克思主义的意识形态价值以科学文化形态内射出来,使体现马克思主义价值性的意识形态教育"隐含于内",体现马克思主义科学性的文化形态"显露于外",才能更好地在潜移默化中掌控马克思主义理论的文化话语权和意识形态话语权,切实增强马克思主义理论教育的感召力尤其是其在意识形态教育层面的说服力。基于此,中国共产党人在新的历史条件下始终坚持把通过揭示马克思主义理论的科学性和真理性来引导人们理解、把握和认同马克思主义的科学文化内涵作为马克思主义理论教育的重要着力点。通过本文第三章对改革开放以来党的马克思主义理论教育思想发展成果的回顾与梳理可以看出,在推进马克思主义理论教育的过程中,中国共产党人始终高扬和凸显马克思主义理论的科学文化形态,把马克思主义作为人类共同的优秀文化成果和科学真理加以宣传,把马克思主义的基本理论和科学理论体系作为基础性教育内容加以讲授,通过积极营造良好的文化氛围、文化语境和文化理念,引导人们学习马克思主义的科学方法和马克思主义的科学结论,领会马克思主义的科学精神,从而将马克思主义理论体系的科学性最大限度地展示给人民大众,使马克思主义理论教育真正做到以真理的力量说服人、以逻辑的魅力征服人、以科学的理论武装人,使人们真正把握马克思主义理论的内在精神和本真意蕴。改革开放新时期,正是这种既尊重马克思主义理论教育的意识形态性,又关照马克思主义理论教育的科学性,将科学文化教育表露以外、意识形态教育隐藏于内的教育理念,使人们在感受和赞叹马克思主义理论非凡魅力的同时逐渐不知不觉地自觉接受、理解和认同社会主义主流意识形态,从而极大地提升了马克思主义理论教育的实效性和感召力。

(三)兼容并序与协调发展:"知、情、意、信"教育的内在统筹

马克思主义理论教育既是一种意识形态教育和科学文化教育,也是一种思想教育。它能否取得预期效果,关键就取决于对人们思想产生的影响,即在人们"知、情、意、信"层面的影响程度。"知、情、意、信"作为马克思主义理论教育在人们思想中根植、内化和外化的必经过程,是一个相互联系和循序渐进的转化和发展过程。如果缺少其中的任意一个环节,势必都会影响马克思主义在人们头脑中的内化与外化程度。由此可见,在满足社会发展的意识形态性需求和个体发展的

科学化需要的同时,从"知、情、意、信"的思想层面深度把握人、引导人、教化人,实现人的思想塑造与精神建构,是马克思主义理论教育应该自觉承担的重要任务。改革开放以来,以邓小平、江泽民、胡锦涛和习近平为主要代表的中国共产党人逐步认识到,意识形态性教化、科学性灌输和思想性引导从不同视角共同构筑起马克思主义理论教育的崇高价值使命,三者缺一不可。因而,他们在重视发挥马克思主义理论教育在塑造政治社会人、满足人的科学文化需求方面重要功效的同时,还高度重视把握人的思想发展规律,密切关注人的思想巩固和转换问题,着重从思想层面解决人们对马克思主义的"知、情、意、信"问题。

"知"是指受教育者对于马克思主义基本内容的了解和把握。它是马克思主义在人们头脑中根植和内化的首要前提和基础。人们对马克思主义的理解、认同和信仰,是一个由知到信的过程,首先必须建立在科学认知的基础之上,依靠认识的加深和理论的内化来完成。改革开放以来,中国共产党人深刻认识到科学认知在马克思主义理论教育中的引导和建构功效,高度重视和加强人们对马克思主义科学理论体系的全面认知。通过本文第三章对改革开放以来党的马克思主义理论教育思想发展成果的回顾与梳理也可以看到,新时期中国共产党人不仅把马克思主义基本理论和科学体系教育作为马克思主义理论教育的基础性内容、把中国化马克思主义作为马克思主义理论教育的重点性内容常抓不懈,而且还把学习教育作为马克思主义理论教育的核心路径广泛施用于社会各阶层和各群体,积极引导人们学习马克思主义的基本理论、基本立场和基本方法,领会马克思主义的科学理论和科学精神,全面系统地掌握马克思主义。

"情"是调节受教育者心态的重要动力因素,是受教育者从内心深处真正理解、接受和信仰马克思主义的心理基础和内源力量所在。改革开放以来,中国共产党人深刻意识到人们对马克思主义的接受不仅仅依赖于他们对马克思主义的科学性和真理性的准确把握,关键还取决于他们对马克思主义的情感取向,积极健康的情感走向是人们接受和认同马克思主义的重要心理基础。因而,他们高度重视发挥情感因素、情感力量在马克思主义理论教育中的精神引导和思想塑造作用。通过本文第二、三章对改革开放以来党的马克思主义理论教育思想发展历程和发展成果的回顾与梳理,可以清晰地发现,新时期中国共产党人一方面逐步把人的发展、人的价值问题放在马克思主义理论教育关注的重要位置,积极立足于引发人们产生特定情感的社会现实去分析和把握人们情感取向,通过关心人们的现实生活、满足人们的现实诉求、实现人们的预期期望、解决人们关切的社会现实问题来转变人们对马克思主义理论的消极情感,引导和培养积极的思想情感。另一方面,还把中国近现代史教育、爱国主义教育和民族精神教育等广泛纳入马克思主义理论教育的内容体系,为马克思主义理论教育注入十分丰富的情感因素,不断激发人们对于马克思主义理论的情感共鸣和思想认同。

"意"是指人们要相信、认同马克思主义理论并形成坚定的马克思主义理想信念必须具备的坚强意志。坚强的意志作为一种巨大的精神力量是人们形成马克思主义信仰之前首先必须具备的一种内涵特质。如果缺乏坚强的意志,前人不会为马克思主义理论的创新发展前仆后继、忘我牺牲,也不会在社会发展的重重阻隔面前自觉挑战逆境、克服困难,更不会在马克思主义发展和社会主义发展陷入低潮的时候依旧引吭高歌、一路向前。改革开放以来,中国共产党人深刻意识到马克思主义理想信念的形成不是一朝一夕、一蹴而就的,而是必须首先引导人们树立坚定的意志,在此基础上再循序渐进地引导人们认同和信仰马克思主义。通过本文第二、三章对改革开放以来党的马克思主义理论教育思想发展历程和发展成果的梳理可以发现,从以中国近现代史、爱国主义和民族精神为教育内容,到以树立和坚定马克思主义信仰为教育终极目标;从通过典型示范发挥模范人物对马克思主义主流价值观念的昭示作用,到通过舆论导向宣传普及马克思主义特别是中国化马克思主义创新成果,新时期中国共产党人始终重视通过展现马克思主义的震撼力和感召力在潜移默化中培养人们相信、遵从和支持马克思主义的坚定意志力,为引导人们信仰和践行马克思主义理论奠定基础。

"信"是指受教育者对马克思主义理论体系和价值体系的信仰和遵循。其不仅是马克思主义理论教育的核心与灵魂,是马克思主义理论教育的终极目标所在,而且是推动马克思主义理论不断向实践转化的中介条件。人们能否树立坚定的马克思主义信仰,直接关系到马克思主义理论教育的成败与中国特色社会主义建设的前途和命运。改革开放以来,伴随我国市场经济的纵深发展及由此带来的思想观念、价值取向等社会文化生态的不断嬗变,人们精神道德观紊乱和马克思主义信仰缺失的现象层出不穷。这些问题的出现暗示着马克思主义信仰塑造的主路径和主渠道——马克思主义理论教育——任重道远。针对这一问题,改革开放以来中国共产党人高度重视发挥马克思主义理论教育对于崇高理想信念的塑造功效。通过本文第三章对改革开放以来党的马克思主义理论教育思想发展成果的梳理与回顾可以发现,新时期中国共产党人从个体价值维度一再强调马克思主义理论教育的根本目的在于坚定人们的马克思主义信仰和共产主义信念,实现马克思主义在人们头脑中根植和内化,进而使马克思主义成为人们分析问题、解决问题、改造现实世界和自觉为人类利益奋斗的行动指南和精神动力。

三、政治宣传、教育教学和理论研究三者并行不悖

马克思主义理论教育的贯彻落实与创新发展离不开马克思主义理论教育战线上的广大工作者尤其是高校马克思主义理论课教师、教育主管部门等社会各方面力量的研究和推动。这主要体现在广大马克思主义理论教育工作者所承载的历史使命方面,即广大教育工作者在从事理论教育研究和教学工作中,必须同时遵循政治运作规律、学术研究规律和教育教学规律,①担负起政治宣传、教育教学和理论研究的重要任务。在正确把握上述三个规律之间的复杂关系并同时遵循这三个规律的基础上自觉肩负起上述三个层面的重要任务,是马克思主义理论教育的本性和特殊性之所在,是马克思主义理论教育的题中应有之义。否则,任何方面的"顾此失彼"或"非此即彼",都是对马克思主义理论教育本性的抹杀与对其运动规律的违背。改革开放以来,中国共产党人深刻意识到政治宣传、教育教学和理论研究三者在马克思主义理论教育过程中是紧密相关、缺一不可的,因而他们十分重视从这三个方面开展理论教育,努力引导三者协调发展、并行不悖。

(一) 紧紧围绕"社会实际问题"强化政治宣传

通过本章前两节内容的分析探讨可以看出,马克思主义理论教育自身所具有的浓郁的政治性和意识形态性,决定它首先是一种政治教育和意识形态教育,承载着通过政治性教化和意识形态性教化向民众灌输政治观念、政治意识和政治思想,促使民众形成共同持有的政治情感、政治态度和政治价值观的重任。这就决定任何时期开展和推进马克思主义理论教育,首先必须强化政治宣传,通过政治性教育和意识形态性教育发挥理论教育在维护国家统治、实现社会管理和促进社会发展方面的功效。但众所周知,单纯的、枯燥的和空洞的政治宣传往往很难引起人们的思想共鸣,难以达到入耳、入心的预期效果,甚至稍有不慎还会激起人们强烈的抵触和逆反情绪,使人们误以为马克思主义理论教育只是国家出于政治上的需要用来灌输统治思想、奴役和钳制群众思想的工具。长此以往,其只会造成适得其反的效果,降低人们对理论教育的信任度,使人们怀疑理论教育所宣扬的

---

① 刘建军:《试论马克思主义理论教育课的三个基本规律》[M].北京:中国社会科学出版社 2007 年版,第 25 页。

意识形态。那么,政治宣传究竟怎样才能征服群众、取得预期实效?这就需要政治宣传面向现实、走向实践、贴近群众,切实与各国国情相结合、与时代发展同进步、与劳苦大众共命运,把对马克思主义基本原理与民族化马克思主义理论创新成果的宣传讲授同群众的社会实践紧密地结合起来,切实解答人民群众最为关心或最为困惑的现实问题,建立同群众的实际生活血肉相连的关系,促使群众真正走上接受马克思主义真理的轨道。只有这样,政治宣传才能以独特的理论魅力赢得教育主体——劳苦大众的广泛信任和支持,马克思主义理论教育才能通过政治宣传切实发挥自身在满足群众政治文化需要、维护国家统治、实现社会有效管理和维系社会主义意识形态安全中的重要作用。

改革开放以来,伴随我国马克思主义理论教育在政治宣传层面上不断呈现出"二律背反"的现象,即在新时期国际国内竞争日趋激烈的时代背景下,虽然政治宣传在马克思主义理论教育中的地位和作用亟待凸显、不能削弱,但是由于我国政治宣传历来惯以宣示客观真理和传达党的路线方针政策的高高在上姿态单调、强硬、单向地解说和灌输理论,其实效性和影响力却始终较低。面对马克思主义理论教育在政治宣传层面遭遇的这种尴尬状况,以邓小平、江泽民、胡锦涛和习近平为主要代表的中国共产党人积极对症施治,高度重视并着重强调要紧密围绕"社会实际问题"开展政治宣传工作,切实提升马克思主义理论教育的政治宣传功效,唤醒人们的思想政治觉悟,激发人们积极投身中国特色社会主义建设的热情。通过本文第二、三章对改革开放以来党的马克思主义理论教育思想发展历程与成果的回顾与总结也可以看出,从以邓小平为主要代表的中国共产党人围绕"什么是社会主义,如何建设社会主义"的问题,提出社会主义本质论、社会主义初级阶段论,创立中国特色的社会主义建设理论,并以此为重点强化政治宣传,到以江泽民为主要代表的中国共产党人以"建设怎样的党,如何建设党"为主题,提出"三个代表"重要思想,并以此为主要内容展开政治宣传工作,再到以胡锦涛为主要代表的中国共产党人围绕"实现什么样的发展,怎样发展"这一重大理论和实际问题,提出科学发展观、构建社会主义和谐社会、构建社会主义核心价值观等一系列新思想,并以此为重要内容展开宣传教育,中国共产党人始终强调通过马克思主义理论教育开展政治宣传工作在不同的历史时期应该具有不同的侧重点,要坚持以社会实际问题为中心而展开,要切实把解决群众思想问题同解决社会实际问题紧密结合起来,不断解答与群众息息相关的现实问题,用马克思主义之"矢"去射中国社会现实之"的",而不能千篇一律地从宏观意义上笼统地宣传与讲授"什么是马克思主义,怎样对待马克思主义"的问题。这种坚持以社会实际问题为中心开展政治宣传工作的教育理念不仅赋予马克思主义理论强大的现实张力,而且使新时期马克思主义理论教育与人民群众及其现实生活之间建立起一种和谐、包容的互动关系,使得国家所倡导的政治理念、政治意识和政治观点更易于在潜移默化中融入人们思想。

(二)构建合理的学科体系、教材体系与教学机制

马克思主义理论教育作为一门科学,它的发展既离不开实践层面上政治宣传和理论宣传的"外在建设",也离不开学理和学科层面上教育教学机制与制度建设的"内在建构"。从学理和学科发展的角度科学论证和系统证明马克思主义理论教育的"生命线"地位,寻求马克思主义理论作为学科的特定规定,构建合理的学科体系、教学机制和教材体系,在学科建设的繁荣与发展中奏响马克思主义的"主旋律",使马克思主义理论教育建立在坚实的理论和学科之上,既是马克思主义理论教育科学化发展的理论基础和科学依据,能够为推进马克思主义中国化大众化时代化、巩固马克思主义在意识形态领域的指导地位提供坚实的科学支撑,更是高校马克思主义理论教育这一特殊群体教育发展的必由之路,能够为加强高校马克思主义理论教育工作,推进高校马克思主义理论教育课建设提供有力的学科支撑。从这个角度上讲,通过构建合理的学科体系、教学机制和教材体系加强教育教学和学科建设,是马克思主义理论教育发展过程中一个不可或缺的重要环节。假如没有教育教学和学科建设等相关内容的支撑,不仅马克思主义理论教育自身会缺乏稳定发展的学科和学术平台,易于被别有用心的人排斥在学科视野之外而否定其科学性和价值性,而且广大马克思主义理论教育工作者也会产生四处飘零、无以为靠的感觉,找不到可以依附的平台,没有学科归属感。

改革开放以来,伴随马克思主义理论教育在我国改革和建设中"生命线"地位日趋凸显,马克思主义理论教育的科学化和学科化建设问题逐渐提上日程,能否依托教育教学和学科建设充分发挥马克思主义理论教育的宣传功能、服务功能和科研功能,显得尤为迫切和重要。基于此,以邓小平、江泽民、胡锦涛和习近平为主要代表的中国共产党人在重视从实践层面加大宣传教育力度的同时,不仅旗帜鲜明地提出了马克思主义理论教育科学化和学科化建设的科学命题,明确把科学化和学科化建设作为马克思主义理论教育的重要路径,而且进一步要求通过构建合理的理论教育学科体系、教材体系和教学机制,从教育教学和学科建设层面探索和推进马克思主义理论教育的科学化和学科化建设,寻求马克思主义理论教育

来自实践层面和理论层面的双重支撑。通过本文第三章对改革开放以来党的马克思主义理论教育思想发展成果的探讨也可以看到，就"学科体系建设"来看，为全面构建结构合理、特征鲜明的马克思主义学科体系，努力形成"重点突破、以点带面、全面推进、共同发展的学科体系建设新局面"，①彻底扭转马克思主义理论教育科学归属与学科定位模糊不清的问题，从"85方案"②的问世，到"98方案"③的提出，再到"05方案"④的确立，中国共产党人始终坚持在改革中创新、在创新中发展，最终确立马克思主义理论一级学科及其下设的六个二级学科，使马克思主义理论教育的学科定位和专业分工逐渐变得清晰明了和科学合理，有效地防止了马克思主义理论教育学科发展的泛化和边缘化，为马克思主义理论教育课课程的整体建设提供了坚实的学科依托和科学支撑；就"教材体系建设"而言，从历次全国思想政治教育工作会议和马克思主义理论教育工作会议的顺利召开，到马克思主义理论研究和建设工程的实施与启动，中国共产党人始终把教材体系建设视为教育教学建设之本，坚持以"适合度"和"可接受度"为衡量标准来构筑以马克思主义理论为指导的具有中国风格、中国特色、中国气派的教材体系，以形成中国特色的话语体系、思维范式和解题视角，确保教材体系的科学性、思想性、新颖性和现实针对性；从"教学机制建设"来看，面对瞬息万变的国际国内形势及精神世界日益充实丰盈、内心世界日趋复杂多变的受教育者，中国共产党人多次强调"囿于一方、执于一策""一把钥匙开千万把锁"的单一刻板的教学方式和方法是行不通的，一再呼吁广大教育者要灵活主动地把教材体系转化为教学体系，以增强教育教学的科学性、适应性和吸引力。综上可见，通过构建合理的学科体系、教材体系和教学体制，深入推进马克思主义理论教育的学科化和科学化建设，进而切实提升马克思主义理论教育的实效性，始终是贯穿在改革开放以来党的马克思主义理论教育思想发展之中的一个重要组成部分。

（三）理论研究、应用研究与理论教育在发展中相互镶嵌

马克思主义理论教育作为一项科学性、思想性和专业性极强的实践活动，它

---

① 《中宣部 教育部关于加强和改进高等学校哲学社会科学学科体系与教材体系建设的意见》[J].《中华人民共和国教育部公报》2005年第9期。
② 自1985年至1987年期间形成的思想品德课和马克思主义理论课"两课"课程体系，简称"85方案"。
③ 自20世纪90年代开始酝酿，后经1998年党中央研究同意的课程体系，简称"98方案"。
④ 2005年经党中央批准的最新的课程体系，简称"05方案"。

的实施不仅依赖于政治宣传和教育教学等实践层面的贯彻与落实,而且离不开理论研究和应用研究层面的推动与促进。理论研究和应用研究既能为马克思主义理论教育提供所需要的思维方式、思想内容和思想素材,又能通过对现实社会中层出不穷的重大理论和实践问题及时作出科学的、透彻的和令人信服的回答,全面提升马克思主义理论教育的学术含量和学术品格,切实增强马克思主义理论教育的说服力,有效保证马克思主义理论教育持续、有效、长久的推进,因而是马克思主义理论教育发展中一个不可或缺的重要因素。如果缺乏深入彻底的理论研究和应用研究,马克思主义理论教育只能犹如在流沙中建塔,失去赖以存在的理论支撑与科学依据。因此,要卓有成效地开展马克思主义理论教育,既要高度重视和加强政治宣传和教育教学等教育实践活动,更要积极推进马克思主义理论研究和应用研究,不断提升马克思主义理论的学术影响力,增强马克思主义理论教育的艺术性和感染力,促进理论研究、应用研究和宣传教育的有机结合。

改革开放以来,伴随我国马克思主义理论教育的科学化建设和学科化建设逐步迈入正轨,马克思主义理论研究和应用研究的重要性日益凸显,通过理论研究和应用研究推动理论创新的呼声日渐高涨。例如,随着中国特色社会主义建设的逐步推进、党的工作任务和工作重心的战略转移、多质多样的教育受众的相继出现以及马克思主义理论与我国社会现实之间反差的持续拉大,理论工作者亟需通过理论研究和应用研究对新形势下层出不穷的新情况与新问题作出深入探索和科学解答,并及时把我国改革与建设的现实经验及社会发展的客观规律上升为马克思主义理论,建构起与中国普通民众相适应的话语体系,以使马克思主义理论教育广泛而持久地掌握人民群众。基于此,以邓小平、江泽民、胡锦涛和习近平为主要代表的中国共产党人在从实践层面强化马克思主义理论教育的同时,高度重视加强马克思主义理论研究和应用研究,坚持把理论研究和应用研究作为马克思主义理论教育改革的基本着眼点和重要突破口强抓不懈,积极通过加大政策扶持力度、经费投入力度、制度建设和组织保障力度培养能够沉下心来专注于理论研究和应用研究的专家和学者,以防止马克思主义理论教育的低水平化重复。通过本文第二、三章对改革开放以来党的马克思主义理论教育思想发展的历程和成果的梳理也可以看到,中国共产党人不仅正式实施"马克思主义理论研究和建设工程",建立马克思主义理论一级学科,设立诸多独立的科研和教学研究机构,推进理论研究和应用研究的机构建设和学科依托建设,满足广大理论工作者研究和宣传马克思主义理论的实际需求,而且为全面提升科研队伍的专业素养和学历层次,促使理论工作者在研究视野和研究方法上能够不断有所突破、有所创新,还在全国数十所高校全面启动"高校思想政治理论课教师在职攻读马克思主义理论博士学位"专项计划,并从2009年起开始设立"教育部人文社会科学研究专项任务项目(马克思主义大众化)",不断加大马克思主义理论研究和应用研究所需要的政策和经费投入。这些重要举措都为进一步推动马克思主义理论研究和应用研究提供了强有力的保障和支持。也正是在党中央出台的这些重要举措的支持与指导下,广大理论工作者不仅积极"回到马克思,以马解马",深入挖掘和探寻马克思主义经典作家的各种重要著述蕴含的深邃思想,热忱探求马克思主义的本真精神,而且主动"立足现实,以中解马",紧扣时代主题和中国特色社会主义建设实践来解读马克思主义,并积极运用马克思主义的基本原理和科学体系来说明马克思主义中国化理论创新成果所涉及的深层次的理论问题和认识问题,使马克思主义在当代中国获得发展创新的理论源泉和现实张力,从而真正满足时代发展对马克思主义理论教育提出的理论诉求。可以说,新时期我国马克思主义理论教育与理论研究、应用研究的过程是同步的,三者始终并行不悖、协调发展。

四、灌输性教育、渗透性教育和自主性教育相互融合

任何思想的传播普及都需要经过一定的教育途径加以实现,一般来说,教育的途径主要有灌输性教育和渗透性教育。其中,灌输性教育是指用科学的思想理论有意识、有目的、系统性地占领人们的思想阵地,主要解决"什么是"的问题;渗透性是指把思想理论渗透到人们的日常生活和生产工作中,用潜移默化的方式使受教育者不知不觉地受到影响,主要解决"如何进行"的问题。这两者在思想理论的传播普及过程中是不可或缺的,任何的"顾此失彼"或"非此即彼"都会削弱传播普及的实效性。因而,要卓有成效地开展马克思主义理论教育,必须同时发挥灌输性教育和渗透性教育的功效。改革开放以来,伴随我国传统理论教育中"重灌输、轻渗透"的教育方式不断呈现出各种问题和弊端,以邓小平、江泽民、胡锦涛和习近平为主要代表的中国共产党人在深刻反思和审视灌输性教育的外化力量的同时,高度重视和强调渗透性教育的重要性,并将其置于马克思主义理论教育的重要位置。在此基础上,中国共产党人还把自我教育引入马克思主义理论教育的运行机制,尝试从灌输性教育、渗透性教育与自我教育三重视角探索马克思主义理论教育的途径,有效地提升了马克思主义理论教育的实效性。

(一)普及社会主流思想基础在于正面灌输

灌输性教育思想的由来渊源深远。马克思早在《〈黑格尔法哲学批判〉导言》一文中就提出,先进理论不能自发产生于人们的头脑之中,共产党必须通过灌输使无产阶级获得实现人类解放的"精神武器";恩格斯在1844年英国的《新道德世界》报纸中进一步指出,描绘西里西亚织工的画能够给不少人灌输社会主义的思想,用"灌输"一词代指"宣传""传播"之义;列宁在《怎么办》一书中则在批判党内机会主义派别倡导的"自发论"基础上系统阐述灌输原理,提出完整科学的灌输理论。正是在经典作家这些重要思想的指导下,灌输性教育逐步成为传统马克思主义理论教育中运用的最为普遍、最为广泛的教育方法。一个多世纪的无产阶级革命和社会主义事业的发展也充分证明了灌输教育的必要性和优越性。改革开放以后,尽管伴随新形势下我国社会环境和历史发展条件发生翻天覆地的变化,灌输教育在不同程度上显露出种种弊端,"注入式""填鸭式"等单一、刻板的灌输形式不断将灌输教育推向风口浪尖,致使众多人对灌输教育产生非议,但是中国共产党人依然把灌输教育作为马克思主义理论教育的基本方式,一再强调马克思主义理论灌输只能加强、不能削弱,指出普及社会主流思想的基础仍在于正面灌输,只不过紧密结合新形势对灌输的观念、内容、方法和形式进行全面变革和创新,赋予马克思主义"灌输论"新的时代内涵。

改革开放新时期,面对国内思想领域各种价值缺失、道德失范和信仰危机的现象不断出现,国外以美国为首的西方敌对势力"西化"和"分化"我国的政治图谋愈演愈烈,中国共产党人一方面高度肯定灌输性教育对于维护我国社会发展的正确政治方向、抵制资产阶级思想侵蚀、确保马克思主义理论指导地位的极端重要性,明确提出新时期开展马克思主义理论教育必须坚持"正面教育与反面批判相结合"[1]"以科学的理论武装人"等教育原则,并把灌输性教育作为正面教育的重中之重,坚持不懈地通过开展"三讲""三个代表""保持共产党员先进性""学习实践科学发展观""八荣八耻"等以学习整改、文件报告、专题教育、主题研讨为主要形式的教育活动,有组织、有计划、系统性地向广大党员干部和人民群众灌输马克思主义基本原理和马克思主义中国化的最新理论成果,牢牢占领社会主义意识形态的主阵地。另一方面,不断对我国传统灌输性教育中各种填鸭式、命令式、封闭化的灌输方法展开重新审视和深刻反思,并从灌输主体、客体、内容和形式等层

---

[1] 此处在本文第三章第五节中已经进行详细论述,此处不再作赘述。

面进行全面创新。譬如,就灌输主体而言,不仅提出党员干部作为主要灌输者要以自身人格魅力去影响和带动受灌者学习和信仰马克思主义,而且要求建设一支政治坚定、专业性强、思维活跃并能够与群众进行良好沟通和互动的理论宣传队伍,以彻底改变以往灌输主体单打独斗、居高临下、独揽灌输主导权而受教育者处于绝对被动服从地位的主客体灌输关系;就灌输客体来看,要求积极根据不同群众的文化程度、思想水平、接受能力等个体差异因材施教、区别对待,从而使灌输教育真正做到有的放矢;关于灌输内容,要求密切结合改革开放和社会主义现代化建设的具体实践,用生动鲜活、富有时代气息和创新精神的内容而非空洞抽象的理论教条向受教育者灌输;对于灌输形式来说,要求积极探索行之有效的灌输形式和灌输渠道,如通过运用研讨式、答疑式、互动式等教育方式,通过抢占电视、多媒体、网络视频等传媒渠道的灌输主动权,切实增强灌输教育的主动性和灵活性,使灌输内容通过多种渠道通俗、生动、直观地作用于人民大众。新时期以来,正是在党中央这些重要思想的指导下,灌输教育始终是我国马克思主义理论教育的首选路径和最优路径,切实有效地推动了马克思主义理论在党员干部和人民群众头脑中的植根与固化。

(二)隐性的渗透教育蕴于显性的灌输教育

渗透性教育是一个与灌输性教育相对应的概念,二者之间最为根本的区别在于"显"与"隐",灌输性教育所强调的是一种直接的、外显的、系统的、有目的性和计划性的教育方式,而渗透性教育所强调的是一种间接的、无意识的、内隐的教育方式。前苏联著名教育家苏霍姆林斯基曾深刻指出:"教育者的教育意图越隐蔽,就越是能为教育的对象所接受,就越能转化成教育对象自己的内心要求。"①渗透性教育最大的潜在优势正在于寓教于乐、润物无声、大化无痕,在隐蔽的环境和情景中使受教育者自由自在、不知不觉、潜移默化地受到持久的熏陶和感染,从而能够更好地达到预期的教学目的。毫无疑义,在传统马克思主义理论教育中,显性的灌输性教育是最基本、最重要的教育方式。它能够通过外在灌输和系统教育将马克思主义理论直接输送给受教育者。但伴随着社会的发展进步,灌输性教育的弊端却逐渐暴露出来,如其方式较为单一、内容较为抽象、过程较为刻板、效果缺乏持久性等,往往使马克思主义理论教育事与愿违、事倍功半。于是,改革优化传

---

① 〔苏联〕苏霍姆林斯基:《给教师的一百个建议》,杜殿坤译[M]. 北京:教育科学出版社 1984年版,第208页。

统教育模式,在进行理论灌输和说服的基础上引入渗透性教育,以弥补灌输性教育的不足,逐步成为普遍的社会共识。

改革开放以来,以邓小平、江泽民、胡锦涛和习近平为主要代表的中国共产党人深刻意识到,虽然灌输性教育长期以来在培育马克思主义世界观和方法论等方面起到积极的建设性作用,但是伴随新形势下现代科技的迅猛发展、人民群众主体意识的逐步增强、多样性文化的交流碰撞,它却难以"独善其身",已经不能完全适应时代发展的要求。基于此,中国共产党人在重视和改进灌输性教育的同时,开始尝试从显性的灌输性教育与隐性的渗透性教育相结合的全新视角探讨和革新马克思主义理论教育。通过本文第三章对改革开放以来党的马克思主义理论教育思想发展成果的梳理也可以清晰地看到,为有效弥补灌输性教育的固有缺陷和不足,切实提升马克思主义理论教育的实效性,中国共产党人始终坚持把渗透性教育摆在马克思主义理论教育的首要位置,真正实现了"寓教于知识之中,寓教于感染之中,寓教于宣传之中,寓教于生活之中"。其中,所谓"寓教于知识之中",主要体现在把理论教育和各类人文知识、科学知识的讲授有机结合,避免理论教育成为单调、抽象、空洞的说教。例如,中国共产党人把中国近现代史作为拓展性内容纳入马克思主义理论教育的内容体系,通过挖掘和展现中国近现代史教育资源,还原和创设历史情境,使人民群众贴近真实历史,感受改革开放和现代化建设的卓越成就及马克思主义的非凡力量,感知马克思主义理论教育的必要性,从而促使群众在潜移默化中自觉接受和认同马克思主义与马克思主义中国化的理论创新成果;所谓"寓教于感染之中",主要体现在通过人格力量、环境氛围等使人们在潜移默化中接受影响和熏陶。例如,中国共产党人把典型示范纳入马克思主义理论教育的路径选择范畴,要求通过发挥先进典型的言传身教和典型示范功效,使马克思主义理论的真理力量通过人格魅力展现出来;所谓"寓教于宣传之中",主要体现在利用现代传媒技术所具有的快捷性、开放性和隐蔽性等优势发动舆论宣传、普及思想理论、引导舆情走向,使马克思主义理论教育从现实社会走向虚拟空间。例如,中国共产党人把舆论导向纳入马克思主义理论教育的路径选择范畴,要求通过电视、报纸、杂志和互联网等宣传媒体"唱响主旋律、打响主动仗",在潜移默化中普及社会主义主流思想,引领社会思想的正确走向;所谓"寓教于生活之中",主要体现在通过把理论教育与经济工作、社会管理、教学等各项具体工作相结合,促使马克思主义理论教育广泛深入到社会生活的方方面面。例如,中国共产党人逐步把农村、企业、军队、学校、社区等各领域纳入马克思主义理论教育的辐射范围,要求马克思主义理论教育必须渗透到社会生活的各个角落,以形成生活化、全方位和立体性的良好育人氛围。

（三）在灌输与渗透教育过程中激发自我教育

自我教育历来是中外传统教育思想的重要组成部分。教育家孔子曾有"修己以敬""修己以安百姓""自省克己"之说。孟子曾指出德行涵养的形成依赖于"自得"。前苏联著名教育家苏霍姆林斯基则提出"促进自我教育的教育才是真正的教育"的著名论断。自我教育较之于其他教育方式的最大优势在于,它将受教育者放在自我认识、自我建构、自我调控和自我发展的主体地位,高度尊崇受教育者的主体意识和自主能动性,促使教育真正从"他教"走向"自教"、从"被动"走向"主动"、从"他律"走向"自律"。自我教育与社会教育是任何教育过程都须臾不可或缺的重要途径和方法。从一定意义上讲,"没有自我教育的教育不是真正的教育",①受教者只能是消极的、被动的和不自觉的客体,教育内容很难真正被受教育者所理解、接受和认同,更谈不上实现知行转化,教育也就失去应有的意义。可见,任何教育要取得良好的预期效果,都必须在加强灌输性教育和渗透性教育的基础上不断激发受教育者的自我教育,使施教者的他教与受教育者的自我教育两者之间相辅相成、相得益彰、有机统一,真正实现社会教育与自我教育的耦合同构。

改革开放以来,伴随市场经济的深化发展、现代科技的新旧更迭、开放式社会的孕育形成、人性的全面释放、现代教育的快速崛起,自我教育能力已经成为人们素质提高不可或缺的重要组成部分。面对时代发展对自我教育提出的强烈现实诉求,中国共产党人在遵循"以人为本"执政理念的基础上,逐步把自我教育提升为德育教学和马克思主义理论教育教学的重要范畴。其中,1995年,中共中央颁布的《中国普通高等学校德育大纲》明确提出,高校德育要坚持"教育和自我教育相结合的原则。……增强学生接受教育的主动性,并不断提高自我教育的能力"。2004年,中共中央通过的《关于进一步加强和改进大学生思想政治教育的意见》鲜明指出,加强和改进高校思想政治教育应"坚持教育与自我教育相结合,既要充分发挥学校教师、党团组织的教育引导作用,又要充分调动大学生的积极性和主

---

① 〔苏联〕苏霍姆林斯基著:《帕夫雷什中学》,赵玮、王义高、蔡兴学、纪强译[M].北京:教育科学出版社1983年版,第23页。

动性,引导他们自我教育、自我管理、自我服务"。① 其后,为推动自我教育理念在马克思主义理论教育中的具体贯彻落实,中国共产党人一方面要求党员干部、理论宣传工作者和哲学社会科学工作者等教育主力,要充分尊重群众的主体地位和首创精神,把人民群众真正视为自我学习、自我修养、自我反思和自我发展的主体,积极根据群众的思想特点、文化水平和接受能力探索引导其进行自我教育的方法,不断提高群众自我教育的主动性、自觉性和灵活性,使马克思主义理论和社会主义主流价值观念真正内化为群众的思想和意识,从而促使群众自觉统一思想、努力改造主观世界,自觉投身于建设有中国特色社会主义事业。另一方面,要求紧密围绕党和国家的中心任务,以党员干部和人民群众为主体,通过运用民主的方法、开展活动的形式进行马克思主义理论教育,如在全党开展以实践"三个代表"重要思想为主要内容的保持党员先进性教育活动,在全社会开展"三讲""八荣八耻"教育实践活动等。这些丰富多彩的教育活动就实质而言是党内自我教育和群众性自我教育的具体展现。其把各项教育内容灵活地贯穿于教育过程始终,能够促使党员干部和人民群众在直接参与、互动的过程中潜移默化地受到感染、熏陶和提升,从而使马克思主义理论教育真正落到实处。

五、广泛性、先进性与层次性,阶段性与发展性多维度协调

马克思主义理论教育是做人的工作。人本身的复杂性要求马克思主义理论教育必须从客观社会实际出发,考虑群众的接受能力和利益诉求,坚持先进性、广泛性和层次性的有机结合、阶段性和发展性的协调统一。这是马克思主义理论教育必须遵循的两条重要规律。其中,就"先进性、广泛性和层次性有机统一"这一规律而言,广泛性是先进性的社会基础,先进性是广泛性的价值指向,层次性是实现广泛性的有效保障;就"阶段性和发展性协调统一"这一规律来看,阶段性是发展性的前提和基础,发展性是阶段性的方向和趋势。在这两条规律中,对任何一个方面"顾此失彼"或"非此即彼"都是对马克思主义理论教育本性的违背和抹杀,都会导致马克思主义理论教育失去正确方向、误入歧途。改革开放以来,中国共产党人始终坚持从客观实际出发,正确协调先进性、广泛性和层次性以及阶段性和发展性两组概念范畴的相互关系,努力做到既顾及广泛性、突出先进性、明确层次性,又立足阶段性、放眼发展性,从而有效推动了马克思主义理论教育的良性

---

① 《十六大以来重要文献选编》(中)[M].北京:中央文献出版社2006年版,第179页。

运行。

(一) 广泛性教育是社会思想根基固化的根本路径

所谓"广泛性教育",主要是指马克思主义理论教育要广泛辐射全民,积极团结动员最广大人民群众尤其是城乡基层群众参与其中,最大限度地扩大宣传、普及和学习的覆盖面,争取做到家喻户晓、婆姨娃娃都知道,从而使马克思主义理论为全体民众所认识、理解和接受,成为社会不同阶层和不同群体普遍认同的价值信仰和行为准则。广泛性教育处于马克思主义理论教育的基础性地位,强调的是照顾多数,旨在团结一切可以团结的力量,积极行动起来共同致力于中国特色社会主义建设。马克思主义理论教育只有通过广泛性教育深深扎根于广大群众之中,深深依靠和武装群众,才能做深、做细、做实,才能使马克思主义理论发挥强大的整合力和引领力,成为联结各民族、各阶层的精神纽带。否则,如果忽视和缺乏广泛性教育,马克思主义理论教育就会曲高和寡、高处不胜寒,丧失赖以存在的群众基础,最终成为"空架子"。可见,要通过马克思主义理论教育普及社会主流意识、筑牢社会思想根基,根本在于坚持广泛性教育。因而,在马克思主义理论教育的过程中,广泛性教育任何时候都只能加强、不能削弱。

改革开放以来,为使马克思主义真正走向大众、服务大众,以邓小平、江泽民、胡锦涛和习近平为主要代表的中国共产党人,在推进马克思主义理论教育的进程中高度重视和加强广泛性教育,不断探索新思路和新渠道加强对普通大众的教育。通过本文第二、三章对改革开放以来党的马克思主义理论教育思想发展历程和成果的梳理也可以看到,中国共产党人一方面明确要求把农村、企业、军队、社区和学校等不同群体广泛纳入马克思主义理论教育的对象范畴,不断扩大教育的受众范围,从教育对象的广度上落实广泛性教育。党的十七大报告还明确提出"开展中国特色社会主义理论体系宣传普及活动,推动当代中国马克思主义大众化"①的战略任务。由于马克思主义大众化侧重于最广泛的人民性,因而中国共产党人在明确提出大众化战略任务的同时,其实质上也旗帜鲜明地将马克思主义理论教育的广泛性教育提上战略性建设的高度。这就再次指明新时期马克思主义理论教育的核心任务在于使马克思主义基本原理和中国化马克思主义由被社会阶层中的少数精英分子到被最广大人民群众所理解、掌握和运用。另一方面,中国共产党人反复强调既要密切关注人民群众的现实需要和利益诉求,及时解答

---

① 《十七大以来重要文献选编》(上)[M]. 北京:中央文献出版社 2009 年版,第 26 页。

人民群众的疑难和困惑,又要积极采取喜闻乐见的形式和通俗易懂的语言武装人民群众,从全面提升教育实效性的角度夯实广泛性教育。在中国共产党人看来,广泛性教育的最终实现不仅仅取决于教育对象辐射范围的扩大,关键还依赖于其能否真正拉近教育内容和广大群众之间的距离,达到入耳、入脑、入心的宣传效果。基于此,他们一再重申必须坚持"人本理念",选择老百姓最为关心和关注的问题、运用老百姓最为熟知的事例和语言开展马克思主义理论教育,把老百姓的根本利益作为广泛性教育的出发点和落脚点,从而使马克思主义理论最终转化为所有老百姓的理想信念、共同信仰和自觉行动。新时期以来,正是在党中央有关广泛性教育这些重要思想的指导下,我国马克思主义理论教育成功实现全民化转向,赢得最为广泛的群众基础,得到了社会的合力支持,有力地夯实了社会思想根基。

(二)先进性和层次性教育寓存于广泛性教育

先进性、层次性和广泛性三个特性在马克思主义理论教育中是并融共生、辩证统一的。其中,先进性和层次性以广泛性为前提和基础,广泛性以先进性为价值指引、以层次性为目标导向,三者须臾不可或缺。这就要求我们在重视马克思主义理论教育广泛性的同时,绝不能淡化或否定其先进性和层次性,实行"一刀切""一言堂"和"一锅煮",而是要充分考虑社会各阶层和各群体的现实状况,高度重视先进性和层次性,真正实现先进性教育、层次性教育和广泛性教育的有机统一和协调发展。具体而言,所谓"先进性教育",主要是指马克思主义理论教育要积极运用先进理论和先进要求武装社会群体中的先进层次、先进人物尤其是广大党员和党的领导干部,充分发挥他们在全社会的价值引导和信念昭示作用,从而真正实现先进带动一般、少数影响多数。所谓"层次性教育",主要是指马克思主义理论教育要积极根据社会各阶层和各群体的思想状况、接受能力和利益诉求,选择恰当的教育内容和传播方式,分层次、有步骤、有针对性地开展宣传教育,从而使教育真正做到有的放矢。

改革开放以来,伴随改革开放不断引起社会的急剧变动和全面转型,我国原有的社会结构逐步被打破,人民大众的内涵随之发生深刻变化,呈现出诸多崭新特点,不同阶层之间甚至同一阶层内部不同群体之间的差异性日益拉大,不断向异质的多样性方向发展。在这种情况下,以邓小平、江泽民、胡锦涛和习近平为主要代表的中国共产党人不仅强调马克思主义理论教育"要注意区分层次,针对不同特点,把先进性的要求同广泛性的要求结合起来",①使先进性教育和层次性教育寓于广泛性教育,而且在深入调查研究党内、农村、企业、军队和高校等不同阶层和不同群体现实状况的基础上,对先进性教育和广泛性教育作出周密的安排与部署。通过本文第三章第四节对改革开放以来党的马克思主义理论教育思想中有关"对谁教育""谁来教育""教育什么""怎样教育"等问题的分析可以看到,一方面,对于"广大党员尤其是党的领导干部"这一先进性群体,中国共产党人历来将其视为先进性教育的实施主体,要求积极采用整党整风和党校教育等有效途径用马克思主义经典原著、马克思主义中国化理论创新成果和党的各项方针路线政策对其进行系统性的党内马克思主义理论教育,把中华民族一贯倡导的高尚精神贯注到其思想和行动中去,着力提高其灵活运用马克思主义理论解决实际问题、保持党的先进性和提高党的执政能力的能力,从而使人民大众心悦诚服地以其为榜样,自觉坚定自身的马克思主义信仰和共产主义理想信念,为建设中国特色社会主义事业作出应有贡献。另一方面,对于"农村、企业、军队、高校"等特殊群体,中国共产党人则没有提出如此高的要求,而是根据他们的知识水平和思想觉悟提出要有针对性地开展层次性教育。例如,在青年学生内部,要求各类学校通过改革学科体系、教材体系和教学体系推动马克思主义理论"进教材、进课堂、进头脑",抢占马克思主义理论教育课堂的主阵地、主渠道,促使马克思主义理论真正成为青年学生解疑释惑、树立科学的"世界观、人生观、价值观"、坚定理想信念的强大精神力量;在农民群众内部,提出要在充分考虑农村马克思主义理论教育的长期性和艰巨性的基础上,坚持教育的通俗化原则,通过开展深化农村改革、建设社会主义新农村的形势政策教育,引导农民了解认同党的各项路线、方针、政策,树立同农村改革和建设要求相一致的思想观念;在企业职工内部,倡导马克思主义理论教育要密切结合企业的改革和发展一起进行,对职工阐明新形势下进行社会主义市场经济体制改革和企业改革的客观要求、理论根据和方针政策,使职工深入了解中国特色社会主义理论体系的基本内容,树立改革意识和竞争意识。改革开放以来,正是在党中央有关先进性教育和层次性教育辩证统一重要思想的指导下,我国马克思主义理论教育取得突破性进展,赢得社会各基层和各群体的普遍拥护与鼎力支持。

---

① 《江泽民论有中国特色社会主义》(专题摘编)[M].北京:中央文献出版社2002年版,第408页。

(三)阶段性教育与发展性教育同步发展

马克思恩格斯曾经指出:"如果这个人的生活条件使他只能牺牲其他一切特性而单方面地发展某一特性,如果生活条件只提供给他发展这一种特性的材料和时间,那么这个人就不能超出单方面的、畸形的发展。任何道德说教在这里都不能有所帮助",①深刻揭示出人的教育受制于所处的社会条件。既然人的教育要受一定社会条件的制约,那么特定历史时期的马克思主义理论教育则首先要表现为一种阶段性教育,必须与当时所处的社会环境、生产条件和生活状态等相适应,而不能脱离社会发展现实单纯地进行崇高口号的呐喊。当然,由于马克思主义理论教育旨在通过高扬社会主流价值观念和共产主义理想信念加强对人们思想精神的引导与塑造,具有明确的指向性,所以马克思主义理论教育还应该表现为一种发展性教育。可见,马克思主义理论教育应是阶段性教育与发展性教育的有机统一体。其中,发展性教育要以阶段性教育为起点和依托,阶段性教育要以发展性教育为目标和导向。否则,在马克思主义理论教育过程中,如果忽视阶段性教育,发展性教育只能是无源之水、无本之木,如果缺乏发展性教育,阶段性教育就会丧失目的和意义,马克思主义理论教育也就难以达到预期目标。

改革开放以来,我国步入加快推进社会主义现代化建设和全面建设小康社会的崭新发展阶段。在这一阶段,我国经济和社会的发展不断呈现出一系列重要的阶段性特征。面对我国社会发展的客观需求,以邓小平、江泽民、胡锦涛和习近平为主要代表的中国共产党人从现实和未来的角度出发提出马克思主义理论教育既要以阶段性教育为起点和依托,使教育的重心放置于建设有中国特色社会主义的历史进程之中,又要以发展性教育为目标和导向,使教育的终极目标放置于共同理想教育和共产主义理想信念教育之上,进而正确处理好阶段性教育内容与发展性教育内容的关系,有效实现阶段性教育与发展性教育的协调统一。在中国共产党人看来,马克思主义理论教育作为一种精神导向性教育,固然要以坚定马克思主义信仰和树立共产主义理想信念为内容进行发展性教育,引导人们坚定马克思主义和共产主义理想信念,但是鉴于我国现在处于并将长期处于社会主义初级阶段这一特殊国情,马克思主义理论教育还必须以我国改革与建设的实际问题和我们正在做的事情为中心,着眼于对时代与实践提出的重大理论问题和实际问题的思考,着眼于对马克思主义中国化理论创新成果的实际运用,深入推进阶段性

---

① 《马克思恩格斯全集》第3卷[M]. 北京:人民出版社1960年版,第295-296页。

教育。否则，如果全然不顾我国基本国情和阶段性发展基本特征的制约，盲目超越社会历史发展阶段，从激情而非理性出发进行全国性的共产主义教育，漠视与经济社会发展相适应的阶段性教育，结果必然适得其反，不但会造成全社会普遍性的马克思主义和共产主义信仰缺失，而且连最基本的社会主义价值体系都会发生缺位或扭曲。正是基于此种认识，新时期中国共产党人在高度重视发展性教育，把坚定人们的马克思主义信仰和共产主义信念、促进人们的全面自由发展作为马克思主义理论教育终极目标的同时，还反复强调必须把理论联系实际的马克思主义学风作为马克思主义理论教育的基本原则，紧密围绕建设有中国特色社会主义的时代主题，结合"什么是社会主义，怎样建设社会主义""什么是党，怎样建设党""实现怎样的发展，怎样发展"等时代新课题，用马克思主义基本原理和马克思主义中国化理论最新成果之"矢"去射中国改革开放和现代化建设实际之"的"，不断提高运用马克思主义关注现实、解释实际、回应需要和关注民生的科学性程度，全面贯彻落实阶段性教育，基于时代底板之上开启马克思主义理论教育的当代中国视野。可以说，正是在党中央这些重要思想的指导下，改革开放以来党的马克思主义理论教育中阶段性教育与发展性教育的发展始终过程同步，共同统一于中国特色社会主义建设的伟大实践。

第五章

改革开放以来党的马克思主义理论教育思想发展的历史地位

改革开放以来,以邓小平、江泽民、胡锦涛和习近平为主要代表的中国共产党人在继承经典作家的马克思主义理论教育思想的基础上,紧密结合我国改革开放和现代化建设的时代主题,不断根据实际形势的发展变化以巨大的理论创新勇气发展马克思主义理论教育思想,创造性提出一系列既一脉相承又与时俱进的理论认识和理论原理,形成一套相对完整、科学和独具中国特色的马克思主义理论教育思想。这一思想的形成与发展无疑具有巨大的理论价值和实践价值,为马克思主义理论教育思想宝库增添崭新的理论成果,为当代中国创建马克思主义学习型政党和学习型社会、稳固马克思主义在社会主义意识形态领域的指导地位、保证中国特色社会主义建设事业稳步前进提供坚实的思想保障。但是不可否认,由于受各种客观条件的限制和多重因素的影响,这一思想也存在一定的历史局限性:较之于马克思主义理论教育本身纷繁复杂的结构要素和逻辑过程,这一思想所涉及的基本原理的研究范围和相关论述在深度和广度上尚不完善,还未能圆满地契合实践,需要在不断探索中继续优化和完善。从突出贡献和历史局限正反两方面科学认识和客观评价改革开放以来党的马克思主义理论教育思想发展的这些情况,既可以使我们更加清醒地认识到在新的实践中继续坚持和发展改革开放以来党的马克思主义理论教育思想的重要性和必要性,也可以为新形势下推进马克思主义理论教育思想的深化发展提供可资借鉴的重要思想资源。

一、改革开放以来党的马克思主义理论教育思想发展的突出贡献

改革开放以来党的马克思主义理论教育思想的发展具有极为重要的理论价值和实践意义。它不仅为马克思主义理论教育思想宝库增添崭新的理论成果,在马克思主义理论教育思想发展史上具有承前启后和破旧立新的重要作用,而且通过教育武装广大党员干部和人民群众,为当代中国创建马克思主义学习型政党和学习型社会、稳固马克思主义在社会主义意识形态领域的指导地位、保证中国特色社会主义建设事业的平稳顺利开展提供坚实的思想保障,在中国改革与建设的历史上发挥不可替代的思想引导作用。鉴于本文在"导论"部分和上述章节都从不同角度对这一思想的突出贡献有所谈及,为避免重复,这里将做综合性的、概括性的论述。

(一)马克思主义理论教育思想的资源宝库得到极大充实

改革开放以来党的马克思主义理论教育思想是中国共产党人在继承和汲取马克思、恩格斯、列宁和毛泽东等经典作家的马克思主义理论教育思想精髓的基础上逐步提出、发展和完善的,具有浓郁的中国特色和鲜明的时代特征,是传统马克思主义理论教育思想在当代中国的新发展。通过重新审视和对比分析本文第一章有关经典作家马克思主义理论教育思想的相关内容和第三章有关改革开放以来党的马克思主义理论教育思想的相关内容可以发现,改革开放以来党的马克思主义理论教育思想从教育目的、教育内容、教育途径、教育主体、教育客体和教育原则层面都对传统马克思主义理论教育思想有所发展、有所创新、有所突破,极大地充实和丰盈了马克思主义理论教育思想的资源宝库。

关于马克思主义理论教育的目的。马克思、恩格斯侧重于运用马克思主义的科学世界观和先进理论观念推进无产阶级政党建设、启发无产阶级的阶级意识和自觉意识、指导无产阶级革命实践。列宁强调:"没有革命的理论,就不会有革命的运动。"[①]"只有以先进理论为指南的党,才能实现先进战士的作用。"[②]毛泽东进一步提出马克思主义理论教育是中国革命和建设的"生命线",是"解放我们民族的最好的武器"[③]"团结全党进行伟大政治斗争的中心环节"。[④] 马克思主义经典作家的这些论述主要运用革命斗争的思维方式从教育目的的层面强调和阐明马克思主义理论教育的重要性。改革开放以来,伴随时代主题和国内任务由战争转向和平、由革命转向建设,中国共产党人积极根据时代变化和社会发展的需要不断调整马克思主义理论教育的服务方向,创新发展经典作家关于马克思主义理论教育目的的相关思想。具体体现在,他们不但从国家价值维度指明马克思主义

---

① 《列宁选集》第1卷[M]. 北京:人民出版社1995年版,第153页。
② 《列宁选集》第1卷[M]. 北京:人民出版社1995年版,第242页。
③ 《毛泽东选集》第3卷[M]. 北京:人民出版社1991年版,第796页。
④ 《毛泽东选集》第3卷[M]. 北京:人民出版社1991年版,第1094页。

理论教育是坚定我国社会主义发展方向和维护我国社会主义意识形态安全的重要保障,从社会价值维度阐明搞好马克思主义理论教育是整合多样性社会思潮和改善社会风气的关键和重点,而且从个体价值维度指明马克思主义理论教育的终极目标和最终归宿在于坚定马克思主义信仰和促进人的全面自由发展,反复倡导马克思主义理论教育要尊重人性、满足人性,服从和服务于人民群众的全面自由发展,从而把马克思主义理论教育回归和最终落脚到促进现实的人的发展之上,有效地推动了马克思主义理论教育从实现社会发展的"工具性目标"到实现人的发展的"价值性目标"的彻底转变。这就使得当代中国的马克思主义理论教育彰显出浓厚的人本价值和育人功效。

关于马克思主义理论教育的内容。马克思、恩格斯和列宁强调要把马克思主义基本理论和发展着的马克思主义理论作为马克思主义理论教育的重要内容。毛泽东在继承前人思想的基础上着重提出,要把学习和研究马克思主义经典著作作为马克思主义理论教育的重中之重。改革开放以来,中国共产党人对经典作家关于马克思主义理论教育内容相关思想的创新发展主要在于他们一方面坚持把马克思主义的基本原理和科学体系作为基础性内容,一再强调"老祖宗"不能丢,另一方面进一步要求把当代马克思主义理论教育的重点放在对马克思主义中国化理论最新成果的宣传讲授上,不断根据国内外形势和社会任务的发展变化及时调整和转换阶段性教育内容。为此,中国共产党人还不断加快理论创新的步伐,紧密结合中国改革开放和社会主义建设的客观实际,重点探讨中国改革、建设和发展问题,创造性形成了独具中国特色的社会主义建设和发展理论——中国特色社会主义理论体系。中国特色社会主义理论体系既与马克思列宁主义、毛泽东思想一脉相承,又符合中国特殊国情,是马克思主义普遍真理与中国实际第二次结合的理论成果,具有鲜明的时代特色和民族气息,因而也更具有现实针对性和实效性。与此同时,中国共产党人还进一步要求把中国近现代史、爱国主义和民族精神等崭新的时代内容纳入马克思主义理论教育的内容体系,极大地拓展了马克思主义理论教育思想的科学内涵和内容体系,使得马克思主义理论教育内容变得更为实际、具体、生动,更易于被广大党员干部与普通群众所接受和认可。

关于马克思主义理论教育的路径。马克思、恩格斯反复强调一定条件下先进理论转化为物质力量的关键在于理论与实践相结合、理论掌握群众,并明确指出报刊是开展马克思主义理论教育的重要阵地和有力武器。列宁则首次正式提出科学灌输是马克思主义理论教育的核心路径,认为开展马克思主义理论教育即是进行无产阶级政治思想的灌输,而这一灌输需要重点通过政治揭露、政治鼓动和政治宣传加以实现。毛泽东在强调"不能强制人们放弃唯心主义,也不能强制人们相信马克思主义"①的基础上,探索提出整风学习、批评与自我批评、"民主、说服、疏导教育"等教育路径。马克思主义经典作家的这些重要教育思想启示人们在马克思主义理论教育的过程中应积极采取实践教育、灌输教育、媒体宣传教育和自我批评与自我教育等有效方法和路径。改革开放以来,中国共产党人对经典作家关于马克思主义理论教育路径思想的发展主要在于他们不但明确要求把学习教育作为强化马克思主义理论武装和理论灌输的主渠道和主路径,把广播、电视、报刊、互联网等传播媒体的舆论导向作为马克思主义教育的重要路径,使经典作家提出的科学灌输和媒体宣传等教育路径在深度和广度上都得到具体化和深入化发展,而且进一步强调要把典型示范、舆论导向和强化建设等作为推动马克思主义理论教育的有效路径,最大限度地实现真理力量、人格力量和科学力量的有机结合,为新时期马克思主义理论教育注入丰富的人文内涵、时代蕴意和学术含量,提供坚实的科学化和学科化支撑。这些教育路径较之于经典作家提出的传统教育路径,更具灵活性、具体性、深刻性和隐蔽性等鲜明特点,有助于全面提升马克思主义理论教育的实效性和影响力。

关于马克思主义理论教育的主体。马克思、恩格斯、列宁和毛泽东在高度肯定无产阶级政党特别是共产党人的先进性和革命性的基础上,指明其是马克思主义理论教育的组织者、领导者和宣传者。改革开放以来中国共产党人对经典作家关于马克思主义理论教育主体思想的发展,不但在于他们高度肯定中国共产党人是马克思主义理论教育和思想宣传的领导核心,要求中国共产党人积极用马克思主义理论教育占领党员干部和人民群众的思想阵地,而且在于他们进一步提出专业素养强的专业队伍是传播马克思主义理论、社会主义意识形态和社会主义精神文明的主力军,是马克思主义理论教育的骨干力量,更在于他们明确提出要全面构建全方位、多层次、立体化教育格局,依靠全党、全社会齐抓共管。这些思想是中国共产党人在充分考虑传播主体叠加效应和合力作用重要性的基础上提出的,有助于全社会形成横向到边、纵向到底的教育辐射网。

关于马克思主义理论教育的客体。马克思恩格斯一方面强调无产阶级是实现人类解放的根本力量,把无产阶级视为主要对象,另一方面指出农民是无产阶

---

① 《毛泽东文集》第 7 卷[M]. 北京:人民出版社 1999 年版,第 209 页。

级的天然同盟军,把农民阶级视为依靠对象。为使马克思主义理论教育适应俄国迅速发展的革命形势,列宁深入提出"到居民的一切阶级中去"思想,要求根据"居民的一切阶级"的具体特点对工人、农民和知识分子等不同社会阶层加以区别对待。毛泽东结合中国革命和建设的客观现实进一步提出"干部教育第一""有计划地进行党内教育""严重的问题在于教育农民""知识分子继续改造自己"等新论断。马克思主义经典作家这些重要思想和论断实质上蕴含着马克思主义理论教育既要"化于大众"又要"化于多质的大众"的双重内涵。改革开放以来中国共产党人对经典作家关于马克思主义理论教育客体思想的发展在于他们不但深入贯彻落实马克主义理论教育"化于大众"和"化于多质大众"的双重任务,把党内、军队、农村、企业和学校等广泛纳入教育的辐射范围,积极根据不同阶层和群体的特点展开先进性教育、广泛性教育和层次性教育,而且紧密结合中国实际适时提出"马克思主义大众化"的科学命题,为马克思主义理论教育真正"化于大众"和"化于多质大众"提供了强有力的政策支持和理论指导。

关于马克思主义理论教育的原则。马克思、恩格斯、列宁和毛泽东相继提出开展马克思主义理论教育活动、处理马克思主义理论教育过程中的基本问题必须遵循"理论必须彻底""理论联系实践""理论联系群众""最高限度的马克思主义=最高限度的通俗和简单明了""教育与自我教育相结合"等基本原则。改革开放以来中国共产党人在继承和发扬经典作家这些重要教育原则的基础上,还深入考察当代中国马克思主义理论教育的基本规律和内在本质,进一步提出马克思主义理论教育必须坚持"学马列要精,要管用""理论联系实际的马克思主义学风""正面教育与反面批判相结合""因材施教、因人制宜"等原则,一再强调新时期开展好马克思主义理论教育的核心和关键既在于能否准确把握马克思主义经典著作的本质内涵和思想精髓,能否做好理论与实践、理论与群众相结合这篇大文章,又取决于能否做到以正面教育为主和反面批判为辅相结合,能否坚持因时制宜、因人制宜、因材施教。

通过上述有关改革开放以来党的马克思主义理论教育思想与经典作家马克思主义理论教育思想的分析比较可以清晰地发现,改革开放以来党的马克思主义理论教育思想的形成与发展是一个在学习和继承"老祖宗"的基础上不断依据实际情况讲"新话",把经典作家的马克思主义理论教育思想推向发展新境界的过程,具有浓郁的中国式思维特色和鲜明的时代性、创新性、务实性,为马克思主义理论教育思想宝库增添了崭新的理论创新成果。

(二)马克思主义在我国意识形态领域的指导地位得以稳固

改革开放以来,伴随我国改革开放和社会主义市场经济建设的深入推进,国内意识形态领域发生巨大而深刻的新变化,日益呈现出多样性、复杂化的发展态势。这些多样性意识形态和价值理念都试图在意识形态领域抢占一席之地来扩大自身的影响范围,以赢得更多的社会认同,削弱甚至取代马克思主义的主导性。面对我国意识形态领域中层出不穷的复杂现象,如何通过马克思主义理论教育来加强和巩固马克思主义在意识形态领域的指导地位,实现"一元指导下的多样性和谐",既是一个实际工作问题和重大的原则性问题,更是一项紧迫的政治任务。正是在这种时代背景下,中国共产党人积极发展创新马克思主义理论教育思想体系,不断将马克思主义和马克思主义中国化的理论知识和价值取向,通过学习教育、舆论导向、典型示范、学科建设和实践建设等一系列行之有效的路径和方法,广泛而深入地传播和普及到社会各阶层和各群体。马克思主义理论教育思想的不断革新,一方面逐步打破过去我国在马克思主义理论教育的认识与实践上存在的种种重大误区,譬如不考虑社会现实的客观变化和人民群众的思想状况而死抠书本,运用灌输教育等单一、刻板的教育模式把一些晦涩深奥或明显过时的结论当作包治百病的灵丹妙药来教育群众。这就使人民群众能够较为客观正确地了解和把握"什么是马克思主义,如何对待马克思主义"的问题,从而有效地提升了马克思主义理论特别是马克思主义中国化理论创新成果的欣赏指数和价值魅力,较好地扭转和挽回了马克思主义在人民群众中的形象和声誉,有力地驱散了部分群众淡化、厌倦和抵触马克思主义的思想倾向和消极情绪,为进一步通过马克思主义理论教育引领各项工作打下了良好的社会心理基础和群众基础。另一方面,逐步建构起与时代发展相同步、与群众需求相适应的思想逻辑体系,为新的历史条件下运用马克思主义基本理论和马克思主义中国化理论创新成果深刻认识思想领域的矛盾状况、科学分析思想意识形态领域问题层出不穷、错综复杂的主要原因、积极主动地化解矛盾提供了强有力的理论支撑与指导,从而使得马克思主义的科学性、真理性和当代中国马克思主义的合理性能够得到尽情彰显和极度张扬。这就为深入普及马克思主义,抢占马克思主义在社会主义意识形态领域的主动权和话语权,增强马克思主义在世界范围内的影响力,促使马克思主义走向世界推进人类的文明和进步,奠定了坚实的思想基础。与此同时,还为深入推进马克思主义中国化、大众化和时代化提供了重要的思想指南。党的十七大和十七届四中全会相继提出推进马克思主义中国化、大众化和时代化的战略任务,要全面推进马克思主义实现中国化、大众化和时代化,最为重要的途径就是进行有效的马克思主义理论教育,而改革开放以来中国共产党人关于马克思主义理论教育的相关思想,正是推动马克思主义实现"三化"的重要思想来源,其强有力地巩固了马克思主义在我国意识形态领域的主导地位,促使马克思主义理论不断在华夏大地上广泛传播和普及开来。

(三)为中国特色社会主义建设事业的顺利开展提供坚实的思想保障

马克思主义理论教育作为一项"生命线"工程,其成效的好坏直接关系到中国特色社会主义建设的前途和命运。改革开放以来,为全面提升马克思主义理论教育的实效性和影响力,适应新的历史条件下世情、国情和党情的深刻变化,确保中国特色社会主义建设事业这一规模宏大、错综复杂、没有先例的社会系统工程的稳健发展,中国共产党人不断发展创新马克思主义理论教育思想。改革开放以来党的马克思主义理论教育思想的深化发展,一方面为中国特色社会主义建设事业提供了强有力的方向保证。在改革开放新时期国际共产主义运动处于低潮的形势下,马克思主义理论教育思想的革新有助于帮助我们搞好马克思主义理论教育这一强根固本的工作,帮助人民群众认清实现自身根本利益与坚持社会主义和共产主义道路的关系,认清社会主义前途光明、道路曲折的发展规律,认清社会主义必然代替资本主义的历史必然性,认清只有中国特色社会主义才能解决中国前途和命运问题的客观现实,从而促使全社会牢固树立起致力于和服务于中国特色社会主义建设事业的理想信念,不断沿着社会主义发展方向奋力前进。另一方面,为中国特色社会主义建设事业的发展提供了强大的精神动力。改革开放以来党的马克思主义理论教育思想不仅把马克思主义基本原理、马克思主义中国化理论创新成果和中国近现代史等作为主要内容,把马克思主义理论教育关注的重点集中投放到生态、就业、教育、医疗、社会保障等诸多现实热点、焦点、难点问题上,启发群众以不断发展的马克思主义思考和解答当代中国改革、建设与发展中层出不穷的新问题,而且着力从心理和观念上关注和调节群众的理想与社会现实之间存在的巨大落差,解答群众在思想上存在困惑和迷惑,鼓舞和振奋群众的建设精神,从而保证全党和全国人民能够同心同德为中国特色社会主义建设事业而奋斗。此外,还为中国特色社会主义建设的快速发展营造了良好的思想道德氛围。在改革开放以来的不同历史时期,党的马克思主义理论教育思想在结合各时期的时代主题答疑解惑的同时,始终强调通过普及马克思主义所蕴含的解答人生难题、实现人生追求的先进思维方式、价值理念和道德精神,宣传马克思主义推崇和追求的理想信念,以解决人们遭遇的思想冲突、观念冲突和价值冲突,增强人们认识世界、辨别是非的能力,培育和弘扬与社会主义市场经济相符合、与社会主义本质相适应的思想道德。这就为中国特色社会主义建设事业的顺利进行和平稳发展提供良好的思想道德氛围。综上可见,改革开放以来中国特色社会主义事业之所以能够在当今世界一枝独秀、独领风骚,很大程度上取决于改革开放以来党的马克思主义理论教育思想时刻为其引领思想、保驾护航。

（四）为创建马克思主义学习型政党和学习型社会提供理论指南

改革开放以来,以邓小平、江泽民、胡锦涛和习近平为主要代表的中国共产党人不仅一再要求全体党员干部而且多次呼吁全国人民不断学习、善于学习。党的十六大、十七大还专门从全面推进中国特色社会主义建设事业的全局出发提出了建设学习型社会的战略目标,号召社会各界同心协力把我国努力建设成学习型社会。党的十七届四中全会在重申建设学习型社会重要性和紧迫性的基础上,又进一步从党的建设新的伟大工程的全局出发提出了建设马克思主义学习政党的战略任务,要求把各级党组织建设成为学习型党组织。而要真正实现和完成建设学习型社会和马克思主义学习型政党的战略任务,首先就必须把马克思主义理论教育置于各项工作的重中之重,引导广大党员干部和人民群众树立正确的马克思主义观。否则,如果不重视宣传和普及马克思列宁主义、毛泽东思想和中国特色社会主义理论体系,不仅广大党员干部无法形成较高的思想觉悟、理论水平和思维水平,难以游刃有余地应对新的历史条件下来自改革开放、社会主义市场经济建设、国际竞争和执政能力建设的层层考验,就连普通大众也会迷失方向、丧失目标、失去动力。改革开放以来党的马克思主义理论教育思想的发展创新则客观上迎合了这种需要,为通过加强和改进马克思主义理论教育推动学习型社会和马克思主义学习型政党建设奠定了理论基石。具体而言,改革开放以来党的马克思主义理论教育思想一方面在把党员干部作为重点教育对象的同时,还把青年学生、农民、工人、军人等广泛纳入教育的对象范围,为建设学习型社会和马克思主义学习型政党明确了对象。另一方面,在把马克思主义的基本原理和科学体系作为马克思主义理论教育最为根本和最为核心的内容、一再重申"老祖宗"坚决不能丢的同时,还把马克思主义中国化理论创新成果作为马克思主义理论教育的重点内容常抓不懈,为建设学习型社会尤其是建设马克思主义学习型政党提供了重要的内容支撑。这既有助于提高党员干部探索、研究和解决社会中层出不穷的政治、经济、文化问题的本领,又有利于增强人民群众对党的理论和路线方针政策的理解和接受能力。此外,还把典型示范、舆论导向、学科建设等纳入马克思主义理论教育的路径选择范畴,把"学马列要精,要管用"、理论联系实际、正面教育与反面批判相结合及系统教育与自我教育相结合等纳入马克思主义理论教育的原则范畴,为全面有效地提升党员干部和人民群众的理论素养、建设学习型社会和马克思主义学习型政党提供了诸多有效实现路径。

二、改革开放以来党的马克思主义理论教育思想发展的历史局限

任何思想的发展都是在特定历史背景和时代条件下进行的,总会受到一定的社会客观条件或主观因素的制约,存在不同程度的现实局限性。改革开放以来党的马克思主义理论教育思想的发展也不例外。改革开放以来党的马克思主义理论教育思想发展的历史局限性主要体现在:其一,虽然中国共产党人不遗余力地推进马克思主义理论教育思想的发展创新,但是由于马克思主义理论教育是一项复杂的系统工程,其本身蕴含纷繁复杂的结构要素和逻辑过程,而且加上形势严峻、任务繁重、时间紧迫、新考验和新挑战层出不穷,因而改革开放以来党的马克思主义理论教育思想体系的构建尚待完善,无论在深度还是广度上都存在一定的薄弱环节,还难以游刃有余地回应瞬息万变的时代诉求。其二,由于人们对改革开放以来党的马克思主义理论教育思想的认同程度、重视程度和贯彻落实力度不够等诸多原因,致使党的马克思主义理论教育思想与实践之间一定程度上存在的割裂和断层现象,严重影响到党的马克思主义理论教育思想实效性的发挥。

(一)思想体系的构建尚不完善,在深度和广度上存在薄弱环节

构建科学的马克思主义理论教育思想是一项十分复杂的系统工程,必须在遵循马克思主义理论教育客观规律的基础上,按照一定的科学原则,对各种构成要素和各种影响因素进行科学的选择、确立、设计和调控,保证整个思想体系的完整性、系统性、科学性和创新性。具体来说,这既离不开对马克思主义理论教育的目的、内容、路径、主体、客体和原则等构成要素的选择、建构和完善,也离不开对制度规范、效果评估、环境建设、文化建设等影响因素的统筹兼顾与合理利用。只有这些内容要素是完善的、有序的,才能真正实现马克思主义理论教育思想的科学化、全面化和最优化,才能最大程度地发挥马克思主义理论教育思想的整体功效。改革开放以来,虽然以邓小平、江泽民、胡锦涛和习近平为主要代表的中国共产党人不断巩固和提升马克思主义理论教育的地位,从多角度逐步探索形成许多见解深刻的马克思主义理论教育思想,极大地丰富和发展马克思主义理论教育思想,

但是我们也应该清醒地看到，较之马克思主义理论教育本身蕴含纷繁复杂的结构要素和逻辑过程，党的马克思主义理论教育思想体系的构建尚不完善，而且伴随新的历史条件下国外敌对势力在政治、经济、思想和文化等层面开展咄咄逼人的攻势，国内社会各领域发生广泛而深刻的变化，我国马克思主义理论教育面临的新考验和新挑战层出不穷、错综复杂，这一思想体系无论在深度还是广度上都凸显出一定的薄弱环节，还难以迅速高效地应对和解决马克思主义理论教育中层出不穷的新问题和新情况。

就深度上来看，虽然改革开放以来中国共产党积极从教育的目的、内容、路径、主体、客体和原则六个方面深入推进马克思主义理论教育思想的构建，但是有关这六个层面的论述相对比较宽泛和零散，一定程度上缺乏形式上的适用性和实践上的可操作性。譬如，在教育目的方面，虽然改革开放以来中国共产党人始终把马克思主义理论教育视为我国经济工作和其他各项工作的"生命线"，多次从国家发展、社会发展和个体发展这三个方面阐明马克思主义理论教育的重要性，但是中国共产党人高度重视和肯定的态度却未能完全触及人民群众的心灵深处引起群众的思想共鸣和情感认同，也未能真正唤起人民群众对马克思主义理论教育战略地位的高度理解、认可和支持；在教育内容方面，虽然中国共产党人明确提出以马克思主义基本原理和发展着的中国化马克思主义为基本内容，不断为马克思主义理论教育增添新的内容，但是由于这些内容在理论形态上表现出较强的学理性质，普通群众往往很难理解、消化和吸收；在教育路径方面，虽然中国共产党人创造性提出了科学灌输、舆论导向、典型示范和强化建设等多种有效路径，但是有关这些教育路径的论述较为泛化，不仅缺乏对灌输教育规律、大众传播规律、舆情形成规律的针对性分析和详尽解读，只是在思想教育、道德教育和社会精神文明教育的具体细则中稍加谈及，不能鲜明地凸显马克思主义理论教育的特性；在教育主体方面，虽然中国共产党人明确要求建立以党员干部为核心力量、以专业教育队伍为骨干力量、全社会齐抓共管的教育格局，但是就这些教育主体自身的状况来看，不仅部分党员干部作风浮躁、理论荒芜、形式主义严重，缺乏对马克思主义理论的价值性和科学性的高度自信，更有甚者"满嘴马列、满腹盗娼"，不信马列而信鬼神风水，扛着马克思主义理论大旗肆意谋取个人私利，根本无法使人民群众信服，而且马克思主义理论教育专业队伍水平参差不齐，缺少理论素质过硬、工作精益求精、把研究宣传马克思主义作为毕生使命并能够深入田间地头和社区车间等场所的宣传工作者，难以成为架起马克思主义理论与普通民众之间的沟通

"桥梁";在教育对象方面,虽然中国共产党人立足于全民来设计和实施马克思主义理论教育,把党内、高校、农村、企业和军队等广泛纳入马克思主义理论教育的视野,要求因人制宜、因材施教,但是由于我国地域广阔、人口众多,不同群体甚至同一群体的不同个体之间都存在巨大差异,加上当前的马克思主义理论教育思想缺乏针对农村、企业和社区等群体的细化研究,因而马克思主义理论教育仍然很难对社会全体成员覆盖到位。

就广度上来看,制度规范、效果评估、环境建设和文化建设作为马克思主义理论教育思想体系的必要要素和应有之义,仍是改革开放党的马克思主义理论教育思想较少涉及的薄弱环节。譬如,在"制度规范"方面,由于伴随我国迈入深刻变革的社会转型阶段,在大部分人尚处于他律阶段,甚至相当一部分人连一些最起码的公德意识都还没有完全具备的情况下,马克思主义理论教育必须依靠外在的约束力加以引导和实施,才能更好地使人们在"依从"基础上逐渐自觉"认同"马克思主义理论和社会主流价值观念。但就现实而言,我国却缺乏强有力的制度、规范与准则保障。在"效果评估"方面,改革开放以来党的马克思主义理论教育思想尚未构建起一套较为系统、全面、综合的价值评判标准来检验马克思主义理论教育工作的现实成效,防止和杜绝马克思主义理论教育沦为只做表面文章、片面追求规模的形象工程。在"环境建设"方面,虽然中国共产党人深刻意识到舆论环境、社会环境等环境要素对于马克思主义理论教育的影响和制约作用,但是由于我国社会生态极其复杂多样,如何通过营造良好的物质环境和精神环境,在潜移默化与润物无声中不断扩大马克思主义理论教育的辐射面和影响面,仍是党的马克思主义理论教育思想较少谈及的薄弱环节,是制约马克思主义理论教育发展的重要因素。在"文化建设"方面,伴随改革开放以来多样性文化的大繁荣、大发展、大变革,如何实现马克思主义理论教育与中国传统文化和社会主义现代主流文化深度融合,已经成为深入推进马克思主义理论教育深化发展无法回避和绕开的一个现实问题。但是,改革开放以来党的马克思主义理论教育思想较少针对这一问题展开专门探讨和系统论述。

(二)马克思主义理论教育思想与实践之间存在割裂和断层

改革开放以来,虽然中国共产党人高度重视马克思主义理论教育,不断提升马克思主义理论教育的地位,大力推进马克思主义理论教育思想的深化发展,但是中国共产党人所期望的人民群众对马克思主义理论的认可和接受程度,与人民群众对马克思主义理论的实际认可和接受程度之间却依然存在较大落差,马克思主义理论教育"失语"和"不尽如人意"的尴尬现象依旧存在,实效性不强仍然是党的马克思主义理论教育思想的短板。这其中最为根本的原因就在于,改革开放以来党的马克思主义理论教育思想与实践之间存在一定程度的割裂、断层和脱节。所谓"思想与实践之间存在割裂和断层",主要体现在两个方面。其一,改革开放以来党的马克思主义理论教育思想本身的某些内容在一定程度上缺乏实践上的可操作性和形式上的适用性,受各种因素的影响难以在社会实践中得到较好的落实。① 其二,虽然改革开放以来中国共产党人重视推进马克思主义理论教育思想的发展创新,党的马克思主义理论教育思想也取得突破性进展,具有实践上的可操作性和可行性,但是具体至我国的客观实践中,党的马克思主义理论教育思想却未能得到行之有效和持之以恒的贯彻落实与整体实施,马克思主义理论教育的内容、路径等未能随之推陈出新而是依然沿用旧有模式,党的马克思主义理论教育思想所蕴含的价值、功能和作用也未能在社会实践中得到充分发挥。例如,改革开放以来,很多部门、单位和领导干部在推进党的马克思主义理论教育思想贯彻落实的过程中往往带有急功近利的错误思想倾向,仅仅在口头上赋予马克思主义理论教育以极高的地位,把党的马克思主义理论教育思想和政策放在高高在上的位置一味地吹捧和标榜,而在实践中却把党的马克思主义理论教育思想抛之脑后、束之高阁,既出现了重视经济建设忽视马克思主义理论教育的现象,在实际工作中把马克思主义理论教育工作置于各项经济工作和本职工作之后,单纯以有无效益武断地衡量和看待马克思主义理论教育工作和党的马克思主义理论教育思想,也出现许多违背马克思主义理论教育规律的做法,严重影响到党的马克思主义理论教育思想的功效。事实上,早在改革开放之前,"思想与实践之间存在断层和脱节"这一历史局限就已经存在于党的马克思主义理论教育思想发展之中,严重影响和制约着党的马克思主义理论教育思想实效性的发挥。改革开放以来,虽然中国共产党人深刻意识到问题的严重性并积极着手打破这一困境,但是

---

① 有关"改革开放以来党的马克思主义理论教育思想本身的某些内容在一定程度上缺乏实践上的可操作性和形式上的适用性"这一问题,本文在阐述"改革开放以来党的马克思主义理论教育思想在深度上存在薄弱环节"这一问题时已经有所涉及。例如,就"教育路径"来看,文中指出"虽然改革开放以来中国共产党人创造性提出舆论导向、典型示范等多种路径,但是有关这些教育路径的论述却相对宽泛和模糊,缺乏对大众传播规律、舆情形成规律的针对性分析和详尽解读,因而在马克思主义理论教育实践中的可操作性不强",点明了改革开放以来党的马克思主义理论教育思想与实践之间存在"错位""割裂"和"断层"。因此,这里不再作重复论述。

由于种种原因这一问题并没有得到彻底解决。

总之,实践是永无止境的,人们对真理的探求和认知也不是一蹴而就、一帆风顺的。对于中国共产党人来说,马克思主义理论教育思想的形成和发展是一个在长期的建设和改革实践中艰辛探索、艰难学习、不断修正的过程。就这一点来说,改革开放以来党的马克思主义理论教育思想存在一些不成熟、不科学的因素或倾向是难以避免的。我们不能因此否定改革开放以来党的马克思主义理论教育思想的当代价值和现实指导意义,而是应该以这一思想所存在的历史局限性为基本起点,进一步推进党的马克思主义理论教育思想的深化发展。

第六章

在新的实践中坚持和发展马克思主义理论教育思想

实践是永无止境的,马克思主义理论教育思想的发展作为我们党领导全国人民开创各项事业取得成功的理论保障,也是永无止境的,需要我们时刻紧密结合实践的发展变化有所发展、有所创新、有所前进。改革开放以来党的马克思主义理论教育思想的发展虽然存在一定的历史局限性,但是瑕不掩瑜,这一思想所存在的历史局限性连同它所取得的成就恰恰从正反两个方面为马克思主义理论教育思想的深化发展提供了有益的启示和借鉴。在当前与今后,对于改革开放以来党的马克思主义理论教育思想,我们应当密切结合新形势下层出不穷的新情况和新问题,坚持做到既坚持又发展。所谓"坚持",主要是要以科学的态度深入挖掘、认真研究并积极贯彻落实改革开放以来党的马克思主义理论教育思想所蕴含的基本原理和科学精神,力争做到"万变不离其宗",力求实现改革开放以来党的马克思主义理论教育思想在当代的最高价值。所谓"发展",主要是要积极顺应时代与实践的发展变化,以创新精神对改革开放以来党的马克思主义理论教育思想进行适当的调整、优化和完善,开拓党的马克思主义理论教育思想发展的新境界,实现马克思主义理论教育思想的与时俱进和内在超越。只有这样,我们才能既一脉相承地传承和弘扬改革开放以来党的马克思主义理论教育思想的本真精神,避免丧失基本立场,又与时俱进地推动改革开放以来党的马克思主义理论教育思想的深化发展,避免思想僵化。

一、继续坚持改革开放以来党的马克思主义理论教育思想

改革开放以来党的马克思主义理论教育思想深刻地揭示了中国化马克思主义理论教育的本质和发展规律,是新时期我国深化发展马克思主义理论教育的根本指导思想。"历史是过去的现实,现实是未来的历史,人类从事每个时段的社会实践,无不需要以已经具备的历史条件为基础,无不需要借鉴有关历史经验"。①在当前和今后任何时期,我们都应当坚持和弘扬改革开放以来党的马克思主义理论教育思想所蕴含的基本原理和科学精神,并紧密结合现实实践对其进行深层次的理论挖掘,以掌握通过马克思主义理论教育引导人们认识世界和改造世界的钥匙,提升发展创新马克思主义理论教育思想的理论自觉性和实践主动性。

(一)坚持改革开放以来党的马克思主义理论教育思想的基本原理

马克思主义理论教育是一项复杂的系统工程。它是由彼此相互联系、相互影响、相互制约的多种要素构成的有机结合体,既包括教育内容、教育主体、教育客体和教育环境等最为基本的实体性要素,又包括教育目的、教育路径、教育原则和教育效果评估等最为基本的过程性要素。这些要素从不同视角和维度分别构成马克思主义理论教育的相关论域和体系范畴。马克思主义理论教育的运行正是这些构成要素共同作用的结果。马克思主义理论教育的实践一再证明,能否正确认识、科学定位、准确把握和科学确立这些构成要素,直接关系到马克思主义理论教育本质、功效和作用的实现及教育主客体积极性和能动性的发挥,关系到马克思主义理论教育科学性、实效性和战斗力的提升,关系到中国共产党人提出的运用马克思主义理论教育中国化最新成果武装全党、教育人民这一重要战略任务的贯彻落实。改革开放以来,正是基于对上述诸多构成要素重要性的考虑,中国共产党人逐步将其纳入马克思主义理论教育思想的研究视域,并分别落实到价值论、主体论、客体论和方法论等具体层面逐一展开深入探讨,形成改革开放以来党的马克思主义理论教育思想的主体理论框架。

那么,具体而言,改革开放以来党的马克思主义理论教育思想究竟包含哪些基本原理?换言之,哪些是改革开放以来不同时期党的马克思主义理论教育思想中一贯坚持的基本立场、观点和原理?通过本文第二、三章的追本溯源和系统梳理可以发现,改革开放以来党的马克思主义理论教育思想所蕴含的基本原理正是以马克思主义理论教育过程中最为基本的实体性要素和过程性要素为研究对象而展开详细论述的。具体表现在几个层面,即从教育目的层面指明马克思主义理论教育应是以维护我国社会主义意识形态安全、培育良好社会风气、树立马克思主义信仰和促进人的全面发展为目的的教育活动,在教育目的上应具有鲜明的意

---

① 霍毅斌:《中国共产党执政以来思想政治工作基本经验研究》,中共中央党校博士学位论文,2008年5月,第104页。

识形态性、价值指向性和人本性;从教育内容层面提出马克思主义理论教育应是以马克思主义的基本原理和科学体系、马克思主义中国化的理论创新成果、中国近现代史和民族精神等为讲授内容的教育活动,在教育内容上应体现阶段性与发展性、科学性与精神性的有机统一;从教育主体的层面强调马克思主义理论教育应是以中国共产党为领导核心、以高素质的马克思主义理论教育宣传队伍为主力军,并依靠全党全社会齐抓共管、群策群力的教育活动,在教育主体上应凸显出鲜明的阶级性和广泛性;从教育客体的层面指出马克思主义理论教育应是以广大党员特别是党的领导干部为重点对象,以青年学生为基本着力点,并全面辐射军队、农村、企业、社区等社会各领域和阶层的教育活动,在教育对象上应展现出全民性、重点性和层次性的协调统一;从教育路径的层面要求马克思主义理论教育要以学习教育、科学灌输、舆论导向、典型示范、科学建设和实践探索等为有效路径和方法,从多维度、多路径和全方位加以开展,在教育路径的选择上体现出灌输性教育、渗透性教育和自我教育相结合的突出特色,使马克思主义理论最大限度地贯穿和渗透到社会生活的各领域与各环节。

综上可见,改革开放以来中国共产党人从探求马克思主义理论教育的本源意义出发,把构成马克思主义理论教育的实体性要素和过程性要素广泛纳入党的马克思主义理论教育思想的对象范畴和研究视域,从多重视角以科学理性的分析界定马克思主义理论教育的本质内涵,力求尽可能全面地展现马克思主义理论教育的本性。改革开放以来不同历史时期,中国共产党人有关这些构成要素的理论阐发和系统论共同构成改革开放以来党的马克思主义理论教育思想的基本原理,构建起一个相对完整、系统、科学的逻辑体系,赋予马克思主义理论教育工作以科学的理论指南和宝贵的经验启示。当然不可否认,由于受历史和时代发展的局限,改革开放以来党的马克思主义理论教育思想所涉及的基本原理的研究范围和相关论述并未能够做到尽善尽美,较之于马克思主义理论教育本身纷繁复杂的结构要素和逻辑过程,这些基本理论的论述和阐发在深度和广度上尚不完善,有待于进一步拓展、充实和丰盈,甚至伴随时代的剧烈变迁,其中的某些具体论断还会因不符合日新月异的现实实际而逐渐显露出明显的弊端和缺陷。但是"万变不离其宗",无论时代如何变迁、形势如何变化,其所蕴含的立场、观念和理念却会在时代发展的历史长河中依然闪耀价值的光芒,为马克思主义理论教育思想的深度发展提供重要的思想来源和理论参考,提供独特视角,指明前进方向,是一笔宝贵的精神财富。因此,任何时期我们应当坚持和弘扬改革开放以来党的马克思主义理论教育思想所蕴含的基本原理,积极以科学公正的态度和历史的眼光来审视和对待其理论价值,并紧密结合实践进行深层次的理论挖掘,以掌握通过马克思主义理论教育引导人们认识世界和改造世界的钥匙,提升发展创新马克思主义理论教育思想的理论自觉性和实践主动性。

(二)坚持改革开放以来党的马克思主义理论教育思想的科学精神

改革开放以来党的马克思主义理论教育思想的发展创新不仅体现于它在吸收和继承前人的理论成果的基础上从研究深度和广度上对基本原理展开深入探究和深化发展,而且体现于它在与时俱进、革弊求新的历史进程中不断彰显和散发出独具时代特色和自身特质的科学精神。这种科学精神集中体现为:其一,鲜明的阶级性。改革开放以来,基于马克思主义理论教育承载着灌输社会主义主流意识形态和价值理念、满足人民群众政治化的重任,具有浓厚的政治性与阶级性的客观现实,党的马克思主义理论教育思想特别是其关于教育目的和教育内容的思想高度重视并逐步展现出鲜明的阶级性。譬如,其不仅强调要把马克思主义基本原理、马克思主义中国化理论创新成果和中国近现代史等能够鲜明反映无产阶级的根本立场和社会主义上层建筑、经济基础的根本性质的内容作为马克思主义理论教育的主体内容,而且要求在定位教育目标时必须始终站在无产阶级和人民群众的立场之上,努力为实现劳动人民的根本利益、维护社会主义社会的和谐发展而奋斗。其二,突出的科学性。改革开放以来党的马克思主义理论教育思想之所以具有科学性,最根本的原因在于它不仅高度重视马克思主义理论教育内容的科学性,积极选取科学、完备而严密的马克思主义基本原理体系和不断发展创新的中国化马克思主义为讲授内容,引导人们将学习马克思主义的科学结论和学习马克思主义的科学方法相结合,而且突出强调教育方法和教育原则的科学性,相继探索出学习教育、舆论导向、学科建设及"学马列,要精要管用"、理论联系实际、正面教育与反面批判相结合、因材施教等既切合实际又行之有效的科学路径和重要原则。其三,强烈的实践性。实践性不仅是马克思主义产生的前提与关键,是马克思主义自身的一种内在精神,而且是改革开放以来党的马克思主义理论教育思想发展的基础与核心,是贯穿于改革开放以来党的马克思主义理论教育思想发展始终的一种精神特质。改革开放以来党的马克思主义理论教育思想正是基于我国改革和建设的客观实践而产生的,同时又是在实践的检验中不断发展创新。面向实践、深入实际、走向群众是马克思主义理论教育思想一贯坚持的精神理念。其四,坚定的与时俱进性。改革开放以来党的马克思主义理论教育思想不是故步自封的,而是伴随时代形势和时代任务的发展变化不断向纵深发展。时代性和与时俱进性是改革开放以来党的马克思主义理论教育思想始终保持生机和活力的密码。其五,鲜明的人本性。随着人民群众的主体意识和主体地位不断凸显和确立,改革开放以来党的马克思主义理论教育思想在"以人为本"科学理念的指引下,逐步把人的全面发展与完善放在马克思主义理论教育的首要位置,把关注人、培育人、塑造人和发展人作为马克思主义理论教育的根本目的和永恒主题,展现出浓郁的人本气息和浓厚的人本情怀。

由此观之,改革开放以来以邓小平、江泽民、胡锦涛和习近平为主要代表的中国共产党人在深刻把握马克思主义理论教育特殊性的基础上,一贯坚持把阶级性、科学性、实践性、与时俱进性和人本性等科学精神高度统一和内化于党的马克思主义理论教育思想之中,赋予马克思主义理论教育思想博大精深、独具特质的精神内涵。可以说,阶级性、科学性、实践性、与时俱进性和人本性等科学精神既是改革开放以来党的马克思主义理论教育思想的灵魂和精髓,是改革开放以来党的马克思主义理论教育思想得以产生巨大影响力和保持旺盛生命力的精神支撑,也是人们正确区分马克思主义理论教育与自然科学教育、社会科学教育和宗教信仰教育之间差异性,准确把握马克思主义理论教育的特殊性,深刻领会马克思主义理论教育思想的精神实质和本质内涵的根本依据,是我们进一步搞好马克思主义理论教育的重要前提和重要保证。因此,我们在学习领会和贯彻落实改革开放以来党的马克思主义理论教育思想所蕴含的基本原理的同时,还必须坚持和弘扬改革开放以来党的马克思主义理论教育思想所蕴含的科学精神,坚守住马克思主义理论教育思想应该具有的"精""气""神"。

二、深化发展改革开放以来党的马克思主义理论教育思想

改革开放以来党的马克思主义理论教育思想发展虽然存在一定的历史局限,但是瑕不掩瑜,这一思想所存在的历史局限连同它所取得的成就恰恰从正反两个方面为马克思主义理论教育思想的深化发展提供可资借鉴的重要思想资源。在当前与今后,我们应当以改革开放以来党的马克思主义理论教育思想发展所取得的成就和所存在的历史局限为逻辑起点,不断调整、充实和完善中国化马克思主义理论教育思想。在这个角度,本部分内容主要做了一些初步的尝试,可以算是在前文的基础上所进行的理论创新:应当更加积极地以发展的理念创新理论资源,深化马克思主义理论教育思想的时代内涵;以辩证的观念汲取文化资源,提升

马克思主义理论教育思想的文化意蕴;以科学的理念应用科技资源,强化马克思主义理论教育思想的实效性和感染力;以务实的精神推进马克思主义理论教育实践,防止和杜绝马克思主义理论教育思想与实践之间出现割裂、断层和脱节等"两层皮"现象。

（一）以发展的理念创新理论资源,深化马克思主义理论教育思想的时代内涵

前文在对改革开放以来党的马克思主义理论教育思想发展所取得的成就和所存在的历史局限进行剖析时已经指出,虽然改革开放以来中国共产党人紧密结合改革和建设的时代主题,不断根据实际形势的变化以巨大的理论创新勇气深化发展马克思主义理论教育思想,创造性提出一系列既一脉相承又与时俱进的理论认识和理论原理,逐步构建起一套相对科学、系统和独具中国特色的马克思主义理论教育思想,但是这一思想体系的构建尚不完善,无论在深度还是广度上都存在一定的薄弱环节。基于此,如何以发展的理念创新理论资源从深度上和广度上拓展马克思主义理论教育思想的时代内涵,丰富马克思主义理论教育的思想体系,构建科学的马克思主义理论教育思想,应是在当前和今后我们发展创新马克思主义理论教育思想的重要突破口。

要以发展的理念创新理论资源,不断拓展马克思主义理论教育思想的时代内涵,就深度上而言,主要应当从马克思主义理论教育的目的、内容、路径、主体和客体原则方面进行全方位的反思和创新。有关"教育目的",我们不仅要既强调马克思主义理论教育在促进社会发展中的功效,又重视马克思主义理论教育对于人的发展的价值和意义,时刻把人民群众的发展和现实需求放在首要位置,而且要把有关教育目的的这些思想从高高在上的政令和理论层面转化为实实在在的内容,不唱高调、不走形式,从改造人心和铸造民魂着手真正嵌入个体发展的过程中,让普通百姓真切感受到马克思主义理论教育的现实影响力,从而赢得人们的普遍认同和支持;关于"教育内容",我们既要紧密结合不同的历史条件和时代要求以开放的姿态不断发展创新教育内容,更要积极根据受教育者的思想状况和实际接受能力在实现教育内容通俗化上下功夫,把实现马克思主义基本原理和马克思主义中国化理论创新成果由经典论述向通俗阐释、由"学术语言""政治语言"向"生活语言"的转化作为工作的重点和难点常抓不懈。这是因为马克思主义理论教育的内容唯有实现通俗化,才能确保自身的可接受性,才易于"化大众",改变群众对马克思主义理论一知半解的状况;对于"教育路径",我们要把从理论层面和政策层

面深入推进教育路径的细化和深化发展,增强教育路径的现实可行性和可操作性,实现"自上而下"的显性教育与"潜移默化"的隐性教育有机融合,作为发展创新马克思主义理论教育思想的重要突破口;针对"教育主体",我们要把通过切实有效的举措提升广大党员干部和马克思主义理论教育队伍的思想素质和专业素养,充分发挥他们的模范带头和典型示范作用,作为深化发展马克思主义理论教育思想的重中之重;关于"教育客体",我们要在深入了解党内、企业、农村、军队、高校和社区等不同阶层现实情况和实际需求的基础上,不断探索出行之有效的针对性教育措施,促使我国马克思主义理论教育思想能够针对不同阶层和社会群体对症施治。例如,"对于各级领导干部,进行'践行型'马克思主义理论教育;对于理论工作者,进行'学理型'马克思主义理论教育;对于大、中、小学生,特别是青年学生,进行'准备型'马克思主义理论教育;对于普通群众,进行'熏陶型'马克思主义理论教育等"。①

要以发展的理念创新理论资源,不断拓宽马克思主义理论教育思想的时代内涵,就广度上而来看,主要应当从制度规范、效果评估和环境建设等诸多层面下功夫。关于"制度规范",主要是要积极通过制定和实施简洁明了、切实可行的政策、制度、规范和准则来保障和规约马克思主义理论教育的顺利进行,从而以外在的约束来引导思想、营造氛围和规范行为,促使人们在服从的基础上逐渐自觉认同马克思主义理论和社会主流价值观念。无规矩不成方圆,在当前我国大部分人尚处于他律阶段,甚至部分人连一些最起码的公德意识都尚未完全具备的情况下,科学性、系统性、合理性的外在制度规范是马克思主义理论教育得以顺利实施的前提和保障。加强制度规范应是深入发展马克思主义理论教育思想的现实必然之举。关于"效果评估",主要是指进行马克思主义理论教育既要"低头拉车",更要"抬头看路",要适时从人民群众是否心服口服、宣教受益面是否广泛、社会风气是否好转、社会和谐程度是否提升及影响力是否持久深远等不同层面针对教育效果做出系统、全面、综合的价值评判,检验马克思主义理论教育工作的现实成效,从而有效提高马克思主义理论教育的实效性。由于马克思主义理论教育的效果评估是一项复杂的系统工程。它不仅涉及评估的标准和原则,而且广泛涉及评估的有效方法、内容。这就需要我们将这些方面的内容广泛纳入马克思主义理论教

---

① 张澍军:《论高校马克思主义理论教育的若干重要问题》[J].《思想理论教育》2007 年第 2 期。

育思想的研究范畴,作为深化发展马克思主义理论教育思想的重要着力点。对于"环境建设",主要是指为切实搞好马克思主义理论教育还必须把舆论环境、组织环境、社会环境等宏观环境的建设和工作单位、生活社区等微观环境的建设全面纳入马克思主义理论教育思想的研究范畴,积极通过把握和利用良好的物质环境和精神文化环境,使环境建设成为马克思主义理论教育能动活动的"有效信息源"和自觉手段,从而不断扩大马克思主义理论教育阵地,增强马克思主义理论教育的辐射力和渗透力。

(二)以辩证的观念汲取文化资源,提升马克思主义理论教育思想的文化意蕴

文化与马克思主义理论教育之间历来是并融共生、双向建构的。一方面,文化是意识形态和一切精神元素的上位概念,任何"形而上"的理论、思想和"形而下"的社会实践活动都寓存于抽象意义上的文化概念与具体的文化形态。马克思主义理论教育同样也不例外,其自产生之日起就与文化结下不解之缘。作为实施意识形态灌输与控制、实现人的精神世界建构与塑造的一种"软权力",马克思主义理论教育不仅需要通过汲取社会中各种彰显主流、先进、文明的优秀文化资源来充实和丰盈自身的文化内涵,而且必须依托多重形态的文化样式和文化载体为宣传平台加以展开,从宏观与微观、显性和隐性双重维度,潜移默化地影响人们的审美方式、思维逻辑和价值取向,实现自身"软着陆"。另一方面,马克思主义理论教育作为一种思想教化的文化传承,反过来又可以极大地丰富、延拓和推动文化内涵的发展。由此,基于文化与马克思主义理论教育之间这种"双向依附关系",我们在坚持和发展马克思主义理论教育思想的进程中特别是在当今多样性文化的大繁荣、大发展、大变革成为世界不可逆转的历史潮流、以文化为主导的"软实力"成为国际竞争的焦点的时代背景下,在党和国家大力倡导加强社会主义文化建设的历史机遇期,必须全面充分考虑各种文化因素,以辩证的观念汲取现代优秀文化资源,挖掘现代文化资源的潜在力量,充分利用现代文化的表现形式、传播方式和运营机制,建立现代文化与马克思主义理论教育的良性互动机制,从多重维度发展和创新马克思主义理论教育思想的逻辑体系,提高马克思主义理论教育思想的情感性和艺术性。可以说,努力实现马克思主义理论教育与社会主流文化的深度融合、与文化大众传播的对话和交流,拓展马克思主义理论教育的文化内涵、文化视域、文化路径,提升马克思主义理论教育思想的文化意蕴,使马克思主义理论教育深深植根于中华文化的沃土,是当前与今后马克思主义理论教育思想

深入发展的历史趋势、必然选择和有力支撑,是多样化文化背景下无法回避和绕开的一个现实问题。本文此处之所以选择从文化这一角度来探寻马克思主义理论教育思想"再发展"的突破口,正是基于对文化要素较之于马克思主义理论教育思想创新与发展的极端重要性的深度考虑和把握。

伴随现代文化的一路高歌猛进和急速膨胀,多姿多彩的文化形态已经广泛渗透到群众的日常工作和生活领域,成为广大民众最重要的精神生活支撑,攸关当代中国经济和政治的发展。要通过辩证的观念汲取文化资源丰富马克思主义理论教育思想的逻辑体系,提升马克思主义理论教育思想的文化意蕴,则需要我们首先站在提升国家文化"软实力"现实需求的战略高度,以敏锐的政治意识和高度的历史责任感,从教育目的的角度高度肯定并清晰揭示出马克思主义理论教育的重要文化价值和"软实力"建设功效。易言之,从增强国家文化"软实力"的视角重新审视、科学定位和正确对待中国当前与今后的马克思主义理论教育,应当成为当前与今后我国深化和发展马克思主义理论教育思想的重要着眼点、价值取向和题中应有之义。其次,必须高度重视汲取和吸收中华传统文化、社会主义主流文化和外域文明等优秀文化资源及当代大众文化中的合理因素,积极寻找马克思主义理论与现代文化融合的基点,将符合马克思主义理论品质和社会主义本质特色的文化思想和文化素材通过灵活多样的方式广泛融入马克思主义理论教育的内容范畴,使它们所蕴含的先进思想观点和价值观念作为"具体信息源"直接参与马克思主义理论教育的内容体系,全面渗透于马克思主义理论的宣传与讲授之中,真正实现马克思主义理论的基本要义与现代优秀文化资源的内容和精神的有机融合,从而赋予马克思主义理论教育所讲授的内容以鲜活的时代内涵,充实和丰盈马克思主义理论教育的内容体系。否则,如果脱离对现代优秀文化资源的吸收和弘扬,马克思主义理论教育思想就会缺乏广阔的知识发展空间,失去赖以生存的文化根基,远离大众的视野,马克思主义理论教育的发展也必将失去寓身之所和栖身之地,缺乏强大的渗透力和辐射力。最后,必须把文化传播纳入马克思主义理论教育的路径选择范畴,通过调控文化语境、构建文化场域及借助现代文化传播的运作方式,采用包括艺术作品、影视作品等多种现代文化形式中各阶层群众所广为熟知和易于接受的形式和语言为基本元素,更为生动、形象、直观地表现和阐述马克思主义,在潜移默化中向人们灌输马克思主义理论所蕴含的思维方式、价值取向和行为准则,使文化传播在为群众提供精神消费、满足群众的精神文化诉求的同时,直接或间接地参与马克思主义理论教育内化与外化的全过程,从而推动蕴含在文化形态中的马克思主义理论在人们头脑中根植,切实提升马克思主义理论教育的现实溯及力和实效性。唯有如此,马克思主义的核心语词才更易于进入人民群众的日常话语体系,真正成为普通民众的日常思维方式和生活方式,成为大众化的马克思主义。

(三)以科学的理念应用科技资源,强化马克思主义理论教育思想的感染力和实效性

"工欲善其事,必先利其器"。在科学技术日新月异、迅猛发展的今天,广播、电视、网络、手机微信、多媒体等现代科技资源对于马克思主义理论教育的重要作用是显而易见、毋庸置疑的。改革开放以来,中国共产党人一再重申现代科技的重要性,并把舆论导向纳入马克思主义理论教育的路径选择范畴,大力抢占以网络及各种传媒为基础、以数字技术为依托、以移动通讯技术为载体的现代科技资源在马克思主义理论教育中的主动权,较为彻底地颠覆了以往仅靠"一支笔、一张嘴、一块黑板"操控整个教学活动的历史传统,使得马克思主义理论教育形态从静态向动态、从平面化向立体化、从现实领域向虚拟领域不断迈进。但毋讳言,就目前的客观现实来看,相对于覆盖面广、影响力大、时效性强的现代科技资源而言,我国运用现代科技资源大规模进行马克思主义理论教育的力度和广度还远远不够,尚存在方法陈旧、管理滞后、形式主义严重等诸多问题和"痼疾",未能真正形成以现代科技资源为助力和平台的即时、高效、开放、动态的马克思主义理论教育新格局。正如部分社会学家所指出:"正确的社会导向与成熟的社会舆论是当前社会剧变与转型所必须的,但是我国的舆论与报纸自改革开放后呈现出难以捉摸的状态。"①可以说,运用现代科技资源进行马克思主义理论教育在当前与今后一段时期仍任重而道远。因此,要深化和拓展改革开放以来党的马克思主义理论教育思想,我们必须从争夺现代科技资源制高点的战略高度出发,积极发展和革新改革开放以来我国运用现代科技资源进行马克思主义理论教育的思维理念,努力探索出利用现代科技灵活开展马克思主义理论教育的具体思路、有效路径和基本原则,抢占马克思主义理论教育的新空间、新阵地和新渠道,提升马克思主义教育思想的实效性和感染力。

在当前与今后,要以科学的理念应用数字技术、互联网技术、通讯技术等现代科技资源,提升马克思主义教育思想的感染力和实效性,我们应当重点从"四个结

---

① 邵道生:《中国社会的困惑》[M].北京:社会科学文献出版社1996年版,第232页。

合"上下功夫。其一,要把坚定的政治立场与灵活的宣传技巧结合起来。现代科技资源的迅猛发展犹如一把"双刃剑",既能够高效快捷地传播先进的社会主流思想、巩固社会主义制度,又容易因其自身的开放性、自由性和虚拟性遮蔽信息的来源和出处,致使各类腐朽落后的社会思潮有机可乘、泥沙俱下,动摇社会思想根基。在这种情况下,我们必须坚持坚定的政治立场,积极运用现代科技资源宣传党的理论和路线方针政策,弘扬社会正气,传播"中国声音"和"主流声音",唱响社会主义主旋律,有效避免以马克思主义为指导的社会主义主流意识形态被淡化或被消解的危险。当然,坚持坚定的政治立场并不意味着可以对马克思主义理论和社会主义主流意识形态观念进行生搬硬套、生硬灌输,单纯散播"高、大、全""又红又专"思想,而是必须把传统媒体和新兴媒体密切结合起来,运用灵活多样的宣传技巧,以人民群众关注的话题和易于接受的便捷性、个性化、形象性、互动性方式巧妙地开展舆论宣传,在潜移默化中影响人们的社会生活和精神生活。其二,要把建设信息宣传平台与健全管理机制结合起来。运用现代科技资源开展马克思主义理论教育绝不能放任自流,而是必须通过搭建专门的信息宣传平台和构建主体责任明确、相关政策完善、监督机制健全、管理规程完备的现代管理机制,推动马克思主义理论教育规范有效进行。其三,要把内容的适应性与对象的层次性结合起来。运用现代科技资源开展马克思主义理论教育不仅要关注理论教育本身,更重要的是要按人民群众的接受规律办事,依据不同群众的需求、心理和行为等特点适时调整马克思主义理论教育的内容。譬如,以网络马克思主义理论教育为例,对于青年学生和专家学者经常关注的网站,既要以易于接受的语言和灵活多样的形式贯穿和渗透马克思主义基本原理、马克思主义中国化理论创新成果和党中央新出台的一系列方针政策,更要力争开辟有影响力的马克思主义理论教育专栏。对于一般网民经常点击的网站,则要用网络语境中喜闻乐见的形式做好对社会热点、焦点和难点问题的剖析和引导工作,搭建起群众便于参与、乐于学习的平台。其四,把理论宣传普及与关注民生结合起来。关注民生、解决民众最为关心的实际问题,既是实现寻常百姓与马克思主义之间相互理解的桥梁和关键,也是解决马克思主义理论教育实效性问题的最为根本和最为有效的途径。党的十八大召开之时,众多网民在网络上阅读党的十八报告,网络点击率和关注度创下新高,人民群众对于理论的期望和关注程度不断攀升。究其根本原因正在于,党中央高度重视民生、关注民生和保障民生,把着力解决好民生问题放置于党的十八大工作的重中之重。鉴于此,当前和今后运用现代科技资源进行马克思主义理论教育,也应当把关注和解决民生问题放在工作首位,充分利用现代科技资源本身的便捷性、即时性和亲民性"体察"民情、反映民意,从普通百姓的立场和利益出发正确分析和对待百姓的需求和利益,解答百姓最为关心和最为关注的现实问题,如怎么看待我国发展不平衡、就业难、看病难、房价过高、分配不公和腐败现象层出等社会热点问题。

伴随现代科技的迅猛发展和广泛使用,运用技术资源进行马克思主义理论教育已成为社会发展的潮流,成为传统的马克思主义理论教育思想与实践不断前行的必由之路和必然趋势。现代科技资源的介入无疑会使传统马克思主义理论教育经历极其痛苦的变革,但马克思主义理论教育所承载的历史使命却使这种变革显得更有意义。高速发展的科技资源是中华民族文化实现复兴的重要手段,是未来意识形态和思想文化传播的主要渠道。因此,面对日新月异、快速更新的现代科技,我们丝毫没有任何退路可言。通过积极探索利用现代科技资源进行马克思主义理论教育的实现路径和有效方法,实现对传统马克思主义理论教育思想的超越,进一步增强马克思主义理论教育思想的实效性和感染力势在必行。

(四)以务实的精神推进教育实践,防止和杜绝马克思主义理论教育思想与实践相脱节

马克思主义理论教育思想能否取得预期实效,不仅与马克思主义理论教育思想本身是否科学、合理和完善密切相关,而且与马克思主义理论教育思想和实践之间的结合程度紧密相连。马克思主义理论教育思想只有在科学实践中得到应有的重视、得到不折不扣的执行,才能真正落实到实处,才能切实发挥自身应有的功效。否则,马克思主义理论教育思想哪怕设计得再精妙、再完善,但如果仅仅停留在思想上和文件上,都只能流为一种"宣扬"和"造势"。因此,要深化发展马克思主义理论教育思想,不仅要从深度和广度上深入推进马克思主义理论教育思想的深化和细化研究,而且要高度重视和关注马克思主义理论教育的客观实践,针对"马克思主义理论教育思想与实践之间历来存在巨大落差"这一客观现实进行深刻反思,力求以求真务实的科学态度和精神推进马克思主义理论教育思想不断向实践转化,促使马克思主义理论教育思想真正走进从事具体实践活动的人民群众的视野。当然,要推动马克思主义理论教育思想向不断实践转化,打破马克思主义理论教育中普遍存在的"无力"和"不尽如人意"的尴尬状况,并不能寄希望于一朝一夕、一蹴而就、立竿见影,而必须通过循序渐进的过程把工作做实、做细、做稳。具体而言,首先必须坚决克服和杜绝形式主义。各级部门、各级单位和各

级领导干部必须对马克思主义理论教育的紧迫性、复杂性、尖锐性和艰巨性时刻保持清醒的认识,坚持把马克思主义理论教育置于各项工作的重中之重常抓不懈,不断加大人力、物力和财力的投入,抛弃以往急功近利的错误思想倾向,以求真务实的精神把马克思主义理论教育思想落实到实处。与此同时,党中央也应当把马克思主义理论教育工作实效性的高低作为衡量部门和地方工作的重要标准,通过建立完备的制度管理机制、组织管理机制、科学预警机制和全面激励机制来推动马克思主义理论教育思想的贯彻落实。其次,各级部门和各级单位要善于对症施治,紧密结合本单位和本群体的实际情况把马克思主义理论教育思想的相关内容落实到细处。改革开放以来党的马克思主义理论教育思想广泛涉及马克思主义理论教育的目的、内容、路径、主体、客体和原则等各方面,较为深刻地揭示了我国马克思主义理论教育事业的本质和发展规律,阐明了我国马克思主义理论教育工作改革和发展的一系列根本问题,对于解决我国马克思主义理论教育中存在的问题具有极强的指导功效。各级部门和各级领导干部必须主动在端正态度、扩展视野和改进方法上下功夫,积极组织相关人员仔细研读、认真领悟和准确把握党的马克思主义理论教育思想所蕴含和所要传达的发展策略,并把这些思想具体应用于实践和管理的各个层面,对马克思主义理论教育中存在的问题进行标本兼治、综合治理,从而切实解决思想与实践之间相脱节的"两层皮"现象,充分发挥思想的现实指导作用,使其产生更大的社会效益。

结束语

马克思主义理论教育活动是无产阶级政党运用马克思主义的思想体系和理论旗帜教育、武装无产阶级和广大人民群众并以此来改造世界、把握世界的一项重要社会实践。它伴随马克思主义的诞生而产生和发展,是巩固马克思主义意识形态指导地位,传播和发展马克思主义及推进社会主义事业的重要途径,在社会主义革命、改革和建设中功不可没。可以说,一部马克思主义的发展史和一部社会主义的发展史,同时也是一部马克思主义的理论教育史和理论教育思想发展史。纵览社会主义科学实践从胞胎中诞生、从一国走向多国、从羸弱走向稳健的历史画卷,感知马克思主义百年来高歌猛进、九曲回肠的历史发展脉动,马克思主义理论教育犹如一把熠熠生辉、锋芒毕露的利剑,始终挺立时代潮头、披荆斩棘、荡涤思想浮尘,促使马克思主义的影响洒遍世界各个角落,引领和推动社会主义驶向人类美好的理想彼岸。时代的千淘万漉在彰显和折射出马克思主义的本真价值与真理魅力的同时,一次又一次深刻印证了马克思主义理论教育的强大现实指向力、解释力和超越时空的魅力。而在马克思主义理论教育一路高歌猛进的发展历程中,从马克思、恩格斯、列宁、斯大林、毛泽东等马克思主义经典作家,到当代中国的马克思主义者和中国共产党人,都从马克思主义理论教育思想的理论与实践层面都作出了不可磨灭的贡献。

如果说,19世纪马克思和恩格斯主要是基于如何在经济文化落后国家开创社会主义道路的现实需要,开启并探索马克思主义理论教育这一历史性课题,初步建构起马克思主义理论教育思想的框架体系。那么,俄国十月革命之后,列宁则是基于如何在俄国这一经济文化落后国家建设和发展社会主义的现实需要,深入推进马克思主义理论教育实践和理论教育思想的发展创新。此后,伴随"十月革命一声炮响,给我们送来了马克思列宁主义",以毛泽东为主要代表的中国共产党人揭开中国化马克思主义理论教育的壮丽篇章,积极运用具有中国特色的马克思主义理论教育思想指导中国民主革命走向崭新发展阶段。如果说,在这一时期,我国的马克思主义理论教育思想在社会思想领域还扮演一个分量不断加重的角色,只是服从和服务于政治斗争,处于"中国化马克思主义理论教育思想"的初步探索阶段的话。那么,从党的十一届三中全会以后,中国实行改革开放之日起,伴随中国特色社会主义建设道路的成功开辟,中国特色社会主义建设理论的日臻完善,马克思主义中国化、大众化和时代化战略命题的相继确立,中国化马克思主义的深化发展及马克思主义理论教育高潮的蓬勃兴起,马克思主义理论教育的角色和地位已经发生质的飞跃,被我们党和国家置于"生命线"地位,全面贯穿于经济工作和其他一切工作之中,成为指导中国特色社会主义建设最为重要的思想利器,中国化马克思主义理论教育思想也随之实现跨越性发展。

改革开放新时期,中国共产党人在高度肯定并不断提升马克思主义理论教育重要地位的同时也深切意识到,随着经济建设和社会发展成为我国发展的时代主题,马克思主义作为指导思想的"前世""今生"背景已经发生深刻变化,马克思主义理论教育这一产生于无产阶级对抗资本主义时期,以阶级斗争、无产阶级革命、无产阶级专政等为主体内容的传统教育实践活动在我国新的时代背景下亟待变革和创新,如何基于时代底板之上开启马克思主义理论教育的当代中国视野,成为一项亟待解决的新课题。因而,从以邓小平、江泽民、胡锦涛和习近平为主要代表的中国共产党人始终站在党和国家前途命运的战略高度,紧密结合我国改革和建设的时代主题,不断推进党的马克思主义理论教育思想的发展创新,创造性提出一系列理论和观点,逐渐形成一套相对完整、科学和独具中国特色的马克思主义理论教育思想体系,为马克思主义理论教育思想宝库增添了前所未有的新质要素,有力地提升了新时期我国马克思主义理论教育工作的系统性、预见性和原则性,使中国成为当今世界上唯一让马克思主义明灯始终光芒万丈的国度。

改革开放以来党的马克思主义理论教育思想较之于马克思主义经典作家的马克思主义理论教育思想既一脉相承又与时俱进,是中国共产党人结合中国具体实际在纵深层次上的探索与创新。当然不可否认,由于受多重因素的影响和各种客观条件的限制,改革开放以来党的马克思主义理论教育思想还存在一定的历史局限性,其所涉及的基本原理的研究范围和相关论述并未能够做到尽善尽美,较之于马克思主义理论教育本身纷繁复杂的结构要素和逻辑过程,这些基本理论的论述和阐发在深度和广度上尚不完善。但是瑕不掩瑜,改革开放以来党的马克思主义理论教育思想所存在的历史局限连同它所取得的成就恰恰从正反两个方面为马克思主义理论教育思想的深化发展提供有益的启示和借鉴。

"问渠那得清如许,为有源头活水来"。为从根脉上和理论"元点"上深刻揭示改革开放以来党的马克思主义理论教育思想的发展历程、主要成果、突出特色、当代价值和历史局限,从而为当下以及未来一段时期我国推进马克思主义理论教育提供宝贵的经验、启示和方法依据,本文重返历史场景"追本溯源",通过对改革开放以来党中央的重要文献资料和重要论著进行搜集和整理,在尽可能大量占有和全面掌握原始材料的基础上,遵循实事求是的精神和逻辑与历史相统一的原则,将散见于党的文献资料并体现于党的丰富实践之中的有关马克思主义理论教育的诸多零散的思想挖掘、提炼出来并串联起来,在把握和总结共性与规律性的基础上,按其本身的承继关系构建为一个具有一定结构和功能的思想体系,并循纵剖面的历史考察横向面的理论概述当代语境中的现实反思的逻辑思路,从形成条件、发展历程、主要成果、突出特色、历史地位及如何在新的实践中坚持和发展等视角对这一思想展开深入考察和全面阐述,从而大致上勾勒出改革开放以来党的马克思主义理论教育思想发展的总体轮廓。在这其中,有关主要成果、突出特色和如何在实践中坚持和发展等问题的研究,既是本文研究的重点和难点,也是本文的突破创新之处,较为真实、客观地还原了改革开放以来党的马克思主义理论教育思想发展的本真面貌和根本精髓。但作者也深知,改革开放以来党的马克思主义理论教育思想发展历时长、内容广,远远不是几篇论文就能淋漓尽致地展示其全貌的,本文从上述几个角度对党的马克思主义理论教育思想的探寻仅是破题和开篇,只窥视冰山一角,初步提供一个可供人们批评、讨论的知识框架。由于自身知识结构和理论视野较窄、学识功力浅显、资料把握不尽翔实,文中所提炼的一些观点和结论,如对改革开放以来党的马克思主义理论教育思想发展的成果和特色的概述,或许只是偏狭于一隅,甚至尚存在一定程度的偏差,还有待于进一步补正和完善。

根深才能叶茂,源远方可流长。马克思主义理论教育思想体系涵摄下的相关问题——"如何教育""教育什么""如何教育""谁来教育""对谁教育"及"如何教好",历来是常问常新的话题。在不同历史时期,无产阶级仁人志士随着社会的不断发展和嬗变都从不同角度对此作出理论研究与实践探索。我们应当倍加珍视传统马克思主义理论教育的宝贵思想遗产,不遗余力地对包含改革开放以来党的马克思主义理论教育思想在内的一切传统马克思主义理论教育思想展开深入挖掘、系统梳理和深度提炼,从现代性角度深刻透视和激发传统马克思主义理论教育思想的时代价值。当然,时过境亦迁,马克思主义理论教育在当下玄机频生的时代所面临的处境并非一成不变,而是时刻因时而异、因地而异,马克思主义的"在场性"和马克思主义理论教育思想的实效性随时经受严峻考验和挑战。因而,这就既需要马克思主义理论教育思想不断吐故纳新,也需要马克思主义理论教育思想研究与时俱进。在当前与今后,我们应当以改革开放以来党的马克思主义理论教育思想发展所取得的成就和所存在的历史局限为基本起点,不断调整、优化和完善中国化马克思主义理论教育思想,推动马克思主义理论教育蓬勃发展,确保马克思主义的旺盛生命力,开创中国特色社会主义建设新局面。这是时代赋予我们的光荣使命和艰巨责任。

参考文献

一、文献资料

[1]《马克思恩格斯选集》第1—4卷,人民出版社1995年第2版。

[2]《马克思恩格斯全集》第1卷,1956年;第2卷,1957年;第3卷,1960年;第4卷,1958年;第5卷,1958年;第7卷,1959年;第8卷,1961年;第10卷,1962年;第16卷,1964年;第17卷,1963年;第18卷,1964年;第19卷,1963年;第20卷,1971年;第23卷,1972年;第24卷,1972年;第25卷,1972年;第27卷,1972年;第29卷,1972年;第30卷,1974年;第31卷,1972年;第32卷,1974年;第34卷,1972年;第35卷,1971年;第36卷,1974年;第39卷,1974年;第40卷,1982年;第42卷,1979年;第44卷,1982年;第46卷(上),1979年;第46卷(下),1980年,人民出版社中文1版。

[3]《马克思恩格斯文集》第1—10卷,人民出版社2009年版。

[4]《列宁选集》第1—4卷,人民出版社1995年第3版。

[5]《列宁全集》第1卷,1984年;第2卷,1984年;第6卷,1986年;第17卷,1988年;第20卷,1989年;第23卷,1990年;第24卷,1990年;第26卷,1988年;第32卷,1985年;第36卷,1985年;第39卷,1986年;人民出版社中文2版。

[6]《列宁专题文集》第1—5卷,人民出版社2009年版。

[7]《毛泽东选集》第1—4卷,人民出版社1991年版。

[8]《毛泽东文集》第1—2卷,人民出版社1993年版。

[9]《毛泽东文集》第3—5卷,人民出版社1996年版。

[10]《毛泽东文集》第6—8卷,人民出版社1999年版。

[11]《毛泽东书信选集》,中央文献出版社2003年版。

[12]《毛泽东著作选读》(上下册),人民出版社1986年版。

[13]《邓小平文选》第1—2卷,人民出版社1994年版。

[14]《邓小平文选》第3卷,人民出版社1993年版。

[15]《邓小平思想年谱(一九七五—一九九七)》,中央文献出版社1998年版。

[16]《邓小平年谱(一九七五—一九九七)》(上下册),中央文献出版社2004年版。
[17]《江泽民文选》第1-3卷,人民出版社2006年版。
[18]江泽民:《论"三个代表"》,中央文献出版社2001年版。
[19]江泽民:《论党的建设》,中央文献出版社2001年版。
[20]江泽民:《讲学习讲政治讲正气》,学习出版社1996年版。
[21]江泽民:《论社会主义精神文明建设》,中央文献出版社1999年版。
[22]《江泽民论有中国特色社会主义》(专题摘要),中央文献出版社2002年版。
[23]《毛泽东邓小平江泽民论思想政治工作》,学习出版社2000年版。
[24]《毛泽东邓小平江泽民论工人阶级和工会工作》,中央文献出版社2002年版。
[25]《社会主义精神文明建设重要文献选编》,中央文献出版社1996年版。
[26]《新时期党的建设文献选编》,人民出版社1991年版。
[27]《"三个代表"重要思想学习纲要》,学习出版社2003年版。
[28]《社会主义核心价值体系学习读本》,学习出版社2009年版。
[29]《中国特色社会主义理论体系学习读本》,学习出版社2009年版。
[30]《三中全会以来重要文献选编》(上下册),人民出版社1982年版。
[31]《十二大以来重要文献选编》(上、中、下),人民出版社1986、1986、1988年版。
[32]《十三大以来重要文献选编》(上、中、下),人民出版社1991、1991、1993年版。
[33]《十四大以来重要文献选编》(上、中、下),人民出版社1996、1997、1999年版。
[34]《十五大以来重要文献选编》(上、中、下),人民出版社2000、2001、2003年版。
[35]《十六大以来重要文献选编》(上、中、下),中央文献出版社2005、2006、2008年版。
[36]《十七大以来重要文献选编》(下、中、下),中央文献出版社2009、2011、2013年版。
[37]《党的十八大文件汇编》,党建读物出版社2012年版。
[38]教育部社会科学司编:《普通高校思想政治教育课程文献选编(1949—2003)》,中国人民大学出版社2003年版;《普通高校思想政治理论课文献选编》(1949—2006),中国人民大学出版社2007年版。
[39]中共中央宣传部理论局:《理论热点面对面》,学习出版社、人民出版社2009年版。
[40]中共中央宣传部理论局:《七个"怎么看"理论热点面对面2010》,学习出版社、人民出版社2010年版。
[41]人民日报理论部:《"六个为什么"——对若干重大问题的解答》,人民日报出版社2009年版。
[42]《中国特色社会主义理论体系学习读本》,中共中央党校出版社2008年版。
[43]中共中央党史研究室:《中共党史大事年表》,人民出版社1987年版。
[44]中共中央办公厅编:《中国农村的社会主义高潮》(下),人民出版社1956年版。
[45]新华社:《西方和平演变社会主义国家的战略、策略与手段》,湖北人民出版社1989

年版。

[46]《中国大百科全书·教育卷》,中国大百科全书出版社1985年版。

(二)国外学者的著作

[1] [德]雅斯贝尔斯:《什么是教育》,邹进译,三联书店1991年版。

[2] [英]怀特海:《教育的目的》,徐汝舟译,三联出版社2002年版。

[3] [英]洛克:《教育漫话》,傅任敢译,人民教育出版社1985年版。

[4] [匈]卢卡奇:《理性的毁灭》,王玖兴等译,江苏教育出版社2004年版。

[5] [德]黑格尔:《法哲学原理》,范扬、张企泰译,商务印书馆1980年版。

[6] [苏联]赞科夫:《和教师谈话》,杜殿坤译,教育科学出版社1980年版。

[7] [美]詹姆斯·麦克莱伦:《教育哲学》,宋少云等译,三联出版社1988年版。

[8] [法]爱弥儿·涂尔干:《道德教育》,陈光金译,上海人民出版社2001年版。

[9] [法]卢梭:《爱弥儿:论教育》(上下册),李平沤译,商务出版社1978年版。

[10] [英]戴维·布莱克来吉、巴里·亨特:《当代教育社会学流派——对教育的社会学解释》,王波等译,春秋出版社1989年版。

[11] [英]伯尔基:《马克思主义的起源》,武庆、王文扬译,华东师范大学出版社2007年版。

[12] [德]海因里希·格姆科夫:《马克思传》,易延镇、候焕良译,人民出版社2000年版。

[13] [法]雅克·德里达:《马克思的幽灵》,何一译,中国人民大学出版社1999年版。

[14] [英]戴维·麦克莱伦:《马克思以前的马克思主义》,李智译,社会科学文献出版社1992年版。

[15] [英]戴维·麦克莱伦:《马克思以后的马克思主义》,李智译,中国人民大学出版社2004年版。

[16] [美]本杰明·I.史华慈:《中国的共产主义与毛泽东的崛起》,陈玮译,中国人民大学出版社2006年版。

[17] [美]布兰特利·沃马克:《毛泽东政治思想的基础(1917—1935)》,霍伟岸、刘晨译,中国人民大学出版社2006年版。

[18] [美]莫里斯·迈斯纳:《毛泽东的中国及其发展》,张瑛等译,社会科学文献出版社1992年版。

[19] [澳]古德曼:《邓小平政治评传》,田酉如等译,中共中央党校出版社1995年版。

[20] [英]理查德·伊文思:《邓小平传》,武市红等译,上海人民出版社1996年版。

[21] [英]克林伯格:《中国的对外开放:对资本主义的试验》,《西方观点出版社》1990年版。

[22] [美]弗兰茨·迈克尔:《中国的地方主义有效吗?》,载卡尔林登主编《俄罗斯与中

国新千年之前夕》,美国外贸出版公司 1997 年版。

[23] [美]罗伯特·劳伦斯·库恩:《他改变了中国:江泽民传》,谈峥等译,上海译文出版社 2005 年版。

[24] [美]维尼·沃-蓝普·兰姆:《中国政治的胡锦涛时代:新领导,新挑战》,夏普出版公司 2006 年版。

[25] [英]恩斯特·拉克劳、查特尔·墨菲:《领导权与社会主义的策略》,尹树广等译,黑龙江人民出版社 2003 年版。

[26] [美]约瑟夫·奈:《美国定能领导世界吗?》,何小东、盖玉云译,军事译出版社 1992 年版。

[27] [美]尼克松:《1999:不战而胜》,王观声译,世界知识出版社 1989 年版。

[28] [德]卡尔·施米特:《政治的概念》,刘宗坤译,上海人民出版社 2003 年版。

[29] [美]丹尼尔·贝尔:《意识形态的终结——五十年代政治观念衰微之考察》,张国清译,江苏人民出版社 2001 年版。

[30] [美]塞缪尔·亨廷顿、劳伦斯·哈里森主编:《文化的重要作用——价值观如何影响人类进步》,程克雄译,新华出版社 2002 年版。

[31] [美]塞缪尔·亨廷顿:《文明的冲突与世界秩序的重建》,周琪等译,新华出版社 2002 年第 3 版。

[32] [美]格尔茨:《文化的解释》,韩莉译,译林出版社 1999 年版。

[33] [英]汤林森:《文化帝国主义》,冯建三译,上海人民出版社 1999 年版。

[34] Robert Paul Wollff, Uuderstanding Marx, Princeton. W. J, 1985.

[35] Riehard Evans, Deng XiaoPing and the Making of Modern China, London: Hamilton, 1993.

[36] Mauriee Meisner Hill and wang, The Deng XiaoPing Era: An Inquiryin to the Fate of Chinese Soeialism, 1978 – 1994, NewYork, 1996.

[37] Robert Lawrence Kuhn, The man who changed China: the life and legacy of Jiang Zemin, New York: Crown Publishers, 2004.

[38] Jonathan Unger Editor, the Nature of Chinese Politics: from Mao to Jiang, New York: M. E. Sharpe, 2002.

(三)国内学者的著作

[1] 金生鈜:《德行与教化》,湖南大学出版社 2003 年版。

[2] 孙孔懿:《教育失误论》,江苏教育出版社 2003 年版。

[3] 李秉德:《教育科学研究方法》,人民教育出版社 1986 年版。

[4] 孙喜亭主编:《教育学问题研究概述》,天津教育出版社 1989 年版。

[5] 朱小蔓:《教育的问题与挑战:思想的回应》,南京师范大学出版社 2000 年版。

[6] 王玉樑主编:《理想、信念、信仰与价值观》,陕西人民出版社2001年版。

[7] 张健:《马克思主义教育思想研究》,教育科学出版社1989年版。

[8] 胡子克主编:《马克思主义理论教育概论》,人民出版社2005年版。

[9] 肖金权:《马克思主义理论课教学方法论研究》,档案出版社1991年版。

[10] 刘德华主编:《马克思主义思想政治教育著作导读》,高等教育出版社2001年版。

[11] 罗国杰主编:《马克思主义思想政治教育理论基础》,高等教育出版社1992年版。

[12] 安启念主编:《马克思主义哲学中国化研究》,中国人民大学出版社2006年版。

[13] 韩玲:《马克思的理论教育思想研究》,中国社会科学出版社2009年版。

[14] 郑洁:《恩格斯理论教育思想研究》,中央文献出版社2009年版。

[15] 孙来斌:《列宁的马克思主义理论教育思想研究》,中国社会科学出版社2003年版。

[16] 李德芳、张云阁主编:《马克思主义基本原理教育新探索》,武汉大学出版社2009年版。

[17] 华东师范大学法政学院编:《全球化时代马克思主义理论教育研究》,学林出版社2002年版。

[18] 赵康太主编:《世界马克思主义理论教育比较研究》,中央编译出版社2006年版.

[19] 赵康太主编:《中外马克思主义理论教育比较研究》,中国社会科学出版社2009年版。

[20] 赵康太、李德芳主编:《中国与越南:马克思主义理论教育比较研究》,中国社会科学出版社2008年版。

[21] 刘建军:《马克思主义信仰论》,中国人民大学出版社1998年版。

[22] 俞可平主编:《全球化时代的马克思主义》,中央编译出版社1998年版。

[23] 许征帆:《时代风云变幻中的马克思主义》,中国人民大学出版社1996年版。

[24] 李尚德:《20世纪马克思主义哲学在苏联》,社会科学文献出版社2009年版。

[25] 郭德宏主编:《中国马克思主义发展史》,中共中央党校出版社2010年版。

[26] 安启念主编:《马克思主义哲学中国化研究》,中国人民大学出版社2006年版。

[27] 王国炎:《中国文化现代化与马克思主义中国化》,高等教育出版社2005版。

[28] 张奎良主编:《跨世纪的回响——马克思学说的精髓及其现代意义》,黑龙江教育出版社1993年版。

[29] 舒志定:《人的存在与教育——马克思教育思想的当代价值》,学林出版社2004年版。

[30] 万斌、潘于旭:《经典的魅力:马克思主义经典著作的当代意义》,浙江大学出版社2007年版。

[31] 艾思奇:《大众哲学》,人民出版社2004年版。

[32] 贺章：《毛泽东启迪心灵的艺术》，中共中央党校出版社1993年版。
[33] 双传学：《毛泽东干部教育思想研究》，江苏人民出版社2007年版。
[34] 宋镜明等著：《毛泽东建党科学体系发展史》，武汉大学出版社1998年版。
[35] 郑永廷：《毛泽东思想政治教育的理论与实践》，武汉大学出版社1993年版。
[36] 萧延中：《"传说"的传说——外国人怎样评论毛泽东》，中国工人出版社1997年版。
[37] 姜汉斌主编：《邓小平精神文明建设思想研究》，国防大学出版社2003年版。
[38] 李康平、张吉熊：《邓小平德育思想研究》，中国社会科学出版社2001年版。
[39] 郑克卿：《邓小平经典论断与思想方法指要》，中国社会科学出版社2006年版。
[40] 许志功主编：《邓小平理论：马克思主义在中国发展的新阶段》，西苑出版社1998年版。
[41] 顾海良、方晓利主编：《邓小平教育理论的主题和科学体系》（纪念党的十一届三中全会二十周年理论研讨会文集），学习出版社1999年版。
[42] 许志功、胡子克主编：《伟大的理论创新：江泽民"三个代表"思想研究》，解放军出版社2002年版。
[43] 杨会春等编著：《"三个代表"重要思想学习词典》，中国社会科学出版社2002年版。
[44] 张昌文：《邓小平江泽民理想信念教育思想研究》，贵州人民出版社2005年版。
[45] 梅荣政、杨军主编：《社会主义核心价值体系与社会思潮析评》，中国社会科学出版社2010年版。
[46] 王艳成主编：《中国共产党农民社会主义教育50年》，河南大学出版社2003年版。
[47] 顾海良主编：《中国特色社会主义理论体系研究》，中国人民大学2008年版。
[48] 高放主编：《科学社会主义的理论与实践》，中国人民大学出版社2003年版。
[49] 周向军：《精神文明发展规律论》，山东大学出版社2005年版。
[50] 胡元梓等主编：《全球化与政治》，中央编译出版社1998年版。
[51] 陈正良：《中国"软实力"发展战略研究》，人民出版社2008年版。
[52] 俞吾金：《意识形态论》，上海人民出版社1993年版。
[53] 宋慧昌：《当代意识形态研究》，中共中央党校出版社1993年版。
[54] 郑永廷等著：《社会主义意识形态发展研究》，人民出版社2002年版。
[55] 赵继伟：《马克思主义意识形态接受论》，武汉大学出版社2009年版。
[56] 朱兆中：《中国社会主义意识形态建设纵论》，上海人民出版社2003年版。
[57] 徐海波：《中国社会转型与意识形态问题》，中国社会科学出版社2003年版。
[58] 侯惠勤：《马克思的意识形态批判与当代中国》，中国社会科学出版社2010年版。
[59] 刘德厚：《广义政治论——政治关系社会化分析原理》，武汉大学出版社2004

年版。

[60] 张耀灿等著:《现代思想政治教育学》,人民出版社2001年版。

[61] 刘玉瑛:《思想政治工作语言艺术》,中央文献出版社2000年版。

[62] 沈壮海:《思想政治教育有效性研究》,武汉大学出版社2001年版。

[63] 石云霞主编:《"两课"教学法研究》,武汉大学出版社2003年版。

[64] 梁桂麟、徐海波主编:《当代高校公共理论课教育教学研究》,中国社会科学出版社2004年版。

[65] 王学俭:《现代思想政治教育前沿问题研究》,人民出版社2008年版。

[66] 张耀灿主编:《中国共产党思想政治工作史论》,高等教育出版社1999年版。

[67] 石云霞:《高校思想政治理论课程建设史研究》,武汉大学出版社2006年版。

[68] 周从标:《全球化背景下思想政治教育创新研究》,中国社会科学出版社2005年版。

[69] 张雷声主编:《新时期思想政治理论课教学方法探讨》,高等教育出版社2006年版。

[70] 刘建军:《中国共产党思想政治教育的理论与实践》,中国人民大学出版社2008年版。

[71] 石云霞:《中国共产党思想理论教育30年(1978—2008)》,高等教育出版年2008年版。

[72] 孙慧玲、张应杭著:《困惑与思考——新时期思想政治教育若干热点问题探讨》,中国社会科学出版社2004年版。

[73] 胡惠林:《中国国家文化安全论》,上海人民出版社2005年版。

[74] 徐艳玲:《全球化、反全球化思潮与社会主义》,山东人民出版社2005年版。

[75] 崔欣、孙瑞样:《大众文化与传播研究》,天津人民出版社2005年版。

[76] 陆学艺:《当代中国社会流动》,社会科学文献出版社2007年版。

[77] 梅荣政:《用马克思主义引领社会思潮》,武汉大学出版社2008年版。

[78] 李毅:《回顾与前瞻——20世纪中国文化思潮与先进文化的发展》,天津人民出版社2004年版。

(四)主要论文

[1] 刘建军:《信仰教育:马克思主义思想理论教育的本质内容》,载《中国人民大学学报》,2000年第4期。

[2] 孙富林:《关于理解和认识马克思主义的几个问题》,载《毛泽东邓小平理论研究》,2004年第1期。

[3] 戴景平:《人的需要:马克思人性论的逻辑起点》,载《长白学刊》,2007年第2期。

[4] 陈松林:《论马克思人的全面发展理论的多维视角及其现实意义》,载《社会主义研

究》,2004 年第 3 期。

[5] 荆学明:《关于马克思主义和共产主义信仰的理论思考》,载《马克思主义研究》,2000 年第 1 期。

[6] 罗成富:《切实发挥马克思主义理论教育在思想政治教育中的核心作用》,载《马克思主义与现实》,2007 年第 3 期。

[7] 伟操、凡民:《马克思主义理论教育的历史地位》,载《安徽省委党校学报》,1992 年第 2 期。

[8] 王琴华、罗成富:《马克思主义理论教育规律探析——以掌握和运用马克思主义立场观点方法为核心》,载《求实》,2009 年第 9 期。

[9] 齐贵臣:《对"马克思主义理论教育"与"思想政治教育"的几点理解》,载《思想理论教育导刊》,2004 年第 1 期。

[10] 李爱华、雷骥:《论马克思主义理论教育与思想政治教育的关系》,载《思想理论教育》,2006 年第 4 期。

[11] 孙来斌:《"灌输论"是指导思想理论教育的科学理论》,载《马克思主义研究》,2004 年第 3 期。

[12] 姜金林:《"灌输论"学术论争与启示——基于马克思主义思想理论教育方法的思考》,载《学校党建与思想教育》,2009 年第 9 期。

[13] 苏百义、周奇志:《马克思主义理论教育的特点及其核心问题思考》,载《前沿》,2007 年第 10 期。

[14] 于金成:《关于马克思主义理论研究与教学的几点思考》,载《中国特色社会主义研究》,2004 年第 1 期。

[15] 牛玉峰、黄立丰:《论马克思主义理论教育中国化的特点及其规律》,载《北华大学学报(社会科学版)》,2009 年第 1 期。

[16] 袁斌昌:《论马克思主义理论教育的基本原则》,载《学校党建与思想教育》,2008 年第 1 期。

[17] 田心铭:《建立一门马克思主义理论教育学》,载《思想理论教育导刊》,2004 年第 1 期。

[18] 田心铭:《再论建立马克思主义理论教育学》,载《思想理论教育导刊》,2004 年第 2 期。

[19] 高放:《加强对马克思主义科学的整体研究》,载《马克思主义与现实》,2005 年第 2 期。

[20] 孙正聿:《提出和探索马克思主义哲学研究中的重大理论问题——评 2006 年〈中国社会科学〉若干哲学论文》,载《中国社会科学》,2007 年第 2 期。

[21] 李素霞:《全球化背景下的马克思主义理论教育》,载《当代世界与社会主义》,2010

年第6期。

[22] 徐艳玲:《全球化视角:解读"马克思主义中国化"》,载《理论探讨》,2006年第3期。

[23] 吴宏政:《从"外在建设"到"内在建设"——马克思主义理论一级学科建设的迫切要求》,载《黑龙江高教研究》,2009年第5期。

[24] 郑永廷:《马克思主义理论学科建设的基础与视野》,《思想理论教育导刊》2005年第10期。

[25] 郝潞霞、李红梅:《"马克思主义学科定位与建设思路"学术研讨会综述》,《马克思主义研究》2006年第10期。

[26] 王树荫:《马克思主义理论学科发展的回顾与思考》,载《首都师范大学学报》,2009年第1期。

[27] 张雷声:《马克思主义理论一级学科的内在逻辑体系及其建设》,载《思想理论教育导刊》,2007年第3期。

[28] 张雷声:《高校马克思主义理论学科的建设与创新》,载《高校理论战线》,2009年第1期。

[29] 张澍军:《论高校马克思主义理论教育的若干重要问题》,载《思想理论教育》,2007年第2期。

[30] 杜利英、杨晓:《影响高校马克思主义理论教育实效性的因素》,载《教育与教学研究》,2010年第12期。

[31] 王平、康秀云:《高校马克思主义理论教育创新的几个维度思考》,载《东北师大学报(哲学社会科学版)》,2005年第6期。

[32] 孙其昂:《形态及变迁:高校马克思主义理论教育30年——基于体系化的考察》,载《思想教育研究》,2008年第9期。

[33] 刘俊奇:《高校马克思主义理论分层教育刍议》,载《中南民族学院学报(人文社会科学版)》,2001年第2期。

[34] 綦玉帅:《增强高校马克思主义理论课实效性的路径选择》,载《学理论》,2010年第2期。

[35] 石云霞、程伟:《恩格斯:马克思主义理论教育的光辉旗帜——纪念恩格斯逝世一百一十周年》,载《中共福建省委党校学报》,2005年第6期。

[36] 马力、陈占安:《试论列宁"灌输"思想及其现实意义》,载《思想教育研究》,2009年第2期。

[37] 杨智平:《中越党内马克思主义理论教育比较研究》,载《湘潮》,2010年第7期。

[38] 沈德理:《苏联、东欧与中国:二十世纪前八十年马克思主义理论教育特征比较》,载《社会主义研究》,2007年第1期。

[39] 王贤卿:《我国马克思主义理论教育的发展历程》,载《毛泽东邓小平理论研究》,2008 年第 8 期。

[40] 石云霞:《邓小平的马克思主义理论教育思想》,载《马克思主义研究》,1999 年第 5 期。

[41] 陈哲、喻慧:《江泽民同志马克思主义理论教育思想的研究》,载《毛泽东思想研究》,2006 年第 5 期。

[42] 孙来斌:《江泽民的马克思主义理论教育思想》,载《思想政治教育研究》,2007 年第 6 期;

[43] 韩露:《新世纪以来我党对马克思主义理论教育资源观的继承与发展》,载《学习月刊》,2010 年第 3 期。

[44] 牛玉峰、黄立丰:《改革开放三十年马克思主义理论教育中国化的历史考察》,载《中共宁波市委党校学报》,2009 年第 1 期。

[45] 张新、徐建文:《中国共产党加强马克思主义理论教育的若干思考》,载《思想教育研究》,2009 年第 5 期。

[47] 杨发航:《马克思主义理论教育的基本经验初探》,载《思想理论教育导刊》,2011 年第 5 期。

[48] 陈先达:《实施马克思主义理论研究和建设工程的迫切性和重要意义》,载《教学与研究》,2004 年第 4 期。

[49] 刘昀献:《谈马克思主义中国化、时代化、大众化》,载《求是》,2010 年第 5 期。

[50] 秋石:《大力推进马克思主义中国化、时代化、大众化》,载《求是》,2009 年第 23 期。

[51] 张艳国:《新概括 新认识 新要求——对"推动当代中国马克思主义大众化"的理解》,载《学习月刊》,2008 年第 3 期。

[52] 张艳国:《"推动当代中国马克思主义大众化"提出了哪些新要求》,载《湖北社会科学》,2008 年第 2 期。

[53] 杨鲜兰:《推进当代中国马克思主义大众化的基本原则》,载《湖北社会科学》,2008 年第 2 期。

[54] 王联斌:《推动当代中国马克思主义大众化的基本内涵和要求》,载《思想教育研究》,2008 年第 4 期。

[55] 刘建军:《关于当代中国马克思主义大众化的若干问题》,载《思想理论教育》,2008 年第 7 期。

[56] 李冉:《当代中国马克思主义大众化实现途径探析》,载《毛泽东邓小平理论研究》,2009 年第 7 期。

[57] 赵勇:《马克思主义大众化及其实现路径》,载《思想理论教育》,2008 年第 7 期。

[58] 何绍斌：《从〈百家讲坛〉的成功看马克思主义大众化》，载《武汉学刊》，2008年第6期。

[59] 陈岸涛：《当代中国马克思主义的大众化初探》，载《马克思主义与现实》，2008年第3期。

[60] 邓国峰：《网络传媒时代马克思主义大众化的若干问题》，载《学术论坛》，2009年第6期。

[61] 冯莉、程伟礼：《从全球视野看马克思主义大众化的历史进程》，载《马克思主义研究》，2009年第6期。

[62] 周向军：《把坚持马克思主义基本原理与推进马克思主义中国化结合起来》，载《高校理论战线》，2009年第3期。

[63] 周向军：《论中国共产党人的马克思主义观》，载《马克思主义研究》，2001年第5期。

[64] 周向军：《邓小平对马克思主义观基本问题的科学回答》，载《齐鲁学刊》，2005年第1期。

[65] 吕斌：《论邓小平的青少年思想政治教育观》，载《教育探索》，2005年第7期。

[66] 徐久刚：《试论邓小平的群众路线思想》，载《宁夏大学学报（人文社会科学版）》，1990年第4期。

[67] 董礼芬、张红霖：《论邓小平思想政治教育理论的传统文化渊源——纪念邓小平同志诞辰一百周年》，载《理论月刊》，2004年第9期。

[68] 蔡金发：《一场马克思主义理论的自我教育——邓小平有关"三讲"论述的解读》，载《东南学术》，1993年第3期。

[69] 于忠孝：《邓小平在新时期对思想政治工作理论的继承和发展》，载《长白学刊》，1994年第1期。

[70] 吴琼：《江泽民思想政治工作理论是一个完整的科学体系》，载《求实》，2007年第7期。

[71] 马福运：《江泽民对马克思主义思想政治教育理论的继承与发展》，载《学术论坛》，2011年第4期。

[72] 胡孝红：《党的第三代领导集体对新时期思想政治工作理论的创新》，载《求实》，2002年第5期。

[73] 周光迅、武群堂：《试论胡锦涛同志对思想政治教育理论的创新》，载《浙江学刊》，2009年第2期。

[74] 胡建军：《试析胡锦涛的青年思想政治教育理论》，载《学校党建与思想教育》，2009年第25期。

[75] 任斌、赵世荣：《胡锦涛教育思想初探》，载《学校党建与思想教育》，2009年第3期。

[76] 杨慧:《胡锦涛同志新时期思想政治教育理论探析》,载《毛泽东思想研究》,2011年第2期。

[77] 郑永廷:《中国共产党思想政治教育理论的创新与发展》,载《思想教育研究》,2011年第6期。

[78] 魏荣耀:《理论成熟与政治成熟》,载《中共中央党校学报》,2002年第1期。

[79] 赵耀:《大力推进社会主义核心价值体系建设》,载《红旗文稿》,2007年第12期。

[80] 石云霞:《论社会主义核心价值体系教育的基本要求》,载《思想政治工作研究》,2007年第3期。

[81] 侯慧琴:《马克思的意识形态批判及其当代价值》,载《马克思主义研究》,2006年第2期。

[82] 侯惠勤:《弱化与强化:意识形态的当代走向与马克思主义的话语权——论邓小平理论和"三个代表"重要思想的一大理论创新》,载《毛泽东邓小平理论研究》,2004年第6期。

[83] 袁三标:《从软实力看当代中国国家意识形态安全》,载《河南师范大学学报(哲学社会科学版)》,2010年第3期。

[84] 周国平:《信息化条件下的意识形态安全策略》,载《党建研究》,2010年第6期。

[85] 自谷方:《评"消解正统意识形态"论》,载《文艺理论与批评》,1996年第1期。

[86] 黄世虎:《社会主义意识形态传播的有效性分析》,载《政工研究动态》,2009年第1期。

[87] 刘宝村:《全球化的挑战与国家意识形态教育战略》,载《马克思主义与现实》,2008年第2期。

[88] 马振清:《经济全球化与当代社会主义意识形态建设》,载《当代世界与社会主义》,2007年第1期。

[89] 张骥、张爱丽:《论社会主义核心价值体系与我国意识形态安全》,载《社会主义研究》,2007年第6期。

[90] 贺新元等:《社会主义核心价值体系构建的路径思考》,载《当代马克思主义研究》,2007年第3期。

[91] 陈宪章:《关注经济全球化背景下我国主导价值观的建设》,载《思想理论教育导刊》,2004年第2期。

[92] 刘建军:《中国特色社会主义共同理想是社会主义核心价值体系的主题》,载《高校理论战线》,2007年第4期。

[93] 廖小平、成海鹰:《改革开放以来中国社会的价值观变迁》,载《湖南师范大学学报(社会科学版)》,2005年第6期。

[94] 胡敏中:《论全球化进程中民族价值观的认同与冲突》,载《宁夏社会科学》,2004

年第 5 期。

[95] 赵强：《舆论安全：一个必须重视的现实课题》，载《马克思主义研究》，2010 年第 2 期。

[96] 黄进：《让寓教于乐走进德育——大众传媒对德育的启示》，载《思想政治教育》，2006 年第 11 期。

[97] 曾一果、潘阳：《大众传媒与"新农村"的文化重建》，载《新闻大学》，2009 年第 2 期。

[98] 周从标：《信息网络化与新时期思想政治教育》，载《求实》，2002 年第 6 期。

[99] 王炎：《新中国历史上的宣传网制度》，载《中共党史资料》，2007 年第 3 期。

[100] 杨树弘：《新媒体及其发展战略途径》，载《新闻导刊》，2008 年第 3 期。

[101] [澳]尼克·奈特：《毛泽东与"马克思主义的中国化"》，王应一译，载《中共党史研究》，1988 年第 4 期。

[102] [澳]尼克·奈特：《中国共产主义运动中的哲学家——艾思奇、毛泽东和中国马克思主义哲学家》，王桂花译，载《现代哲学》，2006 年第 3 期。

[103] [俄]季塔连柯：《对毛泽东、邓小平社会主义理论的比较研究》，载《中共党史研究》，2001 年第 6 期。

[104] [俄]杰柳辛：《社会主义思想的救星》，载《国外中共党史研究动态》，1995 年第 2 期。

[105] [俄]派伊：《邓小平与：中国的政治文化》，载《中国季刊》，1993 年。

[106] [日]渡边利夫：《邓小平的经济思想与改革开放》，韩凤琴摘译，载《国外中共党史研究动态》，1994 年第 6 期。

[107] [俄]费奥克蒂斯托夫：《邓小平的著作是"有中国特色社会主义"的理论源泉》，载《国外中共党史研究动态》，1992 年第 1 期。

[108] [美]贾斯帕·弗斯米斯：《第十六次党代会：继承并未发生》，载《中国季刊》，2002 年冬季号。

[109] [美]阿里夫·德里克：《后社会主义——"有中国特色社会主义"的反思》，载《关心亚洲学者报》，1989 年第 1 期。

[110] [俄]彼沃娃洛娃：《"中国特色社会主义"的构想与探索实践》，载《国外社会科学快报》，1993 年第 8 期。

后　记

本书是在我的博士论文《改革开放以来中国共产党人马克思主义理论教育思想发展研究》的基础上修改而成的,尽管它还显得十分稚嫩,对于改革开放以来党的马克思主义理论教育思想的研究和总结还很笼统甚至片面,但作为作者而言往往也是敝帚自珍,毕竟这是我研习马克思主义理论近十年的学术总结,也是我学术生涯中的第一本专著。

博士学业的完成以及本书的出版,就我而言是一项系统而庞大的工程,在"工程"即将完成稍作总结之际,回首几年来的岁月时光,需要感谢的领导、师友太多太多!

首先感谢恩师周向军教授。治学严谨、学识渊博、善良宽厚、和蔼可亲、对学生认真负责、对工作兢兢业业,历来是学生和老师对周老师的一致评价。在有幸求学于山东大学的日子,我也深切感受到周老师研究之进益、学术之精湛、性情之雅然。三年多来,周老师不仅教我如何做学问,更教我如何做人、做事,为我的学术进步和人生成长倾注大量的精力和心血。回想我所写的每一篇论文、所作的每一项课题以及毕业论文的立、改、定,都无不凝聚着周老师的心血!尤其是在写作学位论文的整个过程,从选题立意到谋篇布局,从段落的起承转合到文章的遣词造句,周老师都细细给予建议和意见,甚至是字斟句酌、前后推敲,为我指点迷津,感激、感动之情实难言表。每当我彷徨无助、无所适从的时候,周老师又都会给予耐心而又深入浅出的解答,既分析利弊得失而又循循善诱,每次都让我感到豁然开朗,拨得云开见月明。研究之路是艰辛的,但是有了周老师的指导,使我在漫漫书海中找到前进的方向。对老师这种诲人不倦的敬业精神和宽广的胸怀,我将永远铭记心中。

在山东大学马克思主义学院博士求学阶段,得以实现知识的转型和思维结构的跨越,还要感谢一直以来陪伴在我们身边的王韶兴教授、徐艳玲教授、方雷教授、费利群教授、徐国亮教授、刘明芝教授、刘雅静教授、马佰莲教授、何中华教授,不辞辛劳地为我们传授学科理论知识,不厌其烦地对我们的论文进行精心把关和指导。他们严谨的治学态度、缜密的思辨能力、开阔的学术视野和宽厚仁爱的处世态度让我敬佩、敬畏。他们严慈相济的关心和鼓励,让我真正感受到春风化雨般关爱,获得激昂奋进的力量。诸位老师的言传身教、悉心帮助,学生受用一生!山东大学马克思主义学院的师兄师姐王清涛、孟宪霞、杨燕、魏连,同学好友丁燕、于欣、孙成豪、杨海波、赵萍、郭鹏、王铁、何萌、杨贵颖,学弟学妹王坤、张传泉、许慎、刘文杰、于婷婷,等等,他们都在生活、学习上给予我许多无私的帮助,三年多的同窗、同门乃至同室之谊必定谨记!

还要深深感谢身为农民、年已花甲的父母含辛茹苦的供养。从上学伊始到现在,已有二十多个年头。在这个足够让树苗长成大树、让婴儿长大成人的漫长岁月中,坚韧顽强的父亲母亲一直都在竭尽所能地支持我,以他们特有的方式激励我坚持下去。每每吟念"树欲静而风不止,子欲养而亲不待"之时,我便有哽咽之感。

一直以来在我身边默默支持我的还有我的丈夫,我要特别感谢他。我们从大学相识到现在,已经牵手走过九年。九年来我们大半时间分居两地,但性情质朴的他始终不离不弃,默默扶持我前行。硕士毕业后他虽然供职于国家机关,但是仍然对学术研究矢志不渝,在众多核心期刊发表高质量的学术论文就是最好的证明。在学术上,我们夫妻并肩作战,他经常给我提供写作的思路和灵感,并以学友的身份帮我把关论文的校对和修正,辛苦的学术过程也带有浓郁的甜蜜韵味。

自就职江南大学马克思主义学院以来,各位领导和同事的关心和支持让我这个远离家乡的异乡游子时刻感受着家的温暖。感谢张云霞院长、刘焕明处长、章兴鸣副院长、徐玉生教授和已经退休的朱同丹老院长在教学管理、学术研究和课题指导上的关心和帮助;感谢高鸣老师、徐礼红老师、孙建英老师、陈志宏老师、冯皓老师、潘加军老师、陈永杰老师、连冬花老师对我的扶持,您们的建议和支持使我受益匪浅、获益良多;感谢许广玉老师以及唐忠宝、任铃、刘俊杰、侯勇、任俊、包佳道、孙越、张祖辽、周玉梅、张乐等同事的热情和体贴,在我刚刚开始工作时就遇到你们,彼此坦诚交心,友谊在岁月中慢慢流淌;感谢宋艳老师、李彩霞老师、郑丹丹老师在教学管理和事务性工作中的辛勤付出,每每收到您们的贴心提示和通知,都让人感到温暖。

感谢教育部思政司的各位领导和老师对于本书出版工作的关注和帮助。近年来,教育部思政司为了提高思想政治教育科学化水平,深化教育领域综合改革,落实立德树人的根本任务,加强学科和理论支撑,强化思想政治教育前沿问题研究和跨学科研究,紧紧围绕大学生思想政治教育工作中的现实问题、重点任务、工作难题开展研究,着手推进《思想政治教育研究文库》培育建设工作,本书是《思想政治教育研究文库》入选著作之一。可以说,本书的顺利出版与教育部思政司的资助密切相关,借此机会再次对教育部思政司带有全局战略意识的眼光和举措表示感谢。

最后要特别感谢中国书籍出版社的樊景良老师、李蔷老师、范晓虹等各位老师的热心帮助和大力支持,对于本书的顺利付梓付出了大量精力,在此表示衷心的感谢。

路漫漫其修远兮,吾将上下而求索。在未来的日子里,我将会铭记感恩之念、感谢之情,以教学为本业,以学术为根基,继续奋马扬鞭、不断前行,回报社会和所有关心我的人。

刘艳

2015 年 3 月 21 日